維琪政府症候群

法國難以面對的二戰記憶

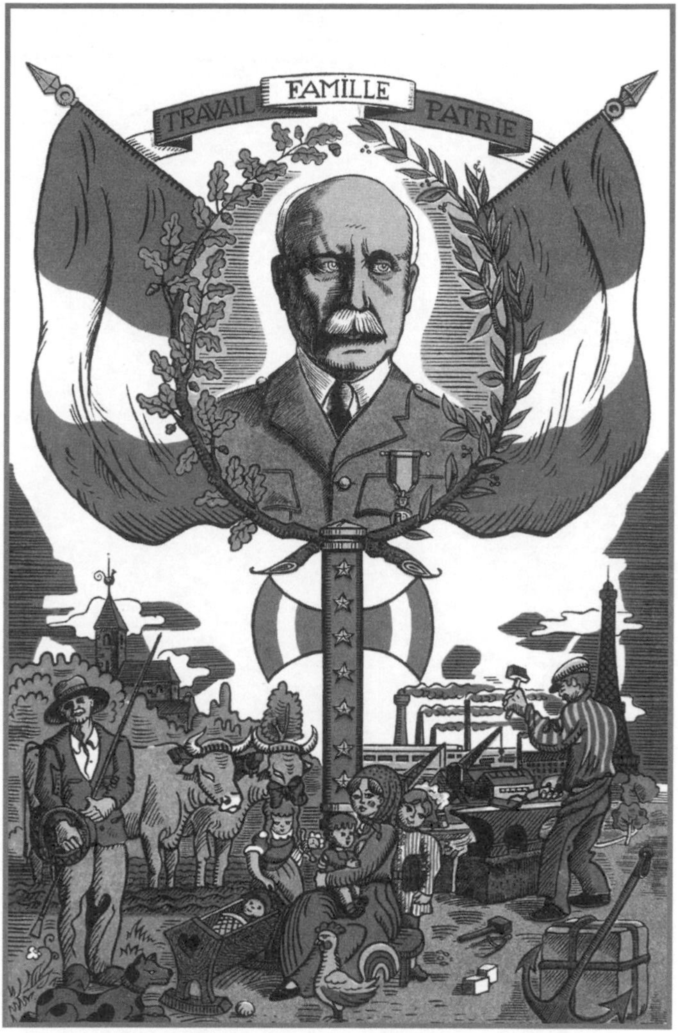

Le syndrome de Vichy

de 1944 à nos jours

Henry Rousso
亨利・胡梭◎著

馬向陽◎譯

編輯室報告

1.本書中有兩種注釋：一為原書注釋，在正文中以阿拉伯數字標示，注釋內容置於書末。二為譯者與編輯添加的注釋，因為數量很多，故以圓圈加阿拉伯數字標示，注釋內容置於正文靠左。為避免讀者混淆特此說明。

2.本書內容提及許多法國時事，可參考書末大事年表閱讀。

推薦

分裂國度的分裂記憶：「維琪症候群」與法國二戰戰敗的歷史創傷

洪仕翰／書籍助產士、《關鍵年代》共同作者

一九四〇年六月，納粹入侵，法國陷落，同盟國陣營危在旦夕。當大英帝國在首相邱吉爾的號召下矢志抗戰，法蘭西共和國卻在戰爭英雄貝當元帥的帶領下，成立親納粹的維琪法國政權，親手終結法國七十餘年的民主制度。

接下來的四年裡，有超過六十五萬法國公民被強迫拉伕到德國勞動，多達七萬五千名法籍猶太人死在惡名昭彰的奧斯威辛集中營，另外還有六萬名法國人被關押在各式集中營、三萬名法國人因為參與反抗行動而遭到處決。更難以面對的是，這些不義之舉絕大多數並非納粹德國的占領軍所為，而是由法國人自己成立的維琪政府所犯下。

對英國人與英語世界來說，一九四〇年或許標誌著集體記憶裡的「最輝煌時刻」。然而，對

於他們的法國盟友而言，一九四〇至一九四四年由維琪主政的這段歷史，永遠都是國民記憶中最黑暗的一塊。法國人稱那四年為「黑暗年代」（*les années noires*）。

四年後，同盟國反攻諾曼第，戴高樂率領的「自由法國」解放了法蘭西，把維琪法國政權連同納粹德國一起掃進歷史的垃圾桶。只不過，戴高樂並未解放法國人的集體記憶：黑暗年代的過往沒有隨著自由民主的到來而煙消雲散，反而在法國社會中深深烙下一道名為「維琪」的傷口。

法國歷史學家亨利・胡梭（Henry Rousso）將這段歷史創傷命名為「維琪症候群」（*The Vichy Syndrome*）。在他看來，維琪政權是法國一段「過不去的過去」，其所留下來的歷史創傷仍在持續影響今日的法國：不只深刻體現在政治、社會、文化與生活中的方方面面，更構成了集體記憶與國民認同的核心，左右了法國人看待自己過去、現在與未來的方式。

一九八七年，胡梭率先借用心理學與精神分析的詞彙，將戰後法國區分成了「沒有完成的弔唁」、「壓抑」、「鏡像破滅」與「執念」四個發展階段。

胡梭指出，基於國家統一、加速發展與遺忘傷痛的務實需求，法國人在二戰後一度避談維琪的黑歷史，從而錯失了對症下藥的良機——這就是所謂的「沒有完成的弔唁」時期。一如法國史家侯貝・弗蘭克（Robert Frank）所說：「讓人傷心難忘的事，不是那麼容易就能紀念。」

在戰後審判草草定罪了若干維琪政府的官員後，法國人便刻意遺忘了當年曾經自願放棄民主、擁抱獨裁的往事。英國史家東尼・賈德（Tony Judt）曾在《戰後歐洲六十年》當中評論道，像這樣的集體遺忘，或許有助於國家快速復原。

然而，與遺忘並行的，是對歷史的選擇性記憶，或者用胡梭的說法，是對原本記憶的「壓抑」。多數法國人開始相信，他們當年其實是遭受維琪政府的欺瞞，而且很快就「改邪歸正」，加入戴高樂號召的抵抗運動，為民主和自由而戰。

戴高樂政府刻意助長「抵抗運動」的國家神話，因為這有助於他們強調維琪政權的異常與非法，以及新共和的正統與延續。戴高樂就曾信誓旦旦（但罔顧事實）地表示：「共和國從來沒有中斷過……維琪始終不具任何效力。」壓抑取代了記憶，甚至成為了新的記憶。這樣的神話與迷思持續了數十年，直到一九七〇年代，法國人才終於開始重新檢視這段失落的記憶。檢視的結果，即是「鏡像破滅」。

一九六九年，著名法國導演馬歇爾・歐佛斯執導的歷史紀錄片《悲傷與憐憫》（*The Sorrow and the Pity*）問世，震撼全法國的觀眾。這支長達四小時的紀錄片鉅細靡遺地揭露了法國人所不願面對的真相，那就是當年維琪政權曾經受到熱烈歡迎，許多法國人都曾替維琪政府效力，甚至充當納粹的幫兇，共同迫害猶太人。

所謂「矯枉必先過正」，歷經神話破滅的法國人，旋即進入了胡梭所謂的全新「執念」階段：從一九七〇年代開始，與維琪有關的歷史過往、那些曾經被塵封與壓抑的記憶，無論是替維琪辯護的還是批判維琪的，全部都有如野火燎原般在法國社會引爆出來。在六八學運浪潮的加持下，法國年輕人發現自己的長輩並非官方所說的自由鬥士，而戴高樂與他的神話則成為需要對抗與改正的舊威權。

國際輿論也助長了法國人對這段黑暗過往的全新執念：從艾希曼大審判（Eichmann Trial）到以阿戰爭，猶太人與反猶主義逐漸成為全球關注的焦點。美國史家羅伯特・帕克斯頓（Robert Paxton）的全新著作《維琪法國》更是大大衝擊了法國輿論：該書研究德國檔案後發現，維琪法國不只有著深厚的反猶傳統，甚至主動在德國占領時期與納粹合作，鏟除猶太人。

法國人於是反思維琪政權在猶太大屠殺（Holocaust）所扮演的角色，司法單位也跟著重新追溯維琪政權曾經犯下的各種反猶太或反人類罪責，而一連串轟動各界的調查審判也協助塑造了新的國民記憶。

維琪問題就此成為法國社會揮之不去的陰影，每每牽動法國人的敏感神經。它不只是學界研究的新顯學，也變成國內政治與意識形態之爭的新題材。法國人不斷自問：維琪法國究竟能不能代表法國？法國人是否需要對維琪法國所犯下的黑暗歷史概括承受？

法國人的答案是高度分裂的，一如一九四〇年的法國。上至政治人物的發言、追溯加害者罪行的司法審判，下至歷史課本與歷史教育、相關電影、出版品乃至報章雜誌投書等，只要涉及維琪法國的過往，都會在法國引發接近歇斯底里的激烈爭辯。

一九八一年，左派社會黨領袖密特朗（François Mitterrand）當選法國總統，他早年支持貝當元帥、並在維琪法國任職的往事再度受到全國關注。密特朗同樣援引戴高樂那套「維琪不等於法國」的言論，差別在於他因此認定法國不需要為猶太人大屠殺負責。密特朗的「切割論」引發軒然大波，並遭到日後繼任總統的席哈克（Jacques Chirac）嚴厲駁斥。

即便是二十一世紀的今天，維琪法國的這段黑暗過往也仍是法國總統馬克宏（Emmanuel Macron）與極右派挑戰者瑪琳・勒朋（Marine Le Pen）之間經常交鋒的主題。當馬克宏認為法國政府對當年猶太大屠殺的受害者負有責任時，瑪琳・勒朋同樣表示維琪政權的罪行能與法國切割，因此法國人不需要向猶太人與其他受害者的苦難道歉。

胡梭認為，法國人對維琪過往如此執著，其實反映了法國人歷史記憶的長期分裂。從一七八九年的法國大革命到一八九四年的德雷弗斯事件（Affaire Dreyfus），再到一九四〇至一九四四年的黑暗年代，法國社會始終存在著難以跨越的鴻溝：保守法國與激進法國、農村法國與都會法國、天主教法國與新教法國、左派法國與右派法國。胡梭寫道，像這樣根深柢固的差異，「每隔一段時間就會在法國社會中劃出一道裂痕」，並導致了法國人破碎的身分認同。

胡梭並不是唯一指出法國既有分裂與矛盾的學者，有些史家甚至進一步用「法國對法國的戰爭」（Franco-French War）或「隱形內戰」這樣的詞彙，來形容法國內部的分裂程度。然而，胡梭這本《維琪症候群》仍有三項特別獨具洞見之處。

首先，胡梭利用了當年非常符合直覺的醫學詞彙，將這個現象賦予了「症候群」的解釋框架。「維琪症候群」也成為了日後研究法國現代史者無法迴避的關鍵字詞。

其次，胡梭對記憶的研究讓人得以一窺各種「症候」背後的複雜脈絡。法國社會之所以對「維琪」會有這麼大的反應，就是因為法國人自己對過去這段記憶就存在著嚴重分歧。胡梭寫道：「在有意遺忘和求取記憶之間、在必須壓抑和壓抑之後無法預料的回歸之間、在傾向忽略與渴望實情之間」，其實存在著「永恆的衝突」。一如同樣研究維琪歷史的英國史家朱利安‧傑克森（Julian Jackson）所言，這段「歷史不該是非黑即白，而應該是在灰色陰影中書寫」，胡梭的著作深刻捕捉了集體記憶的矛盾與反覆無常。

第三，胡梭早在三十餘年前就已精確預料，法國人的「執念時期尚未結束」，因為「過去留下的惡果並未消失，傳統隔閡仍會持續下去」，而維琪法國的歷史，正是法國人與過去和解的最大障礙。不過，胡梭對法國的未來也不全然悲觀。他在書末寫道：「儘管戰後法國有如此多的動盪與分裂」，法國社會的深層結構也並未因為維琪症候群而瓦解；儘管挖掘記憶可能會讓破壞法國舊有的歷史形象，但法國社會仍舊能「逐漸找到新的共識」，對民主共和制度的堅持就是其中之一。

根據媒體報導，法國總統馬克宏曾在接見以色列總理時如此表示：

> 將維琪法國視作一個誕生自虛無、又回歸到虛無的政權是一件很方便的事。是的，這很方便，但它是虛假的。而我們不能將自尊建立在謊言之上。

或許，胡梭與本書最重要的貢獻，就是使法國社會產生某種「病識感」，從而有了直面自身黑暗過去的途徑。有愈來愈多的法國人開始理解到，維琪政權的黑暗歷史是一個惱人但無法迴避的切身問題。認識到這一點，至少更甚於活在美好但虛假的集體記憶裡。

導讀

維琪法國：一段晦黯鬱悒的創傷記憶

郭容吟／輔仁大學歷史學教授

法國領土曾在英法百年戰爭當中一分為二。北部地區，包括首都巴黎，全部落入英國人及勃艮第公爵的手裡。一四二〇年，在恥辱的《特魯瓦條約》（Traité de Troyes）下，被剝奪繼承權的法國王儲查理七世逃到中南部地區，建都於布爾日（Bourges）。法國軍隊在民族英雄聖女貞德的帶領下，力抗英國人及勃艮第公爵。五百一十八年後，歷史再度重演。只是這一次，南北分裂的法國不再是對抗而是合作，頑強抵抗的力量則來自於海外與地下活動；而民族英雄不再是捍衛國家的英勇衛士，反而成了敵軍卑躬屈膝的合作者。

一九四〇年夏天，在德軍「閃電戰」的猛烈攻擊下，法國拱手交出了首都巴黎。已經遷到西南部波爾多的雷諾政府為了休戰與否，內部產生了激烈的爭辯。主和派勢力壓過了主戰派勢力。[1]由於內閣多數成員傾向休戰，總理雷諾被迫辭職，並且由貝當元帥這位一戰時期的「凡爾登勝利者」（vainqueur de Verdun）、深受法國人愛戴的民族英雄來擔任總理。貝當上台後隨即宣告停戰。而希特勒為了報復及羞辱法國，刻意選在貢比涅森林（Forêt de Compiègne）這個德國簽署一戰投降協定的地點來接受法國的屈服。在當年重創德國的那節火車車廂裡，法國領土被殘酷地一分為二：由德國人控制的「占領區」囊括了法國整個北部地區及西南邊沿海地帶；而南部及海外殖民地的「自由區」則由貝當政府所管轄，定都於法國中部維琪（Vichy）這個以溫泉療養聞名的度假勝地。「自由區」必須負擔「占領區」沉重的巨額開支；法國被全面解除武裝，只能保留一小支用來維持秩序的軍隊。法國國號改名為「法蘭西國家」（État français），第三共和就此劃上句點。

維琪政權接下來要建立的是一個懷古的、重視農業及手工業、父權領導的基督教精神國家，一個跟一七八九年法國大革命之後的共和體制及工業社會有所切割的國家。新的憲法賦予了貝當實行個人專制的正當性，國家所有的大權都集中在這個八十四歲的老元帥手中。維琪政權在某些層面甚至可以說是一個充滿傳統主義與宗教色彩、沒有國王的君主政體。貝當通過憲法指定一名「儲君」，讓一心一意想把法國法西斯化的親納粹反猶份子「拉瓦爾」（Pierre Laval）來繼位。維琪政府統治下的法國社會是一個等級的、專制的、反民主、反共和體制的社會；輿論受到嚴格的控制，政黨政治被廢除，參議院及眾議院無限期地休會，而且所有政府高層官員都要對元帥宣誓效忠。

隨著共和國的結束，共和精神也跟著煙消雲散。貝當元帥的肖像取代了共和女神「瑪麗安」

（Marianne）；「自由、平等、博愛」的原則被維琪政府奉為圭臬的「工作、家庭、祖國」信條所替代；共和制度宣揚的世俗精神（Laïcité）被扔到陰溝裡，天主教統治集團又重回神壇並再度接受國家的補助。此外，維琪政權也廢除了所有用來培養小學教師的師範學校，因為那是滋生世俗及共和的溫床。維琪政權統治下的法國是封閉的民族主義者以及極右派所標榜的「法國人的法國」。法國今後不再庇護外國人，排外政策勢在必行。而維琪政權的反猶行動，從一九四〇年十月開始，更是如火如荼地展開。貝當政府對猶太人一系列大規模的普查與逮捕，導致為數眾多的猶太人遭到判刑、關押或直接送入集中營。肅清及鎮壓行動並不只限於猶太人而已，諸如共產黨人、共濟會成員、戴高樂派、抵抗運動份子以及所有維護共和舊秩序的人，全都是維琪政權極力鏟除的對象。肅清及鎮壓行動遍及許多層面。在各級的行政機關當中，大量的行政官員及公務員由於被視為是第三共和的殘餘而遭到革職；其中身為猶太裔的行政官員更是遭到監禁，有的甚至被判處死刑。②

投降納粹的維琪法國無可避免地必須跟德國占領者合作。這種合作不見得都是心甘情願的，

---

① 主和派勢力以貝當元帥（Maréchal Philippe Pétain）及總司令魏剛（Maxime Weygand）為首；而主戰派勢力則以總理雷諾（Paul Reynaud）、內政部長喬治・蒙代爾（Georges Mandel）及國防部次長戴高樂（Charles de Gaulle）為代表。

② 其中包括了一些著名的政府高層如蒙代爾、前總理雷歐・布魯姆（Léon Blum）、前財政副秘書長皮耶・曼代斯－弗朗斯（Pierre Mendès France）及教育部長尚・札伊（Jean Zay）等人。

很多時候都是在迫於情勢或壓力下的一種被動的合作。然而，有一小部分的法國人是所謂的「附敵份子」（Collaborationnistes），也就是竭力提倡與希特勒帝國積極合作的一群人。③這群人厭倦了維琪政權在意識形態上的畏縮、不夠法西斯；他們崇拜法西斯主義或納粹主義，企圖在法國建立一個像德國納粹那樣的體制。這些野心家各個都想成為法國未來的「元首」（Führer）。他們認為將來納粹勢必統治整個歐洲，因此法國必須盡快納粹化，如此才能在這個「納粹歐洲」當中占據最有利的地位。

在法國有兩股主要的勢力完全站在維琪政府及「附敵份子」這種親德立場的對立面。他們自始至終就拒絕接受貝當政府的休戰協定並決心跟納粹奮戰到底。一股是位在倫敦的戴高樂「自由法國」流亡政府，另一股是分散在法國境內、無組織的、自發性的抵抗運動。這兩股勢力在一九四二年開始整合，成了法國對抗納粹與維琪政權的最大力量。一九四二年十一月，盟軍登陸北非，維琪法國在北非殖民地的軍隊倒戈，貝當政府失去手中最大的一張王牌。為了報復盟軍，希特勒吞併了維琪政府控制的「自由區」，整個法國完全落入德國納粹手中，貝當政府徹底成了希特勒帝國的傀儡政權。從這時候起，維琪政權愈加地法西斯化。在納粹的壓力下，虛弱癱瘓的貝當政府不得不讓完全聽命於納粹的「附敵份子」進入內閣。這些「附敵份子」掌控了法國所有的警力、獄政系統、情報通訊網絡及宣傳部門。警方以及可以說是納粹「蓋世太保」附屬部隊的「法蘭西民兵團」（Milice française）在逮捕猶太人、鎮壓抵抗運動的行動上更為加劇。有些抵抗運動成員並排在大街上被集體槍決，更多的是像游擊隊（Maquis）這種在戰鬥中被擊斃在山野林間的抵抗份子，或是像著名的年鑑學派史家布洛克（Marc Bloch）一樣，在監獄當中受盡酷刑後被納粹槍決。掩蓋在維琪政體這件外衣底下的，是一個不折不扣的極權制度。

一九四四年六月六日盟軍在諾曼第登陸，這個關鍵性的一天敲響了希特勒帝國的喪鐘；與此同時，抵抗運動及各地的解放也在法國境內遍地開花。而在一九四四年八月二十六日，當離開祖國整整四年的戴高樂在萬人簇擁下，百感交集地走在香榭麗舍大道上時，此時的貝當早已被德軍帶回德國境內軟禁。維琪法國從一九四〇到一九四四這短短四年的壽命也就此宣告終結。

作者亨利・胡梭是維琪法國歷史這個領域相當具代表性的學者。他也是創造「否定主義」（négationnisme）與「抵抗運動主義」（résistancialisme）這兩個專有名詞的歷史學家，而這兩個為人熟悉的名詞就是出自於這本知名的著作。在本書中，胡梭運用心理分析的術語來描述法國社會對維琪時代的共同記憶。伴隨著這段創傷記憶的症候群總共分成四個階段：在第一階段（一九四四至一九五四），法國人忙著解決肅清、特赦、內戰後遺症等難題，弔唁並不是優先工作。更何況，戰後疲憊不堪的法國人亦不願再面對這一段血淚斑斑、充滿苦痛與恥辱的「黑暗歲月」（Les années noires）。他們對過去維琪法國所犯下的諸多罪行保持緘默，選擇性地遺忘這段不

③ 著名的「附敵份子」如建立「法國人民黨」（Parti populaire français）的賈克・多里奧（Jacques Doriot）、「國家人民聯盟」（Rassemblement national populaire）的馬塞爾・迪亞（Marcel Déat）以及「法西斯黨」（Francisme）的馬塞爾・畢卡（Marcel Bucard）。

堪回首的歷史。畢竟頭號法奸拉瓦爾已經被宣判死刑，貝當也跟他的偶像拿破崙一樣被終生監禁在海外小島，許多「附敵份子」也已經受到應有的制裁。甚至那些在維琪時代跟德國人交往的女人，也被拖到大街上公審；她們被扒掉衣服，剃光頭髮，被眾人唾棄與羞辱，有些則被活活打死。經歷二戰的法國如今已經遍體鱗傷，何苦再拿刀去捅這潰爛的傷口？

對於維琪時代的記憶在第二階段（一九五四至一九七一）被徹底壓抑。在這個階段，戴高樂主義與抵抗運動的英雄事蹟被大肆頌揚，甚至被塑造成偉大神話。活在戰後「光輝三十年」（Les Trente Glorieuses）之下的法國人，在戴高樂號召重現法國「偉大」（Grandeur）的國家藍圖下，正雄心壯志地譜寫著二十世紀法國最壯麗的史詩篇章，沒有人想再提起法國內戰以及維琪這個助紂為虐的傀儡政權。然而，一九七〇年初，著名的記錄片《悲傷與憐憫》（*le Chagrin et la Pitié*）的推出、圖維耶事件以及美國史家羅伯特・帕克斯頓（Robert O. Paxton）那本著名的《維琪法國》（*Vichy France*）的問世，無情地撕開了這個舊傷疤。法國進入了作者所謂的「鏡像破滅」（Le miroir brisé）的階段（一九七一至一九七四）。最後一個階段，也就是一九七四年之後，法國社會對於維琪時代的記憶充滿著「執念」。法國人如同得了強迫症一般地不停召喚著猶太記憶，不斷提及納粹占領時期的那段歷史。

作者運用豐富多元的素材，以淵博精湛的學識及深厚的文化底蘊，具體且靈巧地呈現出法國社會對維琪時代的共同記憶。這是一本對於任何想要深入瞭解維琪法國歷史，或是對集體記憶研究有興趣的讀者，都絕不能錯過的經典之作。

維琪政府症候群

目次

第二部　傳承

精神官能症

撰寫這本書的念頭來自一個發現，也唯有年輕人的單純會對這個發現感到驚訝無比。一九七〇年代後期，我開始研究維琪政權的歷史，明知道這個話題仍然十分火爆，但我天真地以為當時已有足夠的距離能夠加以剖析。然而，患者一息尚存：還不到法醫鑑定的時間，需要的是醫生，甚至是精神分析師。

因為，所有書寫黑暗年代的文字，包括歷史學家的著作，它們引起的激烈反應雖令人感到意外，但真正料想不到的是該時期仍然具有**現時性**（actualité），它帶著令人難以置信的存在感，有時還會轉變成執念，造成不斷出現的負面新聞、侮辱、謾罵，各種誹謗訴訟，以及足以涉及全民族的事件，例如審判克勞斯·巴比，或逮捕保羅·圖維耶；動盪又令人著迷的過去，讓文化領域被它的影像所侵占，出現了「懷舊」風……

所以在單純的科學表達之上，還生出了緊迫感，因為在維琪歷史形成的同時，另一段歷史也在構建，內容包括維琪的回憶、餘像與走向，從一九四四年以後開始，一直持續到現在仍無法確定的時刻為止。

我出生在戰爭結束的十年後，一九六八年五月留下的回憶和影像，形成稍嫌沉重的陰影，我就屬於在那陰影中長大的「一代」。我們缺乏足以認同的「奠基性事件」（événement fondateur），意指將思想群體和記憶群體結合在一起的事件，就像占領時期有些人積極參與抵抗運動、有些人則加入另一個陣營；又如戰後將心力投入阿爾及利亞戰爭①，或是翻攪出一九六八年五月的熱潮②。不僅如此，我這一代還被迫目睹了無休止的肅清，處理早先的衝突所留下的後遺症，尤其是一九四〇年代的分裂惡果。即使四十年過去了，但很大一部分的政界人士與知識分子，無論年長與否，仍然在玩著小說《黑色行列》的把戲。

記憶的領域

除了純屬主觀的原因之外，歷史學家幾年來關注「記憶現象」也是不爭的事實。按理說，歷史和記憶是兩種在面對過去時，具有明顯區別的感知。這一點經常被人拿出來分析，特別是最近皮耶．諾拉所做的研究[1]。記憶是不斷進化的親身經歷，而歷史，這裡指歷史學家的歷史，是具有學術性與抽象性的重建物，更傾向於界定經過建構且持久的知識。記憶是複數的，因為它來自社會團體、政黨、教會，以及區域、語言或其他類型的群體。從這個觀點出發，所謂「集體」記憶，乍看之下是某種組合體，因為它由分散的異質性記憶，形成不完全的總和。相反地，歷史則具有更為周延，甚至普世的使命。雖然存在種種衝突，但它是公民資格的基礎。記憶有時屬於神聖的、信仰的範疇；歷史則是批判的，不涉及宗教。記憶經常受到壓制，然而，按常理而言，在歷史學家的領域沒有什麼是不相干的。

這種區別方式，是二十世紀專有的特徵，由柏格森[③]的弟子莫里斯・阿爾瓦斯[④]進行了充分的說明，並由當代史學的演變展現出來，歷史記載轉為著重知識性而不再要求正當性。這種差異在上個世紀，尤其是在法國，幾乎不存在。歷史的主要功能，就是讓新生的共和國正當化，並締造出民族情感，皮耶・諾拉稱之為「歷史－記憶」（histoire-mémoire）。然而，到了今天，同化已成為不可能的事：承載前人傳統的農村社會四分五裂，而且訊息來源激增，這些都引導出大批研究社會實況的方法，再加上西歐自二戰以來，民族情感逐漸減弱，內部裂痕加深，更明確地說是由維琪造成的裂痕，在在使得歷史的演變與記憶的演變產生了分歧。

① 編注：指發生於一九五四至一九六二年間的阿爾及利亞獨立戰爭。阿爾及利亞在十九世紀初成為法國的殖民地。一九五四年阿爾及利亞民族解放陣線開始武裝反抗法國統治，爭取獨立。最終在一九六二年終於脫離法國獨立。

② 編注：又稱五月風暴。指一九六八年法國一場為七週的學生運動。最初起自於戰後嬰兒潮世代對高等教育過度膨脹引發的學位貶值的抗議，後來因全國有許多年輕工人響應罷工，轉變為工人運動。這也促使此後法國一連串變革，包含左派思潮、女性主義、環保思維等等。

③ 譯注：法國哲學家，於一九二七年獲諾貝爾文學獎，晚年飽受維琪政權的反猶太法刁難。

④ 譯注：法國社會學家，逝世於布亨瓦德集中營。

> 隨著社會對國家的取代，藉由過去——也就是歷史，在獲得正當化的過程中退位，繼之而起的是通過未來取得正當性。過去種種，我們只能認識它和敬畏它，說到國家民族，我們為它服務；未來種種，則必須為一切做好準備。以下三個詞重新拿回了自主權。民族不再是鬥爭，而是饋贈；歷史成為社會科學；記憶純屬私密現象。民族—記憶（nation-mémoire），將是歷史—記憶的最後一個化身[2]。

於是歷史學家的研究室有了新的題材：記憶的歷史，也就是說，研究各種各樣社會行為的演變、它們的形式與內容；其目標與作用，無論是否明白地表現出來，都對過去進行表述並維護往事，留下它的回憶，也許是在某個特定群體的內部，也許是在整個社會的內部。

這類歷史根植於「記憶的地點」，也是皮耶·諾拉和他團隊的研究對象，它是紀念過去，具體、可見，而且持久的痕跡。記憶的歷史產生在具有獨特記憶的特定群體中，如菲立普·朱塔的《卡米撒教徒》[3]，或安東·波斯特的《退伍軍人》[4]。不過它也會圍繞一些關鍵事件而再度顯現出來，當這些事件的餘燼熄滅之後，它的回憶仍會長久持續下去，並滲透到整個社會。例如法國大革命，可想而知[5]；再如旺代起義⑤[6]，它與前者有直接關係，最近重新為人所注目；以及第二次世界大戰[7]。這些主題受到歷史學家的關注，不再只是為了建立、完備或審查事實本身，而是分析事件在集體記憶中留下的回憶。

在上述最後這個類型中所探討的時期，都與法國統一和身分認同的重大危機有關，這一點絕非巧合。這些時期留下了最持久、最有對抗性、也最鮮明的回憶。尤其是這些危機相互提供養分，前一個危機的記憶在下一個危機中產生作用：法國大革命之於德雷福斯事件⑥、德雷福斯之於維琪、維琪之於阿爾及利亞戰爭，等等，過去留下的回憶，即使只占了次要的位置，也是構成危機的要素[8]。

採取「基於事件」的方法，好處在於可以強調各種張力的強度，所有對過往具有集體性重現的表象，就是從上述張力獲取養分。這些張力首先存在於敵對的社會群體之間，他們彼此都非常嫉妒對手的重整：前戰俘不會具有前游擊隊員或集中營受害者的過往經歷與記憶；其次，在所有或部分帶著「優勢記憶」（mémoire dominante）的群體之間，這種記憶如同擴散的集體情感，牽引它的是對過去的特定詮釋，而且還能具有官方記憶的價值，這裡指的是戴高樂主義的記憶或共產主義的記憶；還有，介於自主記憶和潛在記憶之間，前者體現為慶祝活動、建造紀念性建築物、頒發勳章，或安葬典禮的記憶，而後者具有內隱的特性，經常受到壓抑……，於是形成了各種失誤、心照不宣、疏漏，尤其是壓抑之後的回歸。因為，即使是以社會為範圍對記憶進行研

⑤ 編注：一七九三年發生於法國西部以旺代地區為中心的農民反對徵兵事件，被視為保王黨起義，期間大量平民遭共和國軍隊屠殺。

⑥ 編注：一八九四年一名猶太法國軍官被誤判為叛國罪，引發了一連串的政治社會爭議，此事件讓法國不得不正視國內的反猶問題。

究，記憶仍然像是由遺忘所組成的結構體。

然而這些張力也出現在書寫歷史的手法之中。歷史學家，無論是專業還是業餘，永遠受制於自己生活的年代與時期。他認為自己處於集體記憶網的十字路口：一方面，他和所有公民一樣，受到優勢記憶的支配，這個記憶時常違背他的意願，暗示他做出某些詮釋、甚至研究的方法；另一方面，歷史學家本身就是「記憶媒介」（也是享有特權的媒介），於是他對過去提供的某種看法，有可能在漫長的歷程之後，改變了指涉當時的表象。

因此，很難針對法國大革命、維琪或阿爾及利亞戰爭，談論歷史的普遍性。由於歷史不再具有塑造民族認同的秉賦，所以它不僅沒有治療的特性，而且（至少在短期內）往往還被迫將最初的破裂延續下去：只需要觀察上述各個「法法戰爭」的歷史，它們的書寫手法如何激烈即可。其中維琪，就是最具有代表性的例子。

為什麼是維琪？

「逝去的時代在時機來臨時，會發揮出螢幕的功用，提供給後來的世代，讓他們在表達自己的矛盾、痛苦與衝突的同時，把它們全都投射在這面螢幕上[9]。」這段話出自克里斯多夫・波米安。這幾句話似乎是一九七〇年代初，伴隨著占領時期的回憶所出現的狀況。因此，有必要回到源頭，從事件的本身試著去辨認，一旦危機結束，有可能持續與再現的究竟是什麼。

一九四〇至一九四四年的回憶，是如此持久又頗具爭議，首先當然是因為那場悲劇異常嚴重，在法國歷史上幾乎算是獨一無二。三〇年代就已動盪不安的法國，在幾年之內經歷了一系列接連不斷的打擊：一九三九至一九四〇年的戰爭，時間雖短但後果嚴重（大約九萬人喪生，近兩百萬人被俘），軍事上出乎意料的慘敗，凌辱殘暴的外國占領時期，領土與帝國的瓦解，內戰於一九四四年到達頂點後，伴隨著肅清，一直持續到解放，最後是一九四四至四五年的再度投入戰爭，此外還面臨經濟、政治與道德，各方面的重建所帶來的問題。這樣的陳述平凡無奇，但是別忘了，上述一連串災禍發生的時間，只相當於和平時期一屆國會的任期期限，法國人還沒有足夠的時間來接受、理解和哀悼發生在他們身上的事，就立刻又捲入了另一場風暴之中：正是出於維琪、受制維琪，我們開始意識到敗戰的嚴重性，也正是出於肅清、受制肅清，大多數人才意識到什麼是貝當政權。

其次，一九四〇年的敗戰，擊倒了帝國與表面上很牢固的政體。不過幾個星期，全國上下的所有機構，以及軍事、政治與地方的各界菁英，全都一蹶不振。貿易與分配的渠道突然中斷。剎那間，權力當局似乎消失在巴黎和波爾多之間的某個地方：這種狀況在當代大型國家的歷史上前所未有。

接替第三共和，並給予它致命一擊的政權，名為「法蘭西國」（État français），該名稱本身就指出了突然的權力真空狀態。這個名稱不具有任何意識形態的考量，類似魔法師的咒語出現在維琪市的遊樂中心，時為一九四〇年七月十日，正是法國崩坍之時。一開始，法蘭西國並不是一個國家，因此才生出內部重建與現代化的空想。關於維琪的悲劇，有個說法曾經被多次提起，那就是它相信自己可以在占領軍的注視下，迅速填補一九四〇年六月法國人腳下突然出現的空虛。於是法國人一切只能靠自己，同時受制於德國人，夾在元帥的安撫言論和占領時期的嚴酷現實之間，左右為難，受制於數個權力當局，但沒有一個具有絕對的合法性，他們經歷坍塌的苦澀滋味，即使想要遺忘，也久久難以擺脫。

一九四〇至一九四四年間爆發的多重內部衝突，毫無疑問是讓維琪成為法法戰爭典型的主因。早在一九三〇年代，對於法國可能面臨的危險，大家早已對它的本質有過爭辯：在某些人，尤其是左派的眼中，將主要的危害視同法西斯主義與納粹主義（包含法國本土自產的也在內）；其他人則相信主要威脅來自人民陣線和共產黨。雙方唯一的共同點是優先考量「內部敵人」，右派尤其如此。先是慕尼黑危機，然後是停戰終於使得所有立場明確下來，雖然肯定也有最後一刻才換邊站的人。總之，裂痕逐漸出現，劃分出附敵行為和抵抗運動，這兩個極度迥異的團體，終歸要分裂得涇渭分明。

然而，這個初始的裂痕有時會掩蓋其他更為深遠的嫌隙。因此，法國大革命中從未放下的舊時隔閡，於占領時期「再現」，就像德雷福斯事件一樣：反對共和體制而生出的鬥爭，從一九四〇至四一年間，自憲法法案到教權趨勢之種種可見一斑，儘管當時的鬥爭並不如我們想像中那麼劇烈，卻是維琪追隨者的執念。正如他們藉由法律與法規將反猶太主義正式化的做法，並非來自納粹主義，而是受到法國傳統的影響。

還有那些公然爆發又充滿暴力的社會對立，直接呼應了一九三六年的幾起事件：維琪政權在許多方面都是為了報復人民陣線，從生產組織法⑦到里永市失敗的控訴案⑧，這一點早已不是新聞。當然，並不是所有的企業老闆都是附敵分子，更不是所有的工人都參與抵抗運動，差得遠了。只是大家都足夠敏銳地意識到，在那幾年是什麼把他們區分開來讓頑強的仇恨持續下去，不論有沒有道理。

正是這種內在分化的多樣性，讓我們可以拿「內戰」這個通用的字眼來形容。用語或許令人震驚，但其實根本比不上一九三六年的西班牙，或是戰時與戰後的希臘，也比不上南斯拉夫，更不用說德國或義大利了。然而，在法國這個有著深厚的議會、民主與共和傳統的國家，這是自巴黎公社以來，第一次呈現帶有凶狠、激進特質的內部鬥爭。

一方面，維琪政權和附敵行為的支持者，直接導致十三萬五千人遭到判刑、七萬人成為受到關押的嫌疑犯（其中包括許多來自中歐的政治難民）、三萬五千名公務員被撤職[10]。排斥條款使得六萬名共濟會員成為登記在案的受害人，其中六千人受到調查訊問，遣往集中營的九百八十九人中，有五百四十九人喪命[11]。法國政府部門與受僱於德國人的團體合作，造成了七萬六千名法

⑦ 譯注：主要是把經營權交給資方，將工會排除在外。
⑧ 譯注：一九四二年，維琪當局在里永市（Riom），對第三共和的執政者與部分將領提出控訴，指控他們必須為戰敗負責。此案不了了之。

籍與外籍猶太人關押至集中營，其中僅有不到百分之三的人得以生還。同樣一批主事者，將六十五萬名工人以「強制勞動服務」的名義，送往德國，並且毫不間斷的攻擊抵抗運動與所有反對者。當然，並不是所有的處決、暴行與遣送集中營的裁決，都直接出自維琪或附敵行為的支持者。不過目前可以確定的是，在當時眾多的受害者之中，有相當一部分人士所承受的衝擊，並非來自外國占領勢力或軍事衝突，而是源於內部鬥爭。維琪就是衝擊產生的最初環節：這是事實，不是意識形態的成見。

另一方面，自由法國與抵抗運動進行的戰鬥也留下了血腥的痕跡，這一點同樣超越了任何道德或意識形態的臆測。大約有一萬人在臨時政府的法定司法機構之外遭到殺害，其中有一半發生在一九四四年六月六日之前，也就是處於占領時期內。在軍事法庭、法院和民事法庭審理的十六萬零二百八十七起案件中，百分之四十五的案件不予起訴或宣告無罪，百分之二十五涉及破壞國家並因此喪失公民權，百分之二十四入獄服刑，其中三分之一判處有期強制勞役或無期徒刑。最終，判處死刑者為七千零三十七人，實際執行為七百六十七人。職場上也有肅清行動，在不同行業中的執行程度與公正性各不相同，這裡只舉出兩個例子：一百五十名高階主管與企業負責人受到波及，其中不乏大型企業的領導，還有七百名左右是教育體系的公務員[12]。

除了這些數字以外，在法屬西非和敘利亞，忠於維琪和投效自由法國的士兵之間發生多次衝突，也奪走了數千條人命。總而言之，占領時期的兄弟相殘絕對不是「冷內戰」或「言語」內戰，它就是內戰，進入法國歷史的內戰。而且內戰向來最難消化，因為它和對抗外國人的戰爭不一樣，戰鬥過後「敵人」還留在原地。

除了法國國內局勢的因素外，還有二戰本身的特性。首先，它是屬於意識形態的戰爭，與第一次世界大戰具有很大的差異。從這個角度來看，法國的裂痕與全球性的問題相吻合，皆源自三大政治體系之間的衝突：法西斯主義／納粹主義、共產主義，以及議會民主制，此一衝突遠遠超出了一九四五年五月八日的範圍。

其次，這一次大戰在各地都引起了深度動亂，法國也不例外。例如一九四〇年的閃電戰、一九四三至一九四五年的轟炸，在驚恐不安的人民眼中，在在披露了科技如何掌握了時代的腳步。那些仍然執著在一九一四年的戰壕與人力耗損的人士，很難意識到戰爭規模已產生變化的重要性。不禁想到六月十八日的呼籲：「……今天我們被機械的力量擊垮，但未來我們能以更高等的機械化力量取得勝利，這是世界的命運。」面對政府與社會的崩潰，人民在恐慌之際，愈來愈意識到只有「強大」的國家，才能對抗自經濟以至戰爭的嚴峻危機，才能考慮到上述新科技的層面，而且最重要的是，如此才足以確保對公民的保護。在巨大的變化造成混亂之後，必然會有這樣的推論。美國歷史學家威廉·麥克尼爾甚至主張福利國家直接來自戰爭國家[13]。

最後，繼亞美尼亞人、滿洲人、德國人、俄國人、西班牙人和歐洲猶太人之後，法國人在那幾年也直接承受了世紀的暴行、大規模恐怖事件、集中營現象，死亡成為尋常可見且一貫出現的政治武器。

無孔不入的政府勢力、科技、有組織的暴力，還有，貿易全球化、世界上大部分地區的市場與眾人心態漸趨一同……。因此我們能夠理解，第二次世界大戰在很大程度上孕育了我們目前的世界，我們的此時此刻。然而，這個誕生的過程充滿了痛苦、疏離與分裂。許許多多額外的論據，都能解釋法國人（和其他人一樣）如何艱難地接受了這段過去。

為什麼選擇維琪作為我的切入點？為什麼不以同樣的邏輯，針對抵抗運動的回憶與記憶提問？當然，抵抗運動人士與抵抗運動，也都出現在本書之中，但出於個人選擇，同時為了限定主題的範圍，我有意省略了四〇年代某些部分的整段記憶，例如共產黨的記憶（只有一本書的篇幅是不夠的！……），以及特別和那段往事相關的團體的記憶，這些都已經有人研究過了[14]。

基於最初的假設所得出的想法如下，關於法國人難以和他們的歷史和解的這件事，內戰，尤其是維琪政權的到來、影響和作為，扮演了重要、甚至最主要的角色。其程度要高於外國占領勢力、高於戰爭、高於戰敗，當然後面這幾點事實並沒有從認知之中消失，而且它們還經常受人以維琪視角來觀察和理解。

所謂「集體」記憶，有點像佛洛伊德理論中的潛意識，首先存在於該記憶**表現出來的行為與態度**中，那是它以清楚或含蓄的方式，讓大家看到的東西。維琪症候群是由各種症狀、各種行為與態度，所形成的成分各異的整體，尤其表現在政治、社會與文化生活，它顯示了占領時期造成創傷一事確實存在，特別是和內部分裂有關的創傷，會在事件結束之後持續存在，有時還有進一步的發展。

這些症狀的依時間排序明白指出了四個階段。一九四四到一九五四年，法國直接面對從肅清到特赦，出自內戰後遺症的種種難題：這是哀悼的階段，其中的矛盾形成了後來的嚴重後果。一九五四到一九七一年，維琪留下的回憶，衝突性變得比較小，除了一九五八到一九六二年間發生零星的「往事再現」。法國人似乎很排斥這場內戰，這股壓抑的力量來自一具有主導地位的神話：抵抗運動主義。這個詞是解放之後，由反對肅清的人士所塑造出來的（見第一章），但它在這裡有另外的含義。首先，它代表企圖將維琪政權邊緣化的過程，一貫性地低估維琪對法國社會的影響，**其中包括最負面的幾個方面**；其次，它代表將「抵抗運動」作為記憶「客體」的構建過程，抵抗運動的內含物，遠遠超過少數活躍抵抗人士的總和，這個客體體現在「地方上」，受到表揚與慶祝，尤其在某些意識形態團體中，例如戴高樂主義者和共產黨人；第三，它企圖將「抵抗」同化到整個民族，這一點尤其是戴高樂抵抗主義的特徵。

一九七一至一九七四年間則進入第三階段，鏡子破了、神話粉碎，如同「壓抑者的回歸」。隨後它開啟了懷著執念的第四階段，而我們似乎仍然身處其中；它的特殊性在於一方面出現猶太記憶的覺醒，這一點不論是過去或現在，都對症候群發揮了關鍵的作用，另一方面，占領時期的遙遠回憶在國內的政治辯論中，具有相當程度的比重。

因此，本書的第一部分試圖勾勒「精神官能症」的輪廓，之所以會出現心理分析的詞彙，不過是利用它隱喻的作用，而不是為了說明。在這個部分中，並沒有對各種類型的表現做出篩選：

一句總統簡短的發言，或是一部電影引出的爭議，它們和分析一場引人注目的訴訟案，都受到相同的對待。基於這個觀點，事件當時的話題性是唯一考量，不論它本身有多不重要。

本書的第二部分尋求透過研究傳遞往事的媒介，來區分表現回憶的形式，特別是那些在症候群的歷史中發揮了決定性作用的媒介，例如紀念活動、電影和歷史編纂（從歷史著作到教學）。首先是紀念活動，因為它們似乎無法成功建立起官方記憶；其次是電影，對於形成共同記憶，或說集體記憶，影像似乎具有決定性的影響；最後是歷史編纂，歷史學家和歷史著作再次成為傑出的記憶媒介。

最後，本書觀察和分析了**傳送者**，他們何時以及如何提出那些嘗試表述過去的符號（或是這些符號顯示出隱隱存在的過去）；然後將注意力轉向**接收者**，「擴散的記憶」有可能和組織起來的記憶（政黨或協會）或學術記憶一樣重要，但它是後二者的最終挑戰。尤其是因為「擴散的記憶」不會形成對過去有邏輯、有系統的觀點，只能表達個人的看法。不同年齡層、各個思想派別的法國人，他們是否感受到周遭提供出來的各種表象？

本書的完成圍繞著一個想法，也是一個假設，那就是餘波不僅起伏盪漾，在歷史洪流中也能找出定位。同時希望以「開放」的態度加以呈現，因此沒有任何追尋詳盡，或是專斷的意圖。明確的開場白自有它的重要性，本書務求不致太過受困於自己所描述的症候群之中……

再版前言

一九四四至一九八……。本書於一九八七年①推出初版，書名早已暗示那一段歷史的終站不是明天，而且第二次世界大戰尚未結束。至少一直到不久之前，柏林圍牆倒塌，東歐發生了幾起革命時，都還沒有脫離它的範圍。不出所料，三年來，占領時期的後遺症，持續翻攪著法國人的民族意識。因此，後續補充（以及對副標題的謹慎更動）幾乎是不可避免。經過覆校與修訂的第二版，增加了一些補充訊息，內容關於巴比的審判②、圖維耶和勒給事件③、幾起圍繞抵抗運動

---

① 編注：一九八七年 SEUIL 出版社的初版書名為：*Le Syndrome de Vichy (1944-198...)* (XXE SIÈCLE)。目前新版原書名為：*Le Syndrome de Vichy (de 1944 à nos jours)*。

② 編注：指德國蓋世太保領袖「里昂屠夫」克勞斯巴比（Klaus Barbie，一九一三至一九九一），雖然他被軍事法庭判處死刑，但實際上卻逍遙法外，據聞美國情報單位其實借用他的長才，利用他來蒐集情報。直到一九八二年才被遣返歐洲，在法國審判庭遭判處無期徒刑。一九九一年因癌症死於里昂監獄。

③ 編注：一九四二年七月十六至十七日由納粹指揮法國警察執行對猶太人的大規模追捕。共有一萬多名猶太人被關押在沒有食物和水的冬賽館，之後載運至集中營屠殺。此行動的負責人之一圖維耶（Paul Touvier）在一九九四年成為首位被指控「違反人類罪」的法國人。勒給（Jean Leguay）是此行動中遭指控犯下同樣罪名的維琪官員。

歷史的爭執，以及自一九八七年以來一些傑出影片的影響[1]。然而，真正的疑問是想知道在這幾年中，基本假設是否已經無效。這部分就交給讀者自行判斷。無論如何，我的感覺很清楚，那就是在我看來從一九七〇年代中期開始的「執念階段」症候群，保留了自己的特性：對危害人類罪的一連串起訴，證明了司法和法律成為日益重要的記憶媒介；種族滅絕的倖存者與前抵抗運動人士，非自願地先後進入了「歷史化」的過程；抵抗運動成為更新後的法國二戰歷史的主要議題。而且本書最初的評斷沒有理由受到質疑：在法國，占領時期的記憶依然具有衝突性，但是根據時代與當前議題區分彼此的界線，持續在性質上發生移動與改變。

然而，我沒有添加任何內容來掩蓋本書的不足之處，在這幾年間，透過歷史學家、主事者、見證人，或一般偶發性的讀者批評，讓我得以衡量這些不足的類型，所有批評無論是否出於善意，我都感謝他們的意見。原本在史學領域相對孤立的研究項目，因為這些批評獲得了進一步的探討，如今也有了改變。我保留了其中四點性質和範圍各不相同的評論。

由於本書不以完整詳盡為目標，必然會存在空缺。例如，我沒有充分考慮到這個現象的全球性：德國、整個歐洲，甚至美國、日本，都以相同或更高的程度，遭受了上一次大戰的回憶撕裂。在上述這些國家，二戰的回憶或以國內、或以國際為範圍，都具有衝突不斷的模式，而且往往十分尖銳，正如最近的奧斯維辛加爾默羅會事件[4]，或是德國歷史學家針對納粹主義的激烈討論，都足以證明，接著還有東歐新局面所引起的徹底審視。只有超越國界的視角，才能為二戰的回憶，還原它真實的規模。儘管如此，我還是嘗試指出，在法國，這種「無法放手的過去」首先表現在重建與維護民族認同的框架中。而且這個事實並非法國獨有，它也出現在許多既有軍事衝突、又有內部衝突，表現出內戰狀態的國家。

至於批評本書缺乏完整性，實際上涉及處理方法的難題。本書以具有代表性而列舉的波瀾，並非根據回顧時所建立的重要性等級來選擇，而是根據同時代的群眾經歷與他們當時的表述方式——至少是可以如實重建的部分，以及根據記憶範疇內的中期結論。舉例來說，《快訊》在一九七八年十月二十八日刊出的一篇訪談，造成了達其耶德貝波瓦事件⑤，而我之所以關注這件事，不是因為事件本身值得長期發展下去，而是因為它撼動了當時的人心。再加上此事引起的爭議，導致勒給與圖維耶成為法國首次以危害人類罪起訴的對象，這個轉捩點的重要性，以前並沒有被強調出來。

④ 編注：奧斯維辛加爾默羅會事件（Carmel d'Auschwitz）指一九八四年天主教的加爾默羅會在靠近奧斯維辛集中營附近開了一家修道院，引發猶太人抗議。

⑤ 編注：達其耶德貝波瓦事件（Darquier de Pellepoix）：本名路易斯·達其耶（Louis Darquier，一八九七至一九八〇）是維琪政府中的猶太事務專員。一九四七年被法國法院判處死刑，逃亡西班牙。一九七八年《快訊》採訪他，他在訪談中宣稱奧斯威辛集中營的毒氣室不是用來殺人，只是殺蝨子而已，過去的指控都是猶太人的謊言。他的這篇採訪引發輿論撻伐並提高法國人對迫害猶太人的了解與意識。

此外我經常為下列指責提出說明：指我做出帶有價值觀的評論，並表達一些沒有根據的先驗判斷。於是我修改了其中一些內容，尤其是關於克羅德．朗茲曼《浩劫》的部分。至於我所描述的症候群，如果想要擺脫那就太不切實際了，因為它已屬於我們所處時代的一部分，即使是歷史學家也難以逃避。對於帶有價值觀的評論，可能在談論電影的章節中更容易引起抗議。我既不是影像專家，也不是電影評論家，所以毫無意圖假裝這個章節出自專家之手，只不過歷史學家在要求這部分內容得到關注的同時，不能完全捨棄他作為單純觀影者的身分。

有很多人尤其是歷史學家，批評我對「佛洛伊德式」概念的使用，超出了它們的原始應用範圍。採用這些概念，一開始只為了啟發性的功能，讓我更能掌握描述出來的演變含義，並用來闡明歷史學家經常使用的基本觀念，況且也只運用了這些詞的一般用意，諸如壓抑、悼念、遺忘等等。我很了解「佛洛伊德式」的方法，只是各種可能的途徑之一，同時我在撰寫的過程中認為，如果論證時可以顯露出這條原始的思路，就會更容易理解。我以隱喻的方式著手，只是為了概述演變的模式，也許效果令人不甚滿意。我沒有可資利用的強有力理論，來說明集體記憶現象的複雜性，至少在我看來是複雜的，它不是基於既定的社會群體，而是根據明確的事件，儘管這個解讀框架被視為經驗研究，我也絕不放棄。有些人害怕想到歷史學家應該（和其他人一樣）建構自己的研究目標，所以多少也必須面對更趨近概念型的研究方法；也有些人正好相反，期待歷史學家同時是哲學家、政治學家、社會學家、人類學家等等，不知道是否反之亦然。如果我讓上述這些人感到不快，那也是沒辦法的事。

最後還有這樣的批評形式：在書裡只看到「意識形態的論證」。在此我從最激進的批評中舉出兩個，它們清楚顯示「一貫加以懷疑」的心態仍然存在。

馮西斯・瑪蒙德扮演昔日拉丁區戰士⑥的角色，認為自己看到和一九六八年五月有關的東西，察覺出「沒有參與其中而懷著怒火中燒的遺憾」，並且抗議本書給予這個事件的篇幅微不足道。於是，「壓抑」是「低調迷戀戴高樂的人格」所引起的，使我「想當然耳，不足以剖析他用欺騙的行為，壟斷、扭曲了某個象徵體系（**抵抗運動的象徵性**），為了自己的利益，使它產生偏移[2]」。多麼奇怪的批評。其實本書正是要詳細探討這種偏移。不過評論者沒有看到這一點。他的憤怒來自於本書只是單純提到一九六八年五月的「新抵抗運動」，但沒有向它致敬，沒有使它比其他同類的參考資料占據更多的篇幅。以四十年為範圍，「六月十八的人物⑦」（為了記憶而提，不具有任何迷戀）其觀點和行動，在我看來，要比詳盡分析五月事件中，示威者在面對法國保安警察隊那些假的黨衛軍時，出於何種動機高唱〈游擊隊之歌〉來得更加切題。後者顯然可以

---

⑥譯注：一九六八年五月十日晚上，學院聚集的拉丁區（Quartier latin）架起了路障，示威的學生與警方產生嚴重的衝突。

⑦譯注：指戴高樂。詳見第一章。

歸為紙老虎一類。然而，他的批評暗示了頗耐人尋味的實情：真正的遺憾，恰恰是「沒有參與其中」，蓋－呂薩克街的暴力示威者，留下的回憶並不十分強烈，但他們經常比維爾高游擊隊員更加喧鬧[8]。這個現象完全就是本書所描述的症候群。

另一方面，安妮・克伊潔的攻擊則完全相反，最頑強卻也最不明確。例如，她遺憾的表示，在法國，針對最終解決方案[9]及其後續結果所做的研究，「幾乎只有一個目的，就是將希特勒死亡機器的同謀，那些從旁協助者與執行者，送上審判台：他們有時是維琪官員，有時是法國警察，有時是具有古老法國血統的猶太人（……）」。她以本書為例（姑且這麼說……），也提到其他著作，其中麥克・馬魯斯和羅伯特・帕克斯頓的作品（《維琪與猶太人》，卡曼－列維出版社，一九八一年），「品質堪稱最佳，雖然這些著作在他們的問題意識與角度上，也出現總體曲解、基底謬誤之處，因為沒有從希特勒的德國這個源頭開始分析、沒有把外圍的重要參與者以及他們在這個塑造他們角色的從屬結構中的態度和行為歸位，於是這些著作最終只能得出與現實脫節和扭曲的分析。」她懷疑書中的分析純粹以意識形態為目的，不過是將「猶太大屠殺工具化」，於是認定分析無效[3]。

雖然以下只是附帶的論點但並非不重要。首先，本書的主題絕不是要做出任何「審判」，而是企圖關注自一九四四年以來，那些在法國社會中具有週期性的現象，至於孰是孰非完全是另外一回事。還有，本書正是在探索（無論成功與否）將往事工具化的各種形式，可是卻被指為不過是個工具，這個批評屬於典型的修辭手法，在評論方面缺乏真正的附加價值。基本上，我要證明自一九四四年以來，**在法國，維琪**的議題確實處於反覆出現爭論的核心地帶，頻率超過納粹的問題。我們可以對這項觀察感到滿意，或是惋惜，但到目前為止，沒有人能證明它「基底謬誤」，包括安妮・克伊潔在內。早些年，法國的歷史學家飽受批評，就因為他們忽略了關於維琪與占領時期的研究，但今天這種反向的指責，就令人無法接受了。

無庸置疑，上一個例子中的論點也頗值得關注，其原因不在於它表明了什麼，而在於它否認了維琪政權相較於納粹占領勢力的自主權範圍，以及因此而必須考慮的特殊性。這一點反而是過去二十年歷史編纂的重大進步之一，因為它顯示出法國當時的特殊狀況，在於結合了國家的附敵合作政策，以及內在革新的願望，後者即為實際上與占領事實無關的「民族革命」。現在我們有能力、而且有必要正確看待這個自主權，重新以對比的角度觀察維琪，從整個歐洲的層面考慮納粹的占領勢力，以及維琪與其他同類政權之間的相似性[4]。此後我們在進行這種比較時，不至於再陷入一切出於納粹占領者意願的錯誤看法。只是仍然需要預先界定「法蘭西國」（État français）的特性。

本書所做的探討，毫無疑問處於上述歷史編纂的潮流之中。雖然主要是在評估那段恐怖歲月

⑧ 譯注：蓋—呂薩克街是一九六八年五月事件，發生暴力衝突的主要地點；維爾高游擊隊是二戰時法國東南部抵抗運動的基地之一。

⑨ 編注：指二戰期間納粹德國對猶太人的種族滅絕計畫。

所留下的傷疤，具有何種性質與嚴重的程度，但同時也想就創傷本身提出不同的看法。

一九九〇年一月

第一部

演變

第一章　沒有完成的悼念
（一九四四至一九五四）

抱著客觀（同時樂觀）的態度來看待事物，會習慣把戰後定義為「解放」與隨之而來的「重建」兩個階段。黑夜過去了就是光明。然而，在結束了德國占領後的那十年，卻經歷了艱難無比的服喪期。照理說，它應該像一九一八年之後那樣，讓人期盼又符合傳統地悼念戰爭傷痛，但結果卻是內部的撕裂，反而讓人更為糾結，衝突連連。往事之所以屢屢在日後造成危機，正可以上溯到這段時期，暴露出法國社會沒有能力完全消除創傷。

「解放」，成了屏障記憶

惡夢結束迎來「美好的日子」，一開始的喜悅是那麼的深刻，一直持續了兩個世代之久。根據一九八三年的調查顯示，一九四四年的「解放」與一九四〇年的「停戰日」[①]，屬於「過去四

①譯注：指法國政府向納粹德國投降。

十年最重要的[1]」頭兩個事件（分別有百分之五十一與百分之三十一的法國人這麼認為）。儘管從那之後也出現過不少騷亂，但戰爭仍對法國人有最大的影響力。不過，從邏輯上來看，「停戰日」（也就是戰敗）應該比「解放」更為重要，有因才有果。然而隨著時間的拉長，表現的層次居然超越了事實的層次，亦即把事件在歷史上的重要性，與眾人對該事件的正面或負面印象混為一談。

最起碼從實證史學的角度來看是如此。這種倒置的產生與一九四四至一九四五年這段重要時期有關，此段時間之所以重要，不僅僅在於它本身就是重大事件（這一點屬於另外一個問題），還因為當時開始出現，對德軍占領時期的第一波回顧性觀點。由於必須清除國內的德軍同黨，也由於對立的政治勢力為了各自的利益，嘗試經營具有雙重標準的傳承性，所以在事件熱度還未消退下所產生的「集體」記憶，迅速圍繞著幾個強硬的核心具體成形了。

> 巴黎！飽受凌辱的巴黎！四分五裂的巴黎！遭受迫害的巴黎！然而巴黎已重獲自由！解放成功靠的是巴黎自己、它的人民，還有法國軍隊的協助，以及法國全國上下的支持與合作，戰鬥的法國、唯一的法國、真正的法國、永遠的法國。

一九四四年八月二十五日，戴高樂將軍（一八九〇至一九七〇）用上面幾句話，一下子就為建立後維琪政權的夢想奠立了基石。他以自己的正統性為後盾，並提出來自他個人想像的觀點，力圖書寫與重寫戰爭時期那幾年的歷史。

法國的其他地方和巴黎一樣，彷彿也是自己解放了自己，因為八月二十五日戴高樂在巴黎市政府的演講內容，一直到了末尾才提到「我們親愛而可敬的盟友」。對於戰時做出貢獻的「抵抗運動」與其成員也談得很少。得救於「永遠的法國」，這個抽象的概念成為戴高樂象徵體系的要點之一。因此產生了相當有力的印象，一九四〇年的軍事失利已經被解放部隊與整個法國給抹平了。而且，它就和任何具有集體價值的表象一樣，並非完全不客觀，因為首先攻進巴黎的就是法國部隊（多虧了戴高樂），而且在法國境內很多地方，尤其是西南地區，幾乎沒人見過盟軍。

這麼一來，如果「法國」沒有遭到破壞，那麼要把維琪以及與德國合作的體制放在什麼位置上呢？問題立刻就有了答案。同樣是八月二十五日，全國抵抗運動委員會②的主席喬治．畢多③，在該委員會與巴黎解放委員會的成員擁護之下，要求自由法國④的領袖「面對聚集在此的人民，鄭重宣布成立共和國」。結果被戴高樂的一席話堵了回來，毫無轉圜的餘地。

② 譯注：全國抵抗運動委員會創立於一九四三年，第一任主席為尚．穆蘭，旨在領導與協調法國境內幾支不同的抵抗運動。
③ 譯注：戰後獲頒法國解放勳章，並擔任法蘭西共和國臨時政府總統，歷任總理、副總理職務。
④ 譯注：戴高樂於一九四〇年六月十八日做出呼籲，隨後即在倫敦建立了「自由法國」，成為法國境外反抗納粹的政體。

共和國從來沒有中斷過。不論是自由的法國、戰鬥的法國，還是法國國家解放委員會，每一次都與共和體制緊密地結合在一起。維琪始終而且依然不具任何效力。我本人正是共和政府的總統。為什麼需要做出這項宣布呢[2]？

這當然是策略性的回答。畢多在阿爾及利亞戰爭之後出版了自己的回憶錄，書中提到他和全國抵抗運動委員會，事前並不知道戴高樂在市政府陽台上，那場演講的具體內容為何，所以他們想要「立刻排除所有的誤解[3]」。然而那場演說反而順帶表明了維琪的存在。

一九四五年四月二日，戴高樂為重獲新生的法國軍隊授旗，趁著這個機會，他的發言循著相同的脈絡，但這一次他嘗試抹去納粹占領時期的特殊性。

法國可以清楚地看見，三十多年前就開始的這場戰爭，讓我們必須付出多麼大的努力，才能修補這個國家在本質上所受到的破壞……。在精神上，仍然存在那些造成分裂的幼苗，無論如何都得把它們根除。這許許多多內部的動盪早已在法國上下挑起各種事端，讓我們付出了很大的代價。當然，除了內部的衝擊之外，還得加上我們所遭受的無數侵略，這是因為法國的內鬥很快就會招來外患，毫無例外[4]。

「三十年戰爭」是戴高樂象徵體系的另一個主要成分。把這兩場世界大戰加以同化，可以用來強調軍事因素，如此就能削弱二戰的特殊性，也就是形式各異的抵抗行動、意識形態的鬥爭，以及種族大屠殺。再者，集中營倖存者當時尚未歸來；戰場上，法國已經派出正規部隊，但戰爭也還沒有結束。同化，也是試圖終結內部分裂，號召各界團結，甚至用上了「神聖聯盟」[5]的口號。兄弟之所以相殘，與「侵略」事件緊密相連，一旦敵人被打敗，兄弟之間就沒有理由繼續爭鬥。當然，戴高樂不會否認納粹同夥與納粹對手的互鬥，但他的詮釋讓互鬥內在原因被籠罩在陰影中。同化兩場世界大戰，還可以提前消費勝利，使得一九四五年的戰勝猶如一九一八年的回聲，但一九一八年可是不容置疑的勝仗，沒有任何不自在或羞愧的感覺。

這個觀點符合邏輯，但相對來說也很封閉，構成了所謂的「戴高樂抵抗主義」，這個詞的定義不像是在謳歌抵抗運動（而且絕對和抵抗運動人士無關），而是傾向於頌揚**不屈服**的人民，其象徵人物就是六月十八日[6]的戴高樂，而且沒有任何中介成分，任何政黨、運動和其他地下工作的代表人物都不包括在內。此一觀點還嘗試進入占領時期更複雜且混入各種元素的真相當中，並與之疊合。這個觀點的意圖雖然沒有表明，但其目的是要根據當時急迫的局勢來解讀過去。只不過戴高樂無法憑著一己之力，既要處理重建共和國秩序的種種迫切事務，還要為數百萬法國人經

⑤譯注：一九一四年第一次世界大戰爆發，法國總統普恩加萊（Raymond Poincaré）提出神聖聯盟（Union sacrée）運動，呼籲法國各界團結抗外。

⑥譯注：一九四〇年六月十八日，戴高樂在倫敦以廣播呼籲全法國人不要向納粹屈服。

歷的種種動亂提供平靜的景象，更何況動亂通常發生在各不相同的情況中。於是，戴高樂主義中不可或缺的神話，就此展開，但它真正建立起來的時間還要更晚，而且並沒有持續很久。

抵抗運動人士很少出現在戴高樂的演說內容之中，但他們至少在剛開始的時候，確實在政治舞台上占有醒目的位置。此處無意探討已經釐清的歷史，但必須強調一下，在一九四四至一九四七年間，右派，即使是傳統的右派，也完全不受重視。維琪政體的垮台，差一點就代表右派「判決有罪，不得撤銷[5]」。舉個例子，當時有三百零二位眾議員與參議員不再具有參選資格，原因是他們曾經投票賦予貝當⑦完全執政的所有權力，或曾經屬於維琪政體的一員；其中超過一半的人，一百六十三位，是一九三六年的國會成員，分屬中間派與右派，七十九人屬於激進黨，五十二人屬於「國際工人組織法國支部」（SFIO）⑧。在所有全國性的日報中，具有共產黨、社會黨與抵抗運動理念的報社名列前茅，報紙發行量占了一半以上的市場，他們的讀者比戰前多了四倍。而且，抽樣調查一千多名第四共和時期選出的國會議員，有三分之二直接經歷過抵抗運動或來自「自由法國」[6]。

一部分重獲新生的政治圈，此時開始輸送趨近於神聖的新膜拜基準，那就是抵抗運動，由於它的總體範圍不具有明確的界線，因此它的歸屬受到強烈的覬覦，獲得它有如獲得排除萬難的法寶。無論如何，它是另一種必不可少的形象，散布在所有意識形態潮流之間，不過左派要比其他派系表現出更強的意願，他們嘗試把抵抗運動視為共和國的極致規範，傳達出另一種形式的抵抗主義，由於它直接出自數個大小政黨，所以和戴高樂一派的版本並不相同。共產黨⑨人在這方面的反應最迅速，很早就喊出了口號：「本黨七萬五千名黨員遭到槍決。」

不過，比起在外部爭取支持，抵抗運動人士的光環更能在政黨決策會議中發揮作用（就像四十年後，偶爾能看見一些人跨越了意識形態的對立，團結在一起）。其實，從戰後的頭幾次選舉就能看出，地方菁英分子遭到汰換的比例很低，而且那些完全沒有對抗過占領軍的顯貴名流也重出了江湖。抵抗運動改變了政界的頂級階層，但似乎沒有觸及較低的階層。

一九四四年八月，九成的法國人歡慶解放，在這些人當中，有多少人，包括老百姓在內，覺得自己受到抵抗運動的推動，因而想要創造全新的參政結構？當然是少之又少。法國社會中習以為常的共和式民主是那麼地根深柢固，以至於政黨形式的結構（包括一九四〇至一九四四年間，式微或消失的黨派），即使是在一九四五年，還是比無名英雄組成的各委員會更受到實質的歡迎[7]。

⑦ 譯注：貝當（一八五六至一九五一），維琪政府的元首。
⑧ 譯注：創立於一九〇五年，為社會黨的前身。
⑨ 譯注：法國共產黨創立於一九二〇年。

此處面臨的是原始的張力。戰後的公民十分看重法國曾經抵抗外侮、這個令人安心的形象，但同時又渴望回歸正常、將占領時期的特殊狀況拋諸腦後，這種渴望阻礙了所有實質的支持。從一九四五年夏天無法組成偉大的「抵抗運動黨」這件事，就能說明其中的矛盾。三黨[10]執政取得勝利，也代表了大眾拒絕看到體制上的冒險，而那正是戴高樂將軍以及抵抗運動各組織，以各自的方式所夢想獲得的，三黨執政同時代表了對傳統政黨的認可，他們從對抗占領部隊中得到一部分力量，或許還代表他們充分利用了傳承。

對進行抵抗的人民投以情感上的擁護，但又排斥**抵抗運動人士**成為戰後政治菁英，這種雙重性對於目前仍持續進行的對過去的解讀，是另一個重要成分，它表明了抵抗運動的概念包含幾個重要的不確定性，端視以下幾點而定：論述事件，涉及歷史、政治與軍隊；論述上述事件的源起人物；又或者論述一般法國人所表現的態度。

在政治圈、職場與意識形態各方面，不可避免地都進行了肅清。這個事實，也為占領時期的表象標出了明顯的階段，因為在那段黑暗的年代中，有不少選擇與價值觀逐漸定形，或是變得更堅定，肅清正是以這些選擇與價值觀的名義進行審判，有時還會奪人性命。

有些附敵分子因為告發他人、對他人施以酷刑或犯下殺人罪，所以按照慣用的刑法將他們定罪，要不然的話，大部分都依照一九三九年制定的刑法第七十五條起訴，懲處原因是「勾結敵人」。雖然這個定義從法律層面來看還算充分，但拿到政治層面就不夠牢固了。因為它沒有考慮到，不能只憑藉愛國精神來定義意識形態的投入。否則該如何審判那些宣稱自己也是「對法國具有某種願景」的人？歐洲的法西斯主義者有沒有「祖國」？反納粹的抗爭不是沒有國界之分嗎？

因此就出現了不平等的判刑，量刑之間有很大的差異。我們可以找出幾個原因，像是法庭的不同，一般而言軍事法庭比普通法院來得寬大，有不少例子證明，軍事法庭會考慮到法蘭西民兵團⑪或「法國反布爾什維克自願軍」⑫成員的誠意；再如社會地位的不同，企業家和公司幹部比記者更容易獲得赦免，因為企業人士的知名度較小，更因為需要他們重新讓經濟步上軌道；還有時間點的不同，一九四五年之後接受審判，其結果要比之前好。

法法戰爭的必然後果，就是由肅清挑起了嚴重的分歧，而且日漸擴大，使得人們離**解放**愈來愈遠。

尚・卡肅屬於第一批抵抗運動人士，他一九五三年的著作於次年獲得抵抗運動文學獎。他在書中披露出參與抵抗運動那一代人特有的怨氣：

---

⑩ 譯注：國際工人組織法國支部（Section française de l'Internationale ouvrière，SFIO）、法國共產黨（Parti communiste français，PCH）、人民共和運動黨（Mouvement républicain populaire，MRP）。

⑪ 譯注：維琪政府於一九四三年建立法蘭西民兵團（Milice française），屬於軍事化組織，用來對付猶太人與抵抗運動分子。

⑫ 譯注：「法國反布爾什維克自願軍」（Légion des volontaires français contre le bolchévisme，LVF）這個作戰部隊隸屬納粹德國的國防軍。

總的說來，各個法庭的審判不過是做做樣子，把簡單的論述變得複雜難懂，而且一直都沒有觸碰到重點。夏爾．莫拉斯⑬的案子和貝當一案沒什麼兩樣，無論是不想了解的人，還是需要了解的人，都沒有從訴訟過程中了解到什麼。莫拉斯被定罪，因為他在最後發表的某一篇文章中，告發了某個鄰居。可是在他寫過的所有文章裡，曾經被他告發的所有那些人該怎麼辦？以及整整半世紀的「法蘭西行動」⑭又該怎麼說[8]？

另一方面，經濟學家夏爾．利斯特，他是溫和派的中產階級，堅決反對貝當，他的觀點顯示出也有人並未被壁壘分明的陣營所煽動。他在一九四五年一月二十八日的日記中寫道：

> ……更多人厭惡的是專橫、是濫捕，無罪卻被關在牢裡……。特殊法院在各處滋長就和維琪當時一樣……。德朗西⑮的運作方式也和德國佬當時一樣[9]。

結果就是肅清搞得每個人都不高興；這一方是最節制的溫和派，要求傳統的正義（不過最受到政治手法威脅的人也做出同樣的訴求），另一方則表示必須徹底清除法西斯主義與它的一眾使徒，而肅清行動無法在這兩方之間找到令人滿意的仲裁。兩難的窘境不單單表現在道德方面，用法律交換合情合理的報仇，用短暫的記憶交換頑固的怨氣；它還表現在政治方面，尤屬共產黨員最不願意妥協。這個困難的處境大大影響了日後對占領時期的回憶：肅清造成的新衝突躍上了衝突排名的首位，它的毒性也很強，因為它完全屬於法國的內部矛盾，而且還被無所顧忌的狂熱媒體加以擴大；由此更引發了一些負面的不實說法，像是「十萬人未經法定審判立即遭到處決」（事實上不到該數字的十分之一[10]），或是扯出紅色蘇聯的威脅，尤其在《西南日報》⑯[11]最常出現。

由於這些具有威脅性的傳言，以及重新出現的分裂，官方一開始舉行的幾場紀念儀式，無法產生融合的作用。

第一次世界大戰是始無前例的災難，帶走了近一百五十萬法國人，留下數百萬名「毀容傷兵」（gueules cassées），一眼就能看見殺戮戰場留下的流動痕跡。至少有個象徵性的人物，能夠具體展現戰壕的回憶，那就是「退伍軍人」，他們是所有人接受與崇拜的典型。歷史學家安東．波斯特強而有力地指出了這一點，倖存者傳遞的主要訊息，首先以肢體所經歷的痛苦，載入了感性的區域，然後才進入理性的區域並找到政治含義。不僅如此，痛苦可以向後代子孫展現出

⑬譯注：記者、作家，也是法蘭西學術院院士。他的理論影響了法國右派與極右派。
⑭譯注：法蘭西行動（Action française）推崇莫拉斯的理論，它是提倡整體民族主義的保皇派組織。
⑮譯注：近巴黎東北方的城市，二戰時德軍在此設有集中營。
⑯譯注：一九四四年創立於波爾多的地方報紙。

喬治・蒙代爾[17]紀念碑

紀念碑位於楓丹白露森林的南邊，七號國道旁，一九四六年七月七日舉行揭幕典禮，出席的有：保羅・雷諾、雷歐・布魯姆、皮耶・科特、愛德華・達拉第、亞貝・薩侯、喬瑟夫・保羅－邦古，以及溫斯頓・邱吉爾的兒子。

這件作品出自建築師夏爾・尼科與雕塑家馮思瓦・科涅之手，後者以為政治人物製作雕像而聞名，香榭麗舍大道喬治・克里蒙梭的雕像也是他的作品之一。蒙代爾的紀念碑就位於他遭到槍殺之處；德國人把他從德國的集中營轉到法國的拉桑代監獄，隨後法蘭西民兵把他從監獄帶到該處殺害。

紀念碑底座寫著：「他鮮血淋漓倒臥塵土之時，勝利以雙手為他闔上雙眼。堤斯丹・雷米特[18]」。〔攝影康斯坦・阿奈（Constant Anée）〕

足堪表率的性質，甚至具有教化作用。訊息的重點是「對生命的愛，不向惡運屈服的傲氣，以及這個印象，他們沒有拋棄同伴並信賴同伴[12]」。一戰期間，舉國上下幾乎是肩並肩的做出犧牲，至少直到一九一七年都是如此，戰爭結束之後，法國人重新聚在一起進行弔唁。於是妝點在法國境內各村鎮的一戰士兵雕像，不論是普通石料或大理石，幾乎全都刻得一模一樣，同時也只有十一月十一日這個日期，年年吟誦它對壯烈勝仗的回憶，沒有挑起任何衝突。

然而第二次世界大戰結束之後，情況卻完全不同。六十萬名死者之中，只有三分之一死於戰場。其他人或在法國或在帝國境內，死於空襲、遭到槍決或屠殺、死於集中營，還有內戰的犧牲者。這麼多不同的狀況跳脫了傳統的紀念內容。於是，建構回憶之路立刻就被自我克制的沉默堵住了，其封閉更甚於兩次大戰之間的程度。一九四六年七月七日，亞歷山大・瓦漢代表政府來到楓丹白露森林，為遭到法蘭西民兵槍殺的喬治・蒙代爾紀念碑舉行揭幕儀式，出席者尚有雷諾、布魯姆、達拉第、薩侯、保羅－邦古，以及一千多位民眾。紀念碑的中心部位刻著：「喬治・蒙代爾於一九四四年七月七日，就在此地，為法國的敵人所殺。」沒有名字、沒有面孔、沒有制服的敵人，要說他們是德國人毫無不妥，當然也可以是眼前的路人[13]。

這件事絕非特例。為死於二次世界大戰的亡者所建立的紀念建築物少之又少。大部分的紀念

⑰譯注：真實姓名為Louis Georges Rothschild，抵抗運動人士，也是兩次大戰之間的政治人物。
⑱譯注：法國詩人與劇作家。

碑是用來紀念「兩場戰爭」的犧牲者，在已有的碑上加入一九三九至一九四五年的亡者姓氏，他們的人數較少，位置也比較不明顯[14]。

戰後出現了好幾百個協會，它們提供各種作用，其中就包括為苦難建立真正的等級：自願加入抵抗運動的戰士，不希望和集中營的「種族」囚犯混為一談，後者要和戰俘劃清界線，而戰俘也小心地把自己和「強制勞役者」區別開來，最後這個引號內的稱謂，至今還在語意上引起激烈的爭辯……。至於肅清的犧牲者，或被處決，或遭暗殺，他們的回憶出現在全國各地，但沒有刻寫在任何地方。

一九四四到一九四六年間，為了慶祝解放或戰勝舉辦過大量的典禮，足以證明當時沒有能力建立全國一致的記憶。一連串的活動早在一九四四年秋天就開始了，共產黨首先在巴黎（拉雪茲神父公墓）、伊夫市、沙托布里昂市⑲，組織了第一批紀念地下反抗運動犧牲者的遊行活動。法國共產黨甚至籌劃了一九四四年十一月十一的紀念日，「向一九一四至一九一八年的戰士致敬，以及四年來不論是在法國國土或境外奮戰的英雄致敬」，此一聲明出自當時國民陣線運動⑳的宣傳資料[15]。「法國境外」的戰士，指的當然就是位於自由區㉑、位於倫敦、阿爾及爾的法國人，以及莫里斯．多列士㉒。而且，「四年」看來已經是毫無疑義的時間整體，避而不談一九三九至一九四一年間共產黨的辯證時期㉓。

一九四五年一月，發生了有關「移入先賢祠㉔」的爭執：共產黨支持羅曼．羅蘭㉕、《費加洛報》㉖支持夏爾．佩吉㉗、人民共和運動黨㉘支持亨利．柏格森，到底誰會進入共和國的英雄殿堂？誰的入選最有意義？是反法西斯的知識分子、一九一四年的愛國人士，還是猶太裔的唯靈論哲學家？都不是。要等到一九六四年，「亡者師範學院」才迎進了那個時代的代表人物，尚・穆蘭[16]㉙。一九四五年二月十二日，左派紀念一九三四年的反法西斯罷工；罷工事件是人民陣

---

⑲譯注：這三個城市都位於德軍占領區。一九四四年八月底，三城解放。

⑳譯注：國民陣線運動（Front national，全名為 Front national de lutte pour la libération et l'indépendance de la France），「為法國的解放與獨立奮戰的國民陣線」。一九四一年五月法國共產黨開始推行此一運動。

㉑譯注：一九四〇年六月法軍戰敗後，在法國境內劃定分界線，北區為德軍占領，南區稱為自由區（Zone libre），後於一九四二年十一月也遭德軍占領，改稱南區。

㉒譯注：他是一九三〇至一九六四年的法國共產黨黨魁。

㉓譯注：一九三九年八月德蘇簽訂互不侵犯條約，九月德國攻打波蘭，蘇聯從旁協助，同時法國對德國宣戰，共產黨籍議員在法國遭到逮捕，轉入地下行動。維琪成立後，也有部分前共黨議員加入。

㉔譯注：先賢祠，指偉人陵墓。下文「亡者師範學院」是作家 André Billy 對它的戲稱。

㉕譯注：於一九一五年獲諾貝爾文學獎，一九三二年發起阿姆斯特丹－普萊耶反法西斯運動。自一九三〇年至二戰爆發前，他應高爾基之邀前往蘇聯並見過史達林，支持左派政黨聯合組成的人民陣線政府。

㉖譯注：《費加洛報》是政治立場傾向戴高樂的右派媒體。

㉗譯注：作家，其政治傾向由社會主義轉向基督思想與國家主義，一戰時死於戰場。

㉘譯注：人民共和運動黨創立於一九四四年十一月，歸類為基督教民主主義或中間派。

㉙譯注：二戰前曾任阿維農（Aveyron）與厄爾－盧瓦爾（Eure-et-loir）二省省長，戰爭爆發後即從事抵抗運動，一九四三年三月在巴黎擔任全國抵抗運動委員會第一任主席，同年六月被捕，遭受酷刑，七月死在遣送柏林的火車上。

線㉚的起源，形成左派十一年的內部爭鬥，直到解放勝利為止。同一年的四月二日，也就是旗幟紀念日當天，總是比別人看得更遠的戴高樂，舉行「三十年」㉛抗爭紀念。到了七月十四日，他特別強調人民的欣喜之情，於是政治得以暫時缺席。

依照這個邏輯來看，唯一具有重要性的慶典，當然只有一九四五年的十一月十一日。就連一九四五年五月八日，德國投降的官方日期，所有的省長都認為當天各地的慶祝活動相對而言頗為低調[17]。十一月十一日，出於內閣的決定，十五具法國人的遺骸放置在無名烈士墓的火焰周圍。他們是兩名法國境內的抵抗運動分子一男一女、兩名集中營受難者一男一女（是戰士，不是「種族」犯）、一名逃獄時遭到殺害的犯人、一名「法國境內武裝部隊」㉜成員，以及來自不同兵種、死於不同戰場的九名軍人。這一天的慶祝場面十分盛大，像是濃縮了所有過去與未來對這場戰爭的紀念儀式，表現出人民對這個日期具有真正的共識，是一九四五年名副其實的紀念日。

在一開始的幾次遊行中，法國人還能看見穿著條紋睡衣的集中營倖存者，但他們的露面十分短暫，很快就消失在官方的紀念儀式當中。受害者從納粹集中營歸來，絕對是最快遭到壓抑的事件。第一波關於這方面的報導，出現在一九四四年冬天：侯傑·瓦揚於一九四四年十二月十五日的《行動報》，披露了位於亞爾薩斯㉝的斯都朵夫集中營獲得解放；喬治·索里亞根據蘇聯紅軍士兵的敘述，在一九四五年一月十日的《今日晚報》，描述了進入麥達內克集中營的經過[18]。

不過到了四月，最駭人聽聞的事發生了，第一批載著倖存者的火車回來了。很多人以為他們的狀況也就像戰俘那樣。然而當年負責迎接的猶太裔歷史學家奧嘉・渥塞米戈女士指出了期待與實情之間的差異：

> 一開始我們考慮奧塞火車站時，沒有想到生還者的狀況，還以為辦完接待的手續之後，他們就會回到自己的住所，安安穩穩地過日子……。怎麼想得到會是這樣[19]？

最後在魯特西亞酒店㉞，上演了令生還者難以忍受的景象與絕望的等待。「受害者的存在總是令人不自在，況且有些人已形銷骨毀，」法國哲學家埃曼紐・穆聶於一九四五年九月寫道，「對於想要盡快找回平靜與美好生活的人來說，他們的控訴令人厭倦[20]。」從集中營回來的受害者當中，有很多人之所以堅持活下來，是靠著有朝一日要說出真相、做出見證的希望。然而，迎接他們的卻是排斥與打壓，造成了另一個應該完成但沒有實現的目標，充滿了沉重的怨氣與分

㉚譯注：人民陣線由國際工人組織法國支部（ＳＦＩＯ）、法國共產黨與激進黨這三個左派政黨組成的聯盟，於一九三六年五月至一九三八年四月，執掌法國。

㉛譯注：一九一四至一九四五年。

㉜譯注：「法國境內武裝部隊」於一九四四年二月由好幾支隊伍組成。

㉝譯注：亞爾薩斯位於法國東部的前行政地區名，與德國比鄰。二〇一六年起，與其他地區合併成為Grand Est。

㉞譯注：魯特西亞酒店曾是德軍占領時期，位於巴黎的司令部，解放後，業主將酒店提供抵抗運動組織運用。

歧。直到一九五四年，才訂定了集中營受害者紀念日，過了將近三十年之後，從大屠殺中死裡逃生的猶太人，方能重新找回他們的記憶。

也就是說，「解放」代表了占領時期與事件記憶之間的過渡階段。它為症候群的幾個主要特性埋下了種子，確立其雙重性與對抗性。

遺忘最黑暗的篇章——內戰與集中營，以及謳歌史詩的篇章，二者之間的張力十分強烈，無法真正解決兩難的困境。於是對抵抗運動人士產生了矛盾的態度，又對肅清生出了恐懼、怨氣與不滿。

就象徵的層面來看，官方的紀念儀式，在回憶往事這部分表現得殘缺不全，其中伴隨著大量的沉默。為了多少獲得一些認可，不得不移花接木，用一戰替換二戰。日後，追憶往事的主要發展，或者該說破除障礙的過程，都在上述的框架之外進行。不過，各種鬥爭也使得官方記憶相對於政黨記憶，缺乏鮮明的色彩。共產黨人的記憶偏重地下抗爭、對抗法西斯主義，以及對「背叛」的菁英分子進行階級鬥爭。在他們看來，抵抗運動人士延續了一七九三年㉟與巴黎公社的傳統，而貝當就是叛徒巴贊㊱的仿效者。

至於戴高樂一派，他們要宣揚的是軍事行動與共和國的正統性。沒錯，抵抗運動人士的確很英勇，但他們只是履行戰士的職責，至於「抵抗運動」，則是整個法國的共同表現，是聖女貞德與一戰大兵共同擁有的法國。不過這樣的改頭換面，就算它符合某種普遍的期待，也沒有獲得所有人的擁護。首先它觸怒了許多前抵抗運動的成員，使得他們對戴高樂一直懷著怨氣。此外也引起別的反感……。瑪格麗特．莒哈絲滿懷焦慮等著丈夫從達豪集中營回來時，寫道：「戴高樂的這句話充滿罪惡：『流淚的日子過去了，光榮的日子回來了。』我們絕不原諒[21]。」那麼，戴高樂式的詮釋不會讓那些仍然忠於貝當的人感到討厭，也就沒什麼好奇怪了。法國歷史學家費德．庫佛曼口中的「親貝當的戴高樂一派」，被肅清運動扭曲的形象給嚇壞了，他們考慮另外一種收場的方式：「互相赦免、保留維琪的優良法規、共同作戰抵抗德國[22]。」難道貝當並不直屬這個「永遠的法國」？所以他，尤其是他，難道不也算是「抵抗運動人士」嗎？這個新編神話冒出來的速度比預期得快多了。萬神殿雖然失了圓頂，裡面倒是擁擠不堪。

法法冷戰

新事件遮蓋了舊事件。一九四七這一年，是「慕尼黑／戰爭／解放」此一序列的中斷期。冷戰的萌芽，再度讓人開始為全球性的新衝突感到恐懼。持續貧困的生活造成社會的緊張氣氛，顯示出眾人迫不及待要擺脫蕪菁甘藍㊲的時代。政治舞台上，幾位共產黨籍的部長於五月十四日遭

㉟譯注：一七九三年，法國大革命期間用來審判政治犯的革命法庭正式運作。
㊱譯注：法國元帥。此處指巴贊於一八七〇年普法戰爭投降德軍一事。
㊲譯注：二戰時由於缺乏馬鈴薯，故大量食用蕪菁甘藍。

到免職，結束了三黨共治、這個抵抗運動私生子的壽命。從此，反共產主義開始操控法國政壇，使得右派可以逐漸顯示自己的身分。

在這種情況下，「占領時期」在各類記憶的領域中進入了新的層面。正如大家所預想的那樣，「解放」成了廣大的溫床，培育出象徵性的參考資料，各種政治勢力根據當時的利害關係與急迫性，都到此汲取養分。自一九四四至一九四七年間，群體悼念的過程很不順利。內部分裂過早出現，使得悼念永遠也無法完成。

本來以為再沒有影響力的「新維琪主義」，由於幾次內閣的逐漸右傾而重生。儘管有肅清運動，但早在一九四五年，對極右派充滿懷念的勢力就已試著抬頭。幾份多少不大合法的小報於焉而生：受到莫拉斯影響的《民族檔案報》、出自「國內反對派」的《時事爭議報》，還有安德烈．穆得主持的《法蘭西言論報》，穆得是前「戰鬥勳章㊳」的成員暨抵抗運動人士，當選奧布省無黨派眾議員，也是短命的「自由共和黨」的創建者之一，激烈批鬥過去的「戰友」。《法蘭西言論報》的發行量有時能達到十萬份，而其他報紙只能銷售幾千份[23]。

一九四七年，賀內．馬里亞文創辦了《巴黎文件報》。同年，一直由「法蘭西行動」㊴授權發行的機關報《法蘭西觀點》週刊重新問世，使得這股新維琪潮流有了較大的發展。一九五一年，還是這位馬里亞文，他創辦了《里瓦羅爾》週刊㊵，推崇反革命分子對抗恐怖統治，猶如他和眾友伴對抗肅清。此中有幾位在巴黎占領時期文筆出眾的人物，亞弗德．法博呂斯、馬塞爾．

朱昂朵，以及幾位初露鋒芒的年輕才子，例如馮思瓦・畢紐，後來為《實錄》週刊撰寫社論。

這一年還造出了一個新觀念，受到右派的高度評價：把抵抗運動主義 résistancialisme，寫成 résistantialisme，中間改成 t，而不是 c，這就有了根本上的不同。改成 t 帶有貶義，意思是指抵抗運動分子（résistant）的主義，尤其指在最後一刻假充好漢的人，至少從上下文可以得出這個看法。這種拼法既不至於有損抵抗運動（résistance），還能使該運動的定義變得愈來愈窩囊。新維琪主義右派藉由四處發起攻擊，嘗試在輿論中建立始終保持正派的象徵意義，同時揭發執行肅清者的惡行。再說，戴高樂自己不也傳遞出這種脫離抵抗運動實體的抽象看法？

《巴黎文件報》的創辦人用筆名米歇爾・達協（Michel Dacier）在創刊號如是說：

> 這個字看起來很不錯，因為它能很有效地把抵抗運動本身，完全置於論戰之外，該運動曾經是展現民族道德健康狀態的活動[24]。

多奇怪，沒有抵抗運動人士的抵抗運動……。達協接下來的分析，成為一部分右派與極右派

㊳ 譯注：由獲戰功之退伍軍人組成的協會，一九二七年成立，一九三六年解散。

㊴ 譯注：法蘭西行動（Action française）是一八九八年發起的極右派政治運動，一九〇八至一九四四年間，以日報的形式活動，精神領袖為莫拉斯。一九四七年藉由《法蘭西觀點》週刊重生。

㊵ 譯注：《里瓦羅爾》週刊創立於一九五一年的極右派週刊，反猶太人一直是它的基調之一。

的整體思想：「既然戰敗與停戰是不可避免的事，那麼維琪也一樣，而且它是完全合理的政權，還盡可能地抵抗過納粹；就這樣，一邊是左派的抵抗，遭到共產黨員的『滲透』，多少有點可疑的抵抗陣營，近似盜匪集團，簡言之，一群『革命分子』；展現在另一邊的是右派的抵抗，通常是反對戴高樂，親近貝當、魏剛㊶、吉羅㊷，始終對法國的軍事傳統保持忠實；反正就是，從一九四四年起，『其他那些人』發起了內戰，而且都是因為他們，『法國人養成了彼此厭惡，尤其是彼此懷疑的習慣[25]』。」此後，對維琪不無懷念的人會把上述這項指控當成主旋律。同一時期，曾任貝當政府的內閣幕僚長，路易－多明尼克．紀哈，發明了「法法戰爭」的說法，它所指稱的野蠻行徑不是占領時期的兄弟互鬥，而是爆發於……一九五〇年的內戰[26]！

莫拉斯的追隨者做的還不只這些，他們甚至嘗試否認一九四〇至一九四四年間，意識形態的特殊性：

> 對那些還沒有忘記的人來說，「抵抗」與「附敵」（Collaboration），是可怕的那幾年間，倖存的兩種民意制度，二者都用來反對當局，那是最高權力的所在，由元帥所代表的統一性[27]。

莫拉斯一派藉由對任何一方都不表示支持的做法，試圖來一場一石兩鳥的行動：既能擺脫附敵陣營，也就是自己昔日的同夥（莫拉斯揭發過附敵分子，但他大力支持維琪的政策以及該政權與德合作的行為）；也能擺脫抵抗運動，反正他們並不屬於這個陣營，這一點無庸置疑，只有少數幾個人例外。

不過，想要恢復法國民族主義的種種嘗試，並非全都帶有占領時期原罪的特性。舉例來說，作家侯傑．尼米耶就毫無顧忌地拋棄了過時的觀念：

我們的朋友死了。我們的希望破滅了。曾經幻想過新秩序的人，現在見識了毀滅的無區別性，窮國面臨分裂，瓦礫中的屍體是本世紀僅存的歐洲人。我們其他人沒有那麼多想像力，我們只有法國。我們擺出無動於衷的面孔，停留在中場休息的空檔。我們無法理解前輩們所表現出的忠誠：他們為了自己愛過的同袍繼續活下去，這很合理，但他們還為了昔日的旗幟活著，承載著榮耀的旗幟、承載著恥辱的旗幟，而且沒有人說得出任何理由，這又是何等無力！一九四〇年六月的光輝與一九四四年夏天的光輝，如今變得混淆不清，絕望與幸福各占一半，只不過我們拒絕這種羞恥的平衡。維琪、戴高樂主義、戰時的附敵行為，全都進入了歷史。既沒有勝利，也沒有失敗：一九四五年的局勢給了

㊶譯注：和貝當一樣，在一、二兩次世界大戰中都扮演了重要的角色。

㊷譯注：二戰時曾統領法國的非洲軍團參與盟軍對抗德軍與義軍的行動，法國境內一部分親貝當政府的抵抗運動成員，視他為榜樣。後脫離維琪，與戴高樂共同作戰，但遭到後者的排擠。

> 我們自由。我完全理解世人會在我們眼前掘出入土的屍體，好告訴我們必須繼續前進，告訴我們只有這條路是輝煌燦爛的。只不過缺少了人性，而且它還是最匱乏的本質。少了人性就會迎來厭倦[28]。

「不懷舊的右派，有可能嗎？」歷史學家豪烏．季哈代提出這個問題[29]。在此沒有冒犯「騎兵」㊸的意思，不過答案看起來是沒有。這些關於歷史的各種審視，為右派的新格局做出了更全面的再定義，而且，沒有任何成分跳過維琪的背景，要不為了倚仗維琪的名聲，要不為了撇清關係。雖然不是每個人都像《里瓦羅爾》週刊那樣，表現出嚴重的政治遺忘症，公開要求「把過去忘了吧[30]」，但占領時期確實既折磨反革命人士，也糾纏著民族主義者，還籠罩著右派的國會，連戴高樂派的「法國人民集合黨」也沒有放過。

事實上，除了懷舊的極右派之外，一整幫溫和右派也對肅清發起猛烈的鬥爭，全力以這一場內戰取代另一場內戰。議事司鐸德貢日神父，既是莫比昂省的眾議員，也是人民民主黨的黨員，他創辦了一個附屬於慈恩聖母修會的團體，目的是要減輕新「恐怖統治」受害者的痛苦。一九四八年，他出版一本抨擊性的小冊子，《抵抗運動分子主義的隱藏罪惡》，是此類主題的暢銷書。

> 「抵抗運動分子主義」之於抵抗運動，就像教權主義（cléricalisme）之於宗教，自由主義之於自由，而且，沙特也許會說，嫌惡之於生命。其實就是執政三黨這個黑幫，在共

產黨的指導下，剝削一項崇高的歷史事件。[31]

他指出肅清造成的種種錯誤、牽累與不公正。他哀嘆法國菁英「受到元帥連累，又被將軍拋棄[32]」而成為犧牲品。德貢日神父一定是想到了自己的經歷：他確實曾在七月十日那天投票支持貝當的完全執政，也跟無數天主教徒一樣，似乎接受了貝當的誘惑，並且在戰後宣稱自己「被騙了[33]」。他對未來的感覺相當敏銳，要不就是看得很清楚，提議將「維琪主義」（vichysme）與「附敵」（Collaboration）從法語的字彙中驅逐出境，因為最終他更懼怕反維琪的思想，以及「**字詞**的欺騙，因為它造成許多無辜的人喪生[34]」。

然而，他並沒有和維琪主義完全了斷。一九四六年，德貢日神父參與創立了「第三共和人民代表協會」。該協會所聚集的新科市長與眾議員，都曾經被宣告不具有參選資格，但在該項規定解除後，於一九四五年十月的市政選舉中當選。其中有幾個抵抗運動人士，還有舊時代法國政府裡的知名人物，像是保羅・弗赫與皮耶－艾提安・弗隆丹。一九四八年三月，該協會為了紀念一八四八年的政治餐會，舉辦了「千人餐會」㊹。眾人在餐會中主張特赦，替那位「正直又真摯的

㊸譯注：「騎兵」（les hussards）是五、六〇年代的文學運動。這一派的作家反對當時沙特的存在主義，有些評論認為他們帶有反戴高樂的右派傾向。

㊹譯注：一八四七至四八年間，當時的改革派為迴避政治聚會的禁令，以餐會形式傳達各種看法。

抗德人物」說好話，還表示維琪的部會首長曾經「與英國簽訂過祕密條約」，並譴責附敵分子與假裝成抵抗運動人士的罪犯[35]。最奇怪的是，這個協會在努力為政治肅清犯撤銷判決的同時，還特別自詡屬於第三共和。對他們而言，維琪只不過是一九四〇年七月國會投票結果的衍生物，而且在他們看來，新政體使出「不具參選資格」這種手段，主要是在譴責第三共和的參、眾議員與市長。該協會很多成員，都在一九四八年加入了「全國獨立人士中心黨」。

在那幾年當中，針對抵抗運動人士的攻擊不只是口頭上的。前「自由射手游擊隊」與「法國境內武裝部隊」的一些成員就遭到起訴，因為懷疑他們在解放當時做出施暴的行為，其中幾樁確有實據。某些案件變得相當有名，多年之後還偶爾會被重新提起。一九四六年秋天，爆發了德國囚犯相繼越獄的黑幕，在這起名為「狐狸尾巴」的事件中，前「諾曼第速科夫」游擊隊隊長侯貝·勒布龍也被牽連在內。由於勒布龍曾經參與抵抗運動，所以飽受威脅，預審法官傳喚他，但他拒絕出庭，有一陣子甚至轉入「地下」。幾年之後發生了甘冠事件。喬治·甘冠曾經在法國境內武裝部隊擔任利摩日市的隊長，是地下共產黨的傳奇人物，外號「利摩日的狄托[45]」。他於一九五三年十二月二十四日遭到逮捕，在監獄裡一直待到一九五四年六月，不僅受到虐待，可能還是謀殺未遂事件的受害者。他被控教唆殺害科雷茲省的農民；他曾經於一九四四年八月，在利摩日市設立軍事法庭，（根據第五軍區的授權）負責執行四十多起處決案，這使他成為眾人無法寬恕的仇恨對象。事件發生後，支持他的是他抵抗運動的夥伴，例如《法蘭西觀察家》週刊的創辦人之一克勞德·布得，而共產黨則完全無視此人的處境（不過他本人在幾個月前已脫離黨籍）。

甘冠這位前抵抗運動成員並不理解，連共產黨（雖然是出於其他原因）也決定徹底拋棄一九四〇年代。甘冠雖然面對惡意十足的誣衊，仍挺身悍衛馬堤與迪庸。㊻一九五九年甘冠獲得不起訴處分。他的律師，當時還很年輕的羅蘭・杜馬，掌握了其中的象徵意涵，指出這類攻擊「以揭發『紅色恐怖』為藉口，逐漸擴大為指控游擊隊與抵抗運動」[36]。

對很多人來說，這個世界顛倒過來了。把團結全國上下當成藉口，決定大赦前附敵分子，但同時卻圍剿前抵抗運動成員。在這個翻盤的時刻，某些變節者所扮演的角色最令人驚訝。在對抗占領者及其擁護者的鬥爭之中，有些人竟然直接站到了「被肅清者」的陣營裡。也許是出於「基督徒的信念」，就像德貢日神父那樣，但也有人是出於政治信念，例如雷米上校，他是戴高樂的親近夥伴。此時，將軍才剛於一九四七年創立了「法國人民集合黨」。

將軍的弓箭手

「雷米事件」不過是椿文字遊戲。認定某人說過某句話、借用這句話、扭曲這句話。該事件同時也引發如何看待過去的兩難局面：到底是歷史真相還是政治真相。總之是完美的症候群類型。

㊺ 編注：狄托（Tito）在二戰前為南斯拉夫共產黨總書記，後為南斯拉夫總理。
㊻ 譯注：這三人於一九五〇年代因路線問題，在共產黨內受到排擠。

一九五〇年四月十一日，雷米上校在《十字路口》週刊發表了一篇文章。「一九四〇年六月的法國同時需要貝當元帥與戴高樂將軍」，同時他又寫道，自己身為忠實的戴高樂追隨者，打算「向忠於元帥的信徒，致上光明磊落的友好之意，他們和元帥一樣，出於本能地為法國奉獻一己之力」。這幾行字立刻引起了軒然大波。當時正逢大赦，也是意識形態重新定位之時。上面那段話本身毫無新意，只是它的作者並不一般。

雷米，原名吉貝・賀諾，一九〇四年八月六日生於瓦訥市，曾經是商人暨電影導演，被視為「抵抗運動的重要人物」。他對「法蘭西行動」抱持好感，但這不妨礙他拒絕接受停戰協定㊼，而且早在一九四〇年七月，他就已經投身德瓦凡上校領導的自由法國情報工作。德瓦凡是另一位傳奇人物，也就是後來的帕西上校。雷米創辦了「聖母協會」，主動與「自由射手游擊隊」接觸，並於一九四三年一月，護送共產黨的代表費南・葛尼耶前往倫敦。

從一九四五年起，他出版了不少頗受歡迎的暢銷書，內容關於地下活動的事蹟，成為抵抗運動的英雄典範，「形象複雜，混入了情報員、正義使者與法外之徒的色彩，近似西部片的主角，無所畏懼、無懈可擊的騎士，手持機關槍，炸掉無以數計的工廠與火車[37]」。

雷米和戴高樂將軍的關係非常密切，一九四七年四月他參與創立了法國人民集合黨，成為執行委員會的一員。並且，以他自己的話來說，發揮「半官方的作用為戴高樂組織盛大的儀式[38]」。他那篇文章發表的時機非常敏感，因為隔年，也就是一九五一年六月，法國人民集合黨就要面對第一次眾議院選舉，而該黨曾在一九四七年十月的市政選舉中慘敗。不過還有更嚴重的事。雷米在他的文章中站在貝當元帥那一邊，雖然令人驚訝，但勉強可以接受。然而，他竟然穿插了戴高樂將軍說的話。他表示自己一九四六年十二月與將軍單獨會面時，將軍曾經對他說出下面這段話：

別忘了，法國的弓具上最好永遠都安著兩條弦。一九四〇年六月，法國必須有貝當那條「弦」，同樣也必須有戴高樂這條「弦」[39]。

這正是該事件的真實層面，戴高樂與法國人民集合黨，和貝當元帥本人以及他的形象，維持著曖昧的關係。接收了如此真實的「開示」，雷米就像是獲得了恩寵。

然而一九四〇年六月，他曾經「連貝當這個姓氏都恨之入骨[40]」。一九四五年他仍然懷著類似的感受，在自己的回憶錄中寫下「維琪式嗎啡[41]」的詞語。戴高樂一九四六年對他吐露的知心話，雖然讓他「大感驚訝」，但還不至於使他改變立場。一九四九年，他透過一個和魏剛相熟的朋友引介，和海軍上將歐豐㊽見面，此人乃是維琪政府的海軍部長，捍衛貝當不遺餘力。是他讓雷米轉為信奉貝當式的「抵抗運動」。他對雷米提到的事，還包括貝當寄給達爾朗㊾的祕密電

㊼譯注：一九四〇年六月，貝當元帥與德國簽訂停戰協定。法國三分之五的國土歸德國占領。
㊽譯注：根據《環球百科全書》，歐豐為海軍准將（contre-amiral）。
㊾譯注：曾任維琪政府的海軍部長與法軍總司令。

報，貝當在電報中支持達爾朗與一九四二年十一月八日抵達北非的美國人結盟[42]。

雷米很年輕的時候就知道德貢日神父這個人，曾經在莫比昂省的選舉中投票給他。一九五〇年三月，他在德貢日神父的影響下，公開指出解放時的「罪行」，並抨擊特別法庭。一個月之後他就採取了大膽的行動。

如果認為這種立場上的轉變是獨立事件，而且純屬個人行為，那就大錯特錯了。雷米不只一次聲明自己以……戴高樂將軍本人為榜樣。確實如此，自從戴高樂於一九四六年一月自臨時政府總統離職後，一直把貝當掛在嘴邊，這一點主要是出於政治目的。一九四八年六月，將軍在凡爾登市就曾提到「第一次世界大戰的偉大將領（……）一來年事已高，又遭到眾人的拋棄，脾氣變得暴躁[43]」。他在一九四九年三月的一場記者會上，當著戒心重重但保持謹慎的一眾記者，主動表示判處貝當有罪是必要的（他可以推翻自己說過的話嗎？），因為「他把投降，以及與敵人合作這件事給象徵化了，即使他本來不想這麼做」。一九四五年時尤其如此。「時值今日，已是圍牆中的一個老漢……，我本人，以及很多其他人士，都了解他曾為法國做出很大的貢獻[44]。」到了一九五〇年三月十六日，仍然是在面對媒體的時候，戴高樂表示：「如果制度的無能需要證據的話，那麼這個尖刻而棘手的問題或許能為我們提供一個例子（……）把快要九十五歲的人關在牢裡實在是種恥辱[45]。」不到一個月之後，雷米的文章以標題直接響應了將軍的談話：「正義與恥辱。」

此時離解放宣言已過了一段時間，想當初它曾經把維琪政權扔進遺忘的黑夜中。雷米為了同情伊厄島的囚犯，先以「年齡」作為託詞，之後又推說附敵行為幾乎是非自願的，字裡行間一而再、再而三地拋棄了元帥必須有罪的論點。然而，要說戴高樂真的改變了對維琪政權的想法，也是不太可能。可以確定的是，他對主事者不無誠意：不久之前他不是嘗試為元帥攔下審判嗎？不過，要把戴高樂個人和他政治人物的身分區分開來，一直是件困難而且徒勞的事[46]。這位法國人民集合黨的黨魁，在他反對第四共和的戰鬥過程中，始終冷酷地一貫採用以下這個重要手段：尋求挑起一部分選民的憤怒。因為是貝當的頭號對手主動出擊，所以理由就顯得很正當。

不過，在戴高樂這裡沒有什麼是單純的。雷米在《十字路口》週刊發行人阿莫希的協助下刊登了那篇文章。雷米時常強調，戴高樂一點也不知道自己忠誠的信徒在策劃些什麼。尤其指出將軍給他運作上的自由。舉例來說，一九五〇年雷米要參加一個會議，內容有利於撤銷對莫拉斯的判決，將軍沒有表示反對。而這正是事件的癥結所在：即使將軍公開談論監禁貝當的事，明顯對政府毫不避諱，但沒有任何跡象表明，他會做到修正主義的程度，並且讓人認為（即使他心裡這麼想）六月十八日的那個人[50]，與六月十六日和七月十日的那個人[51]，屬於同一株大麻上的葉子。

雷米的文章發表之後，戴高樂做出強烈的反應：

---

[50] 譯注：一九四〇年六月十八日，戴高樂自英國廣播公司向法國人民發表第一次演說。

[51] 譯注：一九四〇年六月十六日，貝當成為內閣總理，簽訂對德停戰，同年七月十日獲得完全執政的所有權力。

什麼都不能把維琪政體與其人員的政策合理化，也就是在世界大戰中政府向敵對的勢力屈服，並在原則上與入侵者合作。全民族對此加以譴責。為了法國的榮譽與未來，譴責是必須的[47]。

戴高樂在給雷米的一封信中，再次表示自己「始終不渝」的友誼，但同時也為忠實同伴的創舉感到遺憾，尤其因為此舉是來自法國人民集合黨的負責人之一[48]。戴高樂在回覆那些向他表達驚訝的眾多信件時，都一再表示他相當氣憤雷米把那些話歸在他的頭上。

我以為大家都知道，自一九四〇年六月十八日以來，所有我就維琪做過的事以及說過的話。我以為這就足以否認百萬次「兩條弦」這種無恥的說法。我很遺憾在您五月二日的信中，出現有關此事的疑慮，而您會產生疑慮也讓我無法理解[49]。

在另一封信中，將軍駁斥雷米竟然把「**我們**所完成的事，也就是作戰，以及**維琪**所完成的事，整體而言是投降」相提並論。而且他強烈申明自己的立場：「我支持寬大與寬恕，但那和原則毫無關聯，原則是永遠不會變的[50]。」

這個立場只是看起來明確，但若是考量到以下幾點，首先，當時的背景，而且演說內容模稜兩可；其次，他從來沒有公開否認對雷米私下說過這些話。最後，有些線索趨近於證明，將軍在一九四六年十二月，說過一些沒有被其他人聽到的話，而這些話的內容和雷米發表的十分接近。

一九四七年，戴高樂的副官克勞德・基委託雷米為時任法國人民集合黨黨魁的將軍，撰寫頌揚聖人的宣傳冊。行文中出現了一九四六年冬天眾所皆知的那句話：

> 我最近在將軍的面前提到一九四〇年夏天時貝當的態度，那些日子裡陽光普照但又那麼動盪不安。我是某個晚上在巴黎的維克多・雨果大道上見到將軍。晚飯後，將軍邀請我和基隊長陪他四處走走。他「便裝出行」，而且很高興能在巴黎的街頭自由漫步（基隊長告訴我這是解放之後，他第二次這樣自由地在巴黎走動）……。他以十足從容、清楚而客觀的態度對我說，如果事件的發展竟然和我們的經歷相反，那麼他就不必承受該事件一開始所帶來的影響。我很後悔沒能記下這段談話的細節，但我相信以下的概述，沒有違背當時與我對話之人的想法：停戰協定已經簽了，我們的國家正面對既定的事實，要說法國的弓具上曾經擁有兩條弦也不是件糟糕的事，一條由戴高樂控制，另一條握在貝當手裡，當然它們在面對全民族的絕對福祉時應該要意見一致[51]。

首先，該文寫於一九四七年，而且雷米在談話之前，承認過自己一直保持反貝當與反維琪的立場。其次，這些句子經過戴高樂親手改寫。雷米的初稿中寫的是：「法國的弓具上必須永遠裝著兩條弦。所以必須要有戴高樂這條弦，但也得有貝當那條弦。」將軍修改了原稿中缺乏時間性的部分，把「兩條弦」的必需性完全限制在占領時期。而且，他還加上最後那個條件。然後雷米才再次寫下全文，保留了具有文學氣息的虛擬句型。這種寫法讓那句話留下疑問，不知道它指的是回顧時的願望還是既定的事實。而且最後那個條件看起來抑制了原來的意圖，但它可以有各種不同的詮釋方法[52]。然而，不論刪改的內容為何，戴高樂的確提出了兩條弓弦的比喻，或是他接受了該比喻出自他本人的說法。

喬治・龐畢度在他的回憶錄中透露了另外一個線索。一九五〇年六月二十五日，法國人民集合黨在凡爾賽門舉行第三次政黨會議時，他刪去了將軍在閉幕致詞裡的一句話。戴高樂在原稿裡重提了兩條弦的比喻，龐畢度寫道：「我把那句話指給他看，他的表情像是在說：被你逮到了。他同意把它刪掉[53]。」戴高樂在那場演說中指出，第三共和沒有幾個民意代表「敢於拒絕完全棄權」，反而是堅守當時衰敗的體制。根據龐畢度的說法，戴高樂似乎認為雷米「他在要點上鬆了手。」對將軍而言，雷米徹底執行了法國人民集合黨與其首領的行事邏輯，至於貝當，不管他曾擁有多少假設性的民心，也不管他的某些思想觀念是否正確，他都是向敵人屈服的象徵。

《十字路口》那篇文章的政治後果很快就出現了。就算雷米辭去指導委員會的位子也於事無補，情況一片混亂，法國人民集合黨表示雷米的發言純屬個人意見，戴高樂則試著重拾他過往的反維琪主調。一九五〇年四月十二日，侯貝・維迪耶[52]在《民眾日報》指控法國人民集合黨正在重新聚集維琪的人馬，目的在破壞共和體制。同一天，共產黨根據雷米的文章，在《人道報》[53]譴責其為「帝國主義侵犯蘇聯」的開始。《解放報》抨擊「戴高樂－貝當軸線」。就連溫和右派的《時代報》，也在這一天表示，在該報看來，雷米與戴高樂更早之前的言論，都是以選舉為目的，並為此感到遺憾：「先是羞辱那些遭到遺棄的人，然後再對他們表現出正義感，全是為了獲得他們的選票，這也太容易了」，直接提醒戴高樂在關押貝當一事上負有責任。

雷米這個自發性的舉動，雖然不是來自法國人民集合黨的官方指示，但還是暴露了該黨沒有明示或不能明示的一面。雷米遭到黨的公開否決後，私下獲得戴高樂黨派中某些成員的支持。此外，一九五〇年十一月九日，在討論特赦的法律草案時，兩個隸屬前人民共和運動黨、之後歸附法國人民集合黨的眾議員：路易·泰諾瓦和艾德蒙·密什雷，提出了要求釋放貝當的修正案。該案在程序上以四百六十六對九十八票被否決了，但是沒有對抵抗運動做出什麼貢獻的右派人士，倒是十分支持這個提案[54]。

無庸置疑，在法國人民集合黨的內部，確實有一些親貝當的派系，要不就是被大元帥的言語所迷惑，要不就是相信他對輿論的影響力。該黨對「民族革命」(54)可能支持者的號召，讓歷史學者赫內·雷蒙有了這段超乎尋常的說法：「事實上，在整個戴高樂主義的歷史中，法國人民集合黨

(52) 譯注：國際工人組織法國支部成員，後為社會黨黨員。
(53) 譯注：創刊於一九〇四年，當時為法國共產黨的機關報。
(54) 譯注：「民族革命」（Révolution nationale）也有譯作國家革命、國族革命。為維琪政權鼓吹的意識形態：譴責個人主義、反對平等主義、反智、對工業主義存疑、號召民族聯盟、肯定封閉的民族主義。

這一章具有高度豐富的多樣性，這段插曲和我們在法國習慣用來指稱的法西斯主義相去不遠[55]。」雷米的真誠很難讓人質疑。他就跟其他很多人一樣，拜倒在貝當神話的聖體魅力之下。雷米身為堅定不移的保皇派與天主教徒，由於反對共產黨，所以不再支持抵抗運動的某些觀點。還有將軍與文字奮戰的姿態。他不能否認做過那個比喻，因為他已經提過好幾次。不過他拒絕接受忠實信徒提出的最高綱領，因為當時他打算魚與熊掌兼得。一方面他為貝當求情，但不光是出於個人的情感因素，同時也要與肅清引起的暴行劃清界限；他就和其他勢力一樣，試圖讓共產黨獨自背黑鍋。另一方面，堅持聲討維琪，讓他仍然是抵抗運動的頭號人物。事實上，他才真的需要為自己的弓具裝上兩條弦，一條是抵抗運動，另一條是貝當主義，這對當時鼓吹「民族團結」的人而言缺一不可。他在公開場合、但主要是私底下所抨擊的「維琪信徒」，當然更偏向瞄準他的右派對手，以及自占領時期以來一直對他恨意難消的那些人；然而同一時期，社會上正瀰漫著對貝當與貝當主義的同情氣息。

在整個過程中，戴高樂以模稜兩可的態度表現出某個根據現時背景重組之後的過去：一九四〇年貝當代表敵人；一九四四年他是燙手山芋；一九五〇年則成為武器，但是帶著雙面刃。於是，可想而知，六月十八日的人物開啟了全新系列，在一長串的譴責名單中，幾乎所有的法國政治人物都成了受害者，就算和貝當主義毫不相干也無法倖免。

元帥的傳奇

貝當主義的復甦於一九五一年到達顛峰。六月的眾議院選舉，共和獨立聯盟的候選人名單獲得二十八萬八千零八十九票。該聯盟的創始人是賈克・伊索尼與歐黛特・莫侯。伊索尼是貝當的律師，依照他自己的原話，當大部分的法國人努力進行抵抗的時候，只有他，進入了合作[55]的一方；指的是一九四五年。莫侯是加畢耶・貝里[56]以及尚・巴松庇耶的律師，前者死於占領時期，後者則是在解放時遭到處決的附敵民兵成員。該聯盟的名單裡有三個當選人，公開宣稱自己是元帥思想的追隨者：巴黎市的巴伊索尼、奧蘭省的侯傑・德賽弗、紀龍德省的保羅・艾斯泰，後兩位曾是貝當內閣的成員。同樣追隨元帥思想的，是在另一份獨立參選名單中當選的賈克・勒華拉杜里，他曾經擔任拉瓦爾政府[57]的農業部長。

大選結束一個月後，七月二十三日，九十五歲的貝當元帥死於伊厄島。這個事件本來可以造就出某種輝煌的頂點，救世主元帥光榮升天。至少這是忠實徒眾的看法，他們想像整個法國

---

[55] 譯注：合作，collaboration，同一個字用在占領時期，就成了與納粹合作的「附敵」。

[56] 譯注：法國記者、共產黨中央黨部成員，一九四一年五月遭到法國警方以抵抗分子為由逮補，同年十二月為納粹槍殺。

[57] 譯注：拉瓦爾六次擔任總理之職，前四次於第三共和，後兩次於維琪，此處是他出任維琪第二次總理職務之時。

貝當神話

《法蘭西觀點》週刊在貝當死後到處發送的小冊子。圖上標題文字：法國元帥菲立普．貝當的榮光與犧牲。

都要向凡爾登[58]勝利者的遺體致上最後的敬意，這一點可以從當時流通的版畫圖片中看出來。事實上，這位前囚犯差一點就要下葬於皮耶－勒維堡[59]的某個角落且沒有任何葬禮儀式。當時的亨利・柯伊內閣，雖然已在七月十日卸任，但確實是趕在任內的最後一刻，拍板決定讓貝當葬在專維勒港的墓園，仍然留在狹小的伊厄島——不利於舉行盛大的儀式。

二十四號晚上開始守靈，由凡爾登戰役的退伍軍人安排進行。死者房間的窗前，分別站著四個穿著旺代省傳統服飾的少女，旺代素有反革命的象徵意義[60]。在一小群約莫幾百個人之中，響起旺代農民洪亮的聲音，他高喊：「法國的所有聖人啊，為我們的老首領祈禱吧！」禱告的最後以這句話作為結尾：「尊貴的元帥，請務必寬恕法國！」

次日，島上起了不小的騷動。抵達港口的有魏剛將軍、埃興將軍、費赫內海軍上將，以及許許多多軍界或非軍界的名人，他們形成了混亂的儀仗隊，其中還有穿著清涼的遊客與好奇的漁民。島外的其他地方也能看見一些團體，由過去的追隨者、維琪官員與「經過肅清」的人物所組成，他們互相傳閱一份高度頌揚貝當生平的小冊子，報復性的政治示威一觸即發。

---

58 編注：德法兩國在一九一六年的凡爾登戰役，是第一次世界大戰中德國走向失敗的轉折點。

59 譯注：位於伊厄島，監禁貝當的城堡。

60 譯注：自一七九三至一七九六年，當地居民與法國大革命後新成立的共和政府之間，發生了一連串形同內戰的武裝衝突。

當彌撒開始，並經由擴音器傳送到整個島上的時候，葬禮也找回它莊嚴的一面。靈柩接著被送往墓園，放入墓穴，一名旺代的退伍軍人交給魏剛將軍一個代表十字軍功勳章的縮小模型，由魏剛投入墓穴。此時有人喊了一聲：「法國萬歲！」在場的人也跟著高聲大喊，但另一句「元帥萬歲[56]！」，呼應的程度就沒有那麼熱烈了。

雖然在巴黎舉行了兩場彌撒，在凱旋門也有獻花，但整件事並沒有達到預期的強度。若是因此就認為大家冷眼對待貝當的離世也過於誇張。當時的第一感受，不如說是鬆了一口氣。俞貝．波夫－梅西[61]用他一貫的口吻表達了出來：

> 老天垂憐，由於此人願意獨自承擔所有的責任，我們才得以了結爭議！然而傷口還未癒合，也許它屬於必須廣泛切除的病灶，以減輕化膿的現象……。在這座墳墓的旁邊，我們參與了時光倒轉的一刻，法國人會老實反省他們無論過去或現在、往往異常沉重的錯誤，以便一起將共有的未來裡嚴峻的狀況看得更清楚[57]？

真是智者之言，而且其中的悲觀也得到了證實。貝當的死完全無法撫平內戰帶來的創傷，反而把它激發了出來：貝當從此走入傳奇，他的傳奇在某些人眼裡是晦暗，某些人則認為神聖不可侵犯，貝當還在繼續分裂法國人民。尤其是他的支持者，趁著他離世的機會，重新開始活動。

一九四八年四月，為了讓貝當獲釋，他的律師團倡議建立了「名譽委員會」，由歷史學家路易・馬德瀾擔任主席，但此舉激起了抵抗運動人士憤怒的抗議，所以該委員會幾乎立刻就遭到封殺。當時，元帥面對這項造成轟動的倡議，明顯持保留的態度：「只要監獄裡還有人是因為服從他的命令才被監禁，那麼要求或考慮讓他獲釋一事，他就不能接受[58]。」等到他去世之後，那些忠心耿耿的追隨者從此能夠自由自在地傳頌對他的崇拜。

一九五一年十一月六日，「捍衛貝當元帥名譽委員會」（ADMP）（按一九〇一年結社法案）正式創立。該委員會從未遭到禁止，並且至今還很活躍。

現在讓我們暫停一下編年的展開方式，進入神廟一窺究竟……

神廟的看守人

直到一九六五年，魏剛將軍一直是捍衛元帥名譽委員會的榮譽主席。期間該委員會嘗試把所有忠實的信徒聚集在一起，主要是占領時期的前附敵人士。該組織歷任執行理事長，依次為前巴黎軍區司令埃興將軍，待到一九六〇年；貝當的辯護律師之一尚・勒邁，直到一九六八年；自一九六八到一九七三年是亨利・拉卡義將軍，他是夏爾・云齊傑將軍[62]的參謀總長；接下來是海軍上將歐豐，待到一九七六年。然後每隔四年換上一位維琪的前部長，他們依序為尚・波赫塔、喬

---

⑥① 譯注：記者，一九四四年在戴高樂的要求下，創立了《世界報》（*Le Monde*）。

⑥② 譯注：在一九四〇年六月二十二日，他代表法國與德國簽署停戰協議。

治・拉米宏以及本書一九八七年完成時的馮思瓦・勒伊德。毫無疑問，這個委員會從創立之初，就是由顯貴之士構成的組織。在一九五一至一九七一年間，理事會成員包括三十六位高級軍官、二十二位前部長、十二位法蘭西學術院院士、好幾位省長，等等。我們不難猜出，從一九五一年一開始就成為會員，並一直待到去世為止的人就是……雷米上校，想要把「親貝當的戴高樂派」團結起來，他算是非常殷勤的擔保人。

該委員會很快就開始大量的宣傳活動。他們瞄準的對象是一九四〇年「四千萬名貝當的追隨者」，也可以說是當時還留下來的人。第一次號召民眾入會時，竟然使用不無遺憾的口吻，可見委員會的運作有多麼悖離現實：

如果我們這個委員會可以聚集，所有曾經從一九四〇年六月停戰看出解救行動的人，所有在元帥出任法國政權首領時，看出保護性託管的人，那麼捍衛元帥名譽委員會就能實實在在地聚集所有法國人，所有這些人都曾和凡爾登英雄一同站在受到這塊侵犯與占領的土地上[59]。

然而，即使是在五〇年代這個有利的環境中，該委員會一直都沒有成為「聯合體」的希望。如果他們的估算可信的話，一九五五年委員會的會員計有七千名（為了充場面，這數目還包括家庭成員在內！）；一九六一年還是只有「幾千名」會員；一九七一年突然跳到「幾萬名」會員；

一九七六年據說是兩千五百名會員，到了一九八三年，該委員會祕書長毫不猶豫地表示，會員數目接近兩萬名[60]。

數字不能代表什麼。捍衛元帥名譽委員會主要帶來了意識形態的衝擊。雖不重要但很頑強，他們的行動歸結為三個目標。

復審

他們首先為了要求復審貝當的案子而戰。這齣司法連續劇在伊索尼律師的主持下，上演了三十年之久。自一九五〇至一九八一年，幾乎所有的司法部長在任職期間，都曾在辦公桌上見過這份躲不掉的文件。光是為了裁定「提起」復審是否符合法律程序，還不是為了真正進行復審，總共就提交了八次申請審查。直到一九七二年以前的五次申請，都宣告予以受理，但復審的實際執行卻一直遭到否決。一九七二年的第六次申請，以及一九七九年的第七次申請，分別由當時的司法部長赫內・普利文與亞倫・佩雷菲特裁定不予受理，理由是高等法院的判決不需要接受復審。一九八一年的侯貝・巴丹戴爾[63]，沒有跟隨兩位前任的腳步，宣布受理第八次申請。伊索尼想要

[63] 譯注：侯貝・巴丹戴爾為一九八一年六月至一九八六年二月的司法部長，當時的總統為密特朗。巴丹戴爾來自猶太家庭，他的父親與舅舅死於集中營。任司法部長前擔任律師，倡議廢除死刑多年，於司法部長任內完成這條刑法的修定。

看到這位和他一樣熟悉「司法誤判」的同行，能出面糾正不公，但這個希望很快就破滅了，復審仍然遭到否決。那麼到了一九八五年，關於這樣的議題，是否有可能發揮輿論的作用呢？

翻來覆去又遲疑不定，顯現出不論是帶著哪種政治色彩的政府，都很難估計貝當神話會帶來怎樣的輿論衝擊。捍衛元帥名譽委員會倒是收獲了實質上的好處，申請復審成為某種真正的儀式，而最重要的維護人就是伊索尼律師。

遷葬

該委員會同樣以儀式性的手法，要求將元帥的骨灰遷葬至杜奧蒙公墓[64]。一九五四年五月，許多由一戰退伍軍人組成的協會發起一份請願書，獲得了七萬人簽名。他們提出的藉口仍然是「民族和解」。

如果貝當的追隨者所言可信，那麼法國政府有兩次差點就要屈服在象徵意義的誘惑之下。一九五八年夏天，就在戴高樂將軍重新掌權後[65]不久，他似乎傾向於遷葬，而且由艾德蒙・密什雷負責籌劃：

「從我父親的日記可以看出來，」克勞德・密什雷寫道，「戴高樂將軍為了讓這樁艱難的事務落幕真是傷透了腦筋。他委託退伍軍人部長籌劃貝當元師遷往凡爾登的移葬活動，因為元帥有這個權利。典禮不可以太盛大也不能太陽春。一方面必須向一戰的人物致敬，但也不能忘了老頭子在維琪的姿態。這個行動是可以完成的，就像我父親說的，因為『我不會被說成是貝當的信徒，而且我還好不容易找到了三個一戰老兵和三個進過集中營的人，他們都答應護送元帥的骨灰，這麼一來，所有人都會看見必須看見的「和解」[61]。』」

說來奇怪，最後受到指責的卻是伊索尼，尤其是來自雷米的非難。雷米說他破壞了整個計畫，因為他寫信給戴高樂，擺出一副將軍非這麼做不可的姿態：

國家元首，應當一心惦念尚未達成的榮功，不可拒絕實現充滿公民虔敬心的行動，此一行動將會使法國人民看見完全和諧與和解的象徵，它和不久之前，您在阿爾及利亞向全法國，甚至法國的對手所展現出來的一樣(66)[62]。

(64)譯注：一九一六年的凡爾登戰役持續了近十個月，總共造成法德兩國七十萬人失蹤與傷亡。其中十三萬無名戰士即埋葬於此。

(65)譯注：當時他擔任「部長會議主席」，相當於目前的總理一職。

(66)譯注：一九五八年七月，戴高樂在公開演說中宣布，位於法國領地阿爾及利亞的所有人士，享有與歐陸法國公民相同的權利與義務。

然而，這個計畫不大可能取得什麼真正的進展，而且更不可能僅憑律師的一封信，就讓整個計畫作廢。伊索尼律師的回應非常合理，他說：「講得好像戴高樂要從我這兒聽到什麼似的。無論如何，都是他自己在做決定！」伊索尼還提到另外一次可能遷葬的機會，據他說是龐畢度，但似乎戴高樂一派中部分具有歷史歷練的人物，對龐畢度施加猛烈的壓力，所以他退縮了[63]。在這幾個事件中，主要人物都很堅信自己的看法，目前也很難去驗證他們的說法。不過，在這些波折之外還必須指出一個重點，那就是遷葬骨灰這件事，事實上是對記憶的轉移。這就和克勞德・密什雷的說法相反。遷葬就是為了**忘記**一九四〇年的元帥，以便強調一九一六年一戰時的將軍，並利用一戰退伍軍人的記憶，來彰顯某種意識形態，對他們來說，貝當永遠是「我們會打倒他們！」的那個人。

和解

為什麼是意識形態呢？我們來到第三個目標。因為捍衛元帥名譽委員會和貝當主義者，他們的計畫，同時也是意識形態的計畫，力圖重建**某人**的想法以及「民族革命」的社會準則。從一九五一年到現在，捍衛元帥委員會成為懷舊極右派的溫床，阿爾及利亞戰爭期間，委員會還增強了力度。雖然它一直處在政治角力場的外圍地帶，但是具有小型傳聲筒的作用。就算把自己藏身在「和解宣言」的背後也沒有用，因為它克制不住自己的怨氣，經常露出馬腳。例如一九七七年五月，市政選舉才剛結束，大家紛紛看好左翼聯盟[67]會在下一屆眾議院選舉中勝出，此時歐豐上將立即毫不猶豫地將他的協會帶進了口水戰：

只要在法國大家還能說出自己的想法——可能也持續不了多久了——那麼什麼都阻擋不了我們做出以下宣告（……），必須重新審視把良知引入歧途（事關貝當）的判決，在此，我們所有人，全都忠於他咨文中的信念，儘管受到威脅，但我們想要的是立意良好、完全符合維期政權的格言「工作、家庭、祖國」的規劃，而不是各種形式的唯物主義，不論它出自自由主義或集體主義。目前發生在法國的種種，不過是三十三年前拒絕和解所帶來的惡果[64]。

還有，委員會的許多成員也加入了極右派的組織，例如喬治・胡樹茲，他是法蘭西民兵團副祕書長馮西斯・布得隆的前任隨扈，胡樹茲長期擔任委員會聖德田分會的會長。他也是「國民陣線」的黨員，與尚－瑪麗・勒班頗為親近[68]。最後還有一件事可以表明委員會的政治特性，那就是該組織從本質上分成了兩個派系，它們輪流主導組織的訴求：一派反對戴高樂主義者，由伊索尼領頭，這一派從來沒有原諒過戴高樂，也不諒解肅清以及有關阿爾及利亞的政策；另一派則是

⑰ 譯注：由社會黨、激進左派運動與法國共產黨組成。

⑱ 譯注：此處的「國民陣線」（Front national）為極右派政黨，尚－瑪麗・勒班是該政黨自一九七二年創立後，直至二〇一一年的黨主席。該黨已於二〇一八年六月更名為「國民聯盟」（Rassemblement national）。

親貝當的戴高樂主義者，有一段時間由雷米領頭。將軍對後面這群人始終具有強烈的吸引力，當然，將軍是敵人，但他更是個對手，和他們的榜樣那麼相像。如果沒有一九四四至四五年間戲劇性的處境，貝當大可以讓戴高樂成為他政治的接班人，然後就可以享受六月十八日，戴高樂振臂一呼所帶來的光環，而戴氏本身就享受了無比的好處。正因如此，一九七一年一月戴高樂死後，委員會的刊物出現一篇令人嘆為觀止、歌功頌德的美文，出自理事長拉卡義將軍的筆下：

戴高樂將軍之死，在法國與世界的其他地方，都激發出強烈的情緒。在這個時刻，人人稱頌他傑出的成就，是他，於一九四〇年可怕的挫敗之後，在戰鬥中維護我們的國家，使它最後現身於勝利的殿堂，此一成就仰賴各方英勇戰士，他們來自自由法國，來自經由魏剛訓練、先後跟隨過朱安⑲和德．拉特⑳的非洲部隊，來自勒克雷㉑的部隊，以及法國境內沒有制服的全體鬥士[65]。

從某種意義上而言，確實是令人感動的致敬！只不過它並不符合委員會內部所有人的胃口。一直到一九八五年，雷米上校死之前沒多久，兩派之間的鬥爭都非常激烈，而且似乎由強硬的一方占了上風。

不過這些一時的爭吵完全沒有減輕委員會拜神的特性。一九五一年第一次舉行會員大會的時候，埃興將軍就邀請眾會員擔負起「使徒的職務」。此後的每一年，委員會都定期舉辦好幾場紀念活動。四月二十四是貝當的生日，朝聖者會前往貝當出生地高希－拉－圖爾。到了七月二十三，就動身前往法國的「各各他」[72]，也就是伊厄島。五月一日，既慶祝《勞動憲章》[73]這個「具有社會性」的成果，也慶祝聖菲立普日[74]，但這個節日其實是在五月三日。最後，還要在十一月十日慶祝一九一八年的勝利，他們特意將活動提前一天，好讓信徒們參加十一日的官方慶典。有時這種使徒的職務，簡直到了癡迷的地步。在一九五九年三月委員會出版的刊物《元帥》中，可以看到以下的內容：「我們發現，在一九五八年（**戴高樂捲土重來的那一年……**）的新生兒名字排行榜上，大家最常取的就是腓力。」這些做法雖然引人發笑，但並非找不到前例，尤其是對於天主教的某一小撮人而言。貝當本人在庭審開始的時候（一九四五年七月），不是也聲明過自己代表「某種法國文明與基督信仰傳統」？雷米在一九五〇年的時候，還聽從聖母教會的總鐸波薩主教的建議，遠赴羅馬，企圖為元帥的案子爭取庇護十二世[75]的支持。

---

⑲ 譯注：前後參加過兩次世界大戰，一九四一下半年調往北非，接替部分魏剛的職務。

⑳ 譯注：和朱安一樣，參與過兩次世界大戰，並且都是先服役於維琪政權，後來投效戴高樂。

㉑ 譯注：二戰時，自由法國的軍事首長之一。

㉒ 譯注：各各他（Golgotha）位於耶路撒冷城外，據「福音書」記載是耶穌基督釘上十字架的地方。

㉓ 譯注：維琪政府於一九四一年頒布的法律。

㉔ 譯注：腓力是耶穌的十二使徒之一，過去以五月一日為這個聖人的節日。貝當的名字是菲立普（或譯腓力）。

㉕ 譯注：是一九三九年至一九五八年的天主教教宗。

LE MARÉCHAL

ORGANE DE L'ASSOCIATION POUR DÉFENDRE LA MÉMOIRE DU MARÉCHAL PÉTAIN

« AI-JE DONC VRAIMENT MÉRITÉ UN TEL SORT ? » Philippe PÉTAIN

La mort du Général DE GAULLE
Le problème de la translation des Cendres du Maréchal PÉTAIN

DÉDICACE AU MARÉCHAL PÉTAIN PAR LE GÉNÉRAL DE GAULLE DE SON LIVRE « LE FIL DE L'ÉPÉE »

Colonel RÉMY.
Janvier 1971.

標題：《元帥》

戴高樂之死
貝當元帥遷葬的難題

使徒的道路不是一直都那麼單純。隨著時間的流逝，從冷戰的背景中所產生的希望，逐漸黯淡了下來。如今還有一個令人煩惱的問題：這些八十開外、每一年都在伊厄島的聖殿留連忘返的人，要把手中的棒子交給誰呢？

從法律進行遺忘

貝當委員會組成之時，黑暗的年代尚未遠去，圍繞著過往的騷動，藉著特赦的激烈論戰聚合了起來，貝當的案子只是論戰的內容之一。這場意識形態的鬥爭，是對占領時期留下的惡果進行清算的主要階段。有很長一段時間，歷史學家都專注在二十世紀四〇年代末，知識分子所熱衷的辯論，內容關於提筆為德國服務的文人必須面臨什麼後果。眾所皆知，亞伯特．卡繆對上馮思瓦．莫里亞克[76]，刊登在《戰鬥日報》上那場著名的辯論，也是第一場試圖陳述「人性正義」必要性的辯論。第二場刊登在《費加洛報》，這時已經開始主張寬恕並遺忘「誤入歧途」的作家。莫里亞克開啟了請願頻傳的時期，一九四五年他為了讓侯貝．巴吉雅[77]免於一死而四處奔走，帶起一群知識界與藝術界的菁英共同聲援，其中也包括卡繆，但最後沒有成功。幾年之後，作家

[76] 譯注：法國作家，一九三三年成為法蘭西學術院院士，一九五二年獲諾貝爾文學獎。
[77] 譯注：法國作家、記者。占領時期前期傾向第三帝國，後期略疏遠。

尚・波隆（在占領時期離開《新法國評論》[78]的前抵抗運動人士），他表示自己不贊成肅清，尤其反對「全國作家委員會」[79]的主張，一九五一年，他以**致抵抗運動諸領導的一封信**，指責他們不經過審理就進行判決的方式[66]。

然而，不能讓知識分子這幾棵樹遮蔽了整個樹林。在這些通過敵對而染上汙漬的衝突背後，特赦所引起的戰役成為真正的政治角力，動員了所有的黨派組織。它是沉重的社會議題，處於法律、道德與回憶的十字路口。「從法律進行遺忘」，根據法律的說法，特赦最足以修改對占領時期的看法，特別是藉由免除已宣告刑罰的方式。

對於東山再起的右派而言，特赦同樣屬於重要的議題。他們竭力去除附敵與貝當主義帶來的障礙，而特赦就是絕佳的陣地，可以攻擊倚仗抵抗運動的各個組織。間接對左派，尤其是對共產黨所發起的挑戰。

攻勢起於一九四八年。站在第一線的，當然是那些遭到肅清的人，在「千人餐會」的例子中也能看到這種現象。不過，主力還是來自人民共和運動黨的基督教民主人士，以及法國人民集合黨，他們在國會發動攻擊，戴高樂將軍為了回應，發表了數次關於貝當的聲明。一九五〇年十月二十四日，喬治・畢多、艾德蒙・密什雷與路易・侯蘭提案後，議會進行了第一次激烈的辯論。支持特赦的一方提出五大論點：寬恕、彌補肅清造成的不公、法國人民的和解、占領時期某些罪行的政治屬性，最後舉義大利與德國為例，表示這兩國已經朝著全國大和解邁進。站在對立面的共產黨員，則強烈反對任何形式的特赦，胡亂地痛斥新法西斯主義死灰復燃、全屬操作選舉的手段，並把赦免附敵分子的想法和德國重新武裝結合在一起。至於社會黨人，他們接受特赦的原則，但強烈指責對於平反的要求。

左派在國會屬於弱勢，無法擋下第一條特赦法案，它以三百二十七對二百六十三票通過，並於一九五一年一月五日頒布。特赦的對象是導致國家受辱、監禁刑期在十五年以下的犯行者。該法條還為被迫犯行、未滿二十一歲，以及刑期即將服完的人，規定了個別條款。這條法律原則上涵蓋的範圍很廣，但不包含重罪與特別最高法庭⑧⁰的判決。特別最高法庭與特別司法法庭⑧¹，已經在前一年同時被廢除[67]。

特赦法案對抵抗運動來說是第一個嚴重的打擊，與其說它傷害了戰爭結束五年後、所剩無幾的意識形態，還不如說是破壞了抵抗運動的記憶。不過，也多虧了這條法律，使得聲名狼藉的法西斯黨徒與懷念維琪的人士，從此得以重出江湖，這一點大家都看到了，不僅如此，他們還恢復

⑦⁸ 譯注：創立於一九〇九年的文學雜誌。波隆是一九二五至四〇年、一九五三至六八年的負責人。解放後，雜誌由於戰時附敵的原因禁止出刊，一九五三年復刊。

⑦⁹ 譯注：創立於一九四一年，由從事抵抗運動的文學界人士組成，但解放後逐漸左傾。

⑧⁰ 譯注：特別最高法庭也有譯為司法高院、最高司法院。它的完整法文名稱為 Haute Cour de justice，這個時期的特別最高法庭，專門審判自一九四〇年至解放為止，犯下通敵叛國罪的國家元首、部會首長與高級公務員，設置時間為一九四四至一九五〇年。

⑧¹ 譯注：特別司法法庭設置於一九四四年，功能與特別最高法庭相同，但審判對象為其他人等。

了公職特權，尤其是不需要經過名譽裁判團（jury d'honneur），直接參加選舉，例如安東·比內[82]。同樣多虧了這個法案，關押肅清犯的監獄開始清出空位。

右派從第一場勝利得到力量之後，進一步發揮了他們的優勢。第二場辯論發生在一九五二年，這一次是為了全面特赦。他們論證的主導路線以「民族團結」為口號，搬出神聖聯盟來對抗共產黨人。原因是外在的危險不再來自德國，而是蘇聯：

第四共和已經有足夠的力量來展現理解力與人道主義。它必須做到這一點，尤其是因為，面對逐漸攀升的凶險，大家比以往任何時刻都更期待法國人的團結一致。就算明天祖國落入險惡之境，所有的孩子都會挺身而出[83]68。

右派以這種方式援用一八八〇年七月巴黎公社社員獲得特赦的案例，引發了社會黨員達尼耶·馬耶[84]的嚴厲斥責：

這樣濫用雨果的詞句真是太不知分寸了，你們居然把一九四〇到四四年的附敵分子，拿來和巴黎公社的戰士相提並論！公社的戰士——我都還沒提什麼是他們的社會理想和經濟藍圖——這些前人，最後喪命於巴黎公社社員牆，他們始終反抗的對象，正是你們一九四〇年投降的對象69。

他用這種方式重申抵抗運動是愛國行為，同時附敵分子**也是**叛徒，而且是經過審判的叛徒。

至於必不可缺的民族團結：

> ……我們在過去的某個時刻已經做到了，而且，如果你們無論如何都要把所有人、所有政黨團結起來，那麼何不想一想嘉必耶・貝希、皮耶・西瑪、皮耶・博索雷特、馬克思・杜莫瓦、歐諾赫・德天多弗、吉貝・德律[85]……，以及所有曾經在這個議事廳的席位上，無論秉持何種想法，都具體體現出安德烈・馬爾侯所謂「人性尊嚴的一刻」的那些人[70]。

如果從情感與敏感性的觀點來看，一九五二年的特赦絕對是出於寬容與安撫的舉動。執行肅清的種種困難，既是政治上的、也是司法上的，它大幅延長了法法戰爭的時間：根據不同的看

---

[82] 譯注：法國政治人物，據說數次拒絕維琪的任命。歷任議員、市長與部會首長。

[83] 譯注：這段話與雨果曾經發表過的文字頗相似，雨果的文章內容闡述祖國面對危險，眾人必須團結。雨果本人沒有參與巴黎公社運動，但他同情被捕社員的下場，曾經要求參議院特赦公社成員。

[84] 譯注：抵抗運動成員，曾任部長、議員與憲法委員會主席。

[85] 譯注：以上皆是二戰時期為法國犧牲生命的殉國者。

法，可以把內戰開始的時間，定為一九四四、一九四〇甚至一九三四年，所以到了一九五二這一年，強度時高時低的戰爭，已持續了八年、十二年或十八年之久……。不過，特赦，就跟所有的政治「和解」一樣，由於行動本身別有居心，甚至還沒有獲得預期的結果，於是造成了逆反效應。例如，許多法案提議除了特赦附敵分子外，也一併特赦一九四七、一九四八年因罷工行動而產生的罪行，把二者混為一談，共產黨人對此大發雷霆，但這條內容早已出現在一九四七年的部分特赦法案中了。

於是左右兩派的競爭，取代了抵抗運動時期的團結一致。整個過程衝突連連。因此，曾任貝當內閣副首長，並於一九五一年當選議員的侯傑．德賽弗，在議會中懇請同僚「從我們的言談與公共生活中，把長久以來毒害它們的東西，永遠而徹底地消除吧」，也就是關於附敵與抵抗運動的爭論。他的這番話，讓堅決支持特赦的人物之一，喬治．畢多起身大喊「抵抗運動萬歲！」並獲得如雷的掌聲。

經過一整年的論戰以及數百次的修正討論，一九五三年七月二十四日，第二輪特赦法以三百九十四對二百一十二票通過。不尋常的是，該特赦法用第一條條文來陳述立法動機，既反映出內容的不明確，也反映出議員們的良心不安：

> 法國向抵抗運動致敬，因為它在邊境內外的戰鬥拯救了民族。今天法國要讓寬容遍及各處，正是忠於抵抗運動精神的表現。特赦不是平反，不是報復，更不是批評那些以民族

的名義、背負評判與懲治重任的人[71]。

這段文字的用意一目了然，掩飾不了想要辯解的明顯意圖。條文中的第一句，是應投反對票的共產黨團的要求才補充上去的，為了這一句另外進行了一次投票。全數通過。

除了一些最嚴重的案例以外，所有還留在監獄的人都放出來了。就這樣，特赦法為肅清畫上了休止符。雖然一九五四與一九六〇年，都曾經為之前缺席的被告回到法國後，例如亞貝．波納⑯，重新組成特別最高法庭，但也只是宣判象徵性的懲罰。同樣地，取代了特別司法法庭的軍事法庭也是如此。一九四五年總計四萬人因為附敵事實遭到關押，其後歷年關押人數如下[72]：

時間	人數	備註
1945 年	40,000 人	
1948 年 12 月	13,000 人	執行一九四七年特赦法之後
1949 年 10 月	8,000 人	
1950 年 4 月	5,587 人	
1951 年 1 月	4,000 人	
1952 年 10 月	1,570 人	執行一九五一年特赦法之後
1956 年	62 人	執行一九五三年特赦法之後
1958 年	19 人	
1964 年	0 人	

⑯譯注：一九三二年入選法蘭西學術院院士。二戰期間他是與納粹合作的代表人物，維琪政府的教育部長，解放後流亡西班牙。

法定的時間還未結束就能重回社會。可以理解有些人的苦澀感受：

> 這個國家為什麼、又是怎樣被出賣的？大家怎麼看待背叛這件事？你指的是哪一樁背叛？背叛了什麼？這個國家的人用什麼方式、根據哪條法律、懷著怎樣的意志與憂慮，經歷了這段過程？他們做了什麼、又是為了什麼這麼做？如今一切都灰飛煙滅，消失得如同名叫奧拉杜爾[87]的小鎮一模一樣[73]。

特赦是右派在政治上的勝利，但在民族記憶當中並未達到預期的結果。它並沒有比其他的紀念活動更為重要，只能不讓所有的怨恨，一再以論戰的方式表達出來。尤其是因為占領時期形成的裂痕，並不全都來自意識形態。

令人焦躁的回憶

宣告赦免的司法判決沒有能力平息占領時期的往事再現，尤以一九五〇年代初特別頻繁。這些往事揭露出的認知斷層不再屬於政治觀點，而是出於宗教、族群之間的情感，或出自占領時期特殊的地理因素。

費那里兄弟

一九五三年二月三日，爆發了費那里兄弟事件⑧⑧。兩個十二與十三歲的猶太兒童，雙親已死於奧斯威辛集中營，遭到照護人波亨女士的「綁架」。這兩名猶太兒童和其他許多孩子在戰時被錫安聖母院教會的修女所救，因而逃過屠殺，兩兄弟並託付給波亨女士。戰後，兩兄弟住在以色列的親人提出撫養的要求⑧⑨，他們因此捲入了情感與宗教的雙重糾紛。「我已經讓孩子們成為天主教徒了！」波亨對前來探問的猶太社群成員這麼說。同時天主教高層也嘗試為不適當的受洗辯解。整個過程引發猶太長老的猛烈抨擊。此一「事件」持續延燒到一九五三年六月二十六日，兩兄弟最終歸還給他們的親屬。

然而猶太群體提出了諸多質疑：基督教會基於營救猶太人所扮演的角色，是否就能把這樣的態度合理化？孩子對於燒死在焚化爐的親生父母，會留下怎樣的回憶？歷史學家安德烈．卡斯比做了精采的總結：「如今他們是否被看成像其他法國人一樣？為了證明自己的身分，他們能不能指望其他人的同情，而首先就從天主教徒做起[74]？」這樁社會新聞呈現出錯綜複雜的回憶，

⑧⑦譯注：一九四四年六月，納粹德國黨衛軍血洗該鎮，共有六百四十二位居民慘遭屠殺。

⑧⑧譯注：二戰時，猶太裔的費那里夫婦感到威脅日漸加劇，將兩個孩子交給天主教機構，後來這對夫婦死於集中營。戰後該機構以兩名兒童已受洗，拒絕交還給親屬，但他們最終於一九五三年回到家族中。

⑧⑨譯注：一九四五年，兩兄弟的姑姑開始尋人，布亨不願意交還兩名兒童，於一九四八年讓他們受洗。

最後成了悲劇，而且帶出重要的象徵意義：費那里兄弟在年月被帶到以色列，迎接他們的是鮮花與……國旗。這一點表現出猶太回憶強烈的特殊性，它與遭到驅逐的回憶不同，後者只是其中的一部分。而且猶太回憶在維琪症候群的歷史之中，占據了與眾不同的位子。這一點之後還會提到。

奧拉杜爾與亞爾薩斯的兒童

一九五三年一月十二日，波爾多軍事法庭審理了一件很不尋常的案件。二十一名倖存的「帝國」黨衛軍坐在被告席上，他們涉及的罪行早已成為納粹軍人殘忍暴行的代表，那就是上維埃納省奧拉杜爾小鎮六百四十二位居民的屠殺案。

在這二十一人中只有兩個人領有軍階，但沒有任何軍官，全都是小角色。這起案件原本只是戰爭罪的另一起訴訟案，面對占領軍所犯下的無數罪行，這類審判勉強帶來一點正義。然而，它卻成了民族悲劇。歷史學者尚－皮耶．里烏寫道：「偶發事件，無法判斷對錯的可怕情境。」在這二十一名被告當中有十四名法國人，全是亞爾薩斯人，其中十二人「非自願」受到強行徵召進入黨衛軍部隊，另有一人自願入伍，一人身分無法判定[75]。

整起事件錯綜複雜，我們先從法律的角度來看。大部分受到指控的亞爾薩斯人是納粹黨衛軍的逃兵，後來加入了「法國境內武裝部隊」與「自由法國武裝部隊」（ＦＦＬ）。這些人在戰後獲得不予起訴的處分。到了一九五三年，他們早就回歸故里，結了婚，逐漸把那場悲劇拋諸腦後。一九四八年九月十五日一條有追溯效力的法律，為戰爭罪制定了「集體責任」原則，於是把他們帶到了法庭。不過，背負此一艱難任務的審判長，沒有引用這個條文，他擔心此舉會過於公開地將德國人與法國人的案例混為一談。事實上，自從戰爭結束以來，當各地的公權力遇上「非自願」這個棘手的問題，全都止步不前。當國民議會就波爾多案進行辯論時，有些議員毫不猶豫地提到這個情形：

在這場悲劇中，確實浮現出強行徵召的問題……。不幸的是，這一點在過去似乎被忽略了，至少各地方政府在面對戰後層出不窮令人操心的問題時，沒有考慮這件事進而加以解決[76]。

這種疏忽非常像是帶有政治意味的潛抑⑨⓪，並藉由司法的偶然事件悲劇性地重現。

接下來，這個案子的政治層面變得日漸複雜，因為它的爆發點正處在歐洲和解的高峰期。位於波昂的總理阿登納，擔心這起審判會削弱西德、這個剛起步的民主國家的可信度。至於法國境內，在這個議題上唯一沒有出現意見分歧的是共產黨人，他們以一貫的論調譴責要求特赦的同時又有歐洲聯軍計畫。共產黨議員馬塞爾·侯森布拉特，向他的對手表示：「你們都知道，美國人說黨

⑨⓪ 編注：一種自我防衛機制，在佛洛伊德理論中，只要遺忘造成心理創傷的事件，就不會再度受傷或是被事件影響。

衛軍就是最早的歐洲聯軍。就是這個原因，你們才需要提出這些要求[77]。」

最後，也是最重要的，就是這個事件把兩樁同樣受到傷害、但又彼此對立的記憶搬上舞台。奧拉杜爾受難者遺屬委員會要求主持正義，但同時亞爾薩斯的幾個組織，尤其是聚集了逃離納粹德國的軍人、犯人與強行徵召者的「脫離者協會」（ADEIF），則認為亞爾薩斯在占領時期已經付出了足夠沉痛的代價。亞爾薩斯被告的律師之一，安德烈．莫塞在辯護詞中就強調了這一點：

這些年輕人在我們眼中，就是那場悲劇活生生的化身。我們誰都害怕暴風雨聚集在自身所處的平原上。而亞爾薩斯即將承受的是懲罰捲起的狂風，抑或希望的花束。請各位不要忘記，在六百四十二位處以死刑的利穆贊⑨居民吶喊聲後，現在和以後永遠都會迴盪著數千名亞爾薩斯死刑犯的咆嘯，他們為了同樣的理由而死[78]。

亞爾薩斯的辯護取得了一開始的優勢。一九五三年一月二十八日，一條修正案排除了一九四八年的條文，使得波爾多的案子能把德國人與法國人的案情分開。然而法庭在經過幾次慎重的審議之後，於二月十三日的判決中表示，領有軍階者判死刑，其他的德國人與法國人則處以監禁並服勞役刑。全國為之震驚。

當時的部長會議主席[92]賀內．梅耶，主動要求討論特赦強行徵召者的新法案，議事日程和特赦附敵者的法案同時進行，但這一次引起的爭議性比較小。這條法案在二讀時就以三百對二百二十八票勝出。所有的共產黨人加上大部分社會黨人，以及三分之一的激進黨人都投了反對票[79]。如同一九五三年七月的特赦法，初稿的序言指名提到奧拉杜爾的受難者。這個部分在二讀的時候，由於「共和國議會」[93]的反對而刪掉了：在赦免這件事上，議員確實問心有愧！一九五三年二月二十一日釋放了那些亞爾薩斯被告。

這個事件揭露了兩個重要的新元素，它們限定了戰爭的記憶。司法無力給出公正的判決，甚至比處於內戰氛圍的肅清時期還要糟（也許就是因為肅清時留下了惡劣的回憶，和對錯無關）。不只是這場審判，以後每當大家期待司法能消除占領時期留下的惡果時，司法的表現都一樣，一方面由於不夠完善，每每被尊重人權的論點所禁錮；另一方面，當司法不是直接依賴政權做決定時，它就依賴政治影響力。於是我們就能看到（一點也不意外），司法毫無書寫歷史的能力，甚至還有赦免的判決直接出自過去某一條象徵性的條文。

司法會有這種表現，更是因為這段歷史並非出於一人之手，「附敵者」一邊，「抵抗人士」

⑨¹ 譯注：二〇一六年以前，奧拉杜爾隸屬利穆贊地區。該區現已和其他區合併，改名為新亞奎丹大區。
⑨² 譯注：Président du Conseil，相當於目前的「總理」職。
⑨³ 譯注：即今日的參議院。

一邊，右派一邊，左派一邊，史特拉斯堡一邊，利摩日一邊[94]。奧拉杜爾事件讓人看到，源自占領時期的認知斷層，不光是意識形態上的——這是第二要素。斷層可以是地理上的，反映出遭到占領的法國，在處境上具有地理差異。當亞爾薩斯省逐漸平靜下來的時候，利穆贊省仍然翻騰不已，持續累積怨恨，於是這一方人，就和戰時以及占領時期的其他受害者一樣，覺得自己再次受到傷害。

沒有完成的悼念？是的，由於難以解決的政治矛盾使然。首先，持續呼籲淡忘、和解，甚至抹去記憶，這些都與不斷自發重現的往事對立。不論是紀念儀式或是司法，它們在處理這些後遺症時，都必須重新揭開傷疤，控訴思想上的差異。官方記憶，在它最具有象徵意義的表達形式中，似乎實在無法將爆裂四散的記憶統一起來。

其次，抵抗運動人士在政治運動中遭到實質排擠，戳破了抵抗運動理想化的形象。共產黨人很快就脫離了地下戰鬥帶來的種種框架。至於國際工人組織法國支部，則是不再理會抵抗運動帶來的貢獻，成為「體制內政黨」，體現了第四共和的模糊性[80]。大多數的國會議員徒然擁有參與抵抗運動的背景，他們的實際影響力一直不斷下降，尤其是在一九五一年以後。傳統右派這一邊在建立新的合法性時，較多利用對抗「抵抗運動分子主義」（中間有t）與對抗肅清，較少利用來自於戰爭的價值觀。就連法國人民集合黨的戴高樂主義者，有時也不看重英勇的事蹟。在那幾年之間，某個症候群的主要張力逐漸成形，使得抵抗運動成為模糊不清的創始神話，抵抗運動人士則成了令人討厭的傢伙。他們在記憶遭到剝奪之後，接下去只會變得更加易怒。

一九五〇年代中，占領時期的直接後果，在其他緊急情況的面前（殖民地戰爭、政權不穩定、國際局勢緊張）逐漸淡出。不過，將黑暗年代當成參考資料已成為常態。一九五二至一九五四年，歐洲防禦共同體（CED）引發激烈的討論，同時，反對與德國合作的人士譴責這種「新附敵」行為，並動員了抵抗運動的各個協會與團體。歷史學家尚－皮耶・里烏寫道，這是「自一九四五年以來，遭到壓抑的痛苦第一次猛烈來襲[81]」。尤其，在頭幾場鬥爭中，尤其是一些與一九四〇年愈來愈沒有直接關係的爭論裡，占領時期的往事充當了哈哈鏡的角色。

---

⑭ 譯注：分別為前亞爾薩斯地區與前利穆贊地區的首府。

第二章　壓抑（一九五四至一九七一）

暫停？

一九五四年是轉變的起點。不久之前，法國經歷了第一段經濟成長期，並沒有受到貨幣波動的干擾。大家才剛開始感受到發展帶來的影響：或許在這個階段才能真正擺脫占領時期，因為日常生活中的物資短缺與經濟困難，延長了窮苦的日子與政治的負面效應。一九五二年，尚．居圖把販賣「優質奶油」（*Bon Beurre*）的老闆們痛斥一番，讓大家永遠記住黑暗年代飲食生活的屈辱[1]。

接下去還有其他的辛酸與痛苦。繼非洲、法國、德國戰場之後，越南北部奠邊府戰役嚴重動搖了還不穩固的法國新建軍隊。這支軍隊執行過在非洲、法國與德國的戰役，它的表現曾經讓人

[1] 譯注：法國作家暨法蘭西學術院院士。其作品《優質奶油店》（*Au Bon Beurre*）的店主也進行黑市交易。

忘了一九四〇年的敗仗。結束得並不光采的印度支那戰爭，加上才剛開打的阿爾及利亞戰爭（一九五四至一九六二年），再一次把「法國的卓越表現」抵押了出去。

一九五四年對於政治人物皮耶・曼代斯－弗朗斯[2]來說，也是特殊的一年。這位新出現的命定之人，本來也許會停滯在抵抗運動及對抗「新維琪主義」的陰影中，尤其後者使他飽受新興反猶太勢力的攻擊。然而，即使他在戰爭中深受打擊，但不糾纏於過去的爭執，帶領著同樣出自抵抗運動的一代人前進。一九五八年五月十三日阿爾及爾政變，次日曼代斯派的知識分子組成尚穆蘭俱樂部[3]，為了紀念那位抵抗運動人士，當然，但或許更加強調尚・穆蘭曾任共和政體的省長身分。曼代斯擔任總理期間，終於結束了歐洲防禦共同體的紛爭[4]，以及該計畫引出的慕尼黑往事[5]。整起紛爭最終沒有阻撓法德之間的和解之路，反倒走得比法法和解來得順利。

歐貝格－克諾申案

一九五四年，卡爾・歐貝格與赫穆特・克諾申的受審，是戰後最後幾起重大案件之一。歐貝格是一九四二至一九四四年間，納粹黨衛軍駐法國的最高統帥，克諾申是他的副手。[6]他們以打擊抵抗運動、在法國執行最終解決方案的主要負責人身分受審。可以說，**按常理**，這個事件的重要性具有象徵意義。

然而事後看來，當時歐貝格接受審判期間引起的騷動，根本比不上三十年後的巴比[7]一案，甚至連巴比一案開庭前都比不上；而且，該案和更早幾年審判法方首腦的最後幾個案子相比，也沒有造成更多的不安與論戰。這種不對稱的現象令人感到驚訝。不過，在整個庭訊期間，附敵行為的規模與維琪政權的鎮壓行動，一一被揭發出來。前警政祕書長赫內．布斯凱⑧被當成證人傳喚，有了這個自由表達的機會，他**為自己**做出一整套辯護。

正如當時《世界報》特派記者尚－馬克．泰歐雷所說，之前的庭審很少出現對質的場面，所以大家都很期待。布斯凱，「正值英年，優雅，灰西裝下的體格十分勻稱，臉龐還帶著度假時陽光留下的古銅色[1]」，曾在一九四九年因辱國罪判刑五年；特別最高法庭對維琪的前任部長一律

---

②譯注：一九〇七至一九八二年，猶太裔，二戰前即當選議員，戰時曾被維琪政府監禁，脫逃後即投入抵抗運動。戰後當選議員。一九五四年六月至一九五五年二月，擔任總理暨外交部長。一九五六年二月至五月，擔任國務部長，此職務相當於副總理。

③譯注：它以成為智庫型組織為目標，在自訂規章中訴求共和政體的新公民精神。

④譯注：一九五四年八月，法國國民議會以三百一十九對二百六十四票，否決了這項計畫。

⑤譯注：一九三八年的慕尼黑協定。為了避免戰爭，在與德義交涉中，英法犧牲捷克斯洛伐克換取和平。

⑥譯注：卡爾．歐貝格領有軍階「上級集團領袖」（Obergruppenführer），駐法職銜為「黨衛軍暨警察高階領袖」（Höhere SS-und Polizeiführer）。赫穆特．克諾申是一九四二年至一九四四年間，納粹在法國與比利時的「保安警察」（Sicherheitspolizei）與「保安處」（Sicherheitsdienst）負責人。

⑦譯注：巴比派駐法國時最高軍階為「高級突擊隊領袖」（SS-Hauptsturmführer），外號里昂屠夫，戰後逃亡將近四十年，一九八七年才對他進行審判。

⑧譯注：赫內．布斯凱（一九〇〇至一九九三），維琪政權高級官員。他在一九九一年才因二戰期間的行為，以危害人類罪遭到起訴，預審尚未結束，於一九九三年在自宅前遭人槍殺。

給予這項判刑。布斯凱專注在縮減他與歐貝格和克諾申所簽訂的協議範圍，這些協議簽訂於一九四二年七月二日至四日之間，制定了法國警方與黨衛軍的合作方式。正是出於兩造的共識，德國人讓法國人在一九四二年夏天，大規模逮捕猶太人，尤其是冬季自行車競賽館大搜捕[9]。布斯凱以他個人的辯護邏輯，把協議表現得像是一場勝利，就像早先也有人曾經辯稱，蒙圖瓦協定其實是「講究策略的凡爾登戰役[10]」。布斯凱甚至為被告辯解：「我必須老實說，將軍在大部分議題上讓我很滿意。至於剩下的部分，柏林方面沒有給他過多的選擇[2]。」

然而，歐貝格的法國律師團為了保護客戶，在控訴總結陳詞中，反對維琪對反猶太人的迫害行動負有責任；律師團這個說法早於一九七〇、一九八〇年代的論戰，也早於歷史學家。可是事實本身不能為自己發言。當時的情況不容許更深入的探討。再加上這些說詞原則上值得懷疑，因為律師團的辯護，理應維護被告的「名譽」。

從這個意義上來說，歐貝格－克諾申的庭審不過是走個形式，其中不乏內疚。一九五四年十月九日，巴黎軍事法庭判處這兩名納粹死刑。不過他們在一九五八年就獲得赫內．科蒂特赦[11]，一九六二年被戴高樂釋放，總共監禁十八年。這個時間比大多數在五〇年代放出去的附敵分子來得長；但是輕於亞道夫．艾希曼[12]的懲罰，因為同年艾希曼在耶路撒冷被判處絞刑。

議會裡的症候群……

接下去的幾年中，明顯可見的後遺症愈來愈少，唯有當背負著沉重過去的人物突然出現時才會爆發，讓人渾身騷癢不舒服。這種情況在政界與知識界層出不窮，即使事件本身少有什麼戲劇性。

一九五六年四月十八日，國民議會迎來了波濤洶湧的一天。瓦茲省的無黨籍議員尚・勒仲德，提出侯貝・埃桑議員當選無效的訴訟。埃桑被視為曼代斯流派，屬於「共和聯盟」⑬的成員，於該年一月在瓦茲省當選。勒仲德的所有論據都來自埃桑的過去，後者黑暗的過往第一次出現在世人面前。

一九四〇年八月，二十歲的埃桑組織了名為「青年聯盟」⑭的小型政黨，類似其他活躍在占

---

⑨ 譯注：發生在一九四二年七月十六與十七日，共一三一五二人遭到逮捕，戰後餘生者不到一百人。

⑩ 譯注：貝當雖有凡爾登英雄的稱號，但該戰役持續近十個月，死傷人數也近三十八萬。作者引述的是Louis-Dominique Girard於一九四八年出版的*Montoire, Verdun diplomatique: le secret du Maréchal*（《蒙圖瓦，講究策略的凡爾登戰役：元帥的祕密》）。

⑪ 譯注：一九四〇年七月，時任參議員的科蒂，投票支持貝當獲得完全執政的所有權力，戰後本不具有被選舉資格，但由於他在戰時參議員任內對抵抗運動與法國解放的友好表現，故重新獲得被選舉權。他是一九五四至一九五九年，法國第四共和的最後一任總統。此處所述的特赦，是指減為無期徒刑。

⑫ 譯注：納粹黨衛軍上級突擊隊大隊領袖（Obersturmbannführer），負責「猶太人事務」並策劃最終解決方案。戰後逃亡阿根廷，一九六〇年才被以色列情報特務局找到。

⑬ 譯注：中間偏左的政黨，一九五六年的立法選舉之前成立，以曼代斯－弗朗斯為精神領袖。

⑭ 譯注：親納粹的小型組織，發送反猶太的報紙，破壞猶太教徒的商店。

領時期初期的一小撮團體。一九四一年他負責指揮位於布雷萬的「貝當元帥」青年中心，然後又籌辦《青年部隊報》。他多次有幸登上附敵的報刊雜誌[3]。一九四五年四月，他參加巴黎市議員選舉，同年六月被控損害國家安全與犯有附敵之實，坐牢一個月。一九四七年，以曾經（短暫）領導過「青年聯盟」為由，被判辱國罪刑期十年，一九五二年獲得特赦[4]。如果不是他高度引起爭議的個性，以及報業巨頭⑮的身分，他的過去絕對不至於招來這麼多議論。

事實上，一九五六年的攻擊純粹屬於戰術需要。埃桑無處可逃，辯駁得力不從心。他為了辯解自己成立親貝當的青年中心一事，提到了失業問題，並宣稱實際運作那些青年中心的是天主教職工青年會的負責人。他的這番話，遭到議員費南・布克松憤怒地駁斥：「不對吧，當時職工青年會的所有負責人都被逮捕了！」雖然埃桑曾經承認成立了青年聯盟黨，但他否認該組織具有附敵的性質，辯稱一九四七年自己的刑期比其他人要輕，是因為當時「對那些曾經與德國合作過的人，判得特別嚴厲」，但他說的並不正確，該類判決反而傾向於減輕刑期。勒仲德在舉出必須審判埃桑的理由時，說到埃桑曾為「法國反布爾什維克志願兵團」做過政治宣傳，但埃桑對這件事的回應更是不得體：「真可笑，主要相關事件都發生在一九四二年，但志願兵團兩年後才組織起來[5]。」

不過該事件的重點並不在此。由於埃桑屬於「附敵分子」，他的議員資格以一百二十五對十一票宣告當選無效。共產黨人、大部分的社會黨人與激進黨人沒有參加投票。投下反對票的議員來自……宣揚布熱德主義⑯的議員、大部分無黨籍議員，以及一部分人民共和運動黨的議員。支持他的十一票來自同為共和聯盟的議員。右派之中最親近前貝當主義的成員，居然能在左派的陣營中逮到一個「法奸」，實屬罕見。由於譴責與道德扯不上關係，「勇於為種甜菜的農人發聲」的勒仲德，其實並不在意這位前附敵人士。讓他看不順眼的是曼代斯一派，沒有多久以前，他也曾於一九五四年十二月三日，在國民議會指控馮思瓦．密特朗[17]，時任曼代斯-弗朗斯的內政部長，說他在洩密事件[18]中，破壞了「反共產黨的情報部門」[6]。至於當選無效這件事的影響也很有限，埃桑在一九五六年六月十八日，再度當選瓦茲省的議員（！），這一次沒有任何問題。

埃桑事件闡明了譴責的做法，它把控訴事實的本質和譴責對象的政治屬性完全區隔開來：一九五六年是右派譴責埃桑；到了一九七〇年代則換成左派，譴責的範圍甚至更大，主要在於埃桑集團的利害關係與勢力，也由於他四〇年代的特殊表現。不過在上述兩種情況中，只有一種手法，它讓文字含義失去作用，那就是：當控訴隨著時間與政治人物的制服而改變時，如何讓輿論相信該政治人物具有「法西斯」的特性？這種扭曲的現象在一九八〇年代達到顛峰，發生在奧地

---

⑮ 譯注：一九七〇與一九八〇年代，埃桑大約擁有法國境內八家報社與雜誌社。據估計，一九八〇年代末期的全國性與地方性報章雜誌，他所掌控的百分比各為百分之三十八與百分之二十六。

⑯ 譯注：布熱德主義為第四共和後期，由皮耶．布熱德（Pierre Poujade）發起的政治運動，以保護商人與手工業者為主旨，以對抗戰後發展出的大型商場。

⑰ 譯注：二戰結束後活躍於法國政壇，自一九八一至一九九五年，擔任兩居法國總統。

⑱ 譯注：國防高級委員會的文件外流到法國共產黨手中。

利的華德瀚事件⑲當屬此類的代表。

……也出現在法蘭西學術院

一九五八年四月二十日，法蘭西學術院爆發了一樁引人爭議的新聞。作家保羅．莫朗參加法蘭西院士選舉的消息一經披露，使得院士中的前抵抗運動人士紛紛表示憤慨。

一九三四年莫朗出版了《甜美法國》，一九三九年譯成德文，當時他就以含蓄的文字批評了世界主義的「盜賊」⑳。德國入侵後，納粹「駐法宣傳部」表揚莫朗、賈克．夏多內㉑與侯貝．巴吉雅是「法國新文學」的代表人物，而納粹認為新文學對占領方的態度「極度正面[7]」。莫朗是職業外交官，一九四三年維琪派駐布加勒斯特的大使，一九四四年七月憑藉他與尚．賈丹㉒的交情被派往波恩，只不過瑞士人對他充滿敵意。他也為一些附敵的報紙寫文章，像是法蘭西民兵團的機關刊物《戰鬥報》，和他一樣為該報寫稿的還有科萊特㉓以及作家皮耶．馬克奧朗[8]。解放時莫朗被廢除了職位，不過，法國最高行政法院在一九五三年撤銷這個判決，兩年後他又復職了。而且他從未否認過自己的感受；莫朗於一九五一年出版《塞維亞的苦修者》，描寫拿破崙軍隊占領下的西班牙，他在書中為「附敵」辯解，並對抵抗運動人士加以嘲諷。

要不是解放之後，法蘭西學術院成了貝當主義相當重要的據點，莫朗的候選人資格很可能會讓人感到驚訝。一九四四至一九四五年，學院承受了強烈的衝擊，臨時政府（GPRF）的首長強制要求學術院取消一九四五年的院士選舉，否則將面臨廢除的命運。當時學院庇護了許多還算有才華的「民族革命」擁護者，在經過肅清的審判之後，學院必須開除其中四個大人物：莫拉斯、貝當本人，以及兩位「亞貝」，分別是波納和埃蒙㉔。後兩位於一九四六年由朱爾・羅曼與艾提安・吉爾松取代，但另外兩位的院士位子一直空著，一直等到除名的前院士死後才補上㉕。

一九五八年的所有院士中，只有十三位是一九四〇年以前選入的，該年的院士選拔是進入占領時期以前的最後一次，整個占領時期沒有舉辦過院士選拔。從一九四四到一九四六年，學術院舉行了二十幾場選拔，其中有不少參加過，或「被認為」參加過抵抗運動的作家與人物，包括：巴斯德・瓦雷希－哈多㉖教授、朱爾・羅曼、安德烈・席格非。然而，即使經過大換血，貝當派

⑲譯注：華德瀚於一九七二至一九八一年曾任聯合國祕書長。一九八六年，他曾在納粹軍隊服役的歷史被媒體揭露，遭指控犯有迫害猶太人的罪行，但仍於同年當選奧地利總統。其後雖經歷史學家調查，無直接犯罪事實，但其聲譽仍大受影響。
⑳譯注：莫朗在該書中描寫「來自德國的無國籍人士」，也就是猶太人。
㉑譯注：一九三二年獲法蘭西學術院小說獎，二戰期間推崇希特勒與貝當。
㉒譯注：曾任維琪總理拉瓦爾的內閣主任，一九四三年底轉任伯恩大使館首席顧問。
㉓譯注：法國作家，出版近六十本小說與戲劇作品。二戰後獲選文學組織「龔古爾學院」會員。
㉔譯注：作家，一九二七年入選法蘭西學術院院士。二戰期間為附敵報章撰文，被納粹視為親德文人。
㉕譯注：法蘭西學術院院士為終身制，院士去世後才選入新院士，此處四位院士的遭遇都屬特例。
㉖譯注：法國醫生暨政治人物，二戰期間擔任抵抗運動醫療委員會主席。他是微生物學家巴斯德（Louis Pasteur）的外孫。

仍然頗有勢力，因為貝當與莫拉斯的陰影好幾次籠罩了學術院。一九五三年，曾經擔任大使的安德烈．馮思瓦－龐賽[27]入選，成為接替貝當的院士。出於心知肚的原因，大家迫不急待地想聽聽他會對前任院士做出什麼頌讚。他表現出一定的勇氣順利過關，以他出色的修辭天賦揮灑出貝當「盾牌」[28]理論，讓皮耶．拉瓦爾承擔所有的罪惡，同時還對戴高樂表達出自己的仰慕（戴高樂對「盾牌」的說法倒是非常不高興……）：

（……）沒有忽略他想以盾牌保護法國的意圖，我常常對他充滿敬意，正如此刻我在各位面前，也要親自向拾起寶劍的人致敬，他拾起了自我們手中掉落的劍[9]。

皮耶．貝諾瓦[29]響應他有關「和解」的主題，那是貝當主義者的至寶：「我覺得現在唯一要做的就是彼此祝賀，為我們竭盡全力推動了眼前的團結[10]。」次年侯貝．阿宏[30]在他的著作《維琪的歷史》一書中，發展出「盾牌」與「寶劍」的理論，也就是「兩條弦」比喻的變體[11]。

一九五六年，同一位馮思瓦－龐賽在迎接新任院士、前維琪教育部長傑洪．卡科皮諾[31]時，已經能更自然地排除後者「履歷表」上敏感的部分，全心全意為這位羅馬法學家獻上祝詞。

不過，關於莫朗，就很難使出兩面手法，或是眼不見為淨。他既不是馬塞爾．普魯斯特，也不是尚．季候杜[32]的朋友；但他的確是維琪的一員，也就是「附敵分子」；大家一直小心翼翼避免使用這個說法，只有馮思瓦－龐賽毫不避諱，用「附敵分子」來攻擊皮耶．拉瓦爾。莫朗參加院士選舉的舉動被認為是政治挑釁。安德烈・席格非就有這種感覺，他匿名在《法國政治學雜誌》寫了一篇文章，但其實一看就知道是他。他指出煽動此事的人是賈克・德拉克代㉝[12]。席格非和同為「抵抗運動」陣營的十位院士，由馮思瓦・莫里亞克和朱爾・羅曼主導，以請願書的形式寫了一封信，交給當時的季度總監馮思瓦－龐賽：

> 署名於本信下方的法蘭西學術院成員，對這位候選人的文學成就毫無異議。然而他本人，以及他在上一次戰爭其間扮演的角色，仍然關係到其性質足以引起爭議與衝突的往事與怨憤，而這一切最好交由時間來平息[13]。

㉗譯注：法國外交官。於一九六一至六四年間擔任法蘭西學會（Institut de France）會長。

㉘譯注：「盾與劍的論點」（thèse du bouclier et de l'épée），該論點將占領時期的貝當與戴高樂分別比喻為盾與劍，由貝當這塊盾盡可能地護衛法國，只待戴高樂這把劍獲得充分的力量反擊。

㉙譯注：作家，一九三一年入選法蘭西學術院院士。二戰時雖未效忠維琪，但與德方外交使節頗有接觸。

㉚譯注：猶太裔歷史學家，法蘭西學術院院士。二戰初期曾被關押在拘留營，後經尚・賈丹協助，輾轉抵達阿爾及爾。

㉛譯注：歷史學家。一九五六年為他舉行了入選法蘭西學術院院士的典禮。

㉜譯注：季候杜據說曾當過莫朗的家教老師。他和普魯斯特公認為法蘭西學術院的遺珠之憾。

㉝譯注：作家，一九三六年入選法蘭西學術院院士，二戰期間與《戰鬥報》關係緊密。

然而過程凶險的伏擊，當然要經過縝密計算：要怎麼做才能排除莫朗，既不用具體挑起「爭議」，又無須提到他的經歷，也就是「糟糕的回憶」？戰爭時期人在美國的朱爾·羅曼，在《震旦報》㉞的論述更具有政治意味。對他而言，這樣的選舉意味著：

……附敵勢力對法國的報復，這個法國錯在不接受敵人，繼爾將他們驅逐；它同時也要報復知識菁英選擇了反對權勢、接受抵抗運動的風險，甚至選擇了離鄉背井，不要占領者的恩惠[14]。

賈克·德拉克代為莫朗辯護，引用的證詞來自據說是作家救下的幾個猶太人，把法國最高行政法院的撤銷判決當成莫朗的護身符，指他因此恢復了前外交官的身分[15]。還有件有意思的事，呂襄·赫巴特㉟在一九五八年五月八日的《里瓦羅爾》週刊為莫朗辯護：「這位自由主義者，永遠是『優秀的歐洲人』，一九四〇年六月，他在倫敦就戴高樂與他的團夥迅速做出評斷後便返回法國，並代表法國出使到反抗史達林的國家。」週刊不大採信政治行動的說法，傾向認為此舉在解決私人與文學上的恩怨，挑起人是朱爾·羅曼、喬治·杜哈梅爾㊱，尤其還有馮思瓦·莫里亞克。

由此可知，肅清的失敗，以及肅清沒有能力明確訂定罪行性質與附敵時期的不法行為，此時這些事實直接發酵，貝當主義者就從這個缺口長驅直入，提出質疑：如果法律已經做出裁定，為什麼還會出現排斥?這真是個可怕的問題,因為很難承認在這件事上,司法的影響力比不上利害關係。

於是一九五八年五月二十二日的投票,不平靜到了一個極點。當天有兩場投票同時進行:一場是爭取前院士愛德華・赫里歐㊲的座席,尚・羅斯丹最有希望入選;另一場是繼任前院士克羅得・法赫的座席㊳,由莫朗和賈克・巴杜爭取右派的支持。這個做法背後有個巧妙的策略,把羅斯丹「送給」左派,使左派讓步接受莫朗。可惜!這個高明的計謀最後敗得一塌塗地。由於貝當派的候選人招來公開的敵意,使得羅斯丹也沒有入選,他和莫朗一樣都只得到十八票,但必須有十九票才能配上院士寶劍。組織這次票選的皮耶・貝諾瓦大發雷霆,在結果揭曉後,宣布自己不會再踏進學術院一步。歷史學家卡斯特里公爵曾經簡短說過一句:「再也沒人見過他[16]。」

莫朗非常固執地於一九五九年再次參加院士選舉。自從一九三六年第一次失敗之後,這是第三次了。不過這件事傳到了新任政府元首的耳朵裡。戴高樂將軍重提一九五八年請願者的論點,

---

㉞ 譯注:創刊於一九四四年,一九七八年被報業大亨埃桑買下,一九八五年併入《費加洛報》。

㉟ 譯注:作家暨記者,解放前一直為極右派報紙撰文,發表激進的反猶太言論。二戰後被判死刑,得到特赦,於一九五二年獲釋。

㊱ 譯注:法國作家暨醫生,一九三五年入選法蘭西學術院院士,他的著作在二戰期間被列入黑名單。

㊲ 譯注:左派聯盟的代表人物,一九四六年入選法蘭西學術院院士。

㊳ 譯注:每位新院士同時繼承席次與專屬座椅。

「由於該作家可能會在學術院內部掀起黨派仇恨[17]」，他不接受這樣的候選人資歷。莫朗只得退出。這位《匆忙的男人》的作者必須再等九年，直到一九六八年十月，將軍收回他的「否決權」，才總算進入法蘭西學術院。他的入選承接了莫里思．卡松的座席，而此人曾在一九五八年的請願書上簽名反對過他……。一九七五年，輪到另一位作家費里湘．馬赫索㊴引起騷動。眾人指責他於德占時期在比利時電台的一些活動。不過他還是當選了，繼承馬塞爾．阿沙的座席。這一次，輪到皮耶．埃曼紐㊵大發雷霆，他是朱爾．羅曼口中「知識菁英」最正宗的代表人物之一。學術院裡再也沒人見過他。

五月、六月、七月

戴高樂將軍的重新掌權，挑起了各種模糊的回憶，這些回憶在悲劇發生的十八年後，為事件織出一張超現實的網。在戴高樂的人馬看來，六月十八日的指涉意義具有直接的影響力，因為一九四〇年的戰敗與國家失守，陰魂不散地跟隨在阿爾及利亞的糾紛背後隱約可見。那段歷史偶爾會帶出有毒的轉變，像是一九五八年五月二十四日的「復活」行動㊶。該行動在「登陸」科西嘉島前所傳出的訊息，讓人想起地下反抗時期的各種聲音。而且科西嘉還是繼阿爾及利亞之後，於一九四三年重獲自由的第二個省分。

不過六月十八日在左派那邊也同樣發揮了影響力，但作用正好相反，他們揮舞「七月十日的呼籲」㊷，並且重提導致貝當掌權的爭議性投票㊸。這個投票，確切地說，完全賦予了敦請戴高樂的政治正當性。

六月一日，議會為戴高樂進行了簡短的授權儀式，曼代斯－弗朗斯以帶有丹東㊹風格的口吻說：「人民以為我們是自由的，但已經不是了，我的尊嚴禁止我對來自派系與街頭的壓力讓步[18]。」這幾句話打破了會場有些沉重的緘默。曼代斯－弗朗斯本來可以在維琪的遊樂中心㊺說出這些話，要不是中了圈套、坐上瑪西利亞號㊻，而且一九四〇年投票那天，人已身在拉巴

㊴譯注：作家，原為比利時人。由於二戰時的「糾紛」，一九四六年又在缺席審判中喪失了國籍，轉往法國發展。一九五九年戴高樂在看過他的檔案後，給予他法國國籍。

㊵譯注：法國詩人，二戰時加入抵抗運動。

㊶譯注：反對阿爾及利亞獨立的右派軍人，先於同年五月十三日，在當時隸屬法國的阿爾及爾省發動政變，策劃以「復活」行動打擊法國政府，讓戴高樂重新執政。

㊷譯注：法國共產黨在法國境內發送傳單，內容強調自由反對迫害。

㊸譯注：一九四〇年六月十六日，英國下議院投票通過「英法聯盟」（Union franco-britannique）。

㊹譯注：法國大革命的主要人物之一。

㊺譯注：目前為歌劇會議中心。一九四〇年七月十日，所有議員在此投票賦予貝當完全執政的權力。

㊻譯注：瑪西利亞遊輪事件，一九四〇年六月十八日，貝當政府決定轉移到北非，反對停戰的二十幾位左派或親左議員上了船，二十一日離港，但由於拉瓦爾施壓，貝當沒有上船，並在六月二十二日簽下停戰協定，於七月十日舉行投票。缺席的議員以背棄國家入罪。

特……。同樣地，「誰又能知道，如果密特朗從六月一日開始，就讓自己化身為不可征服的對手，難道他會沒有信心自己在一九五八年，成為六月十八日精神的真正繼承者[19]？」赫內．雷蒙如是說。幾年後，密特朗在他的《政變不斷》一書中，抨擊歷年來發生在五月十三日的「報復」行動，諸如德雷福斯事件、人民陣線、民族革命等等；然後他對將軍從自身的榮耀中獲取「不道德的利益」感到遺憾：「在深入主題之前，照慣例，我要向一九四〇年六月十八日的偉人致敬，他是法國戰時的首領、祖國的解放者。今天，誤解使他與昔日並肩但仍擁護共和政體的同伴們站在了對立面，我是否要為此哀嘆[20]？」

六月十八日在極右派陣營同樣起了作用，尤其是……貝當派。所以出現了讓人難堪的衝突。六月三日就憲法第九十條修正案進行投票，此案讓新政府具有重新審查憲法的可能性。就在此時，議員迪協－維尼昂古㊼拒絕把制憲的權力交給將軍。他在一天前才投下授權票，就和過去他曾投票維護貝當的執政全權一樣。然而，口才便給的他，正是引用一九四〇年的前例來陳述拒絕的理由：

> 總理大人，幾年前您曾經在阿爾及爾召集法學家委員會。如果我沒記錯的話，當時出席的還有艾德加．富爾先生㊽，我很高興看到他現在也在場（……）。然而，那個委員會讓我們見識了一條動議。我們，也就是一九四〇年七月十日投過票的第三共和參眾議員。該動議明確指出政府將制定由國家批准的憲法，爾後再由國家創立的議會執行該憲

法，該動議還說我們沒有權利把立法權託付出去，又說我們這五百八十位參眾議員因此曾經犯下嚴重的錯誤，根據你們所謂的不具有參選資格的法條，必須遭到排除……

他在喧騰的抗議聲浪中做出以下結論：

……請原諒我以下的想法，我完全不敢相信在我有生之年，會兩次被人要求把我持有的部分立法權託付出去。而且，更妙的是，我怎麼也預料不到，第二次要求我這麼做的人，正是在我第一次授權時，處罰過我的人。

最驚人而且最饒富興味的是，艾德加．富爾沒有讓自己被這段影射搞得侷促不安，這一點可以從兩人的簡短對話中看出來：

富爾：「迪協－維尼昂古先生，可以容我打斷您的發言嗎？」

迪協－維尼昂古：「請。」

㊼ 譯注：一九〇七至一九八九年，法國極右派律師暨政治人物。

㊽ 譯注：曾任第四、第五共和總理、國民議會議長等職位。一九四二年前往阿爾及爾，擔任臨時諮議會主席。

富爾：「感謝您的諒解（……）。我必須說，是的，授予立法權這件事很敏感。不過，迪協－維尼昂古先生，鑑於我們探索往事的想法，至少有一定的程度，曾經毫無疑問地走在相同的道路上，正好今晚我隨身帶著一本在阿爾及爾發行的雜誌，當時我有幸應總理大人的指示，在法國民族解放委員會帶領立法部門的年代。」

迪協－維尼昂古：「我知道您有帶這本雜誌[21]。」

維琪確實存在所有人的腦袋中。接下去是一段關於憲法的辯論，迪協－維尼昂古在伊索尼的支援下，利用當時戴高樂主義者的論點，試圖證明七月十日的投票，完全符合法律文本。

迪協－維尼昂古：「……（一九四〇年）投票通過的文本，並沒有明確規定施行該條憲法的任何方法……因為它的條文是這樣的：『憲法將經過國家批准，並交由國家建立的議會執行。』」

曼周㊾：「您忘了最重要的事：當時還廢除了前一部憲法。」

迪協－維尼昂古：「我親愛的同事，這正是你們即將碰到的事[22]！」

不啻為穿梭在過去與現在之間的怪事，不僅角色對換，就連界線也隨著俏皮話而消失。這些對話也許很好笑，和議事廳內上演的重大事件相去甚遠，但是它們一定會讓過去變得更模糊，破壞了事件的組織性。說到過去，一種被當成歷史參考、強烈驅使每個人投入其中，另一種可以受到操縱、隨意塑造，讓人同時得到修辭或譴責的效果；如何才能協調這兩種過去？象徵符號是否可以保留它們承載的情緒與魅力，不至於看起來只像是政客的工具？再說，要不是占領時期除了打擊政治階層，甚至還給全法國社會造成創傷的話，上面的問題根本沒有意義。這些錯誤的對稱，就像後來某些變得很平常的字詞一樣（例如「種族滅絕」），儘管它們沒有騙倒任何身歷其境的人，但在敏感圈之外，一定引起了某種厭倦。

歸根結底，六月十八日的特殊人物和另外那位相比，更能為悲痛的回憶提供一個回顧時可接受的印象。

戴高樂的驅魔行動

戴高樂對占領時期的看法，由五個連續的階段構成。法國解放的時候，大家看著戴高樂將軍安置了兩個主要的基石：一是維琪的撤離，另一個則是抵抗運動的正當化。將軍為了「整個」國家的利益，把抵抗運動人士從抵抗運動中抽離出來，清空了它的歷史多樣性，抵抗運動成為抽象的象徵。一九四六至一九五〇年間，出於政治策略，他試圖利用貝當這條弦來吸引部分選民，並

㊾譯注：法國政治人物，前抵抗運動人士。

且確實恢復了貝當主義者的記憶。然而雷米事件把他帶得太遠，他丟開了善於挑起論戰的小報，這些報紙在元帥過世之後就不再有什麼作用，甚至找出他反維琪的表現。接著他用寫於一九五四至五八年間的《戰爭回憶錄》，重新和一九四四年出現的說法連結：一九四〇到一九四四年間的法國歷史是在倫敦與阿爾及爾完成的（見第六章）。最後，抵抗運動的神話於一九六〇年代完全定型之前，他再次試圖為一九四〇年驅魔。

一九五八年十二月三十日，比內和惠弗提出的節省預算方案[50]，取消了退伍軍人的退休金，這個措施觸及很多前抵抗運動人士，引發了憤怒的抗議行動。一年後，戴高樂將軍在十一月十一日[51]的前一天，對這件事表達他的看法：「退伍軍人應該優先享有榮耀，而不是優先受到追討[23]。」值得注意的是，他只提到一戰老兵的遭遇，把二戰與殖民戰爭的退伍軍人留在陰影中。不過一段時間後，退休金最終還是悄悄復原了。其中顯然涉及某個象徵性的舉動，「它的財務性質不是非常重要，而且時機也不明顯[24]」。將軍身為英勇事蹟的保管者，似乎不想把它分給其他特殊人物。

一九五九年四月十一日出現了新的衝擊。戴高樂發布政令，取消紀念五月八日的歐戰勝利紀念日[52]。從那時開始，紀念日都改在五月的第二個星期天慶祝。結果就是五月八日不再是節日，所以不放假，節日愈來愈多「不僅削減了全國公務員行使職責的法定時間，也無益於某些類別的勞工[25]」。一九五九年五月九日，政府既向盟軍的勝利致敬，也緬懷了貞德，五月九日正是貞德紀念日[53]。退伍軍人團體為此十分不高興，認為此舉過度剝奪了紀念日的特殊性。

這一年倒是有其他的慶祝活動閃爍出不同的光芒：六月十八日，將軍去了瓦雷利安山[54]；八月二十九日，他紀念首都解放，到場的有抵抗運動全國委員會以及巴黎解放委員會的會員；最後是十一月十一日，戴高樂為兩次大戰共同舉行了紀念儀式，就跟一九四五年一樣[26]。

突出抵抗運動的某個理念，並不妨礙他在必要的統一框架內，顧全所有人的自尊。表示一些小心意也包括在內。

一九五九年四月，就在第五共和第一次參議員選舉之前，將軍來到了奧弗涅⑤⑤。這是翻動幾樁往事的機會。十八日，總統一行人來到了……維琪。這一站很快就變得非常有意思。他和谷隆市長交換了幾句話：

「自從一九三三年勒布瀚⑤⑥來過之後，還沒有任何共和體制的總統造訪過本市。（這當然不是真的。市長「忘了」一九四〇年七月，勒布瀚總統曾再度來到維琪……）

⑤⓪譯注：當時的財政部長比內與公共財政專家委員會主席惠弗共同制定。
⑤①譯注：第一次世界大戰停戰協定紀念日。
⑤②譯注：第二次世界大戰歐戰勝利紀念日。
⑤③譯注：法國於一九二〇年制定五月九日為貞德與愛國精神紀念日。
⑤④譯注：位於巴黎西郊，一九四一至一九四四年間，共有一千多名人質與抵抗運動人士在此遭到處決。
⑤⑤譯注：法國中部的前行政區，維琪市位於該區的中部偏北，現已和其他行政區合併。
⑤⑥譯注：擔任一九三三至一九四〇年七月的法國總統。反對簽訂一九四〇年六月的對德停戰協定，被迫下台，遭到維琪政府軟禁。

「我來到此地，性質有些特殊，不僅是由於不久前發生的事件，這您知道，也因為目前的情況……」

接下來戴高樂在維琪市民面前發表演說。這些「水都之后」的居民，從一九四四年九月開始，就一直透過市議會要求，所有影射「維琪政權」的說法都應該從語彙中排除出去：

……現在，我要和各位說幾句知心話，你們可不要告訴別人，我得說自己以官方身分來到維琪心裡有點激動。你們了解其中的原因，但我們必須傳承歷史，我們屬於同一個民族，無論發生什麼波折、什麼事件，我們都是偉大的、唯一的、獨特的法蘭西民族。正是因為維琪所以我這麼說。正是因為維琪，所以我堅持要這麼說。為了過去的一切。維琪萬歲！法國萬歲！共和萬歲[27]！

十分驚人的一席話，語義經過通盤的考量，而且停留在法法爭論的範圍內，並不亞於日後的「自由魁北克」㊼。這個「知心話」是個放肆的媚眼，他竟敢冒著喚醒魔鬼的危險，提起了不能說的事。他甚至不計後果，在貝當的前法國首都談論民族團結，他很清楚，別有含義的「維琪」仍然能夠帶來沉重的負面影響，而且還說了好幾次，就像是驅邪的咒語。後來有個和他一同前往的部長，使用了「驅魔[28]」這個詞。

同一天在穆蘭市，他向整個城市致敬：

……我知道發生在這裡的一切。更令我們敬佩的是，各位曾經與悲劇比鄰而居（……）那就是在我們國境之內造成傷害的「分界線[58]」[29]。

不久之後，一九五九年六月六月，他離開克雷蒙費弘[59]，在木榭山[60]暫作休息，當地有座法國游擊隊國家紀念碑。一九四四年六月十六至二十日，三、四千名游擊隊員在撤退之前，由卡斯帕上校帶領，公開迎戰德國人，許多人在當地喪生。這一天，戴高樂穿上了軍服。他獨自朝著「聯合抵抗運動」[61]的成員走過去，喊了一聲：「卡斯帕。」隨後從人群中走出一個人向將軍一鞠躬，將軍以激動的聲音又叫了一次他的名字，然後站在游擊隊長的身旁，「親熱地拍了隊長的

---

[57] 譯注：一九六七年七月二十四日，戴高樂在蒙特婁演說終了，說了一句「自由魁北克萬歲」，一度造成法國與加拿大的政治危機。

[58] 譯注：一九四〇年簽訂停戰協定，以分界線將法國分為北邊的占領區，以及南邊的自由區。穆蘭市正位於分界線上。

[59] 譯注：位於法國中部。對德停戰之後，該市曾短暫成為首都，但因客觀條件貧乏，才轉到維琪。

[60] 譯注：位於克雷蒙費弘南方一百三十公里左右。

[61] 譯注：由「戰鬥」、「南方解放」與「游擊隊」三支部隊共同成立於一九四三年一月。

腹部一下」：

我一心想著，來到奧弗涅，一定要向我們木榭山的亡者致敬。這裡曾經發生過法國抵抗運動中感人的插曲，但知道的人並不多。事件發生在非這麼做不可的時刻，所有的參與者絕非徒勞無功。我非常高興能和各位參加這個紀念儀式，我們的游擊隊員，以及他們的領袖，卡斯帕[30]。

崇高的敬意，只是來遲了。一九四五年七月一日，戴高樂將軍就曾在摩洛哥素壇穆罕默德五世的陪同下，正式出訪奧弗涅，而且拒絕前往木榭山。他在克雷蒙市和官員握握手，卡斯帕也在場，但沒有對他做出特別的關注[31]。那時他只想著要壓下各游擊隊領袖的影響力與人氣。還有，他不想喚起記憶猶新的往事，那就是聯軍登陸時，法國境內武裝部隊指揮部的失職與誤判，造成木榭山一役死傷慘重。也因此，當地的抵抗運動人士對他的漠視心生不滿。一九五九年，局勢改變了，不過他的敬意獻給抵抗運動人士的成分，要比獻給游擊隊領袖來得多。

將軍在幾星期內走的路線很有象徵意義，每個停留地點都是「充滿記憶的所在」。他一次又一次為內戰驅魔，提起占領者造成的－地理－分裂，並且以他自己的方式讚揚抵抗運動，但沒有賦予它享有殊榮的地位。只不過，阿爾及利亞事件這個新的裂痕，給當時的情況帶來過大的影響，以至於最終無法把過去凝聚起來。

裂痕再現

歷史學家本身也應該保持警惕，不要陷入時代錯置的魔力陷阱中。只要保持相當的距離，並以完全客觀的角度觀察阿爾及利亞戰爭和占領時期，就能發現二者所面對的利害關係，只有非常薄弱的關聯。可是當時的人並不這麼認為。新法法戰爭的主導者，在他們的想像與口號，有時也在他們的行動當中，將自己與一九四〇年的人與事同化了。此外，他們之中有很多人，尤其是領導階層，還曾經積極參與過占領時期的行動。所以，時代錯置的出現，也許就是抽出了記憶的維度。

在阿爾及利亞戰爭期間，對歷史的引用採取了不同的維度。歷史已經不再是單純的模糊記憶，或是出於戰略性的譴責，而是產生了如同政治遺產的作用。不過其中的錯綜複雜同樣很難梳理清楚。新的裂痕並不是一九四〇年的間隙重現。裂痕的邊緣，不能完全吻合「抵抗分子」與「附敵分子」之間，不久前出現的裂縫。重新分類劃出了其他裂痕，每個裂痕或多或少都會向過去的回憶求助。不過，反過來看，這些裂痕也提醒了一點，占領時期的分裂，不能只憑藉不是抵抗運動就是附敵行為，就能給出清楚的定義。

猶太裔歷史學家皮耶・維達爾－納凱在他近年發表的分析中，將阿爾及利亞戰爭的「抵抗行為」區分出三種類型：一是「布爾什維克」，革命列寧主義的繼承人與異議共產黨人；二是「支持第三世界主義者」，屬於世俗的或信仰狂熱者；最後則是「德雷福斯派」[62]，固守對法國的某種理念而不是對阿爾及利亞的理念[32]。當然，在最後這一類人當中，抵抗運動這個問題才具有象徵意義，但前提是，就抵抗運動的部分組成分子來說，這個運動是反德雷福斯民族主義之戰的延續。

這支左派一開始就聲討某種「法西斯主義」捲土重來：一九五七年，他們反對酷刑；將一九五八年五月視為「七月十日」再現[63]。歷史學家米歇爾．維諾克寫道：「法西斯瘟疫和種種仿效它的行為，不斷從民族情感惡化與扭曲當中，獲得使自己強大的力量。秉持自由主義的國家，在受到威脅與凌辱、必須重新掌握民族命運時，甚至會一蹶不振[33]。」這個標籤不僅囊括了極端民族主義者，也包含了新的「救星」。它是一個通用的概念，不僅止於一九三〇至四〇年代、歷史上的法西斯主義。總之，所有威脅到共和與民主政體的都是「法西斯」。

可是兩年後，「祕密軍事組織」（OAS）和激進分子看起來更像是主要的危險，他們為了不讓阿爾及利亞脫離法國而進行的戰鬥，不過是「藉口，用這個方式（……）來達到他們一直以來的終極目標：奪取政權，建立法西斯政體[34]」。因此祕密軍事組織一開始的首選目標，戴高樂將軍，反而在一些人眼中成了阻撓法西斯政體的一堵牆。維諾克表示，當時這種立場的逆轉讓他頗為反感：像是侯傑．斯迪范或是莫里斯．克拉維[64]，他們試圖把戴高樂當成救星，不是出自五月十三日而是出自六月十八日的那一位。「將軍的陰影再次籠罩在每個新聞編輯室[35]。」

然而左派此時對一九四〇年的引用，有它先天上的限制。引用一九四〇年，屬於回顧過程中的一點，可以用來跳到更遠的過去，跳進德雷福斯事件的回憶中。可是它無法考慮到阿爾及利亞戰爭的其他層面。歷史學家貝納・德侯茲在研究這場戰爭與其他更早之前的分裂具有何種演變關係時，指出「真正的內戰，是那場蹂躪了阿爾及利亞人民的戰爭[36]」，當我們偶爾從法法衝突的往事，探討內戰的性質時，這是顯而易見的真相。最後，以記憶彼此交戰的論點進行觀察，毫無疑問，最具有決定性的因素是，抵抗運動的傳承並不只屬於反對戰爭的成員，他們必須和其他人共享這份遺產。因為，黑暗年代的回憶，對擁護法屬阿爾及利亞的群眾而言，不僅更強烈也更矛盾。

戰後的極右派經歷了一系列、反覆描述的變遷。布熱德一派在一九五六年勝選後，目睹自己的影響力隨著第四共和的落幕而衰退。雖然在左派眼中，他們是貝當主義或法西斯主義的繼承人，但這種隸屬關係在布熱德黨團內部，似乎並沒有產生什麼作用，在論及意識形態的傳統時，算不上什麼穩固的基礎。有些人嘗試概述「更新的民族主義」，以皮耶・布東[65]和他創立的《法蘭西民族》週刊為中心。這份期刊聚集了「曾經為老元帥效力並始終保持忠誠的人，以及其他曾

[62] 譯注：本意是指主張重審德雷福斯案的人。

[63] 譯注：一九五八年五月十三日，阿爾及爾政變。戴高樂在這次政變之後，再度掌權。「七月十日」是指一九四〇年貝當完全執政的日子。

[64] 譯注：記者、作家、哲學家、抵抗運動人士。

[65] 譯注：哲學家，青年時期就以莫拉斯為精神導師。一九四〇年曾擔任貝當的私人顧問，後於一九四二年受命前往摩洛哥執教，和反德貝當派與戴高樂派均有接觸。

在抵抗運動的行列中為自由法國而戰，並絕不背棄自己過去的人[37]」。總之，只有兩個陣營一直鍾情於占領時期的政治傳統，一個是堅守「民族革命」的貝當主義者，其中包括了迪協－維尼昂古、伊索尼，等等；另一個是遵從「歐洲新秩序」[66]的新法西斯主義者，例如作家莫里斯・巴代什。

一九五八年戴高樂重掌政權，引起許多分歧的意見。伊索尼，屬於最鐵桿正規的貝當主義者之一，他從一九五八年六月一日授職投票的那天起，就一直對將軍持否決的態度：「我所重視的回憶之中，有些染上了鮮血的印記，還沒有任何字句或行動可以把它們抹去，這些回憶禁止我投下這一票。」迪協－維尼昂古投了授職票，但拒絕授予立法權。不過其他人倒是從反對變成支持，例如……貝當元帥的夫人！

在這件事上，《里瓦羅爾》週刊猶豫不定的態度，表現得頗為明顯。這個隸屬懷舊人士的發聲媒體，一開始對將軍懷著一貫的敵意：「要求公共安全政府，可以，但不要戴高樂。」（五月十五日的社論）過了一個星期，週刊的第一頁並排刊登了兩張照片，一張是貝當，另一張是戴高樂。照片解說引用了這兩人的句子：「我為法國獻上我自己以消弭它的災難。」（貝當，一九四〇年六月十六日）「我不屬於任何人，我屬於所有人。」（戴高樂，一九五八年五月十九日）這種編排讓週刊利用筆尖支持戴高樂，儘管他過去犯下「災難性」的行動，但選擇他還是比「維護另一個自命不凡、話都說不清楚的團隊」來得適宜（一九五八年五月二十二日的社論）。從當時一直到七月，《里瓦羅爾》週刊保持的這個立場可以總結為兩個公式：因為忠於貝當所以挺戴高樂，而且與其面對另一個新左派「人民陣線」，不如選戴高樂……

然而，阿爾及利亞的衝突持續變化，使得局面再度陷入混亂。對戴高樂將軍升起的敵意，使得一支與法西期源頭十分接近的新法西斯主義重新浮上檯面。明顯承繼於賈克．多里奧⑰的「法國人民黨」⑱，號召鬥爭的對象「不僅有財閥式資本主義，還有馬克思主義階級鬥爭」。該組織仿效納粹遊行的陣容，一本正經地把敬意「獻給那些知道自己是為白種人的崇高事業而生、而死的偉大歐洲人：喬賽．普里莫德里維拉、馬塞爾．迪亞⑲、皮耶．迪約拉何榭⑳、多里奧、巴吉雅、馬塞爾．畢卡㉑，等等[38]」。「新國家黨」㉒是最活躍的幾個政黨之一，創立者為西多斯三兄弟，他們的父親隸屬維琪的法蘭西民兵團，擔任鎮暴部隊副監察長，於一九四六年三月遭到處

⑯譯注：泛歐性質的新納粹運動。

⑰譯注：年輕時曾是共產黨員，脫黨後於一九三六年創立「法國人民黨」（Parti populaire français），二戰時與納粹合作，並獲頒鐵十字勳章。一九四四年逃亡德國，死於盟軍的轟炸。

⑱譯注：法西斯主義分子加斯托（Charles Gastaut）於一九五五年創立法國長槍黨，一九五八年五月遭到政府解散後，同年六月創立「法國人民黨」，後於一九六〇年夏天解散。這個政黨從名稱上可知繼承自賈克．多里奧的「法國人民黨」。

⑲譯注：二戰時擔任維琪政府的勞動與民族團結部長，後逃亡義大利。

⑳譯注：作家，二戰時期推崇德法合作，《新法國評論》負責人，後自殺身亡。

㉑譯注：一九三三年創立「法蘭西運動」，二戰期間為附敵的「反布爾什維克自願軍」數名創始者之一。

㉒譯注：根據不同的資料，對於創立年代有兩種說法，為一九四九或是一九五四年。於一九五八年解散。

決。三兄弟中的馮思瓦，曾於一九四〇年加入抗德的「法國戰鬥部隊」，但另外兩個：皮耶和賈克，在法國解放後即遭到逮捕與監禁。

這些懷舊人士藉著為法屬阿爾及利亞奮鬥，獲得了短暫但虛假的團結感：

處理法國殖民帝國的問題，讓全國的反對人士獲得自一九四五年以來所缺少的力量。除去了維琪這個沉重的障礙，他們可以再次號召民族主義，甚至直接呼籲法國人拿出愛國心，拒絕放棄一部分相當大的國土。軍隊已經開始被他們的宣傳所影響，而且居住在阿爾及利亞的一百萬法國人民，似乎成為全國反對人士自肅清以來，能夠得到的、人數最多的機動部隊[39]。

這種報復心態，在所有於一九四五年飽受排斥之苦的人當中，非常普遍。一九六〇年十二月六日，貝當協會的分會在阿爾及利亞成立。它的第一個動議就是宣誓，「在必要時刻拿起武器」，為「法國國土」繼續戰鬥，要讓「所有出賣祖國、背叛祖國的人」在最高法院受審，對於「兩次拯救了祖國，即使歷經一九四〇年的敗仗與占領時期，仍能完整保存法國領土與寶藏不受破壞的那個人[40]」，務必要將他的骨灰遷到杜奧蒙。在這段話中可以看見慣用的倒置現象，採用三段論與錯誤的對稱：把「叛徒」戴高樂送進高等法院，他把「救下來」的帝國轉手賤賣，出手拯救的是一九四〇年的貝當與停戰協定，該人該事還促成了唯一合法的軍事行動，在非洲行抵抗之實。此外，正是出於最後這一點，魏剛將軍在一九五九年十月重出江湖，他聲明阿爾及利亞屬於法國所有。後來戴高樂寫下這麼一句：「發洩維琪怨恨的機會[41]。」

不過經由占領時期的種種所滋養出來的動機，還不只舊恨與復仇。在反對獨立毫不妥協的陣營中，也能看見真正的前抵抗運動人士，為數不少而且不乏名人。例如「祕密軍事組織」的領袖之一皮耶・沙多–周貝，「西方基督宗教文明」頑強的捍衛者，他曾是「自由法國武裝部隊」的成員，並獲頒法國解放動章。此外，像是賈克・蘇斯戴[73]，還有喬治・畢多。後面這一位的表現還更引人注目，因為，緊接著祕密軍事組織的行動後，他於一九六二年再次成立「全國抵抗運動委員會」，呼應一九四三年尚・穆蘭去世後，曾經由他領導過的同名委員會。

畢多在他的回憶錄中為自己辯解過這件事。他假裝忽略了一九四〇至一九四四年，以及一九五八至一九六二年，這兩個時期各自不同的時空背景，發展出帝國是戰時戴高樂主義的當務之急這個觀點（這麼說並沒有錯）。然而他展示的重心比較不在於引起爭議的方面，而在於對某種**自尊**保持忠誠，這就部分說明了「抵抗」這件事的後續發展頗為複雜：

在那些經歷過實際危險、貨真價實的抵抗運動人士之中，不乏一些人認為我陳舊過時，竟然讓抵抗運動從博物館走出來，只為了某個沒有榮幸能再取悅他們的目標，即使它與

---

[73] 譯注：自由法國武裝部隊成員，曾任阿爾及利亞總督與其他部長職務，一九八三年入選法蘭西學術院。

我們最初的目標一致。我們必須承認：許多抵抗運動人士已經退休了（……）。很多人確信他們曾經擁有的不凡經歷，不能、也不應該再來一次。抵抗運動在他們的回憶中太過美好，不得不成為獨一無二的記憶，沒有復發的可能。它的位置只能是在榮軍院的博物館。抵抗運動讓他們所熱愛的，是我們永遠不會再見到的部分[42]。

這段奇特的言論出自人民共和黨主席筆下，他是特赦的主導者，要求司法上的遺忘，而他的表態卻是基於某個回憶。從某方面來看，他和不支持法屬阿爾及利亞的人士，立場雖然不同，但卻以某種方式有了共同點，他們也是緬懷參與抵抗運動的年輕歲月而投入行動，沒有屈服在「榮軍院的誘惑」之下。不過這顆忠誠的心，並不妨礙畢多對戴高樂懷著始終如一的怨恨。當他流亡在外[74]，於一九六五年寫下上面那段話的同時，他曾經在總統普選的幾個月前，貝當元帥的骨灰有可能永久轉移到杜奧蒙之際，「傳話」給元帥的信徒：

……我什麼也不否認，也不會改變我在最黑暗的時刻，曾經說過的話與做過的事，我從來沒有虧欠過貝當，也從來沒有對他手下留情，既不受他庇護也未承其教誨，曾經身為他的對手，我要說，此時此刻，只有那些曾經在國土上參與抵抗運動、那些和我一樣經歷過艱辛、暴行以及漫長戰鬥的人，才有權利說出：貝當在德國人的監視之下，仍然保住了帝國。反對他的那一位，曾經聲稱帝國進入了戰爭，又表示貝當會把它交到敵人的手裡，但一等他獲得勝利之後，就不顧莊嚴的承諾，雙手把帝國獻給驅逐同胞、毀壞北非的敗類（……）。貝當元帥一生當中的顛峰就是杜奧蒙。在戴高樂將軍的一生當中，顛峰位於倫敦與阿爾及爾（……）。貝當死於杜奧蒙，戴高樂死於阿爾及爾[43]。

我們必須重申：阿爾及利亞戰爭遵循其他不同的邏輯，而不是那段模糊記憶的邏輯。然而，這場戰爭還是為那段過去在政治鬥爭中所呈現的幾種形式，提供了重要的樣本：

傳承：毫無疑問，雙方陣營都表現出數種根深柢固的傳統形式。部分極端分子延續了維琪那夥人的頑念，確實企圖削弱共和政體，甚至企圖建立法西斯政權，就和附敵分子一模一樣。這一點對極右派來說，不是沒有負面影響。不是整個軍隊全都贊同祕密軍事組織的「反革命」主張，差得遠了；就像**大多數**支持法屬阿爾及利亞的人，也不接受法國法西斯主義的前景。根據法學家賀內．施胡的說法，他們甚至會因為形象很糟，而常常感到難堪[44]。至於左派，正因為他們與一九四〇年有更直接的延續性，所以挺身反對阿爾及利亞戰爭，必定有助於某些想法與人物的再生，而且通常不是出現在地位穩固的政黨內，恰好類似抵抗運動時期。

懷舊：在各個陣營都能看見，有些人之所以投入，不論男女，是出於緬懷占領時期，代表了

---

⑦④ 譯注：畢多因為「祕密軍事組織」的行動，使得他在阿爾及利亞獨立後，因顛覆活動入罪，一九六三年流亡國外，一九六八年因特赦才重回法國。

他們的青春、他們第一場戰鬥的時期，也決定了他們日後致力的方向。懷舊因此發揮了直接作用，就像「全國抵抗運動委員會」之於畢多，戰時戴高樂主義之於部分左派人士，甚至，在相反陣營中，也有一些小集團模仿納粹的猴戲。不論右派還是左派，都離不開懷舊的心情。

幻想：也可說是莫拉斯情結。一九四五年一月，夏爾．莫拉斯被判處終身監禁，他堅持自己的信念與教條，當庭大喊：「這是在報復德雷福斯事件！[75]」在該「事件」發生四十年後，這句充滿怨恨的話清楚說明了，出於命運的嘲弄，一九四五年他的刑罰與德雷福斯相同，而且判處他的敵人，和他從對抗「乞丐婆」（gueuse）[76]以來的敵人，在結構上一模一樣。結果反而讓他找到更多正當性與認同。「如果一直面對同樣那些人，自己大概就更不會改變了？」這句話來自歷史學家兼哲學家莫娜．歐祖弗；她談到一九三九年莫拉斯所屬的「法蘭西行動」，因為反對慶祝一七八九年的一百五十週年紀念，所以向夏洛特．柯黛[77]以及旺代起義致敬這件事[45]。為了有存在感，為了堅持立場、忠於自我，不顧時間上的隔閡，莫拉斯必須幻想他的敵人，那位假定的敵人，也對時間的侵蝕免疫。我們在一九六〇年代也看到相同性質的行為表現。在這種調性中，遭到譴責的對手，在迫於危機與利害關係的情況下，必須具有一切「惡」的特質，典型的敵人形象，與其作戰沒有任何和解的餘地。經歷過肅清的陣營，在幾番猶豫之後選定了戴高樂，同樣的那個人，也是唯一的一個。畢多這邊對抗「放棄的心態」，同一個心態造成了一九四〇年的不再戰鬥，並在一九六二年放棄了帝國。左派則是面對一眾鬼魂，分別來自反德雷福斯行動，以及，可想而知，來自真實與虛構的法西斯主義；它們時常現身，用來搏取同情者的支持，也用來團結隊伍。

在法國本土觀察阿爾及利亞戰爭，確實就是法法戰爭的再現。不過前提是承認該裂痕重新在人們心中發揮作用。並且提供了一面拼湊出來的鏡子，反映出的不是過去的事件，而是當代對它的數種表達方式。

編造的榮耀

法國人對週年紀念日十分熱衷。尤其是二十、二十五、三十、四十……，這些年份永遠閃耀著特殊的光芒，而整數使人安心，因為它們聽起來就像記憶所發出的鐘聲[78]。一九六四年也不能免俗。這一年既是頂點也是轉折點。阿爾及利亞戰爭帶來的撕裂，雖然再次揭露了占領時期的傷痕，但此時已開始癒合（卻也造成了新的記憶傷口）。懷舊把位子讓給樂觀的未來，政策規劃者與專家愉快地設想出來的樂觀未來。

對於走出考驗的戴高樂主義來說，要在早已昇華的過去植入自己的正統性，現在正是時候。

⑺ 譯注：莫拉斯曾發表過反猶太人與反德雷福斯的言論。

⑻ 譯注：法國大革命時期，保皇黨人士對共和制度充滿貶義的稱呼，因為後者必須向農民徵稅。

⑼ 譯注：她因刺殺雅各賓黨人的主席暨第一共和執政黨團之一的尚－保羅·馬拉，而上了斷頭台。

⑽ 譯注：法文裡的十位整數，最後一個音節大多是類似「嗡」的鼻母音。

繼驅魔的階段後，迎來了「編造的榮耀[46]」。

此時已不只是單純籌劃如何忘卻法法戰爭，還要為回憶定出方向，並根據國家再生的「強大實力」，打造出官方記憶。一九六四年，眾人對占領時期毫無疑慮的看法達到最高潮，那就是人民「仍然且永遠都會抵抗入侵者」，不論侵略者穿著德國的灰綠制服，還是披著羅馬軍團的戰袍。一九五九年，兩位還沒有名氣的漫畫家，在剛發行不久的《領航員》週刊，重新塑造了阿斯泰利克斯這個不朽的高盧人。一九六三年，漫畫主角打敗哥德人⑲，順便教訓了一些依附羅馬帝國的高盧人。然而創作者之一賀內．戈西尼一九七七年去世之後，一直等到一九八〇年底，另一位創作者亞貝．優德佐才推出《大溝》，直接把主角所在的村莊一分為二。

從一九六四年開始，法國各級中等學校每年都要頒獎給「紀念抵抗運動與流放集中營全國競賽」的優勝者：前人英勇的事蹟就像共和政體與文法一樣，必須用來鍛鍊中學生，這群未來的公民。這是新成立不久的第五共和所舉行的全國一般性競賽。不論電影、小說或科學叢書，只要內容關於抵抗運動就是票房保證，至於維琪和附敵則是禁忌話題，很少有人越線。

這種記憶的轉移與導引，必須以符合戴高樂盛世的方法將它搬演出來，使它正規化。把尚．穆蘭的骨灰移入先賢祠，正好提供了這個機會。

這項倡議始於一九六三年春天。它不是政府高層的主意，而是來自一九六〇年三月創立的「抵抗運動人士、集中營倖存者與遭到拘禁的各界人士，以及埃羅省亡者遺屬協會」（尚．穆蘭於一八九九年生於埃羅省的貝濟耶市）。同時，埃羅省的社會黨議員暨國民議會祕書哈烏．拜尤，也提出類似的請求，他主張「尚・穆蘭的行動具有無比英勇的性質，沒有人會對此感到懷疑，他是法國國土上抵抗運動真正的締造者與第一位領導者[47]」。穆蘭絕對是有利於團結的人物。不過這個人物讓左派有機會強調，戴高樂將軍終究不是唯一一位、更不是第一位抵抗運動人士。

雖然這個主意來自反對黨，但是卻進展得十分順利，尤其是因為政府高層在該項提議出現以前，似乎從未考慮過本土的抵抗運動人士。於是一九六三年五月三十日，國務暨文化部長安德烈・馬爾侯，就開始和總理龐畢度討論這件事。唯一的問題是，應該以法條還是政令來著手做出決定，最後「議定將此任務交由議會向全民族致上崇高的敬意」。內政部長說得很清楚，如果「高度期盼國會參與如此隆重、充滿敬意與感恩的公眾活動」，新憲法可以給予支持[48]。決議最後交給了元首，由一九六四年十二月十一日的政令，公布遷移骨灰一事，幾天後就舉行了遷入典禮[49]。值得注意的是，這個議題不論在國民議會或在參議院，都沒有引起任何辯論，只有議員拜尤的書面議題，以及退伍軍人部部長的簡短答覆而已。

如此一來，戴高樂派似乎拿走了反對黨的主動權，同時又避開了國會討論。國會討論可能會讓那些政治對手，在展現權力的典禮上結合起來，而且，交給議會投票也有可能不會一致通過，使得這個偶發的、具有政治考量的象徵性行動染上汙點。再看看反對黨，一旦得出決議之後，也沒有就章程進行激烈的辯論，可以說這個議題確實取得了共識。

---

⑲ 譯注：此漫畫為《阿斯泰利克斯和哥德人》（*Astérix et les Goths*）。

至於日期的選定似乎全屬偶然，而且頗為倉促。由於先前先賢祠重新粉刷一直關閉到一九六四年十一月，於是決定命運的法國解放二十週年，當時只剩下一個月就要結束了。最後選出十二月十八、十九日這兩天，幾天後就是年底的假日。唯一能當作參考的理由，就是一九四二年，尚・穆蘭在一月一日的深夜至二日凌晨之間，作為戴高樂將軍的代表，跳傘進入法國。

典禮按照非常明確的議定程序，分成兩個階段進行。至於該程序，則是在十二月八日於元首辦公室的會議中制定完成，在場的有文化部建築部門的代表，以及組織聯繫工作與國防部以及退伍軍人部的各負責人[50]。程序內容甚至詳細描述每個部隊的著裝規定，沒有遺漏任何一個細節。典禮的時間安排精確到以秒計算，全是為了更能掌握儀式的進行，也為了避免偶發狀況，在巴黎軍政長官的備忘錄中，甚至以報時器報出的數字收尾……

十八日星期五，典禮的第一天，用來起出骨灰，轉移骨灰甕。當天早上，骨灰甕放置在拉雪茲神父墓的火化樓。十二點十五分，戴高樂將軍來到該地，在所有其他人之前進行第一次致敬儀式。按照計畫，此時「屬於私人紀念性質，沒有任何特殊排場[51]」。骨灰甕上蓋著三色國旗，隨後放入靈柩，上面簡單刻著：「尚・穆蘭」。十四點四十五分，靈柩來到西堤島，由軍人列隊迎接致敬，並隨著葬禮進行曲，暫時放置在驅逐紀念館地穴展覽館入口前方。典禮程序特別載明，第七十六步兵營的支隊，「在官方高層離開之後」，就回到軍車上。

繼早上的元首與中午過後的軍方代表之後，接著由參與抵抗運動的人士與民眾，獻上來自抵抗運動的敬意。從下午三點到晚上九點半，一開始每半小時會讓陸續前來的人共同致敬，後來變成每十分鐘一次。其中包括一百九十四位解放動章獲動者，以及許許多多分屬不同陣營的政界名人，例如新共和同盟黨的賈克．波梅、共產黨的馬塞爾．伯厄、羅爾－唐吉上校，以及尤健．克勞迪斯－裴提、艾曼紐．達斯迭德拉維日希[80]等等。此外，全國抵抗運動委員會的成員，以及境內抵抗運動和自由法國的代表也到場致敬。從下午直到晚上，聖母院為了這場喪禮一直緩慢地敲著大鐘。

晚上十點，在護送的隊伍中，領頭的是巴黎共和衛隊[81]的騎兵隊，後面跟著各個抵抗運動人士協會的會旗；接下來是運送靈柩的裝甲偵察車，四周由持火炬的人護送前進；隊伍最後，是曾經參與抵抗運動人士的代表與家屬。隊伍隨著蒙著紗的葬儀鼓聲，行進在冬夜黑暗中的巴黎，朝著先賢祠而去，途中經過總主教堤道、聖母修道院街，穿過廣場和橋，然後從聖米歇爾大道抵達位於蘇弗洛街的先賢祠門口。接著是新一輪的軍方敬禮，之後，解放動章獲動者以及前抵抗運動人士再次前來，執行守夜的工作。一整夜，空防探照燈自先賢祠向天空投射出紅藍白三色光束。

第一個階段清楚顯示了紀念儀式的性質含糊不清。這一整天主要是讓整個抵抗運動與巴黎市民向尚．穆蘭致敬。然而所有的政黨與類政黨的組織都出現了，很重要的是，其中也包括左派和共產黨員。此外，典禮在首都舉行，隊伍行經的每個地點都具有明確的含義。從拉雪茲神父墓到

---

[80] 譯注：一九四一年創立「解放組織」（Libération），戰後獲頒解放動章。

[81] 譯注：巴黎共和衛隊一九七八年改名為共和衛隊（Garde républicaine）。

驅逐紀念館的地廊，它代表必須進行的轉移：尚・穆蘭從埋葬亡者的墓園離開，和地下反抗運動的犧牲者會合。從地廊到先賢祠，隊伍穿過首都的中心點，幾乎可說是法國的中心點，它曾經「遭到侮辱、破壞、犧牲，但重獲自由」。整個禮敬雖來自民眾，但其中蘊含了兩個微妙卻十分重要的差別：從這一天的開始到結束，完全以軍事的象徵體系為框架，並且由戴高樂以「私人」身分，第一個為他獻上榮耀。穆蘭、六月十八日的人物、抵抗運動的軍事層面，這三者的同化作用在第一天顯得比較低調，但表現得很清楚，它更遵循戰士的傳統而不是政治的傳統。不過，在真正的典禮開始之前，高層把這個向未來「偉人」致敬的特權，讓給了所有的抵抗運動人士以及巴黎市民。

第二天，十二月十九日星期六，輪到身為國家元首的戴高樂將軍主持典禮。在悼念亡者的儀式後，迎來了共和國的盛典。靈柩自前一夜起，一直放置在先賢祠前方搭起的靈柩台上，另外還搭了兩個觀禮台，一個在巴黎第一大學的法學院前方，另一個在巴黎第五區區政府大樓前：整體構成了「V」字形，猶如勝利的符號（參見下頁略圖）。

國防部部長皮耶・麥斯邁和退伍軍人部部長尚・聖特尼，十二點剛過就到了，迎接他們的是巴黎軍政長官路易・多德列。幾分鐘後戴高樂在總理喬治・龐畢度與國務部長暨文化部長安德烈・馬爾侯的陪同下，也來到現場。首先是共和衛隊的致敬儀式，緊接著，總統與四位部長向靈柩鞠躬行禮，禮畢來到總統的觀禮台。十二點三十分，馬爾侯致悼詞，之後響起了〈游擊隊之歌〉。接下來是軍隊致行進禮。整個過程經過仔細的安排：位於前方的是巴黎共和衛隊，後面跟

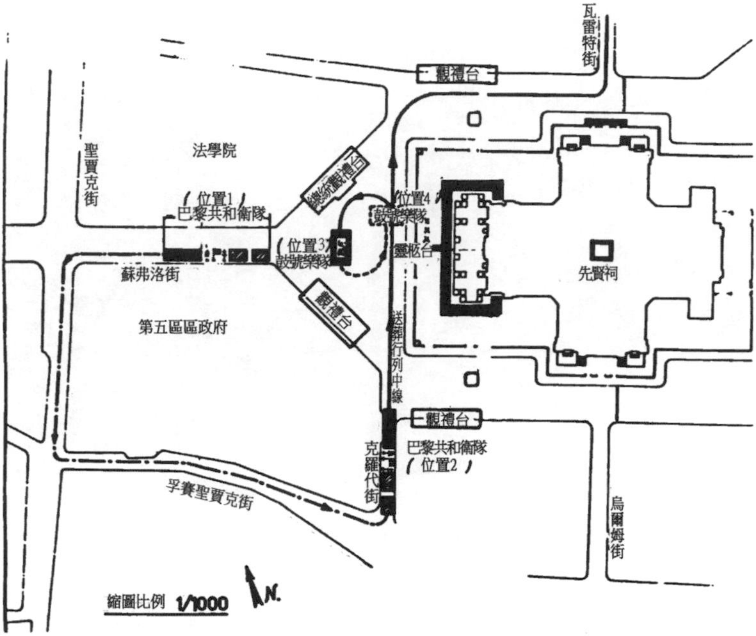

一九六四年十二月十九日先賢祠軍隊行進路線圖

致敬軍隊由六個部隊組成：一支巴黎共和衛隊（G.R.P.）負責領隊，外加它的鼓號樂隊（B.F.），三支陸軍、一支空軍、一支海軍部隊。馬爾侯致悼詞時，他們在蘇弗洛街等待進場（位置 1），隨後沿箭頭標示來到起點處（位置 2）。等到總統與幾位部長來到靈柩台右邊，先賢祠入口的中心位置時，軍隊開始前進。如此一來，他們可以「保持同樣的姿勢」，同時向尚．穆蘭與戴高樂敬禮。當元首隨著靈柩進入先賢祠時，他們仍然在外等候。元首一出來，他們就朝著瓦雷特街離開。（簡圖來自巴黎軍政長官備忘錄，一九六四年十二月十一日，國家文物檔案。）

尚・穆蘭入先賢祠
一九六四年十二月十九日

照片右方是靈柩台，前方正在通過的是共和衛隊，後面跟著其他兵種的部隊。他們以保持同一姿勢向左方的戴高樂將軍敬禮。將軍右方是龐畢度，左方為馬爾侯。（資料來源：法新社）

著陸、海、空三軍。他們從先賢祠右邊的克羅代街向左前進，先經過靈柩台，然後是台子右前方的元首與幾位部長，再來到先賢祠的建築左側。這樣「部隊在行進中保持同樣的姿勢，就能同時向尚・穆蘭與共和國的總統致敬[52]」。

　隨後，靈柩被轉移到先賢祠內，放置在圓頂下方中心點的「臨時祭壇」上，底座鋪著長條紫紗，紫色是葬禮的顏色，祭壇後方同樣以紫紗布置，並垂掛著巨大的三色國旗。將軍、四位部長以及解放勳位管理會總管，前來獻上最後的敬禮，並向尚．穆蘭的家人致敬。接著靈柩被移到先賢祠北面的地下室，此時總統與總理並不在場，稍後在進行最後下葬儀式時他們才再出現。官方儀式就在先賢祠的中心點全部結束。

整個典禮由法國廣播電視局第一頻道轉播，這一天和前一天沒有任何的共通點。一切全都圍繞著戴高樂將軍本人，差一點就要搶了他昔日代表的風頭。那些前抵抗運動人士，尤其是參與境內抵抗運動、各政黨組織的代表人物，只出現在背景之中。此外退伍軍人部竟然忘了給「全國前抵抗運動人士協會」（ANACR）發出正式邀請函，該協會聚集了眾多的抵抗運動人士，規模龐大，雖然組成成員的意識形態十分多元，但卻被視為親共產黨的組織。這到底是輕率還是有意的遺忘？儘管如此，十二月十五日全國前抵抗運動人士協會在媒體發出公告，號召會員參加「民眾致敬」活動，也就是星期五的儀式，沒有提到第二天的典禮；公告上寫道：「為解放而戰之時，他是象徵團結的崇高人物，向他致敬，使得來自各個組織、如手足般集結在一起的所有抵抗運動分子，能證明他們以共同的忠誠，面對自由、平等與和平的理念，這也是全國前抵抗運動人士協會，代表全體成員所表達出的理念。」不過，失誤總算是救了回來，最終共產黨議員暨全國前抵抗運動人士協會理事長皮耶．維庸[82]，以及不少該協會的重要人物，如賈克．德布－畢

[82] 譯注：本名為Roger Salomon Ginsburger，猶太裔。一九三二年加入共產黨，二戰時為抵抗運動「軍事行動委員會」的首領之一。

代、雷歐・阿蒙等等，都參加了官方的典禮[53]。然而這件事足以表明那兩天的活動有著本質上的不同，第二天的目的是要顯示出，進入先賢祠的英雄與將軍有著特殊的關係；從歷史看來千真萬確，但在理解上幾乎帶有排他的意思，馬爾侯著名的演說充分表明了這一點。

整個典禮的時間並不長，只有十五分鐘左右，但它處於歷史、記憶與豐功偉績的交叉路口。然而，在激動人心的影像，以及對「黑夜子民」[83]令人感動的召喚背後，一個值得注意的意識形態論證正在逐漸成形，它所仰仗的公式，就是戴高樂的抵抗運動主義公理：抵抗運動，是戴高樂；戴高樂，是法國；所以抵抗運動，就是法國。

戴高樂和法國

「於是將軍承受著一開始的**否定**，不論來自何種形式的持續戰鬥；總之這是法國的**命運**（……）。法國，而不是某個法國的戰士軍團。」[84]

這就是穆蘭在倫敦見到的那個人，他是受傷的祖國的化身，穆蘭把消息傳遞給他，催促他建立祕密軍隊。這個願景不去考慮每一步會遭遇什麼特殊變動，但在這個願景之中，只有自由法國的首領可以實現「整合」的行動。祕密戰鬥的力量與境外力量，都只是潛在力量，只有仰賴戴高樂，這些力量才能帶來實效：

每一個抵抗組織要讓自己合法化，可以藉由（英、美或俄國）盟軍提供武器與給予支持，甚至可以只藉由自身的勇氣；唯有戴高樂將軍足以號召抵抗的行動組織**團結一致**，並與其他所有的戰鬥結合，因為正是藉由他一個人，法國只發動了一場戰鬥。

在法國與戴高樂之間這個附著了好幾個行動的組織，說明了尚．穆蘭在戴高樂神話中所扮演的角色。穆蘭，並不是某個前往倫敦的法國省長，而是從倫敦回到法國的密使，是這個人讓這個組織得以存在。說到底，他只是個得力的左膀右臂（而且當時很多人都是這樣看他，甚至帶著強烈的抵制……）；他的效力對象是某個比他重要、也比他更早出現的計畫，根據一九四〇年六月演講內容的說法，就是將「自由與偉大」歸還給法國。

抵抗運動

二十年後，抵抗運動成了似有若無的世界，結構之中混雜著傳說。自從帶上了傳奇的氣息後，它就和深刻、有組織的且久遠的感情產生了連結……

---

⑧③ 譯注：馬爾侯的演說一開始，就以「黑夜子民的首領」來形容尚．穆蘭，全國抵抗運動委會的締造者之一，也是第一任主席。

⑧④ 譯注：這一段與以下五段節錄，都出自馬爾侯在典禮上的演說，但沒有按照原稿的順序。

在馬爾侯的語言裡，抵抗運動人士與抵抗運動具有明顯的差異性。前者被納入了偶發事件，屬於具體事實，那是一步一腳印的歷史。後者屬於內在性（immanence）的領域，具有如同史詩又能啟發人的抽象性，那是理想的歷史。**理念**的優勢，超過活生生的人。在這樣的高度上，人不過是棋子，當然很重要，但卻是次要。

> 尚．穆蘭完全不需要奪走別人的榮耀。他沒有創立「戰鬥」部隊（Combat）、「解放」部隊（Libération）或「游擊隊」（Franc-tireur），那是費內[85]、達斯迭以及尚—皮耶．勒米[86]。也不是他建立了北方眾多的反抗組織，歷史已經為它們記載了所有的名字。兵團不是他建立的，他建立的是軍隊。

我們再次見到戴高樂主義始終不變的觀點，「抵抗運動」首先是軍事行動，接續在一九四〇年悲慘的戰鬥之後，並且秉持凡爾登戰役的傳統。因此從典禮的前一天開始，軍人行伍就不斷出現。

這樣的角度具有雙重的正面效果：既然軍隊作戰的對象是外國敵人，而不是幾個（在演說中基本上沒有提到的）叛徒，這樣就可以把內戰抽離出去；此外，還可以讓抵抗運動排除所有政治與意識形態的外貌，至少表現出多種形式的團結。

民族，昨日、今日、明日

滿懷激情的馬爾侯，忍不住要直接影射當前的時刻：

民族處於滅亡的險境時，不會給予所謂的政治觀點過多重要性。民族，並不是遭到希特勒坦克輾壓的民族主義，而是充滿這個世紀、不屈不撓且神祕的事實；料想不久之後，民族或將主導曾經在歐洲引起迴響的極權主義教條；在抵抗運動的統一性中，見識為民族統一而戰的重要方式，或許這就確認了一直以來大家所說的戴高樂主義。必然宣告了法國的延續。

這下子穆蘭成了戴高樂主義者，標示年分：一九六四。這會是他充滿榮耀的最後一幕。這也正是移入典禮的最關鍵之處。昨天是黑夜的子民，在經過了略微漫長而多雲的凌晨後，今天法國找回了全然的光明。於是乎，移入先賢祠必須成為不可逆轉的據點：

這個男人激發出亡靈的新生，將它們帶入此處如同圍繞在他遺體周邊、謙卑而莊嚴的守

---

⑧⑤ 譯注：一九四〇年創立「民族解放運動」組織，一九四一年結合其他組織成立「戰鬥」，戰後獲頒解放勳章。

⑧⑥ 譯注：猶太裔，一九四一年底與同伴創立「游擊隊」，戰後獲頒解放勳章。

衛者，藉此，於今日完成對過去兩次戰爭的紀念。

「亡者站起來[87]！」抹去個體做出的犧牲，好騰出位子給更為崇高的精神，這個精神曾經鼓舞過犧牲者，二十年後必須再次激勵他們。

馬爾侯以虛構的方式提到，在亞爾薩斯抵抗運動人士的葬禮上，自身與科雷茲省的亡靈大軍相遇[88]，並且在演說後段，突然以類似聖經中不用敬語的口吻，斷斷續續向亡者敘述，所有他沒來得及看到的事，諾曼第登陸、勒克萊爾[89]葬於榮軍院（或譯作「傷兵院」），然後再回到史特拉斯堡；賦予這篇演說不同以往的特殊性質。急於與年輕世代對話的馬爾侯，以他的才華讓人稍微忘了他在意識形態與黨派方面的特性。儘管如此，把穆蘭的骨灰移入先賢祠確實是個政治行為。

首先是當時的背景。移入先賢祠的兩天前，針對阿爾及利亞各起事件犯行最輕者，投票通過給予特赦的第一條法條，接著，移入一星期後，會就危害人類罪不受時效約束的法條進行投票。於是遷移典禮進入了民族回憶的活力之中：一邊是忘卻新法法戰爭帶來的惡果，全民族寬恕了再次誤入歧途的部分子民；另一邊則是莊嚴的保證，絕不會忘了納粹犯下的最為深刻的罪行，而且該法條主要針對德國罪犯，亦即外國人（見下文）。所以此舉比較是以民族的再次統一為目的來進行特定的選擇，而不是全面地壓抑往事。

其次，每一個政治派系都能從中獲利，這就解釋了為什麼在移入先賢祠之前沒有衝突，而且不論回憶的對象——尚・穆蘭，還是指定地點——先賢祠，都是絕佳的機會。

直到一九六四年之前，尚．穆蘭並不屬於先賢祠認可的、充滿傳奇又具有象徵意義的人物。每個政黨與行動組織都有自己的英雄：對於共產黨人來說，是丹妮．卡薩諾娃、尚－皮耶．丹波或是喬治．波立擇；社會黨員支持皮耶．博索雷特；歐諾赫．德天多弗則受到右派的歡迎；還有其他很多人，他們的名字為法國街道增添光彩，無論位於多小的村落，根據當地居民的回憶與意識形態的敏感度而定。聚集了擁護者或地方人士的大量記憶，非常珍惜「自己的」烈士，即使是團結抵抗運動的元素，有時也很難發揮作用。就算在第二次世界大戰的紀念儀式中，穆蘭也不是一直位居顯著的地位[54]。這樣一個含有多重元素、明顯從事政治工作的複雜人物，仍然能在前抵抗運動人士之間，引起十分強烈的論戰，當然沒有條件稱得上是「不容置疑的英雄」，就像一九六四年某些人說的那樣。戴高樂主義者使用明顯的時代錯置，把穆蘭樹立成象徵性人物：聽從將軍指揮的這個人，「高於」一九四三年的各政黨與行動組織，二十年後，法國仍然在為民族獨立戰鬥，此人必須為同樣的目的效力。

這就是為什麼典禮儀式清楚區分出，一邊是來自抵抗運動、主張統一的紀念儀式，而另一邊

⑧⑦ 譯注：Debout les morts! 出自一戰時期，作家莫里斯．巴雷斯（Maurice Barrès）的名言。

⑧⑧ 譯注：二戰時期，不少東北地區的法國人逃亡西南地區，使得位於該地的科雷茲省內，游擊隊員的數量逐漸增加，但也曾因抵抗運動，而遭致納粹報復性的屠殺行動。

⑧⑨ 譯注：職業軍人，獲多枚勳章，一九四七年十一月於偵察任務中，因飛機失事而亡。死後追授「法國元帥」。

則證明戴高樂主義者的記憶確實存在，它源自第二次世界大戰，並尋求與整個法國同化。當然沒有人會這麼天真。戴高樂主義者並不傻，他們知道這種訴諸公論的認同方式，只有在其他與抵抗運動有關的黨派默許之下才能產生作用。其他那些黨派，像是占有重要地位的共產黨，想得也很清楚，他們勉強接受來自英勇時刻的召喚，而且是失而復得的召喚，因為這能加強他們自身的正統性。

關於這一點，共產黨人在典禮過後的反應很有特色。他們首先利用移入先賢祠的行動，再次譴責過去的附敵分子，指的是要求把貝當骨灰遷到杜奧蒙的貝當主義者，而且不乏頗有同感的聽眾。在積極參與了星期五的第一天活動後，他們重申了地下戰鬥的含義：

> 尚・穆蘭移入先賢祠，代表法國敬重的對象完全理解，法國要對抗納粹勢力解放我們的人民，就必須仰賴彼此的團結，正如要對抗金錢勢力獲得自由，必須仰賴今日的團結。尚・穆蘭移入先賢祠，代表法國向全國抵抗運動委員會的第一任主席致敬，銀行與信託國有化就包含在這個組織的計畫綱領中。尚・穆蘭移入先賢祠，代表祖國對信守諾言的偉人表示感謝[55]。

然而，安德烈・翁賽⑨在上面這篇社論中指出，典禮強調的主要是尚・穆蘭與戴高樂會面之後的行動（一九四三年二月的第二次會面，他帶著成立全國抵抗運動委員會的任務回到法國），不大重視他在法國本土的行動，如何「產生這趟倫敦之旅，讓抵抗運動陣營，自尚．穆蘭至費南．葛尼耶⑨¹，協議推舉戴高樂將軍成為法國臨時政府的總統」。總之，「絕大部分是關於接受委託的尚．穆蘭，而不是交付委託的尚．穆蘭」，也就是把至高無上的權力交給自由法國首領，更甚於成功統一部分抵抗陣營內部組織的人物。最後，安德烈．翁賽寫道：「不過這不大重要，榮耀歸於尚．穆蘭，就等於榮耀歸於以他為榜樣、為祖國而死的人，榮耀歸於法國的抵抗運動！」在共產黨人與戴高樂主義者各自的記憶之間，彼此顯然都同意對方支配抵抗運動這段往事。

選擇先賢祠也絕非偶然。先賢祠定義為共和國舉行慶典的建築物，「專為近似宗教性質的全國集會活動而設計[56]」。先賢祠之所以成為熱門地點，一方面是阿爾及利亞的打擊才剛過去不久，而且，共和國將在一年後舉行爭議極大的第一次總統普選，輿論各界把它當成共和典範的結束。不過，根據莫娜．歐祖弗的說法，先賢祠也一直都是「讓法國人彼此產生嫌隙的地方，因為它不能抹去法國大革命這個最原始的印記⑨²[57]」。每一次將某個人移入先賢祠，都會挑起難以釋

⑨⁰ 譯注：共產黨員。自一九五四年起至逝世為止，持續為《人道報》撰寫社論。

⑨¹ 譯注：共產黨員。一九三九年，時任部長會議主席的達拉第，由於《德蘇互不侵犯條約》造成的後續占領事件，解散了法國共產黨，使得該黨於一九四〇年底轉為祕密行動。葛尼耶代表該黨中央委員會，於一九四三年一月前往倫敦，成為二戰期間共產黨在自由法國的代言人。一九四四年三月提出修正案，通過法國婦女具有投票與選舉權的法條。

⑨² 譯注：先賢祠的建築工事完成於法國大革命期間。

懷的爭執，例如一九二四年十一月二十三日，移入尚·饒勒斯[93]的骨灰，或是前面提過在法國解放後不久發生的那一次。然而，這一次移入不一樣，紀念典禮的雙重安排以及穆蘭這個人選，倒是避免了部分障礙，也在一定程度上取得共識。

得到這個評斷之後，還存在另外一個問題。先賢祠也是遺忘之地，一直以來，先賢祠無法在軍事榮耀方面與榮軍院一決高下，也不能將「真正的偉人」迎入它的拱頂之下，那些為國家民族做出奉獻的人物（例如戴高樂本人）。這就是尚·穆蘭的情況嗎？沒錯，在很多方面都是。移入，首先是把將軍本人的身分，經由代言人的遺體進行轉移；被視為代言人的穆蘭，是「黑夜子民」的領袖，但卻是**接受了委託**的領袖。讚揚亡者，是為了更能向生者致敬。至於眾家對手，他們假裝從穆蘭身上只看到了「統一的元素」。一旦進了先賢祠，差不多就成了化石，追隨他的群體會安靜地處於「備戰」狀態，一等遇到危機出現或遭遇失敗的大選時，再去提取有用的回憶。有了拱頂的庇護，象徵人物是很耐用的，即使很少使用，也一樣有效。

有些跡象表明，一九六四年之後尚·穆蘭的光環變得有點黯淡。一九六九年五月，普羅旺斯的薩隆市在穆蘭一九四二年一月跳傘降落的地點，建立了紀念雕像。經費由當地幾個協會共同籌組，而且典禮沒有引起任何大規模的慶祝活動。全國前抵抗運動人士協會在這裡定期舉辦重要的紀念儀式，例如圖維耶事件爆發後，該協會於一九七二年十月二十二日舉行紀念活動[94]，活動最後還進行了意味深長的「宣誓」：「藉由捍衛抵抗運動與抵抗運動人士，繼續為法國戰鬥[58]。」只不過，位於薩隆的建築物，完全沒有成為重要的紀念地點，歷史學家莫里斯·阿居隆曾經在造訪該地時，目睹了它的破敗，在遊客的眼中——當天還是一群德國人，不過是個「垃圾場」[59]……。沒錯，該地落成之時，戴高樂將軍已經下台，以至於此地沒有享受到應得的光榮待遇。不過這似乎也顯示出，尚．穆蘭在移入先賢祠之後，他形象中的普世性質就變得模糊不清，而且這種情況至少一直延續到一九八一年五月，新科總統密特朗上任，並再次啟用英雄暨奠基者的神話為止。從一九六四年開始，穆蘭的名字比較少出現在具有共識的慶祝活動中，反而更常出現在激烈爭辯的場景中，例如巴比接受審判時，或是丹尼耶．柯迪耶撰寫的傳記問世時⑮，內容涉及他在抵抗運動艱難的統合過程中所扮演的角色，或和他遭到逮捕時的情況有關。

二十年……世代交替。歷經戰爭的幾代人掌握部分權力，為接下來的幾代人重新書寫歷史，而後者曾經有過的最可怕經歷是失去親人。二十年，也是一九四四年罪行追訴的時效期限。只是遺忘也有它的限度。

---

⑬ 譯注：曾任議員與法國社會黨主席，創辦《人道報》，聲援德雷福斯，指其為反猶太主義的受害者。他是政教分離的法案制定者之一。

⑭ 譯注：一九四二年十月二十二日，戴高樂致信尚．穆蘭，要求他擔任南區抵抗運動統籌委員會主席。圖維耶事件詳後。

⑮ 譯注：丹尼耶．柯迪耶，生於一九二〇年，抵抗運動人士、歷史學家，一九四二至四三年間為尚．穆蘭的祕書。作者此處係指一九八三年出版的 *Jean Moulin et la Conseil national de la Résistance*。

一九六四年六月，有關危害人類罪不具追溯時效的法案送到了法國議會，這些罪行早就經由紐倫堡法庭與《聯合國憲章》加以界定：「……戰前或戰爭時期針對任何平民人口犯下謀殺、滅絕、奴役、驅逐出境或強行遷移，以及所有其他不人道行為，或是為了政治、種族、宗教目的施加迫害……」這是對前西德的一項公告做出回擊，該公告表示所有戰爭罪行，包括危害人類罪在內，都會在一九六五年五月八日因時效到期而解除，但這項裁定後來遭到撤銷。一九六四年十二月二十六日，兩個議院都在一讀時一致通過上述法案[60]。這條法案的討論過程和一九五〇年的幾條特赦法案完全不同，從頭到尾都非常順利。新共和同盟黨議員黑蒙．史密特蘭㊻以及共產黨議員瑪麗－克羅德．魏央－庫居希耶㊼，還獲得全體議員起立鼓掌。此處所描寫的和諧景況完全真實，沒有任何黨派口出惡言擾亂討論的過程。只有在提到納粹戰爭犯時，才出現譴責的語句。而且，即使一九四六年的《憲章》，明確把共犯包含在危害人類罪之內，但在執行時，沒有任何法國前附敵分子罪犯受到波及[61]。這一點非常關鍵，因為一直要到十年之後，這條法律才第一次用在**法國人**身上。

總之，壓抑的一九六〇年代，目睹了抵抗運動的記憶戲劇性地重見天日，而且是以戴高樂主義的記憶角度再現，這一點尤其特景。可是這個難得的景象，在歷經多次的努力振興後，還是來得太晚了，沒能消弭種種怨恨與責問。就連戴高樂將軍也無法免除報復性的反應：一九六五年一月二十八日魏剛將軍去世，他拒絕依據將級軍官的慣例，在榮軍院的聖路易教堂舉行魏剛的葬禮，「心胸狹窄的舉動只會損害規章制度[62]」。

編造出來的榮耀典範，完全符合某個逐漸增強的意願，那就是平息後遺症的一現再現，而且這個意願自一九五〇年代中期就可以覺察出來。因此圍繞著戴高樂式的抵抗主義，生出了相對共識，但同時其他黨派的記憶也參與了進來。有一點很明顯：一整代人接受了戴高樂主義提出的形象，忽略了偶爾出現的雜音。

只要抵抗運動有可能成為覬覦者，就算是利用其他政黨，也必須把它打倒。為了對抗緊抱著權力不放的政黨，死去的皇后⑱也可以迎上檯面（……）。新興共和國的建立者是戴高樂，很多人接受了這個說法而且堅信不移，換個說法就是，抵抗運動、這段第四共和時期不搭調的插曲，幾乎從記憶中消失了。對歷史意識而言這一點令人震驚，參與運動的主事者則感到不快，若是有意指出抵抗運動與戴高樂並不相等還會引人懷疑；在政治上這樣做是有效的[63]。

⑯譯注：地名學家。一九六四年任國民議會副議長。
⑰譯注：抵抗運動人士，在一九六四年的該次議會討論中，闡述危害人類罪不應受追訴時效限制的重要性。
⑱譯注：死去的皇后指的是伊妮絲・德・卡斯特羅（Inés de Castro），她是十四世紀葡萄牙國王佩德羅一世的皇后。

第三章 鏡像破滅
（一九七一至一九七四）

一九六八年五月，一整個「世代」極度喧騰地表示，他們拒絕某種特定的社會形式。含蓄地說，也就是拒絕以特定的觀點來面對他們的歷史。

一九六九年四月，戴高樂將軍告別舞台，這一次再沒有重新掌權的希望。他把位子讓給他安靜的繼承者，喬治·龐畢度。壯麗史詩的時代已成為過去。

一九七〇年十一月九日戴高樂去世，留下法國人面對瞬間過時的紀念冊。

法國歷史上有三個重大事件。它們是「集體表象」的演變過程中，三個重要的時刻。

在所有法法戰爭系列中，一九六八年五月事件，應該可以占有一席之地。該事件清楚地分出了兩個對立的法國，右派對上左派，強調秩序的黨派對上推崇個人與他人自由的潮流，緊守傳統的文化對上渴望改革與轉變甚至是「革命」的文化。不過這一次，內戰並不是熱門話題，雖然它被放大過幾次，但屈指可數，來得快去得也快。這個事件比較算是家務事，並非階級或政黨糾紛。

而且主角和往常相反，不是每次由新血接手的老舊對立陣營，而是另一個世代，他們不太願意仰仗那些立場固定、為大眾所熟悉、一直在世俗鬥爭中打滾的陣營。各個政黨困惑不安，一下子搞不清楚自己在造反事件中的位置。他們在學生的心中既沒有留下記憶，也不具有歷史參考價值。

可是，占領時期的往事並沒有完全消失。在熱烈的騷動與大量的口號中，號召大眾「反對法西斯主義」始終占有一席之地：像是「保安警察總隊①＝納粹黨衛軍」（CRS＝SS），或「我們都是德國猶太人」，然後又有出自毛澤東觀點的「新抵抗力量」，有這麼多自動生成的橋梁，把過去與現在連結在一起，儘管它們所傳遞出來的，是對法西斯的危險所幻想出來的抽象看法。隨著時空的改變，現在我們甚至可以認為，這些口號超越了意識形態演說自然會有的誇大，構成了最高程度的挑釁。這種挑釁可能會喚起前輩們長久以來的複雜情緒，更惹人不快的是，這些口號把戴高樂主義者當成針對的目標。

此外，主導極左陣營的流派，有部分成形於阿爾及利亞戰爭時期，其他則是從反殖民主義留下的回憶獲取養分，所以還是回歸了法法戰爭的傳統。於是，在危機發生期間，過往的資源似乎沒有什麼重要的作用，和我們在其他內部矛盾中觀察到的不一樣。五月風暴的學生抨擊某種權勢，指責它想要並表現得像是抵抗運動的繼承者。無論是對這種身分還是它的歷史，學生們都表示憤憤不平。同時他們也指責躲在「編造的榮耀」背後的社會大眾。戴高樂的轉移手法並沒有打動他們，正是因為他們覺得有些東西是編造出來的。學生們和自己的父母不一樣，一點也不需要抓住任何依靠。相反地，他們有充足的理由把它揭發出來，既然他們攻擊的形象身上沒有貼著英雄的形象，手裡就多了汽油彈。

還有一點不能忽略，對占領時期的看法在一九六八年有了轉變。只不過，轉變沒有立刻產生。記憶的介入隱而不見。超越了馬路上的怒氣，它是定時炸彈。還是文化炸彈：「拒絕給自己奪取權力的手段，「六八年的抗議者」（他們和一般法國人一樣，都是具有傳奇性且必不可少的研究對象）把他們的行動刻入具有代表性、而不是擁有權力的領域[1]」，儘管他們的言論完全是「政治性的」。幾年後，這個看法，在對維琪發展出的新詮釋中得到證實，而且新出現的詮釋經過幾個電影工作者與作家強有力地發揮，構成了實質上的決裂。

「父親死了，大家開始編列遺產清單[2]。」將軍從此沉默，他那具有神話氣息的語言，只能在回憶中引起共鳴。他曾經一次又一次地對維琪進行驅魔，並且發揮出抵抗運動神聖而具有教化作用的歷史。他的威望曾經暫時阻擋了焦慮亦或挑釁的質問。可是在他死後，輿論突然發現自己面對一個模糊的形象，「無法追溯它的歷史，經由悔恨揉捏成形的歷史，悔恨無法企及他的英雄夢[3]」。豎立在科隆貝雙教堂②的巨大洛林十字架③太過遙遠，要繼續靠它的羽翼庇護良知太不

---

① 譯注：成立於一九四四年底，主要任務為處理失序的群眾活動。

② 譯注：戴高樂在此地購屋，去職後就住在科隆貝，並於此地去世，也葬於該地。

③ 譯注：自一九四〇年起，「自由法國」就以洛林十字符號為象徵，用來對抗納粹的右旋十字符號。一九七二年在此豎立洛林十字，出於戴高樂個人的想法。

著邊際，而且還是費力得來的良知。戴高樂主義有了繼任者之後，用政治性接替了理想性。

一九七一：「美好的年代。」龐畢度去世的十年後④，許多報紙緊跟在《費加洛雜誌》的後面，虛偽地悼念那幾年的甜蜜時光與另一股平靜的力量，始終「堅守它的家園」。在正值經濟危機的時候（外加左派執政），突然就出現了新的懷舊主題，懷念「強大安定的法國」，懷念完成統一的國家如何充滿喜悅、品嘗發展的果實。一九八四年三月的民意調查顯示，不論黨派與世代，將近五分之四的調查對象表示，那個時代在他們心中的印象是「美好的生活[4]」。

話雖如此……，對於當時年紀最輕的一批人而言，對體制提出抗議，並未隨著六八年最後的喧譁而結束。就算只是投個臭氣彈，保安共和警察也會湧入國中和高中校園，他們還活在越戰（一九五五至一九七五年）震耳欲聾的節奏中。「共和民主人士聯盟政權」⑤似乎仍然在發揮他們的影響力。不過一九六八年的文化破裂不斷推進，在大型學生運動中無意間散播的種子開始萌芽。

自一九七一年起，「甜蜜的法國」面對捲土重來的一九四〇年，再度陷入困擾。這一次，政治人物讓位給美術、文學與電影界的代表。犯罪客體分別是離經叛道的影片、不被理解的特赦，以及挑釁的時尚。

無情的悲傷

第一次爆發，也可說是第一個症狀：《悲傷與憐憫》⑥，導演是馬塞爾·奧佛斯，他和安德烈．亞里斯、亞蘭．德賽杜共同籌劃這部作品。

這個不相稱或者說諷刺的片名，出自片中藥品供應商維迪耶之口，此人充分代表了當地的中產階級，抱持著幾近荒謬的觀望態度。片名與片子整體調性之間的關聯少之又少。該片成為一部反傳說的作品，激起了當時各式各樣的感受：駁斥對上嚴厲的自我批判，羞愧對上憤怒，驚訝對上懷疑，至於悲傷就很難說了。反正五味雜陳，只除了回顧時的憐憫。憐憫誰？

影片的內容眾所周知，對六〇年代足以寫入史詩的盛大復興棄之不顧[5]；手法採用「編年體」，以交叉對比、憂喜參比的方式，敘述克雷蒙費弘這座市鎮的日常生活，選取這樣的切入點用來展現占領時期法國內地的基本狀況。該片因此描繪出一方居民的遲疑，他們在一九四二年「選擇的時刻」來到之前，不大願意全心投入。影片不採用論證的方式，而是呈現出地方上形形色色的人物，他們實際上就是這齣戲的演員。我們可以看見貝當的支持者——有討人厭的也有不討人厭的、附敵分子、良心糾結的顯貴向有名或無名的抵抗人士靠攏，還有別的類型，以及所有其他人。教科書和官方慶典中的重要歷史，只是偶爾闖入的片段。可以說影片採用斯湯達爾式的

④譯注：龐畢度於一九六九年成為法國總統，一九七四年去世時，任期尚未結束。繼任者為季斯卡。一九八一年密特朗上任。

⑤譯注：被視為戴高樂派，成立於一九六七年，前身為法國人民集合黨，歷經數次改組改名。

⑥譯注：攝於一九六九年初的紀錄片，內容關於二戰時期，法國中部小城克雷蒙費弘的日常生活。

處理方法，著重意義深長的細節，大人物則放在外圍地帶（只有少數例外），而這些人物通常在影像中占據重要的位置，尤其是處於第一排的戴高樂將軍，他在這部片中幾乎算是缺席⑦。

見證

奧佛斯、亞里斯和德賽杜，一直主張作品的創意與藝術性。他們在技術上的許多創新，無疑是《悲傷》一片成功的決定性因素，成為所有剪接歷史素材影片的模仿對象。而且人物見證第一次超越了存檔影像。該片全長二百六十分鐘，來自《法國時事》⑧或德國宣傳片的內容，只占了四十五分鐘。其他時間全都貢獻給見證人的表現，他們通常在容易引起強烈情感的地點接受訪問，例如：前納粹黨衛軍克里斯堤翁・德拉馬吉耶攝於錫格馬林根城堡⑨，那是流亡附敵組織的根據地；皮耶・拉瓦爾的女婿賀內・德尚布杭攝於沙特丹市，維琪前總理的故居；抵抗軍組織的居仲舍上校攝於維琪，等等。

這是特意形成的不平衡。所有的戲劇活力就建立在這個差距上，介於事件的「客觀」影像，也就是時事新聞，以及參與者的「主觀」敘述之間。於是在呈現每段見證的時候，都會用一句近於告誡的「記得吧！」加以強調。因此在「過去」與「回憶」這兩種實情之間，就有了明顯的矛盾。在這樣的時刻，觀者沉浸在影片的律動中，會覺得很多見證人，尤其是貝當陣營的人，在睜眼說瞎話；雖然有時並不是假話。喬治・拉米宏⑩被問到何謂「民族革命」時，他表示：「大家說說而已！……」然後就看到一九四二年的他，站在元帥畫像前方，面對一群青年發表激昂的演講，影像頓時充滿了強烈的譴責。呈現出來的畫面（和別的內容比起來），其實沒有特別令人難以忍受的地方。可是它讓人覺得看到了「不實的見證」，在昨日的行動與今日的言語之間，隔著一道深深的鴻溝。在影片中，帕斯卡高中的幾位老師被問及二戰當時、學校裡猶太裔同事的狀況，他們試著逃避與撇清關係，但隨後出現的宣傳反猶太人影像與音效，奪走了他們所有的可信度，甚至所有的尊嚴。

這種手法引起許多批評，受訪者的類型也遭人議論。簡要分析一下這三十六位受訪者，可以還原平衡採樣的事實。第一，法國人的數目遠超過其他外國人：二十六個法國人、五個德國人和五個英國人。這樣的分配就某方面而言很合理，但它凸顯出一個極具爭議性的問題：拍攝地點位於法國南半區[11]，很明顯是著重內部的觀點，占領軍終究只扮演了一個小角色。

第二，法國「著名見證人」的數量，相對而言要比無名小卒或單純只是住在當地的人來得少。只有四位名副其實的抵抗運動人士，具有全國的知名度：皮耶・曼代斯－弗朗斯、賈克・

⑦譯注：只出現在取自二戰時的影片素材。
⑧譯注：錄製各地時事，於戲院正片開始前播放，此做法自二十世紀初持續到一九六〇年代。
⑨譯注：一九四四年九月至一九四五年四月，流亡維琪政府進駐此地。
⑩譯注：二戰期間曾在維琪擔任青年事務國務祕書。
⑪譯注：一九四〇停戰協定將法國分為北邊的納粹占領區與南邊的維琪自由區，一九四二年，盟軍登陸北非後，德義隨即占領自由區，此二區更名為北區與南區。

杜克洛⑫、喬治・畢多和艾曼紐・達斯迭德拉維日希。還有幾個見證人也擁有一定的重要性或名氣，例如：馬塞爾・得里亞姆，外號「弗歐」，二戰時期他是全國抵抗運動委員會的成員；艾彌・古洛東，也就是卡斯帕上校，奧弗涅地區的游擊隊領袖；拉瓦爾的女婿賀內・德尚布杭，以及喬治・拉米宏。其他十七個見證人都是「一般」法國人，一下子脫離了無名一族。

第三，分配給「抵抗人士」的名額，顯然比「附敵人士」要多。除了上面提到的六位之外，還有葛哈弗兄弟二人、孔布龍德市的市長雷希斯，以及前自由射手游擊隊員克羅德・李維博士；他們屬於或是被介紹為抵抗運動人士。此外還可以加上《山岳報》報社的侯傑・敦茲，還有曼代斯的律師亨利・侯沙，他們在片中被歸入抵抗運動陣營。另外一邊算起來就快多了；喬治・拉米宏是死忠的貝當派、賀內・德尚布杭屬於拉瓦爾派、附敵分子德拉馬吉耶，以及另外兩個平民，無論他們在占領時期到底做了什麼、或有什麼想法，一個在片中被視為反猶太分子（縫紉用品店老闆⑬），另一個是元帥的信徒（美髮師，解放時被剃了光頭⑭，片中**唯**一的女性，而且是以女性的身分做見證）。有待討論的是居仲舍上校，他表現得既像抵抗運動分子，又像貝當主義者和反共產黨人士。總之，整體看來明顯傾向抵抗運動陣營，尤其是考慮到某些見證在質量上的重要性，特別是曼代斯－弗朗斯的談話內容。不過，為了全面了解，我們可以計算檔案影像的時間，並得出導演馬塞爾・奧佛斯在整部影片上，還是達成了另一種平衡：「重點放在手寫稿的每個句子上（……）影片的百分之二十分配給抵抗運動，百分之二十五分配給附敵行為，也就是維琪的政策與宣傳，還有百分之五十五不直接涉及這兩個主題[6]。」

最後，即使是參與抵抗運動的這一組，不去考慮見證人的身分，他們意識形態的類型分布並不平均。杜克洛代表共產黨員，自由射手游擊隊由克羅德・李維很快地帶過（影片沒有提到他是共產黨員）。左派抵抗運動人士包括達斯迭、曼代斯、得里亞姆－弗歇和葛哈弗兄弟，我們知道後面這兩位是親社會黨的。民族主義的抵抗陣營找到了一個先驅，那就是居仲舍上校，但交代得並不明確。至於其他人，光憑他們在片中的發言，很難在政治派系中將他們歸類。主要的缺席者，當然就是戴高樂主義者與「自由法國」的成員。

這些分析本身就很有說服力，指出該片對占領時期的歷史，執行了幾個觀點上的反轉。

法國本土的看法

德國占領者與外國元素只扮演了很小的角色。我們看到或重新認識到，至少直到一九四二年十一月止，「維琪法國」並不是每個方面都一直受到德國的操控。我們看到自行車冠軍哈法埃・傑米尼亞尼，在回憶當地是否確實出現過德國人時，表現出遲疑的態度，雖然緊接著的影像顯示作者並不採信他的說法[7]，但它仍然動搖了一直以來占據主導地位的記憶。於是，兩個很少被人

⑫譯注：多次當選參、眾議員，曾任法國共產黨祕書長。
⑬譯注：二戰時，他特別登報申明自己不是猶太人，並且和三個兄弟都參加過一戰。
⑭譯注：二戰時為德國占領軍服務或與他們具有親密關係的法國女性，解放時被民眾施以剃光頭這項私刑。

強調的元素，突然出現在前景中：第一，維琪體制的法律、運作與規劃所遵循的邏輯，不僅出於戰敗與占領時期的處境，同時也遵循某種內在的邏輯，隸屬法國自身政治與意識形態的歷史；第二，涉外戰爭（戴高樂將軍所說的「三十年戰爭」）留下的傷痕比內戰少，大多數來自社會基層的見證人，在他們沒有明說和脫口而出的內容中，都會讓人想到這個明顯的事實。

反猶太主義

在已知的廣大遺忘區塊中，法國反猶太主義占據了最主要的部分。攝自法國南半區的影片內容，顯示出在全體居民生活中，到處都看得見反猶太的行為，而且完全不能歸因於納粹的反猶太主義。這一點至關重要，因為正是在一九七〇年代，我們看見法國出現了非常明顯的意識覺醒，以及法國猶太人的記憶。有人可能會反駁說影片不是要對受迫害的猶太人表現出同情，但事實上自一九四二年夏天開始，維護猶太人的行動不勝枚舉，尤其是在法國南半區。然而這類批評在七〇年代的背景中，已不再有什麼力量。一直以來慣用的表述方式，從文字上抹去了受到反猶太政權鼓動而產生的反猶太主義，二者都深植在某種法國傳統中。最常出現的狀況就是，把迫害事件只算在納粹占領者的頭上。影片當然可以微調片中用語，並提到抗議反猶太的行動，但這麼做可能會削弱主要的談話內容。只有到了今天，當大家知道、指認並標示出維琪政權的反猶太主義，才有可能衡量它和當時法國人的看法之間存在怎樣的距離。這個突破，部分歸功於《悲傷》一片不甚公正的態度。

附敵者

讓人感受最強烈、最不同以往的見證（曼代斯的片段除外），當屬德拉馬吉耶的談話內容。影片作者特別注意對他的拍攝細節，發揮他本來就很上相的優點，並藉由拍攝地點錫格馬林根城堡、豪華虛幻的裝潢，更加渲染了他的演出。德拉馬吉耶在注重民族與軍事傳統的背景中成長，他只能代表一小撮查理曼師團⑮的納粹黨衛軍；師團中大部分人，除了軍官以外，生活條件並不好。不過觀眾並不知道這一點。德拉馬吉耶態度坦率，對於那時為何渴望穿上德軍制服，他的解釋間接披露了某個沒有受到重視且遭到遺忘的層面：奉獻。附敵者遠非單純的叛徒，他們的行為出自政治與意識形態的選擇，尤其是最極端的那一群。並不是所有人都在付出奉獻之後得到什麼好處，反倒是因為捲入了注定失敗的大業，而全都付出了代價。我們沒有看見典型的「法奸」形象，由於唯利是圖或因思想、道德墮落而行背叛之實（但這種類型也有）。於是突然間，讓人賴以消除疑慮的印象崩塌了，原來並沒有「好」法國人與「壞」法國人之分；有人以清楚的意識選擇了法西斯主義與納粹的陣營，也有人願意為了對法國抱持某種理念而犧牲生命——補充一句：民主與共和的法國。這就意味著以下幾點：選擇這個或那個陣營的原因不一定是顯而易見的，而且整個國家確實歷經巨大的破壞而造成分裂，同時第二次世界大戰不只是國與國之間的衝突，也在意識形態進行了血腥的戰鬥。這樣的意圖，在一九七一年當時的確頗為創新。

⑮ 譯注：成員多為自動加入的法國人。

不過其中也有危險，它可能會使某些傾向於尊重奉獻精神的年輕人，因為這個類型而感到困惑，又或者有利於強化後古拉格⑯時期、自然形成的反共主義，從而淡化了法西斯主義**以及**法西斯信徒的罪惡性質（不過影片完全沒有否認這個性質）。

抵抗運動人士

於是乎，抵抗運動逐漸失去它純粹出於愛國的特性，看起來也如同某種奉獻。這就是《悲傷》所形成的高潮。它絕對諷刺，並且留下許多空白。影片蓄意避開抵抗運動的兩大成員，共產黨員與戴高樂主義者，尤其是戴高樂將軍的缺席太過明顯，反而不大可信。兩大成員的缺席，受益者是抵抗運動內部、非共產黨的成員，特別是被影片作者視為弱勢群體的基層抵抗力量。此外，片中完全沒有提及，撤退到克雷蒙費弘的史特拉斯堡大學，以及非軍事形式的抵抗運動，這也同樣扭曲了現實。不論是克雷蒙費弘的市民或其他人，反抗的精神確實鼓動了部分人民，不能把他們全都簡化成藥品供應商維迪耶，更別說美髮師或縫紉用品店的老闆了。同樣地，達斯迭德拉維日希在影片中對抵抗運動下的定義（「我們都是些不入流的人」），讓抵抗運動人士極為不滿。如今經由有系統的調查方法得知，當時各組織所招募的成員，屬於高度融入社會的人士，如社會名流、公司職員、工人，其數量遠遠超過邊緣分子。最後，關於抵抗運動，影片忽略了其中一整段歷史層面，那就是祕密建立共和國的過程，其中包含了領導階層（法蘭西共和國臨時政府）、立法部門（位於阿爾及爾的臨時諮議會）、武裝部隊（祕密軍隊），尤其是全國抵抗運動委員會這個（盡可能）民主的架構，它是統籌各種黨派的代表機構，在歐洲所有抵抗運動中獨一無二。總而言之，這部影片隱去了上述就某方面而言穩定人心的部分，它來自某個運作順利的組織，也就是另一個**政府**，而這個政府不論在事實上或在記憶中，都已經取代了合法但不合情理的維琪。

軒然大波

值得注意的是，幾乎所有評論都對影片剝去歷史的神話外衣，給予正面的評價。共產黨媒體更是給予稍嫌過度的一致讚賞：

> 這是一部鉅作，它讓我們看到經過蒐集、整編的大量紀錄影像與見證。藉由它格外出色的呈現手法，它的衝擊力度，那不落俗套的洞察力，這部影片直入我們的肺腑，我們的心靈，永誌不忘[8]。

《人道報》指它是「政治行為，不至於令人沮喪，但具有淨化作用[9]」。很明顯，就算指出了共產黨籍的抵抗運動人士在片中的發揮有限，黨部還是很高興看見戴高樂主義者失去競爭力。

⑯譯注：前蘇聯政府統管勞改營的機構。

戴高樂派與共產黨彼此對戰爭的看法，曾經有過心照不宣的共識，但自一九六八年開始就不復存在。尤其是龐畢度政權，雖然在面對攻擊時——主要來自這部影片，為自己提出辯護，但沒有為重振抵抗運動的神話做出任何貢獻。

立場相反的懷舊媒體《里瓦羅爾》週刊，也是歡呼雀躍：

> 「卡斯帕上校」，奧弗涅游擊隊的快樂英雄，他和波德戈爾內[17]長得一模一樣，很久以前就脫下了信徒的外衣。開著他的賓士，賣著他的電視，笑嘻嘻地面對他的顧客，對著過去的「觀望主義者」，甚至「附敵分子」。

讓這份極右派媒體感到滿意的，不僅是片中提到民族革命，甚至還有……德國人的形象：

> 受訪的德國退伍軍人，和向來「愚蠢野人」的典型相去甚遠（……）。對於這些老兵而言，當時的法國人並不是、也不可能是具有實質含義的對手，而且我們知道，出自抵抗運動分子神話的政權，在認清這一點後就退卻了。

文章順帶提到葛哈弗兄弟之一，也就是在德國當過囚犯的那一位，記得布亨瓦德集中營的電影院……。於是，文末抬出了埋藏已久的心願：

雖然無法在電視機前觀賞，但是在巴黎、期望也能在外省，那些去電影院看《悲傷與憐憫》的人們，是否終於能夠理解，常常受到扭曲的「與德國合作」，不過是占領時期最小的傷害[10]？

在這兩個極端之內，所有的評論都讚美影片的品質、影像的力度以及真摯的見證。然而在一片表揚聲中，陸續出現幾個不和諧的音調。占領時期醉心於「新歐洲」的亞弗德．法博呂斯⑱，抨擊影片幾位作者的反貝當思想。他以影片中（實際的）內容空缺，指責作者在涉及「猶太人的問題」時，「過於魯莽」，因為在他看來，「看到倖存者（猶太人……）控訴對他們有救命之恩的某人（貝當……），總是讓人很不舒服[11]」。前抵抗運動人士潔曼．堤麗庸⑲對法博呂斯的言論表示憤慨，但是她對影片的評論也溫和不到那裡去，她表示：「整體表現出國家醜陋的形象。」她意識到大眾對抵抗運動已普遍失去興趣，譴責影片選擇了「引人非議的四分之一的真相，而不是四分之三因為不斷出現而褪色的真相[12]」。她以敏銳的洞察力預言，觀望者與附敵者重新浮上檯面，會加速失去對抵抗運動人士的關注，而後者因為沒有全體參與神話的創作已經備

⑰譯注：烏克蘭共產黨員，曾任一九六五至一九七七年的蘇聯最高蘇維埃主席團主席。
⑱譯注：法國記者、作家。一九三九年至一九四四年發行《法國報》。二戰時支持貝當的政策，也曾因言論遭納粹逮捕入獄。
⑲譯注：人種學家，她的骨灰於二〇一五年移入先賢祠。

受傷害。

克羅德・莫里亞克[20]雖然承認這個作品有它的價值，但是對戴高樂在片中缺席、片尾曇花一現之事，深表遺憾：「缺少核心，國人痛心[13]。」就連諾貝爾文學獎得主尚-保羅・沙特，也在《人民事業報》[21]做出頗為挑剔的評論。他以當時自身的狹隘觀點，再一次譴責「主流意識形態」，而沒有看出來一九六八年五月事件的精神，高度激發了《悲傷》一片：

……這部影片既不告訴我們政治實情，也沒向我們說出具體生活狀況。也就是說，它缺少唯一可以為自己設定的兩個目標。而且這部片子不斷讓人露出微笑。然而，占領時期可不大能讓人露出微笑。所以這是個不精確的轉錄本。而且還是有意為之。這是為電視錄製的影片，訂做出來在電視播放的影片。因此拍這部片的人，知道電視台可以接受什麼內容。於是他們讓作品完全「低於」事實，但添加了暗示，這麼一來，經歷過占領時期的人會想：當他這麼說的時候，他要說的其實更多。可是對於那些沒有相同經歷或不習慣這麼思考的人而言，結果就會完全相反[14]。

沙特與當權派在排斥的路上有了奇特的交會，雙方都傾向把潛在的觀眾當成兒童，當成無知無識或與社會脫節的人。在哲學家的眼中《悲傷》做得不夠多，而且當權派也不能忍受它，後者的反應要比沙特的批評更明白易懂：片中的「暗示」應該造成了極大的損害，以至於官方啟動了長達十年的懲罰！

《悲傷》的導演與國家電視台的衝突，從一九七一年一直延續到一九八一年，這是先後以喬治・龐畢度與瓦雷希・季斯卡德斯坦[22]為首的當權派，和輿論脫離的徵兆。政府與電視台作為官方記憶的守衛者，他們不惜一切代價，力圖阻擋這部異端作品掀起的浪潮。

該片拍攝於一九六七、六八年間，屬於涉及法國當代歷史的三聯畫式作品之一。三位作者都出自六八「世代」，這裡指的不是年紀，畢竟五月事件發生時，他們都已超過三十歲；而是文化含義，它把專有的價值觀傳遞給學生，以及一大部分年輕或不太年輕的知識分子。

亞里斯和德賽杜曾在一九六五年製作了兩個知識性節目：《推焦》，以及《一千六百萬年輕人》，它們和法國廣播電視局僵硬的傳統形成鮮明的對比。他們對新聞的觀念，完全不同於龐畢度的哲學（「電視台記者和其他記者不一樣，他們人多一點」）。一九六七年，他們製作了三聯畫的第一幅，《慕尼黑或百年和平》，由馬塞爾・奧佛斯導演，他是馬克思・奧佛斯[23]的兒子，

---

⑳ 譯注：記者、作家，他是諾貝爾文學獎得主馮思瓦・莫里亞克的長子。二戰後曾任戴高樂的特別祕書。

㉑ 譯注：發行於一九六八至七二年間的左派報紙。

㉒ 譯注：一九七四至一九八一年法國總統，二〇〇三年入選法蘭西學術院院士。

㉓ 譯注：猶太裔，原為德國人，一九三三年移民法國取得法國籍，一九四〇年輾轉抵達美國，一九五〇年又返回歐洲。

馬克思・奧佛斯是世界聞名的電影導演，曾因納粹政權而逃到國外。選擇這個主題作為第一部分，意圖十分明顯：慕尼黑㉔不僅是第二次世界性衝突的起點，也是四〇年代法法戰爭的重要階段，這個最初的裂口預示了維琪造成的分化：

馬塞爾・奧佛斯……我們從一開始踏上某條特別的路線後，就再也沒有離開過。

安德烈・亞里斯：所有和慕尼黑有關的象徵意義就已經暗示了……

馬塞爾・奧佛斯……我們會刺探隱私……

安德烈・亞里斯……翻別人的垃圾桶。在那個年代，電視節目和歷史影片都是單線結構，完全不真實，那種旨在釘個釘子把歷史掛在牆上，引誘觀眾來看的想法，我們很多人都覺得厭煩[15]。

他們的第一個嘗試很受歡迎，幾個作者開始準備第二部作品，迎來大不相同的命運（比第三部《法國人，你可知道》好一些）。從那個時候起，想法大膽叛逆的三人小組，與法國廣播電視局之間的猜疑逐漸加深：「我們構想出愈來愈多占領時期的歷史內容，一直被主管單位貼上抵抗運動歷史的標籤[16]。」一六八年五月事件過後，法國廣電要求亞里斯與德賽杜離開，奧佛斯當時已在德國的電視台工作。於是原來的計畫再度浮出水面，這一回的出資方是洛桑的交流出版社影片部，以及漢堡的北德廣播公司。經過九個月的工作，以及五十五個小時的證詞收錄，《悲傷與憐憫》於一九六九年上映。

接下來，三位作者與法國廣電之間，上演了包含好幾段劇情的肥皂劇。影片首先在西德上映（給幾位前占領軍帶來「驚喜」，他們和片中某幾個法國人的運氣都很差），然後是瑞士、荷蘭、美國，當然也應該在國內找到一席之地。可是整整十年，法國廣電執行「消極電檢」（奧佛斯的說法），拒絕購買影片版權。一九七一年，法國廣電董事長尚－賈克．德布雷松，本身也是前抵抗運動人士（後於一九八五年當選法國抵抗運動全國受勳者協會會長），對參議院文化事務委員會提出的說法是，《悲傷》一片「有損法國人目前還很需要的神話[17]」。

一九七一年四月，該片開始在拉丁區一家小戲院聖賽芙韓上映，之後移到香榭麗舍大道的另一家電影院。儘管地方狹小，每個場次人數有限，但在影片放映的八十七週內，共有六十萬人前往觀賞，其中巴黎居民為二十三萬二千人；首輪影片如此長壽完全是個例外，都是因為放映的條件受到太多限制[18]。一九七二年，法國廣電的新任董事長龔特，本來答應在電視台播放這部影片，後來又改變了主意。根據奧佛斯的說法，可能是龔特為了準備美國建國兩百週年的活動，聯絡了皮耶．拉瓦爾的女婿德尚布杭，他是拉法葉侯爵㉕的後裔，因此影響了龔特的決定[19]。一九七九年，在美國影集《大屠殺》播出後，又重新提起在電視台安排播放《悲傷》的可能性。仍

㉔譯注：一九三八年，英、法、德、義在慕尼黑簽下協定。最後德國撕毀協議，並於五個月後入侵波蘭開啟二戰。

㉕譯注：拉法葉侯爵被喬治．華盛頓任命為將軍，一七七七年加入美國獨立革命。一七八四年成為美國公民。

然沒有結果。這次輪到西蒙．薇伊㉖施加反對的壓力，而同時，已經成為「學院派」經典作品的《悲傷》，再度於電影院上映，但只吸引了三萬多名觀眾。時任衛生部長的薇伊，她的立場在這方面影響重大。這位集中營的倖存者，於一九七九年三月六日，接受在最後一集《大屠殺》播完之後的談話性節目《螢幕檔案》中，說出她自己被驅逐、關押的經驗，給人留下深刻的印象[20]。不過她仍然堅決反對奧佛斯的影片在電視上播出。早在一九七一年，當時她是法國廣電董事會成員，就曾運用影響力阻止影片播出。

一九八一年，部長和導演之間甚至出現了口水戰，部長表示：「把《悲傷與憐憫》拿出來當成占領期間法國的整體形象，真讓人難以忍受（……）。把所有的法國人都講得跟混蛋一樣，這根本就是被虐狂[21]。」這段話激出了奧佛斯的提問，是否某些人可以利用權力來決定「幾百萬同胞從他們的電視螢光幕上，可以看到什麼，或不可以看到什麼[22]」。

一九八一年十月二十八、二十九日，影片推出十二年後，終於能在法國電視三台播出，呈現在一千五百萬電視觀眾眼前。值得注意的是：儘管背景已大不相同，但整體評論依然是以高度讚揚居多，至於影片剛推出時就充滿敵意的人，大部分還是堅決保持反對立場。法博呂斯建議將它改名為《仇恨與喜悅》；西蒙．薇伊始終覺得這部影片「呈現出懦弱、自私、卑鄙的法國，並嚴重詆毀了當時的狀況」，並再度感到遺憾其中只能看見「非常少數的抵抗運動人士」[23]。

綜觀之下，《悲傷》坎坷的歷史提出了一個根本的問題：一部只有少數人看過的影片（一九八一年在電視播出之前的觀影人數為七十萬左右，比不上大巴黎地區、放映了幾個星期的賣座片），怎麼能夠為集體意識帶來這麼大的衝擊？激憤的評議當然發揮了作用，但這個解釋不夠充分。

首先，這部片子自願、自覺地進行了大規模破除神話的行動。幾位作者也坦白承認這一點：「最讓我受不了的不是抵抗運動，而是抵抗運動主義（résistancialisme），它不能代表法國歷史的實情，但充斥在文學、電影、茶餘飯後的閒談，以及歷史課本中[24]。」影片轉移了攝影機的位置，照亮了陰暗的區域，但同時也讓以往過度展現的部分黯淡下去。政治學教授斯坦利・霍夫曼指出[25]，用一段傳奇取代另一段傳奇時，就會產生風險，實際情況正是如此：法國上下一致參與抵抗運動的形象，被法國上下仍然一致的懦弱形象所代替。不過如今我們可以心平氣和地說，這個取代的說法是錯誤的。

我們可以對這個有偏見的去神話化行動提出異議和譴責，而且影片正是因為果斷採取了這個行動而遭受抨擊。然而，隨著時間的推移，削弱了一些批評的力道。《悲傷》本來只是一**部**關於占領時期的影片，創作者從來沒有打算以幾個小時的長度，來還原一整個時代複雜的真實情況，即使事後，獲得了意想不到的推崇，觀眾自己從影片中尋求真相。而且矛盾的是，影片的不足之處，與這些缺陷帶來的問題與辯論，讓該片成為重要的參考資料，就連歷史學家也這麼認為。

㉖譯注：猶太裔，二戰時曾關入集中營，歷任衛生部長、歐洲議員、歐洲議會主席、國務部長等要職。

其次，《悲傷》一片在形式上有所創新，那些具有主導性的見證，以及謊言的即刻拆穿，都讓它像在述說家庭中的故事，談論日常生活的種種，就算出現矛盾也可以接受。因此法國民眾會對這部影片投以高度的熱情。從這個意義上而言，《悲傷》無疑是第一部呈現占領時期的回憶、多過交代那段歷史的影片。幾位作者用他們的探照燈對準的不是四〇年代，而確實是歷經戴高樂十年執政的六〇年代末。這個部分，他們也表達得很清楚：

影評人米歇爾．古諾（在法國廣電的內部放映時）埋怨我們在事件發生了三十年後，提出這些問題。如果當時我在場，我會對他說：「……就算您發明了時光倒流機，而且提議租給我們，我也不確定我們會接受。」事實上，我們的目的就是要用今天人們的記憶，和歷史事實與所有伴隨而來的模糊性對質[26]。

還有一個原因，電檢制度造成了負面影響。電檢制度比影片本身更加暴露出、官方版的神話是多麼脆弱。一九七一年，法國廣電擺出頑抗到底的態度，拒絕承認法國、戴高樂以及抵抗運動之間，彼此的美好結合已經徹底決裂。不過，此處涉及的是抵抗運動晚近政治化的形象，而且這個部分也是神話：指的不是抵抗運動（更不是抵抗運動人士），也不是它本身的歷史。

一九七四年以後，保持沉默的政策，早已深植於法國當權者的習性中，說明政府的態度不太可能捍衛歷史上戴高樂主義的形象。這個政策自有它的追隨者，甚至是自由派人士西蒙．薇伊，而且還形成更能收到實效（也更無新意）的主題，那就是共和國的總統具有保護自己所屬黨派形象的任務，影片中就曾露骨地提到這一點。可是以沉默作為回憶的材質，終究結不出任何果實。自一九七四至一九八一年間，捲土重來的回憶與對黑暗年代的幻想到達了一定的程度，電檢制度充其量是在記憶的傷口上灑鹽。況且，最終得利的是對手：一九八一年社會黨上台，允許影片在電視台播放，讓大家覺得他們沒什麼好隱瞞的……

最後一點，《悲傷》直接而坦白地提出傳承回憶的難題。一九七一至一九八一年間，除了執政當局外，反對該片最強烈的那些人，並沒有放下敵對的態度。不論是法博呂斯或西蒙．薇伊，仍然持續表達不贊成的態度。然而，一個是過去迷戀德國主掌歐洲，一個是前集中營受害者，兩者之間會出現交集並非偶然。凡是譴責影片帶有偏見——不論何種偏見、只從影片中看出空白不足的人，整體來說有一個共通點：他們都屬於實際經歷事件的一代，曾經感受過深刻的痛苦，看著占領時期廣泛地影響了自己後來的行為。就連沙特以「意識形態」所做的偽批評也不是出於幻想；執筆的不是《人民事業報》編輯，而確確實實是寫下《蒼蠅》的作者，我們從這個劇本可以知道，他對投入抵抗懷著如何複雜的心理。這也是為什麼他會提出與其他人不同調的批評。呈現在我們眼前的是代溝。戰後出生的人，不論哪個黨派，看見《悲傷》打破了那面鏡子，認出了自己心中的疑問，全都給予讚揚。至於歷經戰爭的人，因為過度被自己的回憶所束縛，本能地表現出拒絕的反應。

影片中不是沒有一定程度的輕率。最常出現的情況，就是來自戰爭世代的見證人特別強調最容易引發爭議的問題，例如曼代斯－弗朗斯[27]和李維博士談到了反猶太人主義；別名卡斯帕上校的古洛東，說到所有那些向他敘述「他們的」抵抗經歷的人，可是「他們該做的事一點也沒做」；貝當的擁護者頌揚民族革命的價值。他們應該是見證人，而不是作者。

如果影片去訪問像西蒙．薇伊這樣的女士，她會說些什麼？提麗庸會提到哪些抵抗運動人士？之後那些人又會如何回應？曼代斯一九七一年受訪時，對影片提出一些批評，內容存在缺失、有些部分需要提出解釋、沒有保持平衡。可是他沒有表現出任何敵意[27]。所有參與過戰爭悲劇的人，都是潛在的見證人，但不是每一個都能和影片產生共鳴，因為他們心中的事實，和影像與證詞所呈現的事實，只能在偶然的情況下產生交集。

因此《悲傷》還暴露出結構上彼此拉扯的緊張局面：要傳承如此充滿爭議的往事屬於鍊金術的範圍，不論是實際參與者、歷史學家、電影工作者，誰都沒有祕方。更別說獨家專有權了。傳承是不完全的、有偏見的，而且在任何情況下都不會成為結合的黏著劑，除非重寫一部滿足各方要求的歷史。

一點也不《悲傷》。

圖維耶事件：開端

如果奧佛斯的影片只是獨立存在的症狀，那麼它在放映之後，就不可能獨力引起這麼強烈的議論。

一九七一年八月二十九日，《紐約時報雜誌》發表了介紹龐畢度總統的報導，執筆人是住在歐洲的作家波茨福。他在文章中如實描寫了新任總統在占領時期毫不起眼的經歷㉘，並且轉述了總統對抵抗運動的一段談話：

他說：「我討厭所有這些事。」同時迅速揮了一下手，清澈的目光閃現出一絲不滿，「我討厭獎章，我討厭各種各樣的授勳[28]」。

這段話沒有立刻引起什麼注意。不過幾個月後事件爆發了。一九七一年十二月十三日，莫里

㉗ 譯注：猶太裔，二戰前即當選議員，戰時曾被維琪政府監禁，脫逃後即投入抵抗運動。戰後當選議員。一九五四年六月至一九五五年二月，擔任總理暨外交部長。一九五六年二月至五月，擔任國務部長，此職務相當於副總理。

㉘ 譯注：戰時，龐畢度在高中與出版社任職。

斯・克拉維參加直播電視節目《公平競爭》，他與推動新「道德秩序」的都爾市眾議員暨市長尚・華耶進行辯論。過程中克拉維發現在自己預先錄製的短片《生命的起義》中，他說的話被剪掉了一個字，站起身來，激動但不失禮節地向一干「電檢員」告別走人。克拉維在短片中以激動凌厲的言詞，號召意識的覺醒，對抗常規與因循守舊，總之就是號召新的抵抗運動。其中他還明確引用了龐畢度的句子：「不久之前，共和國的總統對美國一家重要的媒體吐露心聲，說抵抗運動讓他感到嫌惡與厭煩……。」法國廣電消去了「嫌惡」這個詞[29]。

身為哲學家的克拉維當然是為總統的言論做了詮釋，最佳證據就是他用的這兩個詞，一個是最大化的「嫌惡」，另一個是最小化的「厭煩」，可是總統只用了一個。不過克拉維有意點出這裡的關鍵問題，那就是龐畢度的矛盾心理，總統不可能忽略，自己在回想抵抗運動時的坦白交代也許會被扭曲。他話中的模糊性，在於指涉的內容可以是抵抗運動與抵抗運動人士，也可以是抵抗運動主義。怎麼可能不相信，總統指的是歷史而不是神話，他不是還嘗試以政治手段，禁播（或放手讓下屬禁播）《悲傷》，而這部影片正好能如願擺脫神話？一邊是個人的感受（倒是和《悲傷》作者群很相似，但動機不同），另一邊是職責的要求，總統困於其中，很尷尬地做出回應：

> 您會了解我一點也不想讓自己進入這樣的話題討論，它不只是有悖我的職務尊嚴，同時也違背了我長久以來努力維護的信念，關於這一點沒有人有權力指責[30]。

這場小小的風波，表明抵抗運動的記憶到了一九七一年，已經失去很大程度的連貫性：哲學家克拉維，前抵抗運動人士，以十足六八事件的衝勁，再次活化這項傳承，而同時，另一位「六八分子」以影片譴責抵抗運動主義的神話，也面臨了電檢處分，來自一位想得其實和他差不多的總統！

在克拉維的情況中，抵抗運動再次收到求援的召喚，左攻華耶這樣的反動派（其實是指貝當的信徒），右打他認為從同胞之中發現的「觀望主義」。在奧佛斯與《悲傷》創作者的情況中，有問題的是抵抗運動被理想化的回憶。克拉維與奧佛斯，出於反抗因循守舊的共同追求，以不同的方式，同屬「六八世代」。然而其中一位強烈訴及、自己從占領時期與阿爾及利亞戰爭的衝突中獲得的經歷，另外一位則截然不同，激情較少，更多的是關注受到掩藏的反猶太主義與附敵行為。

至於龐畢度總統，無法控制自己的潛意識和內心深處的感受，試圖透過熱心的傳播渠道，要求大家噤聲。

這些明顯的矛盾，在圖維耶事件爆發之後變得更加劇烈，該事件成為政治權力涉足占領時期記憶的真正轉折點。

一九七一年十一月二十三日，龐畢度總統低調特赦了前法蘭西民兵團的負責人保羅．圖維耶。此人曾在一九四六年九月十日，與一九四七年三月四日，先後受審於於里昂和尚貝里的特別司法法庭，兩次都判處死刑㉙。一九六七年，圖維耶二十年法定追溯時效到期，但仍然禁止他在大東南地區十二個省分居住，並且他還是不能動用財產。總統的特赦免除了這些附帶的懲罰，允許他光明正大地現身尚貝里市的私宅——就在格里埃高原與維科山脈的中間地帶㉚……

此事在龐畢度治下的「平靜」法國，開啟了翻騰數月之久的激烈爭論，而且在將近二十年之後，還會捲土重現。一九七二年六月五日，《快訊》週刊登出由賈克·德侯吉執筆的新聞稿，報導他如何找到了「里昂屠夫」；這個形容詞後來也用在德國人巴比身上。這篇文章引起一波新聞攻勢，可謂自一九五〇年代以來最轟動的事件，翻出了占領時期的舊事：光是六月就有三百五十篇相關報導，整個一九七二年有兩千則，截至一九七六年底共有五千則報導[31]。各個媒體藉由報導時附加的「獨家新聞」、「爆料」與「首次披露」，在該事件上不斷地施加壓力。

當時的政治局勢也和此事有些關係：一邊是提倡「新社會」、時任總理的沙邦－戴瑪，他在「共和民主人士聯盟」黨與戴高樂派基本教義圈內，已招來愈來愈多的不滿；另一邊是成立於一九七一年六月十六日，以密特朗為首的新組社會黨，讓左派重振遺忘已久的希望。於是此時的總統多少有點孤立。一九七二年四月二十三日事關擴大歐洲共同體的公投，甚至打破了有史以來放棄投票的人數紀錄，讓龐畢度嘗到個人的挫敗。特赦圖維耶的決定，一開始並沒有公開發布，等到大家都知道的時候，各種反對的聲浪紛紛湧入。甚至有好戰分子利用它來對抗龐畢度這位引人爭議的戴高樂將軍繼承人。

之前《悲傷》已經挖掘出「屬於德國的法國」回憶。可是該片為了舉例說明這件事，把一名外表像樣的附敵分子（前納粹黨衛軍德拉馬吉耶[32]）推上舞台，他饒富魅力的演出幾乎讓他成為電影明星。就在同一時刻，突然冒出了前所未聞的「真正」附敵分子，曾經犯下具有確實受害者的「真正」罪行。真相頓時超越了杜撰的故事，因為附敵分子圖維耶，沒有一點像樣的地方。

圖維耶出生於一九一五年，在具有天主教傳統的家庭長大，少年時期可能參加過法國青年天主教協會。父親是一戰退伍軍人，圖維耶在戰爭爆發前夕，聽從父親的建議，和他過去一樣加入德拉侯克上校領導的法國社會黨㉛。動員入伍後，參加了一九四〇年四月的挪威戰役。停戰之後，理所當然地投入了維琪的民族革命。他先是法國退伍軍人團㉜的成員，該單位是為政權宣傳的先鋒組織，隨後又在一九四二年進入維安軍團㉝，因為他的愛國心「命令他追隨元帥」，他自然會擁護政府的種種轉變。事實上，根據皮耶．芒特婁㉞的證詞，圖維耶是出於父親與某位神父的施壓，才會加入這支後來在一九四三年一月變成法蘭西民兵團的隊伍[33]。他在民兵團第二部

㉙譯注：解放後圖維耶就開始逃亡，判刑後曾被捕但成功逃獄，改換身分在法國各地匿名生活。
㉚譯注：占領時期，這兩個地方都有游擊隊，尤其後者曾發生數次戰鬥。
㉛譯注：由德拉侯克上校創於一九三六年，一九四〇年被迫轉型為社團組織，一九四二年被駐法黨衛軍領袖歐伯格解散。
㉜譯注：維琪政權把所有退伍軍人組成的前社團組織解散，統一組合而成，但成員屬自願加入。
㉝譯注：一九四一年夏天，維琪政權成立了這個從事政治與突擊行動的軍事化組織。
㉞譯注：尚貝里的居民，二戰時在當地發送地下刊物。

門（情報與行動）擔任負責人，一開始派駐薩瓦省，然後調到隆河省，成為喬瑟夫．雷古桑[35]的手下。由於這個職務，圖維耶密切涉入維克多．巴什[36]夫婦的謀殺案，他們在一九四四年一月十日，於里昂近郊遭到雷古桑射殺身亡，但一直無法確定圖維耶是否直接負有責任，就連一九八九年公開調查時也無果。

即使如此也稱不上「誤判」，這樁罪行在當時造成的震動，有如德雷福斯事件的血腥再現，受害者過去是人權聯盟的會長，也曾經不遺餘力地捍衛德雷福斯。殺害巴什屬於最引人注目的殘殺同胞罪，二十八年後，對涉案的共犯之一施行特赦，只是使整件事更引人注目。

在游擊隊員高度集中的區域，民兵團固定的日常行為就是偷竊、勒索、屠殺。在潰退的時候，圖維耶沒有跟隨達農[37]指揮的法蘭西警衛隊[38]餘黨一同逃亡，結果「奇蹟地」躲過了警察的追捕，展開長達二十七年的祕密生活。

也就是說，圖維耶既不是配角，也不是呂襄．拉孔[39]這種誤入歧途的年輕人。相反地，他代表附敵陣營中的極端分子，直接聽從維琪調派，用來對抗抵抗運動。無論他個人直接參與了何種罪行，都沒有散發出「歐洲」浪漫主義的氣息，而是一股血腥味，法國人的血。就因為這些特性，讓龐畢度的慷慨行為含有某種挑釁的性質。

逃亡的附敵分子在缺席審判中判處死刑，好幾年之後再度現身，這種例子非常多。可是圖維耶的案子不比一般。從一開始他就受到教會支助，獲得持續且一貫的保護：解放之後沒多久，就有神父祕密為他舉行宗教婚禮；接下來他陸續藏身在好幾個修道院中，主要是在薩瓦省境內，最後於一九八九年五月二十四日，在一間基本教義派修道院遭到逮捕。總之，幫助過他的主教，不論其身分重要還是次要，名單攤開來一看著實驚人，從以往在民兵團負責向囚犯傳道的隨營司鐸，到里昂的耶穌會會士，此外還有無數的道明會與本篤會的高級教士。《鴨鳴報》甚至用上了「教會串聯[34]」[40]這個字眼。自從開始肅清之後，就有部分教會出於「基督徒的慈悲」以及意識形態，對遭到司法起訴的前貝當支持者或附敵分子，提供實質的保護。不過圖維耶是高級寵兒，幾乎算是重量級，有段時間他甚至就住在里昂的總主教公署……，還在那裡接獲禁止於該地區居住的判決通知（雖然沒有遭到追捕，但也不是毫無困難）[35]。

其中有個人傾全力支持他，而且不是個小人物：議事司鐸茖凱，他先後擔任過樞機主教傑里耶與彌尤蒙席的祕書，並在彌尤被任命為教廷國務卿後，跟隨他前往梵蒂岡。茖凱從一九五七年

㉟ 譯注：他在任職法國民兵團內的犯行還包括 puits de Guerry 慘案，屠殺了三十六位猶太人。解放後判處死刑伏法。

㊱ 譯注：猶太裔哲學家，他是一八九八年法國人權聯盟的創立人之一。

㊲ 譯注：附敵分子，參與過一戰，法蘭西民兵團的首領，解放後判處死刑伏法。

㊳ 譯注：法蘭西民兵團的武裝分支部隊，單獨或協助德軍，與游擊隊進行戰鬥。

㊴ 譯注：一九七四年電影作品《拉孔名叫呂襄》的主人翁；少年呂襄要求他的老師引介自己進入游擊隊，老師以呂襄年紀過輕而拒絕。呂襄意外遭到警察逮捕，竟出賣了老師，並加入納粹德國祕密警察的法國支隊……

㊵ 譯注：《鴨鳴報》以譏諷時事為特色之一，此處「教會串聯」（ecclesiastic connection）取自美國緝毒警匪片 *The French Connection*。

起一直和圖維耶有接觸。一九六三年他第一次向戴高樂將軍請求赦免圖維耶，為此，莒凱先尋求艾德蒙．密什雷的支持，這位有力人士是重要的抵抗運動分子，曾擔任司法部長，也是憲法委員會的成員。莒凱要求赦免死刑這部分，但遭到拒絕，不過缺席的被告圖維耶一直在逃，也不大可能被處決。一九六七年追溯時效到期後，莒凱重新採取行動，這一次找的是龐畢度，他在一九六九年收下訴願。訴願內容只涉及次要的判決，其中一項是財產沒收。援用的理由之一是，這位前民兵的子女無法繼承由保羅．圖維耶的父親留下的遺產。聲請赦免的訴願一步步走到內政部、國家安全法院以及司法部。國家安全法院檢察長在一九七〇年一月二十八日，把建立報告的任務交給警察長賈克．德拉瑜，前抵抗運動人士，也是專門研究占領時期的歷史學家，解放後參與了無數涉及前附敵分子的調查案。德拉瑜在一九七〇年六月十日提交結論，列出圖維耶的無數謊言，藉此強調圖維耶不甚美妙的人格，尤其他在占領時期所作所為的實際性質「惡劣，無恥，而且無可辯駁」，德拉瑜認為這充分證明一九四五年的死刑判決完全正確，因為「它對一系列程度異於尋常、手段不一的凶殺與不法罪行加以制裁」[36]。於是他建議駁回訴願：「我還說如果他被赦免，恐怕會引發不少示威抗議，尤其是在里昂市，多少人因為他的過錯而痛苦[37]。」此外，刑案暨特赦局局長皮耶．亞白揚也提出反對意見，此人是一九八九年五月，圖維耶二次逃亡再度被捕時的司法部長。不過他建議「由於犯罪行為年代久遠」，只減輕禁止居住的部分，讓圖維耶可以「找到工作」[38]。

莒凱、密什雷，還有其他人，像是比利時演員賈克・布雷爾就誤信了圖維耶，之後還有一些新面孔為圖維耶說好話，主要是抵抗運動人士。雷米上校就是一例，從他一九五〇年反對肅清與態度不變看來，此舉符合邏輯[39]。此外還包括哲學家加必耶・馬瑟，說服他的是他的同事、也是前抵抗運動人士瑪麗－瑪德蓮・達薇。馬瑟在一九七〇年十一月十七日寫給總統的信中表示，圖維耶「曾在部分民兵團的行動中，盡一切所能對抗在他看來違反人性的犯罪行為；例如巴什夫婦慘遭殺害一案」，還說：「我甚至認為他留在民兵團就是為了制止暴行[40]。」猶太裔的馬瑟一九二九年已改信天主教，是整個基督教存在主義潮流的代表人物。他在占領時期沒有涉入任何組織，儘管如此，他也曾經因為立場問題受到質疑，例如一九四四年十月，集中營獲得解放之前，他在《基督見證》㊶發表了一篇引起多方爭議的文章。他籲請猶太人脫離迫害之後，在「提出返還訴求」時，要表現得「低調」，他還批評「海峽彼岸或大西洋彼岸的法國人近來（……）語氣尖銳，他們的生活和侷限在法國的同胞相比，完全稱不上嚴峻，更別說危險了[41]」。馬瑟是密什雷的朋友，和他一樣，對解放後的肅清採取反對的態度，而且後來發現自己也中了圖維耶的「圈套」。他在一九七二年六月十九日的《快訊》週刊，公開承認了這件事。同時他還透露，在龐畢度做出決定之前，他就已經意識到自己的錯誤，他的轉變還讓圖維耶陷入了某種程度的恐慌，這一點從圖維耶一九七一年一月十日寫給他的緊急信件即可說明。馬瑟在《快訊》為自己解釋的同

㊶譯注：抵抗運動陣營於一九四一年在里昂創辦這份每週發行的通訊印刷品。

時，公開了這封信[42]。無論如何，這些著名知識分子與具有威信的前抵抗運動人士，必定以他們頗有分量的發言，影響了總統的決定。等到東窗事發，這些言論使得整起事件更加複雜而曲折。

事件的內幕直到一九七二年五月才遭到披露。龐畢度不顧德拉瑜、國家安全法院與司法部的反對意見，頒布了具有高度爭議的特赦。執行措施本來應該保持低調，要不就是列為機密。然而警察和憲兵隊卻必須在全國境內發布訊息。「什麼，在這種情況下應該要保密的[43]?!」結果事件一發不可收拾，既因為教會所扮演的隱祕角色，也由於龐畢度私人的承諾，他可是在充分了解案件、了解圖維耶人品的情況下做出決定的。圖維耶則是在報章雜誌上不斷增加不實的言詞，成了媒體追逐的紅人（又多了一個！）：「我沒有殺過任何人，我沒有下令殺過人，我沒有刑求過任何人。」他對《巴黎競賽》週刊如是說[44]。

那些最激烈的反應，當然來自抵抗運動人士的陣營，尤其《悲傷與憐憫》已經讓他們吃過一次虧。法國各地都有遊行示威。一九七二年六月十八日，在巴黎的驅逐紀念館聚集了一千五百個人，其中包括解放動章獲勳者、不少前任部長——其中有好幾位戴高樂主義者，此外還有抵抗運動人士、猶太社群的代表（國際反排猶主義聯盟㊷的會長皮耶－布洛克以及鮑爾拉比），以及天主教的代表（其中包括兩位前抵抗運動人士米歐爾．希凱神父與侯傑．布杭神父），似乎是要藉由他們的出席，譴責部分教會對圖維耶的支持[45]。

同一時刻在科隆貝雙教堂，喬治．龐畢度為紀念戴高樂將軍而豎立的洛林十字架，進行了落成典禮。這個時間點對紀念儀式而言真是不妙。出於反對總統的特赦令，從左派戴高樂信徒的工黨聯盟直到共產黨，好幾股政治派系結合在一起。尚貝里市一位省議員寫下這幾句話：「薩瓦省抵抗運動人士，抗議民兵圖維耶獲得特赦的上一場示威遊行，聚集了四千人。同一天又傳來沙邦－戴瑪先生辭職的公告。前者要比後者引起更多當地人的議論[46]。」當時的總理沙邦－戴瑪，於一九七二年七月五日卸下總理職務。

特赦圖維耶一事，和政府對巴比所採取的態度互相矛盾，加劇了事態的嚴重性。不久之前，出於法國的引渡要求，玻利維亞警方於一九七二年三月二日，逮捕了巴比這位前納粹保安處（ＳＤ）駐里昂市的首腦（但還要再等十一年才引渡成功）。一九七二年五月二十六日，國會瀰漫著罕見的神聖聯盟的氣氛，聆聽外交國務祕書利考斯基的發言：「看到這個惡劣的傢伙逍遙在外，我們一致感到憤怒，毫無異議。」表明了公權力「要求正義[47]」的決心。然而巧合的是，巴比和圖維耶曾經執掌類似的職務，一個在保安處，另一個在民兵團，兩個人都派駐里昂市，抵抗運動的大本營，而且還很有可能見過面。無論如何，他們兩人的名字在輿論中經常連在一起。為什麼原諒這一個而對另一個感到憤怒，然而他們兩個根本就是屬於相同的犯罪體系？「龐畢度先生通過他對圖維耶所採取的行動，顯示出他對納粹主義並不在意，因為圖維耶與納粹同屬一體無法分割，這是絕大多數法國人對此事的評判」，此一尖銳的批評出自作家皮耶·布札得[48]。

㊷譯注：創立於一九二八年，一九七九年擴充為國際反種族主義與反排猶主義聯盟。

經過四個月的論戰，終於，總統不再保持沉默與封閉。在一九七二年九月二十一日的記者會上，來自里昂市《進步報》的記者賈克・符內宏向龐畢度提問圖維耶一事。一開始他就事實做出回應並沒有迴避，說明特赦令只適用次要判決，但不包括所有的公民權（例如投票權）。圖維耶「仍然必須接受所謂民事死亡（mort civile）的懲罰」。當他提到有權頒布特赦令、這個「可怕的」責任時，辯白自己不過採取了很平常的寬恕措施：「純粹只是單純的寬恕而已」，然後就不再討論這個話題。然而他清楚這個解釋無法回應特赦挑起的反應，而且他也承認自己收到數量龐大的抗議信，作為回覆，他只好就占領時期的往事發表自己深沉的感受：

三十多年來，我們的國家經歷了一個又一個民族悲劇。戰爭、戰敗，與之後的屈辱，占領時期與它的暴行，迎來解放，也間接造成肅清與失於偏激的行為——我們必須承認這一點；接下來是法越戰爭，再緊接著是阿爾及利亞可怕的衝突，兩邊都做出野蠻的行動，一百萬法國人大遷徙，被迫離開他們的家園，結果促生了「祕密軍事組織」使用暴力，發起攻擊事件，取而代之的是鎮壓。至於我本人，維琪的手下曾經對德國警察告發我，而我也曾經兩次逃過祕密軍事組織的襲擊與未遂襲擊，其中一次在戴高樂將軍身旁，另一次以我為襲擊目標，因此我自認有這個權利問問大家：我們是否要讓民族分歧的傷口一直保持在流血的狀態？難道現在不正是除去障幕的時刻。法國人曾經彼此沒有感情，彼此撕裂甚至互相殘殺，現在不正是把它遺忘的時刻。即使面對反抗到底的鬥士，我也得說自己這番話不是出於政治考量，而是出於對法國的尊重[49]。

「遺忘……」這個詞再次出現。然而喬治・龐畢度雖有一位顯赫的前任元首，自己卻無法利用他的權威。因為他是第五共和締造者的接棒人，不是六月十八日那位英雄的傳承人。他後來很坦白地說自己在占領時期，很長一段時間都「處在被動的狀態[50]」。儘管他幾次嘗試加入知識分子朋友進行的抵抗運動，但始終沒有做出重要的選擇：「當然，我是做了一些不夠謹慎的事，但不至於被送往集中營，若真如此，後果不論生死都會讓我成為英雄。不過很明顯地，我缺少冒險的精神[51]。」由此可以看出，他從一開始就對抵抗運動的本意，保持著某種程度的懷疑。龐畢度曾經是頒發抵抗運動勳章委員會的成員㊸，核定對象是國民教育部的公務員，因此能夠看出八月的法國境內武裝部隊成員，與九月的成員之間，具有極大的差距㊹。「應該是這件事讓我後來對某些抵抗行動的頭銜，抱持些許懷疑的態度，同時也對一些『遭到肅清的對象』較為寬容，特別是某些所謂的告密者，我在最高行政法院曾經審查過他們的檔案[52]。」

喬治・龐畢度談到「遺忘」，驅使他的，是其他戰爭世代也曾有過的相同反應，他們對於全身心投入其中的朋友與同儕，都生出過這種複雜的心理。從這個觀點看來，龐畢度的行為甚至可

㊸ 譯注：時為一九四四年九月。
㊹ 譯注：一九四四年八月中旬巴黎解放，到了九月，大部分的省分都獲得解放。

說是很有勇氣，因為他還多探討了一些「身在其中者」，以及他這樣「不在其中」或涉入極少者之間的差距。他確實曾在一九四四年被亞貝．波納身旁的人告發過，但沒有發生什麼值得擔心的狀況。

赦免也是政治舉動。首先，它具有延續性。一九六六年戴高樂將軍自己就特赦過附敵分子：執掌昂熱市納粹德國國家祕密警察（Gestapo）分隊的賈克．瓦瑟，還有被控出賣抵抗運動人士的尚．巴畢耶。儘管他們涉案事實嚴重，但此事免除的是兩人的死刑，難以想像還是在戰爭結束二十年後。不過這兩個前附敵分子直到一九八三年才被放出監獄[53]……。早在一九六二年，同樣是戴高樂擔任總統期間，就已經釋放了歐貝格與克諾申。圖維耶和瓦瑟與巴畢耶的狀況不一樣，他什麼風險也沒有。只有物質財產受到牽連。更何況，似乎不是所有人都拋棄了他。因此，所謂「人道主義的表現」並沒有什麼說服力。

其次，龐畢度的決定是給極右派的一個訊息，這些極右派從一九六九年就開始支持這位新總統。早前，在克拉維的紀錄短片遭到電檢時，極右派「法蘭西行動」的機關報《法蘭西觀點》週刊，明顯對此事感到滿意，頒給龐畢度「戴高樂派抵抗運動分子主義清算人」的稱號[54]，是帶有貶義的抵抗運動分子主義，不是抵抗運動主義。根據賈克．德拉瑜的說法，龐畢度可能也想爭取天主教體系的好感，因為他們也是重要的選舉資產。有待理解的是，為什麼教會要下這麼大的資本，保護這個平庸的人物[55]。

這些個人與政治上的偶發事件，部分說明了採取特赦的始末。引起公憤，則是源於追求的目標和輿論之間出現的矛盾。

雖然龐畢度很誠懇，但毫無疑問，他沒有完全意識到，自己把一部分的輿論導入了相反的方向，結果給了新聞媒體可趁之機，他們了解大眾期待與關心的是什麼。龐畢度還給了對手攻擊自己政黨的空間。從表面上看，圖維耶事件充當了政治消費品，就像那些房地產醜聞[45]，以及道德糾紛——或稱之為馬可維奇事件[46]。

不過這個事件多少建立在一系列觸及回憶結構的基本質疑之上。意識覺醒、《悲傷》揭開外殼、論戰再度開啟，如何在這種情況下，讓大家願意忘了法法戰爭？只用一個靜悄悄的、或是象徵性的舉動，就能使新世代的提問與疑惑沉默下去？我們可以無視前抵抗運動人士與前集中營倖存者對抗大眾失憶的焦慮？

從這個意義上來說，龐畢度勇敢面對了來自戴高樂神話的效應。由於龐畢度創新的性格，讓有些人覺得他因為想要擺脫抵抗運動主義，就連抵抗運動人士也要一併拋棄，同時為了維護那一位而力抗其他人，令人覺得讓過去噤聲這件事，似乎比以往任何時候都更加必要。總統的特赦令

---

[45] 譯注：一九七一年爆發了第一樁 Garantie foncière 物業管理公司的投資詐騙案，扯入一位戴高樂派的議員。

[46] 譯注：前科累累的馬可維奇於一九六八年被發現遭人分屍，此案攪出許多傳言，牽涉到亞蘭．德倫，甚至波及龐畢度的妻子，當時龐畢度擔任總理一職。

與《悲傷》遭到官方電檢，兩者之間的矛盾產生了催化作用，加強了各自的影響：用權力禁止有關附敵合作的「真相」，但同時又原諒了前附敵分子。

然而，不可否認，官方傳統在表現出遺忘與沉默時，赦免一向隨侍在側。民兵的命運終究是次要的，龐畢度藉此尋求的只是戴高樂將軍，其他什麼都不要。可是這個目標沒有達成，因為法國人期待的東西變了。將軍「編造的榮耀」是政治意願以及文化與心理需求的匯合，幾乎呈現互相滲透的現象。相反地，龐畢度的「和解」有違潮流，甚至不久前才有人提醒過法國群眾，他們有多氣憤！跟戴高樂言論不同的是，龐畢度的和解所倡導的遺忘，沒有伴隨著任何令人滿意的歷史解讀。更糟的是，抵抗運動主義作為替代物，形象已經不大好了，還因此招來了更多的猜疑。最終它使得法國人在面對過去時完全不知所措。

「遺忘」……隨著時間的過去，似乎無法理解像龐畢度這樣的人，怎麼會不先為自己的行動評估所有的後果，而只看到單純的政治與戰術考量，這個意思難道是（但也不大可能）他並沒有真的考慮及想要法國人與他們的過去「和解」。於是，關於這項特赦的原因仍然存在很多疑問，如果一開始如實進行過審判，是否就不會出現這些問題。不過，令人驚訝的是，赦免引起的效果和預期的效果竟會如此不同。不僅重新揭開記憶的傷口，而且由總統的措施無意間促生的圖維耶事件，到了一九八九年再度逮捕這位前民兵之後，會開啟更重要的層面：由前抵抗運動分子與集中營倖存者所組成的幾個協會，全都以「危害人類罪」控告圖維耶。那將是一九六四年通過該法條後，針對不受時效限制的罪行所提出的第一批告訴，而且在經過了長期的法律抗爭後終於達成目的[47]。該案隨後又帶出預審法官的第一次提告，對象是尚・勒給，接著就是克勞斯・巴比一案，進行了危害人類罪的第一場審判（請看下一章）。以「除去障幕」為前提的特赦，竟有如此奇特的旅程。

後視……投影

一九七四年，《悲傷》推出三年後，法國再度「遭到占領」：影片、書籍、唱片、新聞報導，以及報紙頭條上的納粹十字記號。那是名為「懷舊」潮流的時代，看起來沒什麼殺傷力，畢竟對過去的時光無論生出哪種懷念，都可以加上這個形容詞。單純而膚淺的風潮？確實，它的出現毫無節制，只能引起分散的注意力。然而它構成了鏡像破滅的第三部分，以最混亂的方式顯示出，受到壓抑的人事物如今回歸。

懷舊風隨著《悲傷》的放映，開始於一九七一年，但若是就重新解讀占領時期而言，它既不是第一也不是唯一的症狀。它是文字或電影創作者與讀者觀眾、潛在的供給與需求之間，早已定下的聚會，成就了市場的理想條件。而且之前幾年不乏各種預兆。派屈克・莫迪亞諾[48]是這股風

---

[47] 譯注：圖維耶於一九九四年四月，遭判處無期徒刑，一九九六年因癌症死於獄中。

[48] 譯注：生於一九四五年，法國作家，獲獎無數，計有法蘭西學術院小說大獎、龔古爾文學獎與諾貝爾文學獎等。

潮中的重要作家之一，於一九六八年出版《星形廣場》（加利瑪出版社）。在他之前，已經有許多作者或導演以一九四〇至一九四四年為背景，編寫出文稿與劇本。米歇爾．達奇為了執導他的作品《舞會的小提琴》，焦急盼望了十五年。保羅．基瑪也是花了很長的時間，才把他一九六〇年出版的小說《命運的嘲弄》搬上大銀幕。上述兩部作品都在一九七四年推出。保羅．基瑪的書甚至在出版十五年後迎來了榮景：一九七一至一九七四年間再版三次，共賣出十五萬本[56]。

然而在這場聚會之中，也有立意模糊與虛偽矯飾的情況。這類文化指標雖然都談到占領時期，但它們的特性卻截然不同。

一九七一年，有名的電影對白編寫者巴斯卡．賈丹，出版了一本小說《九歲時的戰爭》，敘述他的「黑暗」歲月（續集《黃侏儒》㊾，一九七八，當時已過了懷舊風）。他的父親尚．賈丹，一九四二年維琪總理皮耶．拉瓦爾的內閣主任，也曾是哈烏．多堤㊿的親信，多堤在二戰前是地位顯要的高級官員，戰後也很有影響力。尚．賈丹是「隱身幕後的謀士」，為那些讓人害怕的人士效勞，一旦這些人被攤在陽光下，大家總是能發現到處都是「聯合執政者」。前不久皮耶．阿蘇林㊿表示，賈丹家的父親對兒子的「回憶」感到很驚訝：「當我們寫一部這樣的小說時，說的是真相但名字要改。他呢，他把真名寫出來，其他全是胡說八道[57]！」不過事件的真實性可以再議，唯一重要的是巴斯卡．賈丹的印象派文筆忠於他的回憶，要不就是忠於歷史。

這本書簡練、活潑、態度輕狂。從一百三十幾公分的視線看出去，動盪的首都維琪不過是個遊樂場，充滿了饒有興味的相遇：保羅．莫朗和小男孩在網球俱樂部玩得很開心；侯貝．阿宏逃跑時不小心和德國領事克魯格．馮尼達擦身而過；還有可可．香奈兒、女高音伊鳳．潘東，以及其他很多人。沒有什麼世界末日，也不是聲名狼藉之地。有的只是資產階級的生活，幾乎沒有受到外界事件的打擾，舉行一些這樣的晚會：

晚餐後，海恩先生（帝國駐維琪參事）和勒華．拉杜里部長就坐到鋼琴前面去了。兩個大塊頭即興來了場四手聯彈。他們自己編一些假的巴哈、假的莫札特、爵士巴哈、貝多芬—阿姆斯壯，從頭到尾力道之大，把琴弦都一根接一根地彈斷了。第二天立刻就有拿著白拐杖的調琴師來修理鋼琴，據說是盲人的他，在我們音樂會專用的普雷耶平台鋼琴上塞滿了麥克風。和這種人打交道有個麻煩，就是我們永遠不知道他效勞的對象是抵抗運動，還是蓋世太保[58]。

㊾譯注：尚．賈丹的綽號，據說是因為他身材較矮小，而且擅於創造時機。黃侏儒的典故出於十七世紀的神話故事，黃色代表嫉妒。

㊿譯注：二戰前曾任法國國家鐵路局董事，一九三九年至一九四〇年為軍備部長，戰時並未從政，戰後擔任重建暨城市規劃部長。尚．賈丹是多堤在鐵路局的特別助理，擅長公關事務。

51譯注：生於一九五三年，記者暨傳記作家。一九八六年出版尚．賈丹的傳記。

毫無疑問，這是全新的口吻。他並沒有打破禁忌，只是忽略禁忌。歷史學家艾曼紐・貝赫為賈丹的書作序時，就清楚感受到這一點：「我認為，（這本書）能讓大家理解六八年五月事件，更勝於馬庫澤先生[52]的《愛慾說》。」簡言之，記憶的革命隱含在性革命的範疇內。

巴斯卡・賈丹是第一個把回憶搬上檯面的「附敵時期的兒童」。不久之後就有瑪麗・佘的《康斯坦斯湖的榮耀》（瑟伊出版社，一九七四）。她以不那麼歡樂的口吻，敘述自己的父親波葛哈，法國人民黨[53]祕密行動的負責人，如何從巴黎占領時期的奢華，一路走到暮色將盡的德國。尚呂克・馬克桑斯的作品具有同樣的脈絡，但出版時間更晚，他用《父親的影子》（自由／阿里耶出版社，一九七八），不無困難地面對他的父親尚皮耶・馬克桑斯，積極的極右派分子，前《今日報》文學專欄作家，偶爾也在《麥垛》週刊，以及迪約拉何榭的《新法國評論》月刊兼職。這些作家所表達的事很明顯，而且愈來愈有其必要，那就是不論附敵分子犯下什麼罪行、不論大眾對他們的看法為何，都不能無限期地把他們當成境內移民，他們也屬於民族「遺產」的一分子（其實大家同時也「發現」，許多人已經重拾他們的社會地位）。儘管對於上述作品也出現一些可以理解的抗議，但這些創作者藉由自己的文字、真誠的態度與迥異的風格，為他們的父輩得以在集體意識中獲得平反做出了貢獻。

同一時期還有其他「兒童」，來自受到種族屠殺的那一邊，他們也挖掘出不少大搜捕、鎮壓與反猶太的影像。例如喬瑟夫・喬佛《一袋彈珠》（拉代斯出版社，一九七三年），電影導演則有米歇爾・達奇、米歇爾・密塔尼（請看第五章）。

然後就是派屈克．莫迪亞諾，他自己構成了一個不同的類別，在那幾年中具有非常大的影響力。他在所有（或幾乎所有）的著作當中，都對占領時期的善惡難辨表現出極高的興趣。他在《星形廣場》中安排了一位「附敵」的猶太人，戲謔地模仿塞利納[54]和莫里斯．薩克斯[55]的文學幻覺形式。再如《夜巡》（加利瑪出版社，一九六九年），以及他為路易．馬盧一九七四年的電影所寫的劇本《拉孔名叫呂襄》；他在這兩個作品中巧妙地呈現出各種承諾的模糊性，毫無節制地拒絕任何意識形態決定論，帶領著如同木偶一般既無自覺、也無道德的人物。

莫迪亞諾在他的作品中，一手打破了鏡子，然後帶著焦慮與狂熱欣賞它四散的碎片。他謹守著殘缺鏡片裡不完全的現實，甚至避身其中。意思似乎是說，沒有任何邏輯、任何有組織的、理性的、讓人放心的回憶，足以修復它的連貫性。在他看來，占領時期失去了所有的歷史身分。它是絕對不該重新建構的拼圖，真相自會除去空隙。

這個簡短的描述，可以讓我們感受到，把這些作品歸納在某個潮流中有多麼不合適，因為其中聚集了互相矛盾的符號。後代的回憶毫無掩蓋地顯示出黑暗年代的缺陷：無論是附敵分子的孩

---

[52] 譯注：原籍德國，二戰時移民美國的哲學家。《愛慾與文明》（*Éros et civilisation*）是他的重要著作之一。
[53] 譯注：反對共產主義與反猶太的法西斯極右派政黨，二戰期間主要的附敵組織。
[54] 譯注：原名 Louis Ferdinand Destouches，法國作家、醫生，曾獲雷諾多文學獎，反猶太主義者。
[55] 譯注：法國猶太裔作家，二戰時迫於生計，曾從事黑市交易，當過蓋世太保的線人。

子，或是集中營受難者的孩子，一整代人全都承擔了染血的遺產。不過，在一九七四年，從情感面與物質面的角度來看，很難公平地劃分等級。上一輩人在解放之後，也做得不大完美。如何才能在三十年後做得更好？附敵分子仍然是法西斯，甚至是罪犯，至於關入集中營的，則是受害者。可是他們的孩子呢？一直以來，附敵分子被排除在集體意象、也可說是被排除在社會之外，此時（不情不願地）被放在公眾眼前，卻忽然添加了不同的裝飾，有了那樣的父親的形象。悲劇在於其他某些早已灰飛煙滅的父親（和母親），也在同一時刻回到了集體記憶中。

莫迪亞諾引人入勝的旅程激發出好奇心，這從他作品受歡迎的程度可見一斑，而且不只是單純認可他的文學才華。不過《悲傷》的追隨者，所有那些合理披露出「罪惡的程度、關於法西斯主義在法國迷惑人心」實情的人，並不是都能獲得相同的好運。要遵循哪一條路徑？嘗試**分解**實情，還是在反向的操作中**重組**實情？

這些張力形成了特殊現象，它所帶來的影響（接下來的商業開發除外，因為那只是合理的結果），成為在輿論中製造混亂的附加因素。

在維琪症候群的歷史中，「懷舊風」有它必不可少的作用。屬於這個類型的一些創作者（不去考量他們各方面的評價），預見了集體心態的改變，給予懷舊風潮情感豐富又具有美感的形式，也就是讓它們在大眾眼中明白易懂。歷史學家巴斯卡．歐利表示：「再一次，是藝術家『不自覺地』做出了第一波爆炸性的指控。」他還說：「但是，如果這些行動沒有受到其他力量的推動，應該不會達到我們所了解的規模，而且這股推動的力量並非來自正常的途徑，至少它的起源、那些大大小小『事件』的起源並不尋常，通過它們的客體與它們的搬演，不斷為討論的內容添加新血[59]。」

我們可以把這個觀點反過來看：第一波爆炸性的指控與大小「事件」，體現了相同的行動，相同的演變。在一九七一至一九七四年間，裂痕首先出現在文化範疇內，從那裡散播出最有代表性也最明顯的信號。然而，裂痕既是顯影劑也是催化劑：懷舊的風潮會再次變成社會事實，完全是因為有這方面的需求，也存在有利的滋生環境。這樣的假設至少足以解釋，為何圖維耶或其他事件引起公憤的同時，能看見逐漸升高的敏感性，也就是說，關於抵抗運動和猶太人的記憶，並不需要藉由奧佛斯和莫迪亞諾來產生作用，但輿論就可能需要。

回想、質疑、迷戀，自一九五〇年代中期以來所建立的脆弱平衡，就在鏡像破滅的短短四年之內崩潰。過去那些大家都不再提了嗎？現在我們要繼續討論這部分。接下去就開啟了執念的大門。

第四章　執念之一：猶太人的回憶

（一九七四年之後）

從一九七〇年代初開始，占領時期的回憶進入了新的層面。每一年都有屬於它自己的新發現、新波瀾、新事件，以及記憶之間的戰鬥。嚴格說來，一九七四年並不是轉折點。它緊跟在鏡像破滅之後，開啟了另一個階段，四〇年代明確成為顯著的參照背景。

毫無疑問，經濟危機引起了懷舊的傾向。面對逐漸難以預料的未來，過去種種突然有了更多的深度，展望把位子讓給了回顧。這種情況的表現之一，就是幾年來歷史再度引起大家的興趣。此時出現了和維琪症候群結構本身、具有直接關聯的其他因素，位居首位的就是猶太人的記憶重現。它屬於國際現象，由中東危機與新形態的反猶太主義所引起。二戰時期屠殺猶太人的記憶構成了它的核心。因此，在法國，不可避免地遙想到維琪政權與附敵分子，他們曾經引爆當代法國最激進的反猶太行動。精神官能症的第四階段得以定位，很大一部分歸功於猶太記憶的復甦這條重要的經線。

執念的第二部分位於另一個範疇，那就是政治論戰在法國引起的緊張局勢——「言語上的內戰」。就算它不至於揭露占領時期的種種裂痕，至少也顯現出法國處於占領時期的面貌。乍看之下，在一堆譴責與吹噓中沒有出現什麼新鮮事，只不過這一回合的與事者，輪到戰後出生的幾代政治人物，而且言詞扭曲的情況，有時更甚於他們的前輩。在同樣的政治範疇內，翻新後的極右派驅使種族歧視的反應再度出現，使得近似或被認為是一九四〇至四四年間人盡皆知的那些想法、甚至意識形態重獲新生。

巴比的案子就是在這樣的背景中進行，大家本來以為他的審判會是某種發洩與最後的高潮，但陸續又爆發了其他事件，於是即將邁入九〇年代的法國社會，完全沒有想到要面對四〇年代的其他控訴案，與一連串的後遺症。

不安的年代

「一九四〇年十一月，當時我八歲，
已經成為猶太人。」

——《老人與小孩》（克羅德·貝里①，一九六七年）

一九七八至一九八一年間，法國爆發了一連串以黑暗年代反猶太主義為中心的事件：前維琪官員達其耶德貝波瓦[②]被控危害人類罪、《大屠殺》影集的放映引起論戰、弗里松事件與後續。這些症狀的時間點非常接近，它們的出現並非偶然。其根本原因在於法國猶太社群日益升高的不安，此一感受從一九六〇年代末就已出現。

一九四五年，關押集中營的事實深深衝擊了法國猶太社群：五分之一的猶太人（不論原籍法國或其他國家）在集中營消失，而且法國這個戰事開始前的避難所，因為政府執行具體的反猶太主義，破壞了群體結構與精神平衡。前面我們已經看到，像費那里事件這類社會新聞就可以升級為宗教戰爭，甚至是國家事務。沉默籠罩著集中營裡猶太人和其他人的悲劇，更加深了彼此的鴻溝。然而，這些後遺症並沒有妨礙法國社會中猶太人的身分重建。同情心與自發性的互助反應，在陰暗的時刻做出了部分貢獻。可是痛苦的往事沒有因此而化為烏有。

被視為歷史怪物的外顯反猶太主義，藏身在幾個極右派的團體中，要不就是對納粹充滿懷念，要不就變成尋找代罪羔羊的布熱德派。根據歷史學家貝亞堤絲．菲立普的調查，在一九五六至一九六七年間、陸續從北非遣返了三十萬猶太人，此事似乎沒有重新勾起民眾的反猶太主義，

---

① 譯注：克羅德．貝里是猶太裔法國導演。

② 譯注：達其耶德貝波瓦，全名 Louis Darquier de Pellepoix，家世顯要，戰前為巴黎市議員，一九三六年創反猶太聯盟黨。

但卻改變了猶太社群的內在平衡：這些塞法迪猶太人③和其他「黑腳」（Pied-noir）④一樣，再次被迫離開家園，並且堅持自己的文化與宗教特殊性[1]（他們和阿什肯那茲⑤猶太人不同，後者比較能融入社會）。

一九四八年以色列建國打亂了整個背景。一方面，法國第四共和的各個政府，受到大多數親以色列輿論的影響，都對希伯來新政權表示支持，促進了猶太族群與其他族群的和解。可是另一方面，卻出現了從意識形態出發的反猶太主義：「反錫安主義」⑥。由於「反錫安主義」定義模糊，所以更具有危害性。共產黨員緊扣著史達林的邏輯體系，成為這派思想的先鋒，尤其是在一九五二至一九五三年，斯蘭斯基⑦與「白大褂」的案件⑧審判期間。

從這個角度看來，一九五六年秋天英、法兩國軍事介入蘇伊士運河事件⑨，就標示出一個重要的階段。儘管這項軍事行動的起源，來自阿爾及利亞「各種事故」的演變，以及當時的國際局勢，但也在法國境內造成影響。它暴露出猶太人的「問題」，從右翼陣營轉移到左翼陣營。多數輿論贊成政府的做法，但更多是出於「熾熱的帝國主義情懷」，甚於親猶的態度[2]。印度支那戰爭失敗後，打著振興民族主義旗號的右派，與軍隊有著相同的表現。曼代斯－弗朗斯在十一月十日的國民議會中，發言反對在他看來頗為瘋狂的出兵行動，有個議員對他大喊：「去死！」另外一個議員則喊：「支持莫斯科！」（同時皮耶．布熱德⑩一如往常，不停痛罵「猶太人」曼代斯，彷彿回到過去元帥治下的法庭）不過同一天，迪協－維尼昂古，此人從來沒有表現過對猶太民族的熱愛，但他支持出征，喊出了：「支持特拉維夫！」

繼法國共產黨的表態後，一部分歷來對以色列表示友善、但非共產黨的左派人士，也有了重大的轉變（不過出發點不大一樣）：

推崇理性的新左派力量，反對殖民主義的立場十分明確，經由不同的視野發現了猶太國（État juif）的新面貌。它已不是應許給受迫害之人與集中營倖存者的庇護地，而是殖民主義的同盟[3]。

因此猶太社群進入了新的處境。屬於民粹主義、民族主義或宗教類型的反猶太主義，曾經在

③譯注：源自伊比利半島的猶太人，一四九二年因阿爾罕布拉法令，流亡到巴爾幹半島、希臘、北非的摩洛哥與阿爾及利亞，以及其他地區。
④譯注：北非前法屬殖民地獨立前後，遷居法國的歐洲移民。
⑤譯注：居住在歐洲東、西、中部的猶太人，與南歐的塞法迪猶太人有語言上的區別。
⑥譯注：錫安主義也可稱為猶太復國主義。
⑦譯注：猶太裔，前捷克斯洛伐克共產黨總書記。
⑧譯注：蘇聯時期，九名醫生被控謀殺前蘇聯共產黨的兩位重要人物，其中六名醫生為猶太人。
⑨編注：又名蘇伊士運河危機，為埃及與英法以色列之間的戰爭。此次戰爭使英國失去霸主地位。
⑩譯注：曾任維琪初期青年運動組織的負責人，德軍入侵「自由區」後，轉投抵抗運動。一九五六年擔任法國工會和兄弟會黨主席，該黨在眾議員選舉中獲得一成左右的選票。布熱德以仇外、反猶的言論著名。

占領時期被公開表達出來，此時並沒有完全消失，但已失去了它的殺傷力。西方國家給予的支持，暫時成為以色列的保護屏障。可是反錫安主義帶來的問題更棘手，因為在它的旗幟下，有些人是真的以去殖民化為己任，其中就包括許多猶太人，但也有人是帶著陳舊的心理反應，以意識形態為藏身的託詞。然而，後者看起來不像是對納粹或維琪的反猶太主義懷有思念，要不就是出於某種可能的罪惡感。

以色列在一九六七年六月五日發動**六日戰爭**⑪，造成了真正的破裂。雖然法國政府一直對猶太國表現出「好感」，但它採取了對阿拉伯國家有利的立場。法國對幾位以色列領袖做出多次警告之後，於六月二日中止向該地區的八個國家運輸武器，以色列也包含在內，後來還從一九六九年一月開始，對以色列嚴格執行禁運。一九六七年六月十日停戰，十一天後，戴高樂譴責以色列的軍事進攻。一九六七年十一月二十七日，他在一場記者會中說明政府的立場時，脫口說了「不得體」的一段話：

有些人甚至會擔憂不久之前分散各處的猶太人，依然還像過去那樣，是充滿自信與控制欲的優秀民族，一旦聚集在昔日享有榮耀的地點之後，最終會在強烈而熱愛征服的野心中，改變他們十九個世紀以來一直擁有的、十分感人的心願[4]。

這些話引起了頗為可觀的強烈情緒，主要是因為法國政府的政策不光是讓法國猶太人難以接受，就連輿論都群起反彈，根據當時的民調顯示，絕大多數人都對以色列的勝利感到滿意。於是戴高樂一反過去的常態，幾次試著親近法國的首席拉比，以及以色列首位總理本．古里安，以減輕他這段發言所造成的影響。可是這場記者會再加上法國外交態度的轉變，使得法國猶太人陷入愈來愈明顯的焦慮中。

猶太裔思想家雷蒙．阿宏一時激動，在一篇發表於一九六七年十二月二十八日的文章中，帶著強烈情緒但頭腦清楚地指出，戴高樂那段心胸狹隘的發言、能夠製造出的所有邪惡效果。阿宏沒有重複各界指責六月十八日那個人反猶太的許多控訴，一開始先譴責他的不擇手段：

> 不要陷入他給我們設下的陷阱。國家元首在關於以色列誕生的歷史老調中，安插一句指涉「猶太民族」的句子，他以這種手法刻意引起兩種回應，一種是捍衛以色列國，另一種是譴責他判定猶太人屬性的說法粗略——姑且不說它很「侮辱人」。兩種回應的結合，可以就雙重忠誠心進行暗示性指控的操作，提出新的理由。不可避免，猶太人就會有分裂的可能[5]……

⑪ 編注：一九六七年六月五日至十日，以色列與周邊阿拉伯國家的戰爭，戰事以以色列打敗埃及、約旦、敘利亞收尾，此戰使阿拉伯國家默認以色列的存在。

接下來他譴責這種認為猶太民族具有明確定義與同質性的想法，更不用說有什麼「猶太社群」了，尤其是在法國：

本質上並不存在這樣的社群，他們沒有任何組織，而且本來就無法也不該有什麼組織。我不知道在維琪政府認定的猶太人，或仍然屬於「充滿控制欲的民族」當中，信徒與非信徒的比例是多少[6]。

然而，雖然他自認已經「脫離猶太教」，但他承認專屬於法國猶太人的「集體情感」確實存在，他完全認同這一點。而且這毫無疑問是他對戴高樂所提出來的第一個重要的控訴：強迫法國猶太人在面對以色列時，就親王禁令（injonction du Prince）的問題表態。第二個控訴更嚴重，指控戴高樂打破了遏制反猶太主義的禁忌：

戴高樂將軍有意地、自願地，開啟了猶太人歷史的新時期，而且有可能是反猶太主義的新時期。一切再度成為可能。全部都會重新開始。當然，不再有迫害，只是「心懷惡意」罷了。不是受到蔑視，而是受到懷疑[7]。

上面這段話很快就獲得了證明。十一月二十七日之後，（在一片批評的聲浪中）將軍獲得了一些支持，其中有個薩維耶・瓦拉，他的捧場實在令人難以消受。此人乃維琪政府猶太事務委員會、一九四一至一九四二年的第一任負責人，專門負責法國的反猶太措施。他在「法蘭西行動」的宣傳媒體寫道：

> 我可不想隱瞞，談論近東的那段話最令我感到滿意。（……）要是哪個放肆的小角色，膽敢在報紙上發表言論，說猶太民族與眾不同、無法同化、滿腦子優越感，而且自從耶和華給了亞伯拉罕允諾之後，他們就以為受到召喚要來統治世界，每到此時，貝納・勒卡什[12]先生就會緊急（**請求**）實施瑪尚多[13]法條，大家都知道，（關於誹謗這方面）當猶太人受到質疑的時候，這條法令會使新聞媒體的花費加倍（……）。戴高樂說的那些話，足以讓他冷不防被視為希特勒的徒弟，他也有今天！現在輪到貝納・勒卡什上場了，我們得分的時候到了[8]！

⑫ 譯注：貝納・勒卡什（一八九五至一九六八），記者暨作家，猶太裔，創立反迫害聯盟（Ligue contre les pogroms），後改名為國際反排猶主義聯盟。

⑬ 譯注：瑪尚多（Paul Marchandeau，一八八二至一九六八），眾議員、市長，擔任司法部長任內，因當時充斥反猶言論，於一九三九年通過瑪尚多法條，它在既有的新聞自由法條中，加入了受到起訴的可能性，條件是誹謗民族或宗教以挑起仇恨。此法於一九四〇年被維琪廢除。

以色列對維琪的想法根本不必明說，就連當地一份很大的報紙都直接下了這個標題：「夏爾・貝當」[9]。

雷蒙・阿宏完全不能代表所有「猶太人的想法」。人類學家李維－史陀在一九六八年四月給雷蒙・阿宏的信中，表示自己基本上同意他的看法，但要提醒他一件事，六日戰爭使得猶太社群一些重要人士與部分報章雜誌，發表出一連串不實的言論。李維－史陀承認「對於阿拉伯世界具有無法根除的反感」，但他同時也提到巴勒斯坦的「紅人」⑭，由於身為少數族群而受到壓迫的遭遇[10]。這個溫和友好的討論顯示出，打破禁忌之後，受益的不是只有反猶太的人士。此後，提到納粹主義、種族屠殺或維琪，必然會帶出一些涉及猶太國特殊政策的看法。「反錫安主義者」並不全是種族歧視者，但從各方面來說，把對手妖魔化，正是為了增加把各種問題混為一談的可能性。

所以一九六七年的轉折點，在關於去殖民化以及第三世界演變的辯論邏輯這些方面，從多個角度來看都很重要。它再度孤立了一部分的猶太社群，因為他們認定昔日的妖魔重新現身。覺得自己又成為法國的猶太人，而不是猶太裔法國人，足以說明一切倒回從前，有些人本能地聯想到，相同的原因有時會產生類似的結果。不過，與此同時，不斷重提歷史就像是企圖讓社群內部產生正當性，可能會使不傾向無條件支持以色列的猶太人，停止發表反對與保留的意見。

一九七〇年代，猶太社群正式的決策機構愈來愈具有影響力，主要是因為法國的外交政策明顯以阿拉伯陣營為主。法國猶太組織代表委員會於一九七七年一月二十五日對外公布的憲章，就是一個實例。該委員會創立於一九四四年一月，當時叫做法國以色列人代表委員會，設定的任務是為猶太社群的所有派別，建構具防衛作用的共同機構。一九四一年，維琪曾設立法國以色列人總會（有點像東歐占領區的猶太人委員會⑮），面對這個機構，共產黨人、「布德」組織的社會主義人士，以及猶太復國主義人士，他們就制定憲章以決定法國猶太社群的重要事項，和猶太教務會議達成協議；三十多年後，法國猶太組織代表委員會表示，自己是憲章的唯一合法代表[11]。自一九四四年以來，委員會於一九七七年，第一次重申其革新後的重要主張：承認組織內部的多樣性，但具有建立互助與團結紐帶的意願；對抗各種形式的種族歧視並捍衛人權；無條件支持以色列國。此外委員會還要求法國境內的猶太民族文化與宗教必須獲得認可，並提出了一項「正當的」要求，「在國民教育的框架中教授猶太歷史，尤其是大屠殺的部分[12]」，而且重複提出好幾次。

這也是許多抵抗運動人士與集中營受難人士協會主要關注的事項，後者當時要求，對於一九三九至一九四五年期間，要有更深入的教育內容（看第六章）。他們的關切顯示出一個深刻的意願，那就是必須由記憶的年代，接替遺忘的年代。不是出現在幾句短暫交談中、既突然又偶然的

---

⑭ 譯注：原指北美印第安人，此處借用他們受到移民美洲白人迫害的含義。

⑮ 譯注：完整名稱為「立陶宛、波蘭與俄國猶太工人總會」，十九世紀末成立於俄羅斯帝國的猶太社會主義人士的組織。

追憶時刻，而是提供機會將往事從容而清晰地傳給後代。總之，在這個階段中，歷史最好能夠取代各種壓抑，以及沒有說出口的回憶，將過去銘刻在持續進行的學術活動中，並且被所有人接受。

不過這些心願無法掩飾，猶太社群帶著一九六七年的裂痕，以及一九七〇年底不斷出現的重大事故，進入了整個回憶歷程的新階段。原因不僅在於，那些重大事故原則上涉及全體猶太人，並將法國的角色重新放進記憶之中，同時還因為猶太社群內部出現激烈的論戰，爭辯猶太人面對納粹迫害時的反應。論戰開始於一九六六年，作家尚－馮思瓦・斯坦內出版了有關特雷布林卡滅絕營的作品，引起了強烈的爭議，於是以「猶太人的抵抗力量」為概念的辯論，隨著各式各樣的問題一直持續到一九八〇年代。

猶太人比社會上其他人更感到受制於一九四〇年代，不得不回顧，有時還得繞遠路。

達其耶效應或惡魔的串聯

達其耶⑯

一九七八年十月二十八日，開始了一連串內容曲折離奇的戲劇性事件。這一天，《快訊》週刊登出一則轟動的獨家新聞，週刊記者菲立普・卡聶黑蒙，在西班牙找到了路易・達其耶，又名德貝波瓦，並且做了採訪。此人是繼薩維耶・瓦拉之後，猶太事務委員會從一九四二年五月到一九四四年二月的負責人。這篇報導既沒有評論，也沒有額外謹慎的措詞，只有一字不漏的訪問內容，外加令人震驚的標題：「奧斯威辛的毒氣室只殺蝨子」，這是達其耶最引人注目的幾句話之一。當時八十多歲臥病在床的他，很明顯地把占領時期以來一直累積、沒有表達的所有怨恨，在麥克風前一吐為快。達其耶從一九三〇年代開始就是納粹的忠實信徒，狂熱的反猶太分子，這位受人質疑的公務員對占領軍充滿熱忱，體現了維琪反猶太政策中，最暴力、最不理性與最險惡的一面。雖然他在一九四七年十二月的缺席判決中被判處死刑，但擁護佛朗哥的法西斯分子對他伸出援手，再加上一直沒有引渡的要求，於是他過著舒適的流亡生活。

三十五年後，達其耶什麼都沒忘、什麼也都沒否認。他趁著這個機會，傾瀉出不合時宜的反猶太思想。在他的連篇廢話中，有些句子看起來特別令人難以忍受。一開始，他不承認存在什麼最終解決方案、什麼數百萬人喪失了生命：「那些純屬虛構，當然，都是猶太人虛構出來的。」接著他在削弱自己角色重要性的同時，指名道姓地譴責布斯凱，前警政祕書長，在北半邊的占領區組織了驅逐猶太人的行動，特別是由法國警察領頭進行的冬季自行車競賽館大搜捕。這個說法是正確的，卡聶黑蒙提出的檔案證實了這一點，雖然大家知道這件事已經很久了，但上述檔案是對維琪政府涉入搜捕的壓倒性證據[13]。後來達其耶甚至坦白地說他在職務中「很少遇到德國人」。總之他表現出一派平靜的形象，還說戰後一直沒有受到司法機關的追究，讓他感到有些驚訝。同一時期司法部也表示，達其耶遭到判刑是因為通敵，而不是危害人類罪，而且自一九六八

⑯譯注：家世顯要，戰前為巴黎市議員，一九三六年創反猶太聯盟黨。

年起，距離缺席審判當時已有二十年，他的罪刑也因超過時效而解除。

達其耶說出這種話只能激起憤怒。此外這些話還造成了範圍廣大、涉及面縱橫交錯的事件。要知道此人並不是無名小卒，也不是被人遺忘的附敵分子。《快訊》週刊面對大量的責難，提出一件事作為辯護：一九六七年五月尚－馮思瓦．赫維在他的專欄，已經介紹過法國公務員在最終解決方案中所承擔的職務[14]。而且一九七二年二月，賈克．德侯吉也曾經在《快訊》週刊，詳細列出前猶太事務委員會負責人的工作內容[15]。其實，在薩維耶．瓦拉死後幾個星期（死於一九七二年一月六日，下葬那天發生了幾起猶太人與前維琪信徒、互相叫陣的示威活動），達其耶就想回到法國，可當時龐畢度「反抵抗運動分子」那番話引起的情緒還很強烈。達其耶甚至還對《世界報》駐西班牙的特派記者表示過：「他們說我也曾經把住在法國的外國猶太人趕出去，沒有這回事」，這是後來他在一九七八年，再次提到的謊言之一[16]。這裡可以補充一點，從將近二十年前開始，很多作者就已經披露了達其耶的部分工作內容[17]。不過，無論是歷史剖析，或是達其耶以前的公開聲明，它們所掀起的浪潮，都比不上一九七八年輿論的聲勢。

「法蘭西大東方會」、「集中營倖存者、抵抗運動關押人士與愛國者全國聯合會」、「國際民主律師協會」，以及其他好幾個組織，都齊聲要求引渡達其耶，或至少要以煽動種族仇恨起訴他。司法部長根據一九七二年七月一日、為了懲治此類罪行而頒布的法條，下令預審，但最終沒有任何成效，因為達其耶死於一九八〇年八月二十一日（而且又過了三年，才證實了他的死亡）。

一九七八年十一月二日，國民議會討論了這個「事件」。大部分國會議員的反應，和當時的政府與季斯卡總統一樣，全都責怪《快訊》週刊。共和聯盟黨指稱該文「褻瀆」，法國民主聯盟黨指責該週刊「暗地裡助長惡劣的罪行一筆勾銷」。至於在野陣營這一邊，共產黨怪罪政府，尤其是沒有提出引渡這部分；至於社會黨的薩瓦里，要求在電視與廣播節目上行使答辯權，「為了真理的聲音，也就是抵抗運動的聲音[18]」。總理雷蒙．巴爾也介入其中，他向三家電視台的董事長寄出一封公開信：

> 我發現過去的幾個月當中，在部分媒體與新聞機構出現一股風潮，他們有時會採用姑息的方式，直接或間接推出關於納粹主義、與高度表現納粹作為的文章或節目（……）。當然，絕對不能把這些人物與事實掩蓋起來。我本人非常理解歷史探索的重要性與需求，而且在我看來，戰後出生的世代，必須具有明確而清楚的認識（……）。可是，由於戰爭與占領時期的回憶，不能從我們的國土抹去，傳達信息的負責人（……）對於呈現歷史的方式，必須保持警惕。我覺得最好避免出於對聳動或獨特性的追求，讓那些可能使人感到像在平反的節目，具有過大的空間[19]……

不過，並不是政府上下全都表示出敵意。十月三十日，衛生部長薇伊在歐洲一台廣播頻道上表示，她了解《快訊》週刊的本意是「警告」，同時，負責勞工環境的國務祕書李歐內．斯多雷胡（他和薇伊都是猶太裔），寫信給《快訊》說他們「把這個罪證添加到種族主義的檔案，做得很正確[20]」。輿論充滿了互相矛盾的反應，藉由報章雜誌傳播出去。法國猶太機構代表委員會譴責達其耶企圖「連受害者的回憶都要謀害」，「支持人民友誼反對種族主義協會」⑰指謫他以「局部或有偏見的方式再現」種族屠殺，亨利．阿穆赫捍衛他的記者同業並主張「成熟的國民」應面對自己的歷史，堅決反對所有的審查制度。最後，很多集中營倖存者也出面發言，但他們彼此的意見有時完全不同：有些人反對說它「侮辱」受害者，另有些人稱讚週刊「喚醒了整個法國[21]」。

促使《快訊》刊登這篇訪談的原因似乎頗為單純，雖然他們選擇的方式，明顯把此事當成聳動聽聞來處理（實錄採訪達其耶的經過，而不是評論）。雷蒙．阿宏是週刊編輯委員會理事長，事前不知道這個報導計畫，事後也沒有掩飾他的反感，但由於《快訊》成為各方猛攻的對象，他決定以一篇「後記」，為記者們的誠意辯護，也以「新聞界的良心[22]」來保護週刊總編輯赫維。其實，週刊完全覺得這篇報導來得正是時候。

幾個月之前，庫爾特．利施卡受到指控並遭德國法院起訴。《巴黎日報》的記者魏內很早就發現他在西德，一九七一年，他又被貝雅特與塞吉．克拉斯費德夫婦⑱揪了出來。利施卡是前中校（黨衛軍一級突擊隊大隊長），曾任國家祕密警察猶太事務處負責人，之後又是克諾中的主要副手，他的這個頭銜：駐法黨衛軍國家安全部⑲高階軍官，使得波昂國會根據法、德兩國簽訂的納粹罪犯在法犯行協議，於一九七五年下達批准令，讓他丟掉了平靜的退休生活。而審判期間並不平靜，其中還包括一千多名猶太人集結起來的示威遊行。他在一九八〇年二月十一日，被科隆法院判處十年徒刑。另外還有兩名給法國留下恐怖記憶的戰爭犯，也同時遭到定罪，他們是黨衛軍駐法國首腦赫伯特．哈根，他是歐貝格的副手，以及反猶太部門負責人恩斯特．艾希森，他是丹內克⑳的副手。此二人各判十二年與六年徒刑。所以，當法國戰犯與德國罪犯產生關聯時，《快訊》一探究竟，不過是出於自然反應。

《快訊》報導的作者卡聶黑蒙本人也非常引人注目，他在七年之後維琪症候群的另一個症狀、「馬努克揚事件」中，仍然是重要的人物之一。卡聶黑蒙曾撰寫有關「紅色海報」㉑的著作，一九七五年又出版了關於占領時期反猶太主義的檔案集。他對懷舊風頗不以為然，認為它包藏著對法西斯主義的平反（和他同一代的人很多都這麼想），他堅持反對「威權政體」，在談到總理賈克．席哈克時並沒有什麼客套話：「總理是不是法西斯？是的，毫無疑問，他的狂熱非常典型，他們那些人都想要抹去自己極左派的青年時期（其中有迪亞㉒、多里奧、吉東㉓）[23]。」卡聶黑蒙把自己

⑰譯注：創立於一九四九年，由抵抗運動人士與集中營倖存者共同組成。
⑱譯注：貝雅特原籍德國，塞吉是法國律師，兩人分別出生於一九三九與一九三五年，他們以聲討沒有受到懲罰的納粹罪犯為己志。
⑲譯注：由德國內政部長希姆萊（Heinrich Himmler）成立於一九三九年。
⑳譯注：一級突擊隊中隊長，艾希曼駐巴黎特派員，專門負責猶太人滅絕營事務。
㉑譯注：馬努克揚被捕後，駐法納粹製作了一張紅色宣傳海報。卡聶黑蒙的著作也叫《紅色海報》。
㉒譯注：二戰前曾加入社會黨的國際工人組織法國支部，並出任兩屆議員，因其言論愈趨激近遭到開除，二戰時擔任維琪政府的勞動與民族團結部長。
㉓譯注：曾是共產黨的重要幹部，在德蘇簽訂互不侵犯條約後轉向。

的整體行動表現成對「右派」的聲討，對象不論是維琪右派、在阿爾及利亞施加酷刑的右派，還是一九七〇年代的右派，都沒有任何區別。

> 右派諸君，你們並非無辜。你們自己、你們的父輩，都曾犯下無法彌補的罪行。此處記載了你們在那四年當中，所做、所說與所想的事。本書不是文選。僅僅是展示的窗口，呈現出你們在毫無羈束的情況下膽敢做出的事。繼續當你們的右派吧，但是大家都知道，你們是殺人犯，是最惡劣的物種：借刀殺人的凶手。一群懦夫[24]。

出版這本書的三年後，他找到了達其耶，伺機進擊，可見不是個簡單的記者。有些作家、記者、專欄編輯，對占領時期特別熱衷，他也屬於這個類型，或許出於意識形態，出於家庭、個人或情感的驅動，有時是出於對挑釁的癖好。不論大眾贊同與否，理由是好是壞，這些撰文者在症候群的傳播上，發揮了決定性的作用，經常性地誇大事件，或把輿論帶上錯誤的道路，充分利用當時的實際狀況，也就是官方保持沉默的政策。

大屠殺

有關達其耶的報導，立刻掀起了另一樁同樣令人激動的事件。訪談刊出一星期後，作家瑪赫克·阿爾代公開要求播放美製影集《大屠殺》。他抗議法國電視台對這部影片興趣缺缺，一週前就趁著採訪刊登的時機，進行了預備工作：「占領時期的前猶太事務處官員接受訪談後，法國萬分震驚地發現，法西斯主義並沒有滅亡，而且忽視與遺忘就是它最可靠的盟友[25]。」

該影集的導演是馬文．喬姆斯基，他也執導了另一部大受歡迎的連續劇《根》。《大屠殺》改編自傑若．格林的小說㉔，描述一九三五至一九四五年間，兩個德國家庭，一邊是猶太人、另一邊是納粹，他們的命運如何交織在一起。製作群打破了影像的禁忌，以符合情境的場景與對話，致力展現最終解決方案所帶來的恐懼。而且，選擇以電視播放的虛構故事作為表達的形式，同時考慮到如何觸動廣大的觀眾，這在重提種族滅絕一事上是重大的轉折，它比訊息本身更重要。這部影集於一九七八年四月開播，在美國擁有一億兩千萬的收視觀眾。德意志聯邦共和國與其他二十八個國家，很快就購買了海外版權。法國除外。

三家國營電視頻道受到來自各方的質疑，但他們提出的辯詞沒有多大的說服力。法國電視三台聲稱該影集「太貴」（事實上，後來買下影集的價錢是每小時十三萬五千法郎，這是法國觀眾愛看的無數美國影集的正常價格）。法國電視一台的董事長尚－路易．基尤認為，法國人在大屠殺這個議題上處理得更好，他指的是亞倫．雷奈的作品《夜與霧》，這是一部出色的紀錄短片，但已經是二十三年前的作品了。他在法國電視二台的同行，同樣受到沙文主義病毒的侵襲，表示還不如鼓勵法國製作的影片。然後每個人都想到《悲傷與憐憫》（想錯了，因為它不是法國製

㉔ 譯注：但根據 Sun-Sentinel，格林先寫了劇本，影集播出後，才推出小說。

作，而是德國與瑞士……），那時它還沒有榮幸登上法國的小螢幕。法國電視台一向這麼膽小怕事嗎？對大西洋彼岸傳來的文化訊息持保留態度？不知道，仍是一貫的沉默。總理雷蒙·巴爾有沒有明確警告過每個電視台的首長？此外，第一屆歐洲議會選舉，預定在一九七九年六月舉行，這使得此事的辯論更為複雜。法國民主聯盟黨提防的對象是共和聯盟黨和共產黨，擔心他們因此發動「反德攻勢」，後者則立即予以駁斥「歐洲超國家（信託）組織的守護者，已經準備開開心心地迎合政客的算計，來犧牲數以千計希特勒主義犧牲者的回憶[26]」。

終於，法國電視二台在一九七八年十一月買下影集的版權，此時距離美方第一次提議已經過了八個月。電視台董事長莫里斯·尤瑞其對《快訊》表示：「達其耶德貝波瓦的訪談引起論戰，影響了我們的決定」[27]。與他意見相同的阿蒙·賈莫㉕認為「必須推出這個檔案，並組織一場夠分量的討論會，重建各個陣營的真相，因為有些人不知道這些事，另外有些人則是有意把它藏起來[28]」。同樣地，政府似乎也改變了態度，因為教育部長兼文化暨新聞代理部長奇斯強·博拉克，鼓勵家長與教師利用這個在電視播放的「大好教材」。沉默之後，出現了螢光幕教學法[29]。

於是《大屠殺》從一九七九年的二月十三日播到三月六日……而且各方論戰愈演愈烈。這下子，輪到影集的內容遭人非議。大家指責它的好萊塢拍片手法、片中的集中營犯人「臉頰太過豐潤」，還有，關於納粹殺人機器如何利用諸如波蘭警察、法國民兵這些各地共犯機構時，內容有誤，而且沒有加以批評。

前抵抗運動人士夏洛特．戴波寫道：「當我在電視機前面坐下的時候，激動得說不話來。根據之前看的報導，我怕自己想起那些難以忍受的事，生出無法克制的情緒。然而我幾乎立刻就冷靜下來了。它一點也沒有打動我，（而且）不要因為我活著走出奧斯威辛，就以為我變得冷酷無情[30]。

播出前、播出時，還有播出後……。三月六日，為了替那四集影片做結，法國電視二台辦了盛大的追思典禮：在非常老派的直播節目《螢幕檔案》中進行討論；在那些磨得有點舊的沙發上，曾經坐過不少退伍軍人，他們來自各種戰爭、出自各種理由、產生過無數的爭吵。這個節目曾經是討論棘手題材的先鋒，但當時已然過時，電視台要為大膽的言論辯護，要評斷來自不同世代、各種不同人群的輿論反應。阿蒙．賈莫不就說了，這麼做會「極有尊嚴，而且前集中營倖存者的各個協會都會認可[31]」？攝影棚裡聚集了規規矩矩的「年輕人」，以避免任何不合時宜的衝突；此外還有見證者和集中營的倖存者，其中包括一名吉普賽婦女、一些名人，像是「集中營倖存者、抵抗運動關押人士與愛國者全國聯合會」的女議員魏央-庫居希耶，以及西蒙．薇伊。強烈的情緒當然是少不了的，西蒙．薇伊說：「《大屠殺》影集太樂觀了，因為它讓集中營的囚犯之間表現出溫情，但事實上，我們當時根本就是野獸。」不過，沒有出現「年輕人」與「年

㉕譯注：法國電視節目製作人，猶太裔，二戰時參加過抵抗運動。

長者」的對話。後來，其中一個「年輕人」，代表在場的夥伴們表示：「我們本來應該表達出年輕人的反應與感想，但我們覺得這好像是退伍軍人之間的辯論，我們不希望加入辯論。」更糟的是，合理的疑問不受重視。有個年輕人向西蒙・薇伊，詢問有關侯貝・埃桑的過去，因為《鴨鳴報》才重提了一些他的歷史片段，她以權威的口吻回說，不要混淆了「附敵分子與納粹」，這就等於說，在那兩個詞之中，有一個可以用在他的提問上。當那個魯莽的年輕人開始向她念一段當時報上的內容，敘述埃桑所屬的「青年聯盟」曾經進行的活動，她一言不發表情莊嚴，一派政治作風[32]。

《大屠殺》的開播，形成了全國上下的熱烈討論，顯示出過去與現在之間的誤解與衝擊。經過動員，影集得以播出之後，又爆發出許多批評，針對影片本身沒有表達的東西。這就是不可避免的「智利情結」（或是古拉格情結，根據各人的意識形態而定）：這部影片阻礙了歷史中的其他殺戮事件成為話題，也阻礙了一般的種族歧視成為譴責的對象。塔哈爾・本・傑倫在《世界報》（一九七九年二月二十七日）上了一堂「語言研究」，他指出種族滅絕（génocide）這個用字，同樣能指涉北美印第安人、亞美尼亞人，以及塞提夫的受害者㉖，和阿爾及利亞境內受到酷刑折磨的費拉加戰士㉗。《解放報》譴責種族滅絕遭到「等級劃分」，只有某些人（暗指猶太人）「有權利獲得官方的哀悼」。在《螢幕檔案》的討論會上，製作助理基・達博瓦用「稍微提一下就懂了」，這個笨拙的說法，暗示關押在集中營的同性戀者。結果，記者基・歐肯蓋姆使出了容易操作的諷刺口吻——這是當時報章雜誌一慣的回應手法，用來掩飾他們對某些現象的經常性無知（幸好後來有了改變）；歐肯蓋姆暗示送往集中營的人除了政治犯與猶太人以外，只有沉默圍繞著其他囚犯的命運，此一事實就是這些人「屬於某個等級，劃分的方式顯然是仿照集中營的做法[33]……」

《人道報》以同樣的方式，一邊承認影片的優點，同時又從中看出「猶太問題的兩極化」，同時還建議把片名加上複數字尾：holocausts，當成補救的方式[34]。總之，經過了「必須談一談」的氣氛後，有些人唱起了「換個話題」的副歌。這次的論戰歷時五個月。

勒給、布斯凱、圖維耶（續集）

達其耶、《大屠殺》……。黑色系列持續進行中。一九七九年三月十二日，距《螢幕檔案》的討論會不到一星期，六十九歲的尚・勒給㉘，溫和的退休人士，而且大部分法國人都不認識他，遭到預審法官瑪汀・翁札妮以「危害人類罪」將他起訴。這場新的波瀾剛好尾隨在達其耶事件之後，但同時也屬於圖維耶事件的後續發展——自從圖維耶在一九七二年獲得特赦後，就沒什麼人再提起他。事實上，頒布特赦令之後，很多由前抵抗運動人士與集中營倖存者組成的協會，

㉖譯注：塞提夫市位於阿爾及利亞東北方，此處於一九四五年五月發生了屠殺事件。
㉗譯注：此處指爭取阿爾及利亞獨立的游擊隊員。
㉘譯注：曾是維琪前警政祕書長布斯凱的代表，參與了冬季自行車競賽館大搜捕。

在律師塞吉．克拉斯費德，以及國際民主律師協會的創始人與理事長喬．諾曼[29]的推動下，就已經多次對圖維耶提起「危害人類罪」的控告，例如一九七三年十一月九日在里昂市，一九七四年三月二十七日在尚貝里市。一九七四年二月十二日、一九七四年六月六日，兩地司法機關的預審法官分別聲明不具有審判權。不久之後，里昂與尚貝里的上訴法院起訴庭，於一九七四年五月三十日與七月十一日裁示核准：指控罪行只能歸類為「戰爭罪」。由於圖維耶上一次在一九四七年的缺席審判中遭到判刑，所以從一九六七年開始，罪行就已失去時效。不過，一九七五年二月六日，最高法院刑事庭撤銷了上述兩項裁決，認為預審法官沒有仔細檢視案卷，因此不能宣布無審判權，而排除了任何以「危害人類罪」起訴的可能性。這個根本的裁定之所以能夠建立，部分歸功於國際民主律師協會的參與，尤其是里昂－康律師與刑事庭庭長本人侯隆[35]。到了一九七五年十月二十七日，波瀾再起，巴黎上訴法院起訴庭在聲明審判權的同時，宣布該案超過時效不予受理。一九七六年六月三十日，最高法院刑事庭再次撤銷了上述裁決。

這一次，送案的路線改變了。一九七六年十二月十七日，目標開始轉向外交部，因為具體援用「危害人類罪」隸屬法國於一九四五年加入的「倫敦協定[30]」，以及紐倫堡國際法庭的憲章與章程。也就是說，此案部分屬於國際法的範疇。外交部於一九七九年六月十九日做出回覆。在這個階段，圖維耶事件與勒給事件相互重疊，也互為參考：一九七八年十一月十五日，繼達其耶的訪談刊出後，克拉斯費德律師就以「危害人類罪」控告尚．勒給，而且後者在一九七九年三月十二日遭到實際起訴。圖維耶的情況也一樣；瑪汀．翁札妮法官向外交部送案（一九七九年二月二十日的裁定），很明顯，外交部自一九七六年十二月收到第一起請求後，確實經過一番思考，並有了明確的看法，於是在一九七九年六月十九日的公告中宣布，此案不受時效約束。隨後，仍然是同一位預審法官翁札妮，她在指控勒給之後，收到任命追查圖維耶事件，於是圖維耶也因起訴不受時效約束，必須受到懲罰；一九八一年十一月二十八日對他發出了全球拘捕令。大眾熟知圖維耶，起因於一九七二年喧騰一時的爭議事件，以及他不甚光彩的人品，但勒給的情況就不一樣了。

從一九四二年五月至一九四三年底，勒給是維琪警政祕書長布斯凱在占領區的副手，後者直接隸屬總理皮耶．拉瓦爾。當時納粹黨衛軍駐法國最高統帥是歐貝格將軍，根據他和拉瓦爾之間的協議，勒給的職務是在占領區與自由區，對猶太人進行大規模的驅逐，尤其是一九四二年七月十六、十七日的冬季自行車競賽館大搜捕[31]。一九四五年五月二十五日，內政部肅清委員會解除了勒給的省長職務，但這項決定是出於專業的考量，而不是刑事懲罰。一九五五年十二月，最高行政法院以「實際參與抵抗運動」為由，撤銷這個判決，使得尚．勒給得以恢復身分，並從事商業活動。至於赫內．布斯凱，他和維琪政權的所有祕書長，於一九四九年六月二十三日，作為罪

㉙譯注：抵抗運動人士，法國共產黨的律師。
㉚譯注：一九四五年六月廿六日，法、英、美、蘇簽署協定以設立國際軍事法庭。
㉛譯注：共有一萬三千一百五十二人遭到逮捕，被遣往集中營，戰後餘生者不到一百人。

犯移交給特別最高法庭的刑事法庭，並且一律被判處有期徒刑，辱國罪五年，但這個判刑立即就以「實際參與抵抗運動」而取消。布斯凱後來也進入了企業界，主要任職於東方匯理銀行。一九七九年三月十二日，在勒給遭到起訴的記者會上，塞吉．克拉斯費德就公開表示，希望有一天也能看到布斯凱被起訴[36]。

民兵圖維耶、猶太事務委員會負責人達其耶，以及三位省長勒給、布斯凱、莫里斯．帕蓬[32]，最後這一位也在一九八三年一月十九日被起訴；一時之間，他們五人過去的經歷重新湧現，其中有四人是法國政府的前官員。這五人間唯一，也是最重要的共同點，就是全都以不同的程度，參與了維琪執行最終解決方案的過程。要不然他們彼此間差異不小，圖維耶與達其耶這兩個法西斯，屬於施刑者與流氓的類型，無庸置疑是跟在納粹的身旁辦事，至於勒給、布斯凱與帕蓬則是高級官員。不過他們的差異會讓人想到，區別巴黎附敵者與維琪政府的二分法（既是相互滲透也是相互幫襯）。圖維耶沒有表示過意見，而達其耶，再無風險可言，倒是毫不猶豫地在第三帝國覆滅的三十五年後，公開表示他對納粹主義的好感。相反地，三位前任省長都已重新融入社會、進入政府工作，可以誇耀自己「為抵抗運動服務」。尚．勒給甚至在遭到起訴後，於一九七九年三月十三日對《費加洛報》表示：「在我看來正相反，完全不用擔心前不久對我的指控，（……），從一九四〇到一九四四年，唯一讓我關心的，就是如何對抗占領勢力，好好捍衛與保護法國人。」

其實起訴勒給，在同類型的檔案中是個重要的環節。而且歷史事件本身，要比一個反猶太老頭子誇張的說法重要多了，但後者往往更吸引媒體的注意。總之，我們可以看見，這是第一次實際運用、一九六四年關於危害人類罪不受時效約束的法條，而且對象還是一名**法國人**，然後才在一九八三年用在德國人巴比身上。所以圖維耶與勒給的案子歷經奇特的逆轉，確實構成了法律與歷史的先例。一九六四年的法條，是在對維琪進行全面壓制的時期通過的，其目的是要避免納粹與德國罪犯逍遙法外，如此一來反而使得傷口無法癒合，甚至給正義添加了複雜的程序，雖然從中可以看出道德方面的考量，不過仍然讓人覺得在延宕了二、三十年之後，竟然又要重啟肅清時期的案子。而事實確是如此，畢竟在解放的時候，沒有任何一個附敵分子，或維琪的負責人，因為把猶太人關押到集中營而遭到起訴，涉及最終解決方案的罪行，完全被排除在討論之外。

無論如何，考慮到勒給在國家機器中的職責，他的案子是一九八〇年代受審案件中最重要的一個。而且值得注意的是，該案不像達其耶、圖維耶，以及後來的巴比事件，激發出大眾的騷動與情緒。勒給在社會漠不關心的態度中被起訴，他的案子進入審理是在十年後！一九八九年的夏天。前有巴比於一九八七年被判刑，圖維耶也在一九八九年五月遭到逮捕。就在預審結束，案子移交巴黎重罪法庭[33]，即將宣告判決之前，勒給在一九八九年七月二日去世。不過，不同以往的是，在依照慣例宣布、因被告死亡而取消法定追訴的裁定中，宣判了**有罪**的理由：「……訊息足

㉜ 譯注：自一九五五年起，歷任省長、巴黎市警察局長、眾議員、部長職務。起訴原因見第五章。

㉝ 譯注：法國僅有重罪法庭與刑事法庭具有一般民眾組成的陪審團。

以證實尚・勒給犯有危害人類罪，犯案時間為一九四二年七月（冬季自行車競賽館大搜捕）、八月與九月[37]。」法國檢察官的公訴書在一九八九年七月二十六日呈交巴黎大審法庭，以至少三十三頁內容，詳細列出死者的犯罪事實[38]。

歷史否定主義

達其耶以他反猶太的狂熱，否認奧斯威辛有毒氣室。他的訪談刊出幾天後，《巴黎晨報》摘錄了一小段他們在一九七八年十一月一日收到的來信，文中表達了以下的願望：

從記者菲立普・卡聶黑蒙，與路易・達其耶德貝波瓦不久之前的談話裡，我希望其中有些內容終於能讓大眾發現，所謂的「毒氣室」屠殺與所謂的「種族滅絕」，同樣都只是謊言[39]。

侯貝・弗里松仔細挑選了他登上舞台的時間。那是一九七八年一月的一場研討會，內容關於戰爭時期的教會，這位里昂的大學教師把會場氣氛搞得極差，而且在此之前，有關他的謠言就和他荒謬的言詞一樣奇特。廣大群眾趁著這個機會，發現了讓人產生疑問的「修正主義者」——這是他們自己選用的名稱，不無猖狂：歷史的修正主義是「否定主義」科學家典型的做法，後來比較常用的說法是野蠻主義，不那麼優雅卻更符合實際情況，因為它確實是某種思想系統、意識形態，而不是科學步驟，甚至連評論也不是。這是文化歪風的開端，從謊言與偽裝獲得養分，它充分利用了媒體的影響力、對手不合時宜的反應，以及對猶太記憶的高度敏感性。

一九八〇年，著名的語言學家諾姆．喬姆斯基㉞，強烈抨擊美國的越南政策，他以捍衛「受到威脅的言論自由[40]」這個說法，公開支持弗里松。不過弗里松被法庭傳喚，並於一九八一年七月八日判處象徵性的一法郎罰金，支付給由集中營倖存者組成的九個協會，其中包括「支持人民友誼反對種族主義協會」與「國際反種族主義與反排猶主義聯盟」，因為他們對弗里松提起誹謗種族的民事訴訟。然而關於案情的實質內容，司法拒絕表明立場，認為「法院既沒有能力也沒有權限來評斷歷史」，更不用說要「決定一國歷史或世界歷史的某個片段該如何呈現」。這段聲明於一九八三年四月二十六日獲得批准，巴黎上訴法庭認定弗里松的著作「可以視為對納粹戰爭犯的全面平反」。弗里松和他的追隨者在這段漫長的「迫害」中，得到極右派莫里斯．巴代什㉟的幫助，他們很高興觀點可以有「科學著作」的支持，將弗里松的文章刊登在一九七八年六月的《保衛西方》㊱雜誌。此外，在這個陣營中還有亨利．侯克，他是以夏爾．呂卡㊲為首的法國長槍黨的前任創始人兼祕書長。侯克曾在一九八五年六月的南特市獲頒博士學位，頒授學位的論文

㉞譯注：生於一九二八年，猶太裔美國語言學家。

㉟譯注：被視為幾個最早在法國建立否定主義的人之一，極右派週刊《保衛西方》的創辦人兼主編。

㊱譯注：巴代什於一九五二年創辦這份極右派雜誌，後於一九八二年停刊。

㊲譯注：這是夏爾．加斯托的化名，法國長槍黨解散後，此人另創法國人民黨，都屬於極右派組織。

答辯評審團極右派色彩非常強烈，但毫無相關專業素養，該學位隔年就被取消了。

否定論者還從一幫「超級左派」[38]那裡得到更積極的擁護：皮耶・紀庸、尚－蓋必耶・康－班迪、塞吉・提翁與其他幾個人共組的老鼴鼠，成為他們自己著作的出版暨發行商。前面那批否定論者，弗里松和他的同夥，動機再明顯不過，完全致力於發揚由納粹本身創造出來的謊言，他們企圖隱瞞最終解決方案的事實，但沒有成功。後面這批超級左派的動機就很難讓人理解。這些馬克思主義的基本教義派信徒，反史達林主義、反猶太復國主義，採用「帝國主義」通用的術語譴責西方的價值觀。在亞倫・芬基爾克勞[39]看來，上述主張導致他們思想框架的限縮，不願意接受歷史實證[41]。

否定主義引發了許多論戰，有關於言論自由、關於討論與駁斥荒謬論點的必要性，關於知識分子、尤其是歷史學家所扮演的角色，當然還關於反猶太主義的種種最惡毒的形式。只有一部分的否定主義，以它激發出的兩個問題，進入了症候群的歷史：為什麼在某個特定的時刻會造成某種轟動？此外，為什麼那些言論的作者對自己引起的莫大騷動，完全無動於衷？

否認種族滅絕並不是這個時候才有，早在一九四八年，社會黨的抵抗運動人士保羅・哈西涅就已經頭腦發熱，一心要揭發所謂納粹集中營具有特殊系統的謊言[42]。他自己曾經被關在布亨瓦德與多拉、兩個生活條件很惡劣的集中營，但都不是滅絕營。一九五一年他被「國際工人組織法國支部」開除，之後（弗里松後來也一樣）周旋在和平主義者與極端自由意志主義者的友好關係之間，並獲得公開的反猶太分子像是法國書店出版社的負責人亨利・柯斯東的支持[40]；哈西涅也多次遭到起訴。一九六四年十月，哈西涅在《里瓦羅爾》週刊上的言論被指為新納粹主義，於是他提出法律訴訟，控告國際反排猶主義聯盟理事長貝納．勒卡什誹謗。哈西涅的官司輸了，徒然使自己出醜，名譽掃地[43]。雖然他堪稱怪異，但始終沒有得到像弗里松那樣的「盛名」，獲得媒體報導並以吹毛求疵的「科學家」著稱。雖然這兩人引起的公憤具有相同的性質，但哈西涅直到一九八〇年代才追上弗里松的地位，使得司法機關不得不就歷史撰寫做出少見的判決，還有高等教育部長對大學教授提起行政訴訟。除了哈西涅以外，很多前附敵分子從戰爭一結束，就開始遮遮掩掩地宣傳納粹主義沒有對猶太人犯下罪行的論點。不過歸根究底，弗里松和他的追隨者不過是國際集團的駐法人員，在美國或是德國都有這類人物，他們一般都獲得來自極右派政黨、新納粹組織，與近東地區「反猶太復國主義者」的援助，例如「古爾吉事件」㊶發生後，經調查證實伊朗大使館金援老鼹鼠出版社的各項活動。

在法國，否定主義一開始讓歷史學家不知該如何應對，他們不知道應該採用權威式的論點，

㊳譯注：超級左派（ultra-gauche）與極左派（Extrême gauche）的相異處在於前者注重以國有化的生產方式獲得私有財產，而後者想法是廢除國家、有償勞動與金錢等。
㊴譯注：生於一九四九年，猶太裔法國哲學家、作家，法蘭西學術院院士。
㊵譯注：法國記者，附敵分子，戰時從事與反猶太、反共濟會有關一工作。
㊶譯注：古爾吉為伊朗外交官。此事件源於一九八七年，法國在調查伊朗涉嫌在法進行恐怖襲擊時，古爾吉藏身伊朗大使館以逃過傳喚。

還是詳盡的科學性回覆。一九七九年二月雷翁・波里亞克夫㊷和皮耶・維達爾－納凱推動一份連署，蒐集了眾多知名人士的簽名，他們來自法蘭西公學院、國家科學研究中心、社會科學高等學院等，其中大部分人士並非研究第二次世界大戰的專家。連署書接受對現象的解釋有其自由權、例如希特勒的種族滅絕，但同時不允許對該現象作為事實的存在提出異議：

不應該質疑這種大規模的謀殺，在**技術上**是怎麼發生的。它在技術上辦得到，因為它已經發生了。所有關於這個主題的歷史調查，都必須以它為起點。我們只需要重申這項事實：關於毒氣室的存在，沒有、也不可能有任何爭論的餘地[44]。

這份連署從根本上說明了歷史學家的反應，他們拒絕就事實進行討論，因為此一事實之所以無法推翻，涉及的不是細節問題，而是它已成為第二次世界大戰的歷史中最惹人注目的事件。從形式上來看，這個行動似乎使該事實在所有客觀存在的歷史事件中（即使它始終是個敏感的話題），處於徹底完結、標記清楚的領域。然而，實際情況並非如此，之後社會科學高等學院以及當代史研究所，分別舉辦了研討會（前者聚集了許多參與連署的人士），兩場會議的內容均顯示出，這個問題可能會有繼續深究的空間，並且又引出了一些分歧[45]。

這些遲疑的表現令人驚訝，更糟的是，甚至讓人懷疑該領域專家所做的保證。而且，從許多方面都能看出其中的猶豫不決。首先，歷史學家們沒有立即衡量出，否定主義的言論會給大眾的想法帶來怎樣的影響，而且很多學者擔心，公開做出回應反而會鞏固否定主義者的立場，這個憂慮倒是十分合理。皮耶・維達爾－納凱就強烈感受到這一點，他是最早認識到散播該主義會帶來危險的人之一：

> 侯貝・弗里松是經過正式聘用的教師，任職於重要的大學，從他冒著立即遭到駁斥的風險，成功在《世界報》發表意見的那天開始，這個問題就不再被邊緣化，而是躋身於中心位置，同時，不曾直接了解過這些事件的人，主要是年輕一輩，完全有理由懷疑大家是不是要對他們隱藏些什麼[46]。

其次，從記憶中消除五、六百萬人（差距在幾十萬人上下……），要比重建最終解決方案複雜的機制來得更容易。不過，有一點很重要，那就是這段歷史早就被充分建立下來，正因如此，此處要迎接的不是什麼科學論證的挑戰，而是意識形態與教育的挑戰，無論是歷史學家、記者或事件的見證人，都面臨這個相同的處境。無數的著作可以提供給所有人使用。不過必須要有能力根據不同的背景，對書籍進行**勘誤**。也就是說，否定論的現象必定加速了與這個議題相關的法文著作問世，法國在編纂這部分歷史上，要比美國、德國或以色列落後許多。瑞士歷史學家菲利

㊷譯注：猶太裔法國歷史學家，大屠殺與反猶太主義是他最初的研究主題。

普・布林就希特勒在種族滅絕的起源所扮演的角色，做出有力又高明的分析（《希特勒與猶太人》，瑟伊出版社，一九八九年），是這類著作中的翹楚。

在這個階段，我們再次看到了媒體製造的效果。謠言哪怕再小，大家也傾向於相信，在這樣的社會中，無論哪一種「祕密筆記」恰好遭到披露，都能讓四十年的編史工作陷於崩潰（好幾天），弗里松使出了科學主義的手段，這一套做法把手段本身做成了新聞。記者應該負的責任不會比讀者更多：我們注意到弗里松與否定論者的論述，每每獲得許多迴響（也包括對他們的譴責），更甚於值得尊敬的研討會與科學書籍，後者的重要性總是在事後才受到注意。

最後，否定主義採用的手段和群體記憶的結構有比較直接的關聯，它利用呈現歷史時，在行動模式上出現的缺陷。

首先，出於利益考量，它使用了鏡像破滅時代的修正主義。懷疑帶來了相同的好處，揭發實情也帶來了相同的感受，它們既能粉碎一九五〇至六〇年代的外殼，替《悲傷》、替一些在「懷舊」浪潮中出版的著作（無論是否與歷史有關）、替《大屠殺》影集都做了很好的宣傳，也能為弗里松提供服務，即使他公告天下的是謊言。否定主義的言論違背常理之處在於：十年來深陷在檢視、**修正**一九四〇年代的歷史。我們必須釐清以下兩點：「重新詮釋」重大的事實，必須根據額外提供的信息，不斷面對矛盾，甚至是社會的阻力，但它從來沒有質疑過早已建立的事實；至於否定重大事實的存在，這種操作完全只考慮事物機制上的邏輯（「事情不可能是……」）。在年輕人或不那麼挑剔的群眾眼中，上述兩者之間的基本差異並不是顯而易見的。從這個角度來看，就算弗里松與侯克之流是空想理論家，又有什麼重要呢？畢竟，有一部分的二十世紀歷史（碰巧就是史達林時期的歷史……），只在令人痛心的修正背景下被撰寫與重寫，那麼，如何才能具有全面、合理的觀點呢？

各位正直之士，喬姆斯基與弗里松的交集，引起了披上尊嚴外衣的叫囂，這個情況還要持續下去嗎？使弗里松信譽掃地的權威論點、不容爭辯的聲明（……），還要持續發表下去嗎？到底誰會有勇氣與毅力加以解釋，從而普及什麼是「歷史的方法」——這個美麗的詞要用在美麗的行動上，而且，為什麼今日的數百萬聽眾與讀者，他們沒有去過布亨瓦德、奧斯威辛，沒有去過一九四五年的魯特西亞酒店，但必須確知在納粹的集中營有數百萬的罹難者？還要解釋為什麼弗里松是騙子，要沉著有條理地解釋這件事（……）。我今年四十九歲，集中營的倖免者抵達魯特西亞酒店時，我就在那兒（……）。該說服的人不是我[47]。

無論是不是謊言都得做出回應，不是出於義務，而是出於需要：皮耶．維達爾－納凱、喬治．維勒[43]、歷史學家馮思瓦．傅黑、雷蒙．阿宏、當代猶太文獻中心、當代史研究所，以及其

---

[43] 譯注：法國生理學家，猶太裔原籍俄國，一九二九年移民法國，二戰末期曾被關押在集中營。

他許多個人或團體都感受到了這一點[48]。不是為了合理化弗里松之流的說法，而是要解除一個不是祕密的「祕密」，也考慮到大眾有權得到可靠的解釋，即使這些解釋在專家的眼中是多餘的。一旦重建了事實，就可以對其他人進行適當的宣傳。

其次，否定主義讓正在經歷重大轉變的猶太記憶措手不及。因為，「討論它」、解除（不是所有的）禁忌、打破沉默，這對倖存者、見證者、各個協會以及很大一部分猶太群體來說，正是當時他們的渴望。在這樣的情況中，弗里松和他的追隨者故意往復燃的火中加油。種族滅絕的受害者才剛脫離集體記憶幽暗的角落，就面臨再次遭到毀滅的威脅，而且是在他們似乎戰勝了遺忘與壓抑的時候。我們能夠理解這種恐慌的反應，它幾乎是對空虛的恐懼，這恐懼甚至淹沒在包含多種動機的論戰之中。我們就更能理解為什麼弗里松能在哈西涅敗下陣來的地方得分，因為那是唯一的時機。

也就是說，這裡一連串描述的四個事件，彼此之間的關係非常密切：達其耶的訪談是引爆的因素，它加速了《大屠殺》的播放並使得整個過程戲劇化，它還導致幾個維琪的前官員確實被起訴，或可能被起訴，並允許規模有限的法國否定主義流派，走出了它的小圈圈。這些事件以極快的速度接踵而至，引起持續而劇烈的躁動，就好像群體記憶被突發的高燒所折磨。因此才有了陷入強迫症的感覺，除了發作時程度強烈之外，它的主要症狀還會一而再地表現出來。

上述的每個事件都揭露了一批新事物，有各自專屬的激烈爭辯，在報章雜誌、書籍或是人們的證詞中，都有自己的歷史紀錄，彷彿每次只能滿足一個期待、達成一個要求。考慮到這一點，它們的發展過程意義重大：事件一開始的影響都很有限，經由傳播媒體的放大（這個階段已經能視為徵兆，但還不具有決定性），以及連續不斷的報導，使得爭議事件一直停留在版面上，促使它成為現在式。這些爭議事件遠遠不是單純的「退伍軍人」的爭吵，每一個都獨立成為重大事件，有時還可能會掩蓋了它所揭露的歷史內容或記憶性質，因為它們和其他主題的論戰互相干擾（新聞媒體或知識分子的言論自由、學術用語的性質等等）。換句話說，「供」、「需」的情況再次並存。雖然，一開始將潛在爭議事件公諸於世的時候，某些個人或組織扮演了重要的角色（卡聶黑蒙與《快訊》週刊、克拉斯費德夫婦、作家瑪赫克．阿爾代……），但它們後續能得到充分發展，完全是因為放出去的訊息遇上了敏感的接收者，引起了共鳴：如果沒有考慮到輿論在這方面的期待，就無法理解這些事件為何一再發生，而且如此強烈。「懷舊」風觸及了它的表面，達其耶事件表現出它的全部深度。所以這些事件之間具有共同點就不足為奇了。

反猶太主義與「常態化」

首先，這些事件表露出昔日與今日、反猶太主義的連續性：從達其耶到弗里松有個相同的主題，那就是「猶太人的陰謀」，它在前者是把驅逐出境合理化，在後者則是用來否認驅逐的事實。不過事件本身也預示了時間的侵蝕作用。在這樣一個始終擺脫不了酷刑與獨裁的世界，其中也有我們比較熟悉的、日常生活中的種族歧視，對於一代又一代曾經在某時某地目睹了醜惡暴行的人而言，戰爭年代的反猶太主義，只具有相對的重要性，屬於眾多恐怖情狀、無數「種族滅絕」中的一種。這就是「常態化」，經常受到見證者與倖存者的譴責。

然而「常態化」這個詞涵蓋了的各種各樣的現象。「常態化」首先除去了「屠殺猶太人」的特殊性，把它和其他屠殺混為一談，於是「屠殺猶太人」失去了歷史意涵，所有的道德與意識形態都被擱在一旁。這種有意錯置時代造成混淆所產生的有害影響，理應予以揭露。「常態化」，同時也是輕狎的態度，不斷將回憶呈現在時事報導中，內容和特定見證者與特定協會合乎情理的觀點不同，每個人都能談論一番，有時談得太過，經常謬誤連篇，還總是帶著可能會讓人厭煩的內在風險。從這個角度來看，儘管對這個主題仍有難以根除的無知，但主題本身已不再是新發現，因此才會對否定主義者生出扭曲的興趣。「常態化」還是歷史化的過程中必不可少的形式：最終解決方案已成為歷史活動的客體，因此只能以適用所有領域的科學嚴密性進行處理，必然會失去它獨特、以及——這麼說吧，不可侵犯的地位。最後，如果我們希望讓種族滅絕具有儆戒性，「常態化」就是不可或缺的步驟：要是我們持續堅持納粹反猶太主義的特異性，那麼就很難用它來譴責其他新形態的種族歧視。

維琪的角色

其次，這一連串爭議事件足以讓我們衡量，自一九六〇年代以來所經歷的過程。維琪在猶太種族滅絕中所擔負的責任，已不是新聞而是既定的事實，甚至還有法律的背書。維琪的責任不會再給自己製造爭議：新的爭議事件只會來自被告其人，像是圖維耶這個受到主教庇護的逃亡法西斯分子，或是帕蓬這位前部長。然而這個斷言或許言之尚早，因為圖維耶的案子可能引起的後遺症尚未出現，此案相當於在維琪政權結束了半世紀之後，才將它移送刑事法庭。

從一九七九年開始，局面發展到有預審法官宣告一連串的起訴，採取或多或少的後續行動。然而八年前，不過是在影片中提到法國當年的反猶太主義，而且還被表現得像是德國占領時期的資料，也就是說它像是不可避免的厄運，而不是法國自願推行某種政策的後果，光是這樣，就引來了排山倒海的抗議聲浪。

這樣的變化還成為「維琪政權書寫史」的重要里程碑（請看第六章）。一方面，既有「好」的也有「壞」的維琪政府的神話瓦解了。從此很難有人宣稱自己代表貝當的傳承，而不必承擔附敵政策與維琪反猶太的事實。當然這並不妨礙我們看到「民族革命」的政治活動捲土重來，尤其是在「國民陣線」的陣營內，但此後可以排除維琪政權虛假的表象，或對它所做的片面解讀。雖然歷史書寫在一九八〇年代進入更為公正客觀的階段，冒著危險重新評估某些狀況下的維琪政策，不能把它沒有犯下的罪行推給它，但這個無法避免的難題，目前算是阻擋了維琪「否定主義」或「修正主義」的歷史產生——一直以來貝當的追隨者多少都盼望它的出現。

然而另一方面，只要涉及「危害人類罪」，就一律提出維琪政策中反猶太的一面，但反猶太並不是「民族革命」所有主題的中心。民族革命當然是奠基於排斥性，但它從來沒有像納粹主義那樣，圍繞著對猶太人的仇恨來建立自己的世界觀。為此，圖維耶事件是個典型的例子。要在五十年之後審判圖維耶，必須凸顯出他「危害人類的罪行」，尤其是他對猶太人的惡行。無論他個人的職責為何，舉證的同時，必須無視當時法國政府民兵的**首要**作用是對付抵抗運動，這個層面由於法律的效力，已經人為地退居次要的位置。如同最高法院於一九八五年十二月二十日針對巴比一案、預審判決所做的定義（請看第五章），危害人類罪的概念在經過「擴大」之後，必然推動了圖維耶的案子。

司法

司法的參與是這些事件的第三個共同點，也是另一項革新。舞台上除了往事的見證人、利用往事的政治人物、將往事化為影像的電影工作者，以及剖析往事的歷史學家之外，緊接著進場的是法官與律師。司法介入幾乎變成慣例，標識出集體記憶形成過程中的重要改變（圖維耶、勒給、弗里松、帕蓬、巴比諸案件，還少不了無數的誹謗訴訟）。一九五一至一九五三年間的特赦，已經意味著全體民族的寬恕，支持赦免的人士沒有料想到，此舉開啟了漫長的遺忘之路，中途只穿插了幾個遲來的審判，而且除了極少數的案例外，並沒有重大的結果。一九七九年對尚・勒給運用十五年前定下的危害人類罪不具追溯時效的法條，啟動了完全顛倒過來的程序。此舉凝聚了遙遠的回憶，給予它們法律上象徵性的支持，並證明它們的現實性。伸張沒有時效限制的正義，破除了時間的藩籬。這和記憶所做的一樣。不過，二者之間有個根本的差別：按照定義，記憶是選擇性的、不忠實的、反覆無常的。司法不是。

這樣的進展成功地對抗了壓抑，卻不免帶來一些無法控制的結果。部分法官不得不代替歷史學家講述歷史或製造歷史，但這個角色完全不適合他們，從弗里松的裁決以及巴比和圖維耶的案子就可以證明。在法庭上，見證人的記憶不足以擔起控訴被告的任務，或成為有利於被告的辯白，遇到這種情形，歷史學家會秉持無涉風險的審慎態度，至於法官預審則需要大量的檔案，運用起來通常有一定的難度。撰寫歷史是一回事（見前文關於圖維耶的部分），依照法律規則審判一個人又是另一回事[49]。換句話說，司法接下了通常帶有限制性的詮釋工作，結果不過是非自願地升高了記憶、歷史與實情之間的緊張關係。一九八六年，四位犯下危害人類罪的被告或通緝犯（勒給、圖維耶、帕蓬與巴比），沒有一位之前曾經受過審判，但其中幾人的預審已持續了八年多。之後，德國人巴比上了法庭並遭到判刑，法國人圖維耶也要面臨同樣的命運。不過接下去還需要很多時間，才能解除眾多的沉默與難題。

如何談論這件事？

歸根究底，所有這些爭議事件都挑起了一個共同的問題，那就是往事的傳遞：「必須談論這件事嗎？」「如何談論這件事？」「為什麼已經談過了？」這是呈現猶太歷史結構的三段式。從所有前面的內容可以得出，論戰所針對的目標十分明確，那就是昔日或今日的反猶太分子、謹小慎微的媒體審查員——腐臭往事的任何話題都令他們感到恐懼，以及受過迫害的人士與出於使命不接受集體遺忘的人。然而，這些爭議事件的發展過程，顯示出隔閡最常出現在下面這些時刻：談論的方式（如何回應弗里松）、敘述的形式（電視影集還是學術辯論）、介入的方法（運用法律）。因此，不論是發表達其耶的訪談，還是放映有關最終解決方案的影片，在論及是否有必要這麼做的時候，就生出了種種分歧。有的人願意說，特別是在遭到否定的時候，有的人不願意說，因為有說得「不好」的風險，倖存者尤其表現出這種矛盾的情緒，唯有他們承載了種族滅絕的記憶。面對可能遺忘的恐懼，只有一種狀況能與之相比，那就是認定了絕不可能傳遞難以描述的經歷。然而，萬萬沒有想到會出現像弗里松這樣的話題人物，以及一連串依照自身邏輯發展而萬分惡毒的醜陋事件，於是這部分的記憶被迫迅速要求發語權，接下來，由於共同的可怕經歷而表面上十分牢固的記憶，以好幾種形式、甚至是分裂的狀態表現出來。亞倫．芬基爾克勞就弗里松事件發表了傑出的論述，把這個現象闡釋得非常清楚：

我們永遠也不會知道，在這樣的經歷中有些東西是無法傳遞的、屬於黑夜的一部分，它必須受到保護，對抗始終狂妄自大、始終遭到蒙蔽的信念，同時它始終滿懷意願，希望知道真相得以披露，再沒有什麼是無法溝通的。倖存者的話語，無論它如何繁多又鉅細靡遺，卻彷彿被沉默所包覆（……）。法國集體記憶承認對種族滅絕十分陌生而願意認識它；確認它存在不被遺忘，保持距離但反對簡化的談論；讓這個事件存在於當下的同時，不讓它受到我們的操控；接受它但不需要同化：因此，確實可以說這樣的能力具有宗教的特性。完全與蒙昧主義相反[50]。

於是，渴求回憶與傾向壓抑之間的張力，讓位給繼之而來的第二個矛盾，它至少影響了一部分直接受到輿論關注的人士，那就是述說、議論、再三強調與控訴，以及，與之相對，為了守護真實的回憶而有意保持的緘默。當然，這個張力比較私密，和個人的關係比較直接，而且由來已久，社會學家納塔莉．艾妮克與米卡埃．波拉克指出：「遭到關押（或驅逐）之人所感受的見證意願，其實只產出了數量相對有限的證詞[51]。」然而最近幾年，這種意願更加匱乏，因為種族滅絕留下的記憶不僅成為熱門話題，同時又受到激進否定論的威脅。毫無疑問地，這裡就觸及了「集體」記憶成形的最大限制。

在目前所有描述出來的爭議事件當中，可以概略地把猶太人的記憶看成是面臨外界攻擊的受害者。不過，如果這個記憶在那幾年中表現得特別敏感，也是因為猶太內部的論戰、碰觸到種族滅絕的回憶與占領期間部分猶太人的態度。第一批激烈的爭論始於一九六六年，就在一九六七年，猶太群體出現分裂的一年前。

一九六六年三月，年輕的猶太裔作家尚－馮思瓦．斯坦內，出版了有關特雷布林卡滅絕營的歷史著作，書中特別提到發生在一九四三年八月，一樁頗為罕見的反抗事件。執著於挖掘過去，他嘗試釐清一個令人心煩的問題：「為什麼猶太人像羊群一樣，任憑他人宰割？」西蒙．德．波娃在她為斯坦內所寫的序言中，非常直接地提出了這個疑問，精簡而微妙地傳達出作者的想法。雖然她摒棄了任何指涉「消極被動」的想法——意思是後來遭遇種族滅絕的受害者都是溫和的平民，就跟大部分受到帝國占領的歐洲國家人民一樣，沒有理由使他們更加傾向武裝反抗。即使如此，她還是做出了殘酷的區別：「猶太要人與德國人共謀組成了**猶太人委員會**㊹，這是眾所周知的事實，也很容易理解；任何時代任何地方，有件事很少有例外，那就是一方名流會和戰勝者合作：事關階級[52]。」

不論斯坦內有意或無意，他的確提出了兩個隱蔽的也可說是大家沒有注意到的問題，其一，猶太人自身的抵抗運動是否存在、是否向外擴展，其二「猶太委員會」在猶太區所扮演的角色，是否如同納粹指令的傳送帶。不過他的作品在處理這些棘手的主題時，不夠嚴謹，手法不夠委婉。這本書很快就讓一支反猶太的極右派勢力給收編了。同年五月，「支持人民友誼反對種族主義協會」就指出，《里瓦羅爾》週刊因為「附敵的猶太人」這個想法樂不可支[53]。更糟的是，作家接受了《新憨第德》週刊的獨家訪談，內容發表在特刊上（獨立裝釘，隨週刊免費發送），他在受訪時表示：

斯坦內：……我們看到這些事被展現出來的方式（……）就某方面而言有些簡單、有些淺薄，然後大家就說：哼！卑鄙的劊子手！永遠都是那些卑鄙的劊子手。德國人就是下流胚、虐待狂，猶太人就是可憐的受害者、無辜的笑柄、殉難者。為了這個還創造出一整套專門的說法和形容詞……

新憨第德：可是您寫這本書，總不是為了要替劊子手平反，要顯示德國人不是大家所說的怪物、猶太人也不是我們應該哀悼的殉難者吧？

斯坦內：當然不是。我之所以寫了這本書，是因為除了大家教我學會的氣憤與激動之外，我還感受到身為這個民族一分子的羞恥，畢竟，有六百萬人像羊群一樣，被乖乖帶進了屠宰場[54]。

我們不難想像這些話語會激起怎樣的情緒（比他那本書引起的反應還要強烈）。雷翁．波里亞克夫指責他重新抬出了「懦弱的猶太人」、這種老舊的反猶太主題。他想知道斯坦內的作品，是不是和其他引起軒然大波的書一樣（例如《教皇》㊺或《最後的正義之士》㊻），都沒有陳述「面對大屠殺的殘酷真相，心理上有轉移，甚至『投射』的需要[55]」？在波里亞克夫，以及亨利．畢羅科㊼、夫拉迪米．讓凱列維奇㊽的倡議之下，成立了重視抵抗運動與驅逐事件監督委員

㊹譯注：二戰期間，納粹德國在占領波蘭和東歐之後所勒令建立的組織，用以執行帝國政策並將猶太人禁閉在猶太人居住區。
㊺譯注：德國劇作家 Rolf Hochhuth 於一九六三年推出的作品，批評教皇庇護十二世在二戰期間的表現，尤其是關於猶太人的問題。
㊻譯注：法國作家 André Schwarz-Bart 於一九五九年出版的小說，描述一個猶太家族自中世紀以來，一直是反猶太主義的受害者，直到二十世紀，最後一位正義之士殞落在滅絕營中。
㊼譯注：猶太裔法國記者暨作家，曾參與抵抗運動，關入奧斯威辛集中營。
㊽譯注：猶太裔哲學家暨音樂學家，曾參與抵抗運動。

會[56]。同一年，斯坦內的作品獲得了……抵抗運動文學獎，更加凸顯出這些反應的矛盾性！不過矛盾只是表面上的。雖然這本談論**某種**抵抗運動形式的作品，受到抵抗運動人士的好評，但是猶太社群的代表們，不接受「默許的受害者」這種觀點，尤其關於「猶太人的抵抗」，甚至「猶太人的附敵」這樣的想法，使他們感到難堪、覺得遭到分化。

最終有兩個理由可以用來解釋這起風波。首先，它呼應了四年前在以色列對艾希曼進行的審判，因為「被動性」這個令人不安的議題，一開始是以色列的年輕人所提出來的。他們在全新的軍事傳統中長大，經由艾希曼這個納粹公務員，發現了超乎想像的納粹體系，難以置信。同樣是經由該案，**猶太委員會**的角色才得以披露：西蒙．德．波娃不過是複述了漢娜．鄂蘭的文句，後者曾就艾希曼的案件著書，而該著作正好於一九六六年有了法文譯本，並於年底在法國出版：

> 任何有猶太人的地方，都有公認的猶太事務的負責人，而這些負責人都以某種方式、出於某種理由，與納粹合作，例外可說是少之又少[57]。

其次，斯坦內只是再度點燃了關於猶太民族歷史**特徵性**的傳統爭論，此時的討論內容比起第二次世界大戰當時，要來得更加錯綜複雜。一方面，很難否認納粹把猶太人視為截然不同的（次等）人，以**特定**的方式攻擊猶太人，另一方面，要認為猶太人的抵抗行為與附敵形式，都具有特定的「猶太」性質，也很不容易。舉個例子，一九四一年「法國猶太人聯合總會」的成立，不僅出於法國猶太社群的特殊結構（所以它可以視為某種**猶太委員會**），也由於維琪政權的特殊地位使然，它是實行國家反猶太主義的合法政府。

不過，當達其耶事件在一九八〇年鬧得滿城風雨時，論戰針對的正是「法國猶太人聯合總會」，因為莫里斯．哈斯弗㊾（他的父母在一九四二年被關入集中營遇難）以抨擊的形式發表了一篇調查：《附敵的猶太人．法國猶太人聯合總會，一九四一至一九四四》[58]。為這本書作序的皮耶．維達爾－納凱，和過去談到斯坦內的書時態度相同，對作者勇於挑戰禁忌話題充滿敬意（哈斯弗呈現的方式和斯坦內一樣，有些笨拙），而這本書也再次引發爭議。有些人想把它看成是挑起意識形態紛爭的報導，該書的出版社正以傳播托洛斯基的論點而出名。安妮．克伊潔在一篇研究極左派如何支助弗里森之流的文章中，甚至表示哈斯弗不過是該出版社編造的筆名，她本人也曾在那個出版社發表過作品[59]。猶太教務理事會的某位成員，譴責那是「造成分裂的書」：「在幾次嘗試區分塞法迪猶太人與阿什肯那茲猶太人之後，現在又嘗試在社群與各首領間製造分裂。」值得注意的是，關於「法國猶太人聯合總會」他引用了盾牌理論，這讓人想起了貝當的盾牌，他呼籲大家在面對眼前的反猶太攻擊時要團結[60]。

幾年之後，「新馬努克揚事件」於一九八五年，開啟了由《特雷布林卡》所引起的其他辯

㊾譯注：生於一九二八年，法國記者暨作家。他和父母、姊姊都在冬季自行車競賽館大搜捕時被捕，後因當時在逮捕猶太兒童的法令沒有定論，所以逃過一劫。

論，也就是（一直沒有平息的）猶太人是否抵抗的觀點[61]。

重提這部分的往事頗為必要，它們顯示出，除了直接與症候群相關、並且影響到整個猶太社群的事件之外，還有其他比較屬於猶太內部的風波，都已動搖了這個高度混雜的群體。不只是**外人**如何談論種族滅絕或占領時期的方式造成問題，同樣引起困擾的，還有猶太人自己採用何種方式、來詮釋某個複雜的歷史事實，而且該事實還不僅僅是「難以描述」的恐怖暴行。

一九八〇年十月三日星期五夜晚，就像是要強調達其耶效應的一系列風波，巴黎市科貝尼克街的猶太會堂前，發生了炸彈攻擊事件，奪走四條人命，還有二十幾個人受傷。這起神祕的暴力事件一直找不到凶手，而且在它之前，已經發生了一連串針對其他猶太會堂與猶太墓園的破壞行動。發生炸彈攻擊前不久，有個沒沒無聞的新納粹組織「歐洲民族行動聯盟」，因為被懷疑與破壞行動有關，所以在九月三日勒令解散。攻擊事件之後，該聯盟的首領馬克．弗迪克森還被告上法庭，後來以「撰寫含有種族歧視的文章」遭到判刑。

「科貝尼克」完全不屬於症候群的表現，它被歸入二十世紀末，反猶太與反錫安主義的恐怖暴行史。不過它所引起的最初反應，讓我們認識到當時人的想法。大多數的右派執政者，一開始似乎有些措手不及。事件發生後，總理雷蒙．巴爾立刻被問到這個問題（但他還是有時間為發言做了準備），他為「這個惡意的攻擊」感到悲痛，此一暴行「打算襲擊前往會堂的猶太人，並殃及路上無辜的法國人[62]」。第二天星期六的早上，只有西蒙．薇伊去了事發地點。季斯卡總統發了簡短的新聞稿後，一整個週末都在打獵。至於內政部長博內，也是當晚就出現在法國電視一台，他表現出「任何年輕猶太人都會有的反應」，那段時間還揭發出「歐洲民族行動聯盟」的會員中有多名公務員，警察部門特別受到懷疑。當時的執政者似乎無法理解，為何會發生這種凶殘的反猶太方式（自一九四四年之後，第一次企圖以公開、無差別的方式奪取法國猶太人的性命）。多數執政者對極右派表現出某種策略性的寬容時，又擔心被懷疑是反猶太（雖然看不大出來，但這種擔心毫無疑問為種種笨拙、難堪與其他的「過失」做出了解釋）。

另一方面，猶太組織、左派政黨、工會等，紛紛表達他們的憤怒。接下來，所有的示威遊行都譴責法西斯主義、這個絕對之惡的再度興起。繼阿爾及利亞戰爭之後，「反法西斯戰鬥」罕見地聚集了這麼多人走上街頭。然而這是真正的敵人嗎？值得注意的是，對於這場炸彈攻擊，猶太社群並沒有把他們的怒火指向巴勒斯坦活動團體，尤其是巴勒斯坦解放組織，當時已在法國設立辦事處好幾年了。而且他們向來是這類攻擊事件、認定的罪魁（無論是對還是錯）。

的確，在炸彈事件發生的幾個星期之前，已經出現過一系列嚴重的攻擊事故，它們源自於一九七七年新生的黑色恐怖主義，早就揭發了活躍的法國新納粹行動。然而部分評論人士，傾向於把那些事件都視為巴勒斯坦解放組織的行動，表現出極不尋常的寬大。不過……事情發生的兩星期後，十月十八日的《快訊》週刊就指出一條「親阿拉伯」的路線，但沒有挑起任何特別的騷動。四年後，以色列祕密情報單位指認了攻擊事件的行凶者，他們是來自喬治．哈巴什創立的「解放巴勒斯坦人民陣線」中的異端分子[63]。

是又如何，況且當時也沒辦法知道？尤其是為什麼猶太社群與左派人士會從那個方向著手？按照一九八〇年法國人的心態邏輯，禍首只能是「法西斯黨徒」，那些納粹主義的繼承人，那些重返人間的幽靈。所以才會出現大規模的示威遊行，群起反對眾人一致鎖定且不容置疑的敵人，也因此才會有執政者的語焉不詳，他們也被同樣的邏輯給束縛了。從這個意義上看，在一九七八至一九八一年間連續的惡性發展中，柯貝尼克事件到達了某個極點。它讓我們再度看見了想要回憶過去、展示過去的這個同樣的欲望，而這一次，它以幻想的形式表現出來，或多或少受到了客觀事實的驅動。

第五章　執念之二：政治圈
（一九七四年之後）

「您說了維琪這兩個字？」

一九七〇至一九八〇年間的執念，也是法國政治形勢改變的結果。右派這邊，一九七四年的瓦雷希．季斯卡德斯坦當選總統，結束了戴高樂主義近乎完全執政的局面。左派則進行了暫時（但具有決定性）的大團結，並於一九八一年取得政權，最後就是好幾支不同的極右派勢力逐漸抬頭，這些變化再度激起了意識形態的辯論。在嚴峻的經濟形勢下，國際局勢的緊張也提供了有利的環境。

所有的政黨因此都製造出自己一套譴責的方式，其中很大一部分從一九四〇年代的影像系統中獲取養分。

不過，占領時期畢竟有時間上的隔閡，躍上舞台的新一代政治人物，對於往事的引用，強化了它看似混亂的特性，於是激發出好幾個問題：為什麼會有今天這樣的狀況？從十五年來①幾乎每一年都能目睹有關此一範疇的論戰。其次，為什麼是一九四〇年代？該時代遠道而來，進入由政治階層輸送的所有追憶之中。還有，這些記憶透過什麼方法呈現？以及誰更樂於使用這些記憶？

面對大量的題材，在此無法清點所有政治語言，與其他不斷動搖當時「縮影」的爭論。大家可以在附錄的大事年表中，找到盡可能完整、詳盡的紀錄。此外，若是把所有的事件按類型區分，不去考慮它們的背景，也許會很有吸引力。不過症候群的歷史，雖然有它自己的邏輯，首先還是取決於法國人民心態的整體演變。所以，用編年的角度處理這個部分，就像處理其他部分一樣，是更為適當的做法。在下一段中，只有極右派是具體分析的主題。

「季斯卡－維琪主義」

瓦雷希．季斯卡德斯坦的七年任期與懷舊風屬於同一個時代，也因此而受到間接的影響。有一些觸及他本人（幾乎每個國家元首都無法倖免），有一些則影響了他的政策，甚至他的形象、他的「外表」。

季斯卡生於一九二六年，二戰結束時才快要二十歲。所以一開始，直接遭受攻擊的不是他，而是他的父執輩。我們知道他的父親艾德蒙和伯父何內與貝當元帥關係密切，並獲頒令人尷尬的法蘭西戰斧勳章②。還有他的外祖父賈克．巴杜是第三共和的知名人物，曾是維琪國民議會③的一員。此外，季斯卡本人於一九五六年一月，當選多姆山省的眾議員，接替他外祖父的席位。這位未來的總統獲得當地的前貝當追隨者有力的支持，像是拉布赫布市市長喬治．拉米宏，也是維琪第一任政府的青年事務國務祕書。整體上沒什麼太邪惡的，頂多也就是全國農民與獨立人士黨[4]，從當地的元帥支持者中招募成員。

然而，出於歷史的偶然性，後來《悲傷與憐憫》一片著眼的正是這個地區。除了拉米宏在片中十分惹人注目外，更有曼代斯－弗朗斯[5]在受訪時披露，季斯卡家族中的某位人士，曾向他的律師侯沙承諾過，要為曼代斯向元帥求情，助他離開監獄，但一直沒有下文[1]。這個暗示並不是天真得不具有任何政治性，它點出了這個家族的人脈規模，但後來就被扭曲了，這也難怪，因為元帥的追隨者、貝當主義者與附敵分子，全都被混為一談了，不去區分誰是贊同貝當本人、誰是支持民族革命的想法，以及誰是認可與帝國保持融洽的關係（這個部分不具有排他性）。

---

①譯注：從一九七四年到作者出書的這段時間。

②譯注：此勳章存在於一九四〇至一九四四年間的維琪政府時代。

③譯注：成立於一九四一年，結束於一九四三年，由七十七名國會議員與一百三十六名社會人士代表組成。季斯卡的父親是保險業界的重要人物，外祖父在二戰前曾擔任法蘭西學會會長。

④譯注：創立於一九四九年。一九五六年選舉之後，成為重要的在野黨，一九六二年分裂，另創以季斯卡為擁護中心的「獨立共和人士」黨（Fédération nationale des républicains et indépendants）。

⑤譯注：猶太裔，二戰前即當選議員，戰時曾被維琪政府監禁，脫逃後即投入抵抗運動。戰後當選議員。一九五四年六月至一九五五年二月，擔任總理暨外交部長。一九五六年二月至五月，擔任國務部長（ministre d'État），此職務相當於副總理。

雖然季斯卡德斯坦完全不必為他父執輩的想法負責，但他為自己打造出抵抗運動人士的身分，倒是引發一些質疑。他的傳記作者歐立維・陶德（並沒有拐彎抹角）：「季斯卡是不是抵抗運動人士，這個問題很難說[2]。」棘手，但也許並不神祕。季斯卡確實暗示過好幾次（主要是在一九七五年），表示自己參加過菲立普・維阿內⑥領導的「法國防衛運動」組織，負責在巴黎市的路易大帝中學⑦，向學生們發送報紙（《法國防衛》報是當時最重要的地下報刊之一）。研究該組織的歷史學家瑪麗・葛哈內，的確在她著作中的「使用證詞」名單，提到了季斯卡的名字，但除此之外，他的名字沒有出現在書中的任何地方，看來他沒有為作者提供任何實質的幫助[3]。《鴨鳴報》對這件事的反應特別激烈，甚至認為那個「證據」是因當事人要求而加進去的[4]，彷彿身為見證人就足以獲得抵抗運動人士的身分。此外，在一九七四至一九七五年間，該組織負責檔案清理工作的檔案管理員傑尼雅・傑瑪琳，曾經好幾次去信季斯卡，詢問他的聯絡對象與他參與過的行動，但都沒有得到答覆。不過，季斯卡似乎得到過一紙內容不甚明確的非官方證明，讓他可以在求學過程中，享有參與抵抗運動學生的好處，這或許還能掩蓋一下他父親多少受到維琪牽連的檔案[5]。唯一可以確定的是，季斯卡於一九四四年十二月投入法國第一集團軍，參與了在德國作戰的坦克部隊。

不過說到底，是否真正參與運動，是否自由運用歷史內容，（在這裡）都不大重要：季斯卡既不是第一個也不是唯一一個以或多或少的正當性，要求把自己納入抵抗運動的人；一九七七年三月，文化部長馮思瓦茲・姬胡也曾捲入真假抵抗運動勳章事件。可是，投身抵抗運動與否的模糊性，加上不可避免的政治利用，引起了眾人的懷疑，當初要是季斯卡直接承認家族中與元帥主義有間接的關聯，其影響之有害程度絕對比不上後來的發展。尤其是處在鏡像影像破滅與奧佛斯作用的環境中。

這些事情本來到此為止了，但總統和他的前任一樣，又多做了一些意義不明的行動，觸犯了抵抗運動人士的記憶。一九七五年，他決定移除五月八日（第二次世界大戰歐戰勝利紀念日）作為節日與國家慶典的性質，這個日子從一九六九年開始走下坡（請看第六章），此舉更加強了紀念性的沒落：處在追憶心理異常敏銳的時刻。特別是部分相關人士的記憶，法國人是否準備好接受以建設歐洲為藉口的官方遺忘？這當然是他的過失（類似龐畢度在圖維耶事件中所犯的錯誤），低估了往事在那一刻捲土重來的力量，或是，相反地，高估了他想藉由法令來減少負面效應的能力。

還有一個遭到誤解的舉動，一九七八年十一月十一日，第一次世界大戰停戰六十週年紀念日，旺代省省長奉命前往伊厄島，在貝當元帥的墓前獻花。十年前，戴高樂將軍曾經做過同樣的指示。季斯卡之後，密特朗總統也在一九八四年九月二十二日著人獻花，同一天也是他與西德總理赫穆特·柯爾的握手日。在前幾章裡，我們已經看到戴高樂將軍和貝當的記憶，維持著錯綜複

⑥ 譯注：記者暨抵抗運動人士。一九四一年七月創立法國防衛運動組織。該組織擁有自己的同名地下報刊。

⑦ 譯注：占領時期，季斯卡在此就讀。

雜的關聯。至於密特朗，不論他對貝當具有什麼樣的個人感受，他很難顯示出自己和過去一直以來的敵人進行了最後的和解，於是他對一九四〇年至一九四四年間敵人的實際盟友，採取了類似的舉動。更何況，在上述這些情況中，大家紀念的是一戰的軍人，並不是六月十七日的貝當。

季斯卡的花束，大家都看見了。《世界報》不懷好意，讓伊厄島的紀念儀式，占據了和總統演說相同大小的篇幅，而且在專門報導十一月十一日的頁面正中央，有該報記者尚・普朗樹評論亞倫・德伯努瓦一篇關於「歐洲英雄崇拜」的文章，與紀念日沒有明顯的關聯[6]。一九七八年十二月五日與十五日，然後是一九七九年二月二日，在野陣營的議員們三次質詢政府，而政府每一次都表示那是「正式向一九一四至一九一八年，以及一九三九至一九四五年，所有戰時的法國元帥致敬[7]」。而且，把兩場戰爭混為一談這件事，是雙向進行的：達其耶的報導刊出後兩個星期，季斯卡總統在荷通德鎮⑧，就已明確表示了他的意願，「各種殘酷或迂迴的種族歧視，構成了這種十足扭曲的思維，不能讓法國受到它的侵擾[8]」。總的來說這是自相矛盾的態度：把貝當歸類成「兩場戰爭的元帥」，等於拿掉了他二戰時的特殊性，尤其是自相殘殺之戰的那一面，這是自一九四五年以來，每個政府在每一場紀念中嘗試做的事；但是在紀念一戰時談到種族歧視，完全是歷史性的時代錯置，也等於是在默認，正是對二戰的回憶，才激出最多燙手山芋般的問題。

還有更糟糕的，那就是「新右派」的發展，以及季斯卡七年任期最後幾年那種「統治末期」的氛圍，常常毫無理由地讓一九四〇年代的怪物顯現人間。菲立普・德聖侯貝⑨把季斯卡的意識形態，說成是「有著自由主義面貌的法西斯思想[9]」。尚・波托黑⑩則說當時是維琪技術官僚

「共治」（synarchie）的變體，其實幾年之前，美國歷史學家羅伯特・帕克斯頓就有過這種說法。這樣的比較後來還出現過好幾次。最令人震驚的是，這種說法在占領時期也曾出現過相同的發展過程，萌生出虛構的「共治」陰謀：只需要掌權的集團、讓人覺得它把共治只用在自己的利益上，並投射出「技術菁英」的形象，就能使一些人感到有必要訴諸「陰謀」論[10]。

不過，最嚴重的影射來自賈克・席哈克。這位前任總理於一九七八年十二月六日，在柯山醫院⑪提出「呼籲」（此情此景獨缺英國國家廣播公司BBC），就歐洲聯盟的籌集資金與擴大成員，指責總統的親歐洲政策：

目前正是民族歷史上的嚴峻時刻（……）。法國八十一位代表的票數，對上其他國家的三百八十九位代表實屬少數，而他們對大西洋彼岸的壓力非常敏感（……）。這些人準備讓法國成為附庸，同意讓她受到奴役（……）。一如既往，當法國的地位降低時，外國集團就以平靜、令人安心的聲音展開行動[11]……

⑧譯注：一九一八年與一九四〇年，都是在此鎮簽下停戰協定。
⑨譯注：法國作家，左傾戴高樂主義者。
⑩譯注：記者暨作家，年輕時曾加入「布列塔尼解放陣線」，參與過幾起炸彈暴力事件。
⑪譯注：席哈克因一起車禍意外，前往柯山醫院治療。

對於那些不了解此中暗示的人，賈克・席哈克表示他要說的是「放棄國家的政黨」，不論是右派還是左派，「都在為德－美雙方的利益服務[12]」。伊夫・蓋納還詳述了這個隱喻：

> 這種說法在一九四〇年就出現過了。當時的每個政黨中都有「外國集團」。右派裡面，當然就是莫拉斯那群人；激進黨之中有「慕尼黑分子⑫」，社會黨裡面有任職貝當政府的黨員，共產黨那邊則是以多里奧為首的那些人[13]。

最後，巴黎市眾議員皮耶・巴更是博學多聞，他談論的不是維琪，而是……反革命，「王侯部隊」（……），科布倫茲或一八一五年的那群王公貴族，始終存在⑬[14]」。

對執政的右派來說，真是一堂獨特的歷史課！多里奧一九三四年就脫離了法國共產黨，有必要把他視為一九四〇年共黨的一分子？與其如此，為何不提《德蘇互不侵犯條約》，這個論據更有爆炸性？不過如此一來共產黨當然就更難堪了⑭，再說他們也對季斯卡的歐洲政策懷有敵意……。至於「慕尼黑分子」，必須忘了他們曾經在每個政治派系中招兵買馬？還有，這種口吻更容易讓人想起非常支持貝當的法國人民集合黨、而不是自由法國，這又該怎麼說呢？

不過武器總是既能傷人也能傷己：幾個星期後，專欄作家吉貝・孔特，論述共和聯盟黨⑮的國家概念，把他的推論化為標題，被《世界報》刊登在一整頁的版面上：「如果席哈克是維琪[15]？」最有意思的是，「柯山呼籲」很有可能出自加羅－朱葉⑯二人組，他們應該比席哈克或季斯卡更熟悉什麼叫做貝當式的專制政體。

我們必須公平地說，這些抨擊與混為一談的方式，並不專屬於某個政黨。一九七八年十一月，達其耶事件持續發酵中，此時社會黨內也起了風波。米歇爾・賀加似乎想在即將到來的社會黨全國代表大會中，挑戰密特朗的地位。於是，在關於賀加所提倡的政策上，就招來了卡斯東・德費毫無轉圜餘地的批評：「很奇怪這個政策讓人想起了皮耶・拉瓦爾的主張[16]。」頗為惡毒的對照：他想表達的，究竟是一九三五年通貨緊縮的政策，還是一九四二年的附敵分子？怎麼可能會不想成、賀加和拉瓦爾一樣是「叛徒」？而這兩人之間當然沒有任何關聯。

法國的意識形態

貝當主義的陰影糾纏了季斯卡的七年任期之後，繼續讓一九八一年總統大選的利害關係，變

⑫譯注：支持達拉第的黨員。達拉第曾是激進黨黨主席，一九三八年代表法國簽署慕尼黑協定。

⑬譯注：法國大革命時，大批王室貴族因君主制度受到威脅，紛紛移民國外，並組成部隊。科布倫茲位於德國，是其中一支部隊的成立地點。

⑭譯注：由於該條約的祕密附加協議，使蘇聯藉機攻占波蘭，之後英法宣戰，法國共產黨因遵循第三國際的指示反戰，遭到達拉第解散共產黨的命運，淪為地下組織。

⑮譯注：當時的黨主席為席哈克。

⑯譯注：加羅生於一九三四年，朱葉生於一九二一年，他們先後為龐畢度與席哈克服務。一九七九年共和聯盟黨在歐洲選舉中失利，兩人不再受到席哈克重用。

得難以理解。該年一月，所有的競選總部摩拳擦掌之際，有本書造成了轟動，書名聽起來就像某種宣傳，冷靜、簡潔、明確：《法國的意識形態》。

作者到處追蹤「極權」的罪惡，使盡全力對善良的民眾說明，不僅維琪政權與附敵行為（不論哪個派系都一樣），曾經是「具有法國色彩的法西斯主義」，就連貝當主義也是法國政治文化的本質、它的基石。元帥的繼承者，並不像大家天真地以為那樣，屬於反動型的懷舊人士，或是走新右派路線的知識分子。非也，他們（穩穩當當地）藏身於法國共產黨、《思維》[17]月刊，以及《世界報》，所有多多少少被歸入左派、值得尊敬的機構之中。喬治．馬榭、宇貝．博－美希、埃曼紐．穆聶，這些一九三〇年代的「計劃主義者」（planistes）[18]，再加上夏爾．佩吉，或是一千「社會主義教育研究中心[19]的新社會主義者」，他們全都是、曾經是，或未來會是「法西斯」。

有些人以該書作者貝納－亨利．雷維[20]歷史學識能力不足、時事混淆產生謬誤，與推論粗糙等理由，對他大加批評，使得這本著作成為重新剖析的對象[17]。我們知道作者從未否認他好辯的本質。值得重視的是他所引起的反應，尤其是在症候群的邏輯中辯論的意義。雖然這本書經常受到抨擊，但媒體額外的關注也讓他受惠不少。《快訊》週刊還將報章雜誌上（備受尊崇）的菁英們的「筆戰」，作成概述提供給讀者，同時附上兩篇立場完全相反的評論。高度學院派的雷蒙．阿宏，尖刻地指責「雷維從嚴肅的著作中，為自己蒐集資料，進行異想天開的運用」。這位哲學家對自己不久前引領入門的「年輕」同行，大加斥責。他批評他「歇斯底里」，還有更嚴厲的，

「提供養分給一小部分早已言行狂妄的猶太社群，維持他們的歇斯底里[18]」。相反地，更具有戰鬥氣息的尚－馮思瓦・赫維，高度讚揚這本書，原諒作者「不經意的小錯」，並直言歷史與史學家的真相，不會比同時期的政治鬥爭來得重要：

> 《法國的意識形態》（……）披露出在西方意識危機中，為了區分右派極權主義與左派極權主義的任何努力，都必須、而且曾經遭到拋棄的特定時刻。該時刻距離現在並不遙遠。僅僅五年前，蘇聯政體等同於希特勒政體的說法引發了抗議，如今也只是讓人不感興趣地聳聳肩（……）。上述說法比反猶太主義的歷史重要，反猶太主義不過是原始的極權大雜燴的成分之一，而且我們知道，它是納粹德國與蘇聯都共同具有的組成部分。在雷維這本著作中，我覺得更重要的，是探索某種對於極權的、「社群的」（communitariste）、反自由、反民主的偏好心態，即使在法國也一樣，要探索這種心態的根源，因為在目前這個階段，這種想法還沒有被區分出來，還沒有在黑色法西斯主義或紅色法西斯主義中，找到它的定位[19]。

⑰譯注：由哲學家埃曼紐・穆聶創立於一九三二年。一九七〇與一九八〇年代，以反極權主義為立場。
⑱譯注：來自「planisme」，主張規劃經濟、政治等活動的思想運動。
⑲譯注：成立於一九六六年，一九八六年解散。社會黨的一支左翼派系。
⑳譯注：一九四八年生於阿爾及利亞，猶太裔法國哲學家。

《文學新聞》把雷維放上「頭版」，尚－馮思瓦．坎恩㉑雖然對雷維使用混為一談（amalgames）的做法持保留態度，但他充滿善意地以「梅格探長」㉒辦案來描述該書對反貝當主義所進行的調查，而且非常高興能從他人那裡讀到自己深信不疑的事，意思是指，法國確實存在「右派史達林主義」與「左派史達林主義[20]」之間的內戰。至於《世界報》，即使它的創辦人也遭到雷維的攻擊㉓，還是為他貢獻了三大篇文章：第一篇出自貝特杭．波侯－代貝希，充滿敵意；下一篇是雷維的回覆（出現在新書專欄的作家能做出回應是難得的特權）；還有第二篇評論來自安德烈．豐丹㉔，有褒有貶[21]。《新觀察家》週刊沒有因為雷維詆毀的某些價值和他們的風格接近而受到影響，仍然給予他兩整頁的吹捧，這種傾向受虐的心態，期許大家讚美揮鞭相向的人[22]。

尚－馮思瓦．赫維很清楚這場論戰的本質主要出於政治。雷維的遣詞用字（讓我們暫時不去考慮他擅於宣傳的本領）在於揭發極權的誘惑，尤其是在法國左派內部。然而，他認為有一批知識分子，就像很多和他同世代的人一樣，完全被馬克思主義的後遺症所蒙蔽，要讓這些人接受他的發言，就不能採用正規的方式。首先必須論證出史達林主義、法西斯主義與納粹主義，三者的歷史系統建立在同樣的基礎上；他已經研究過第一個主義，又了解另外兩個主義仍然保有它們的負面指控，沒有必要進行再次分析。接下去就得指出法國並沒有擺脫「法西斯主義」，甚至還為它創生出幾個基本的思想，於是他使用了澤夫．斯登赫㉕的幾本著作[23]。還有什麼會比選擇維琪這個有賣點的主題更容易著手，甚至有可能擾亂左派，而且他和其他人一樣，已經觀察過左派當時的狀況。

可是這麼做並不夠，還必須進一步解釋，維琪與附敵行為完全不能被視為次要或例外的現象，而是屬於某種具有法國本土特色的政治傳統，這正是把不同的事物相提並論的基礎之一（無論如何，這一點可以接受驗證），因此就出現對羅伯特．帕克斯頓著作內容的濫用與誇大，可見這本書真的很受重視。就這樣，雷維布下了他的羅網，一九四〇年代的種種構成了散播影響力的中心點：一邊是所有在他看來或多或少類似「極權的」意識形態（或更簡單地說是所有他不喜歡的東西），另一邊則是維琪；兩邊之間必須有能夠連結的導線。導線的存在可以藉由真實的承襲關係，並且視需要加以誇大（例如優立亞[26]管理學校的子弟兵，他們就算不是「法西斯」，但以

㉑譯注：《文學新聞》創立於一九二二年。尚－馮思瓦．坎恩為猶太裔法國記者、作家。一九八一年任職《文學新聞》總編輯。

㉒譯注：法國偵探小說作家喬治．西默農（Georges Simenon）筆下、著名的虛構人物。

㉓譯注：雷維在該書中指《世界報》創辦人 Hubert Beuve-Méry 為貝當主義者。

㉔譯注：法國記者，時任《世界報》總編輯，後為該報社長。

㉕譯注：生於一九三八年，以色列歷史學家，以研究法西斯主義的起源聞名。

㉖譯注：上文提到《世界報》遭到批評的創辦人俞貝．波夫－梅西，他在二戰占領期間就任教於優立亞管理學校（l'École des cadres d'Uriage），成立於一九四〇年九月，解散於一九四三年一月。雷維把後來成為記者的該校校友，稱作「優立亞游說團」。

前也確實尊崇過元帥的精神）。連結的出現還可以憑著對歷史的反溯式解讀（例如多里奧「鼓動」了一九三四年二月六日[27]的邪惡群眾；然而當時他是以共產黨員的身分示威，出發點是反對議會式民主以及法西斯主義）。連結還可以經由對占領時期完全異想天開的詮釋，像是針對一九四〇年的法國共產黨，把它奉為「法國第一個支持貝當的政黨[24]」。

問題來了：既然共產黨員是「紅色法西斯」，那麼納粹或佛朗哥的徒眾為何不是「黑色共產黨」，甚至如坎恩樂於指稱的「右派史達林」？……回答是：因為混淆不同事體的荒謬性可能會變得十分明顯，又因為歷史上所有法西斯主義的共同特徵之一——反共產主義，可能會消失，而且如法術般的效果也可能遠不如「紅色法西斯」的連結來得好。

客觀閱讀了《法國的意識形態》，論述不甚高明又極有爭議，縱然使用審問與不容置辯的語氣，也不會讓人忘記雷維終究屬於昔日馬克思信徒團夥，他們的徹底決裂和當初的緊密融合，都一樣地轟轟烈烈。該書呈現出「極權主義」概念的局限性，尤其是當它背負著「妖魔化」的使命，只因形象惹人爭議而被加以利用，於是納粹主義必然是絕對之惡；史達林主義與納粹主義半斤八兩，所以史達林主義也是絕對之惡，說了等於沒說。這樣的過程迴避了根本的差異性，那就是反猶太主義在納粹體系裡的中心地位，以及屠殺猶太人的特異性，完全沒有合理看待主要由漢娜・鄂蘭於一九六〇年代發展出來、受到強烈批評的理論，後者著重兩個系統之間的結構關係，而不是它們的危害程度，諸如龐大的一黨制、魅力型的領袖、對國家的全面掌控、分化「公民社會」，等等。在雷維筆下（他也和其他人一樣），這些相似性成為十足的謾罵，活力來自修辭的轉喻，也就是先確定目標，「法西斯」還是「共產黨」，再加上奧斯威辛滅絕營，同時操作情感成分。當雷維把夏爾．佩吉或穆聶叫成「法西斯」時，就把他們劃入了提供死亡集中營的陣營。之後還能如何幫他們辯護？如同赫維在《快訊》週刊所表示的那樣，怎麼可能不去認為這樣的指控沒有隱匿部分真相？不就成了「壁櫥裡有具屍體，就在**某個（我指出來的）地方**」？然後所有的思考都變得毫無用處，每件事都失去了差別，重建事實真相、譴責歷史時序謬誤，就成了歷史學家的責任。從這個角度來看，雷維的「修正主義」，在效果上，和否定主義者的修正主義並沒有任何不同，也就是說，歷史錯綜複雜的真相不重要，只有意識形態的目標才算數；這一邊，否認最終解決方案的存在，另一邊，由於一再擴充罪人的數量，罪行變得難以解讀。最糟糕的是，雷維起了示範作用[25]。

除了以上的論述外，還有一事不容忽視，《法國的意識形態》在引起強烈反應的同時，還是一九四〇年精神官能症復發的明顯症狀。它的獨特之處在於經過謀劃與算計，以便從強烈的譴責獲得最大的利益。雷維以最佳原創精神享有「新哲學家」的聲譽，他為上述的精神官能症，全心全意做出了實實在在**毫無修飾的詮釋**。無論如何，他的表達方式，具有該症的所有特徵，舉例說

㉗ 譯注：數萬名右派與極右派為了抗議警察總監尚．恰佩（Jean Chiappe）的調職，進行示威，也有少數左派因立場相反，也走上街頭。後演變成暴動。

明：運用某幾個真實的元素，它們要不確實遭到壓抑、要不就是很長一段時間不為人知；表現出斥責的態度，對象是整個法國社會（所以有那樣的書名）；當它只顯示出作者本人的執念時，結果讓人覺得其實它頗為貼近群體的執念（像是法國猶太人變得愈來愈敏感，而雷維把自己當成此一現象的發言人），目的是讓它看起來像在進行分析。

馬樹事件

當時競選活動才剛開始，雷維是否為某個政治派別賣力？有可能。無論如何，他來的正是時候；即使他的書給了季斯卡運作的方法讓他在左派很成功，他也確實毫不猶豫地寫道，季斯卡的「緩解緊張氣氛是整個貝當問題的核心」，指的正是僵化的意識形態。

還有其他事件前來助陣，並維持了他的行動。一九八一年二月二十三日《觀點》週刊重新報導了「馬樹事件」，對當時的法國共產黨祕書長暨總統參選人喬治．馬樹的經歷，提出一些看似具有決定性的證據。我們知道它的主要結論是：馬樹的過去和他自己說的不一樣，當他作為冶金工人時還不是共產黨員，一九四二年底可能沒有被徵召進入「強制勞動服務」（STO）[28]，或許也沒有在一九四三年逃離德國，但大概是在一九四二年十二月十二日，自願簽約前往巴伐利亞邦的萊普海姆市，在當地的「梅塞施密特Bf 109戰鬥機」的工地工作，同時從一九四〇年十一月起，就是納粹德國空軍（Luftwaffe）在巴伐利亞邦的工廠雇員[26]。

整起事件始於一九七〇年代初，在喬治．馬樹接替伐代．羅歇成為共產黨的祕書長後，這個話題就一再出現：一九七七至一九七八年的訴訟，駁回了馬榭對奧古斯特・勒科提出的損害名譽的控訴，勒科是占領時期共產黨的地下領導人；一九八〇年，《快訊》週刊登出一份出自奧格斯堡市（梅塞施密特公司所在地）的檔案文件，暗示馬榭於一九四四年五月時，人還在德國；終於，一九八一年，《觀點》週刊、歷史學家菲立普・侯畢厄與其他幾人，披露了之前缺少的主要成分。

在這個事件中，對馬榭的譴責很有可能確有實據，因為這種情況罕見到沒有人會去注意。之所以被挑出來，只因為它涉及共產黨的重要領導者，而這個政黨把它所有的正統性、建立在對抗占領軍這件事上。在對法國共產黨的實際做法進行分析時，甚至成了核心部分最主要的疑問：一個冒充的「強制勞工」（馬榭時常使用這個說法，甚至宣稱自己是強制勞工群體的代言人），如何得以主掌「抵抗運動頭號政黨」的命運？這個政黨既如此看重抵抗運動時期的價值，對遭受槍決（不論是真是假）的黨員形象那麼執著，素來傾向以言語攻擊（不論是假是真的）「附敵分子」，怎麼能夠忍受跟隨一個說好聽一點是非拒服勞役者，說難聽一點是自願赴德工作者？從一九五〇年代起，共產黨就開始將一部分地下行動時期的負責人，從領導階層中剔除，而此一事件是否就是這種做法的必然結果呢？

㉘譯注：徵召到德國的工廠服務。

一九八一年總統大選

右一拳，左一腳。貫穿整個一九七〇和一九八〇年代的執念，其最顯著的特徵，就是在政治層面上觸動了所有流派的意識形態。在一九八一年總統大選的最後幾天，這種鐘擺效應尤其明顯。

從很多方面來看，這場選舉不僅重要，競選活動的開展圍繞著經濟危機與失業問題，還要替未來指出方向。首先是選民的年輕化，十八至二十一歲的國民第一次出現在總統大選選民名冊上。還有，除了戰時已成年的政治菁英之外，也出現了其他世代的人選。在十名主要的參選者之中，有六位在一九四五年時未滿十五歲：生於一九三〇年的米歇爾・克雷波[29]、一九三二年賈克・席哈克[30]、一九三四年瑪麗－弗杭絲・加羅[31]、一九三五年雨格特・布夏爾多[32]、一九四〇年阿萊特・拉吉耶[33]、一九四六年必思・拉隆德[34]；有一位當時十九歲：一九二六年季斯卡德斯坦；三位超過二十五歲：一九一二年米歇爾・德勃雷[35]、一九一六年馮思瓦・密特朗，這兩位都是前抵抗運動人士，以及一九二〇年的馬榭。

然而，占領時期的回憶始終伴隨著極其猛烈的論戰，並再次出現於時有謬誤產生的辯論場上。四月三十日，第一輪投票結果出爐後，前自由法國情報部門負責人帕西上校，號召大眾把票投給密特朗，他的這個表態在賈克・馬絮將軍[36]看來，等於是「背叛了倒在（**殖民戰爭**）沙場上的諸多將領、戰友與下屬[27]」。幾天後，抵抗運動人士圈的顯赫人物也跟進了帕西上校的行動，如：詩人皮耶・艾曼紐、醫生保羅・米里耶、作家克勞德・布得，以及喬治・布伊和馮思瓦・畢諾許兩位將軍、博索雷特的遺孀，等等。他們在發布的聲明稿中表示：

四月二十六日我們並沒有把票投給相同的參選人。今天，我們要呼籲法國人在五月十日，把票投給馮思瓦·密特朗（……），只有他渴望延續全國抵抗運動委員會的行動方針。

於是，抵抗運動的記憶在第一時間似乎擺到了左邊。《鴨鳴報》繼續追擊，於五月六日拋出了帕蓬事件，指控當時即將卸任的財政預算部長帕蓬，在擔任紀龍德省政府祕書長時，曾經聽任一千六百九十名猶太人被送往集中營。這個揭發來得正是時候，還用上了很久以前就在紀龍德省政府檔案室中找到的佐證材料。事件本身包含了所有常見的成分：針對高級政界領導、攤開精心隱藏的過往、摧毀當事人的抵抗運動附護罩，尤其是再次觸及早已激化的猶太記憶[28]。

㉙ 譯注：當時為左翼激進黨（Parti radical de gauche）主席。
㉚ 譯注：當時為共和聯盟黨主席與該黨正式支持的參選人。
㉛ 譯注：席哈克軍師，亦為共和聯盟黨員。
㉜ 譯注：當時為統一社會黨（Parti socialiste unifié）的提名參選人。
㉝ 譯注：當時代表工人戰鬥黨參選。她是法國總統大選第一位女性參選人，自一九七四至二〇〇七年，連續六次參加競逐。
㉞ 譯注：他自行參選，無政黨支持。
㉟ 譯注：戴高樂派，法國第五共和第一位總理。
㊱ 譯注：二戰時加入「自由法國」，一九六六年擔任駐德法軍總司令，在阿爾及利亞戰爭因使用酷刑受到抨擊。

不過很快就有人出面反駁。當時仍在世的四百一十九位解放勳章獲勳者中，有一百九十八位，以延續一九五八年戴高樂的傳承為說詞，公開號召不要投給密特朗，不過在其他獲勳者當中，也有一些相反的抗議[29]。五月七日星期四，也就是進入第二輪投票的兩位參選人，進行了電視辯論的兩天後，亞倫・德布瓦西厄將軍，在奧爾良市沙沙作響的麥克風前表態，他是國家榮譽軍團勳位的管理會總管，但他更是戴高樂的女婿：

> 有些人嘗試利用抵抗運動，把馮思瓦・密特朗說成是偉大的抵抗運動人士。然而，我在這裡可以向各位宣讀戴高樂將軍對密特朗過往事業的評斷。他當著好幾人的面對我說：「他曾經替維琪服務，還因此得到了戰斧勳章，後來他和抵抗運動接上線，然後是同盟組織，最後聯繫上我們自由法國的同志，接下去才開始接受英國組織的指令。」在他的整個事業中，他會從各種不同的陣營牟利，而且繼續投機鑽營、玩弄陰謀[30]。

德布瓦西厄將軍還做出附帶威脅，萬一左派的參選人當選，他要辭去管理會總管㊲的職位。後來他確實這麼做了，而且還特別強調自己的行動獲得「法國總統的同意[31]」，官方並沒有否認這件事。

由於衝擊頗大，第二天，五月八日（！），就迎來了密特朗的親自反擊，他強調戴高樂從來沒有懷疑過他參與抵抗運動的經歷，另外加了一句：「當然要過了一陣子，才會有附敵的家族混進來[32]。」和以往一樣，關於這個話題，必須由第二個人來指明影射的具體內容為何。卡斯東・德費說：「當我和密特朗被蓋世太保追捕的時候，季斯卡他們一家人全是附敵分子。他那時年紀還太小，但他的家族是由附敵分子組成的[33]。」

分析這起爭議，為我們提供了大好的機會去了解謾罵的運作機制，它在症候群的發展過程中有何特殊功用，以及它和記憶的其他症狀與其他表現的不同之處為何。首先，謾罵在陣營內部分裂的重要時刻爆發。一九八一年的總統大選，顯示出法國內部兩個頑強的陣營彼此對抗，兩百年來的法法裂痕，也許超過其他任何一屆總統大選。此事的範圍超越了密特朗與季斯卡這兩個傳令官，歷史上的左、右兩派才是對抗的真正主角。所以抵抗人士與附敵人士的昔日爭吵再度出現，一點也不足為奇，它促成了既有效率又有爆炸性的象徵性簡化。

有效率，在於意味深長的「維琪」這個名詞，承擔了更多邪惡的力量，因為相關論戰發生的時間點，總是在特別強烈的戰爭記憶爆發結束後。至於爆炸性，則是因為在同一個行動中，論戰使得執念更加尖銳，甚至引導它，給了它政治的意涵，也就是說根據眼前這一類或那一類謾罵所產生的同感，選擇這一位或另一位參選人，此一選擇代表了對過去爭執的認同，雖然這一點可能難以察覺。因此，民眾投票給「猶太人」、「抵抗運動人士」、「貝當的信徒」，就為了向政府中的「附敵分子」報仇，或為科貝尼克街的「無辜犧牲者」進行報復，含糊不清的集合體或是元

㊲譯注：政權交替時，由管理會總管負責頒給新任總統領袖勳銜大鏈章。

帥的骨灰，仍然絕望地留在原地。

當然，所有的政治學家一直都表示「猶太人的票」並不存在，想必他們也能毫不費力地表示，戰爭留下的回憶對一九八一年的選舉沒有發揮任何作用。只是這個回憶還是派上了用場，雖然不全是出於自發性，但對峙陣營都（或對或錯地）相信了它的影響。很明顯，一方面，季斯卡和密特朗一樣無意讓局勢平靜，而且也都蓄意讓競選的最後幾天，停留在一九四〇年代。即不會做出蠢事也沒什麼時機性，所以兩造都能從中獲得好處，即使那好處實在微不足道。另一方面，因為不能不承認，當時雙方陣營的文化裡，充滿了刻板印象——大家都不敢談論神話？

對於很多左派的先生女士而言，右派實質上就是維琪的陣營，非關歷史，而是和結構有關：這一點可以從一九八四年五月的例子看出來，《世界報》發生版面之戰，發起者是「記憶短暫」協會㊳（「我們的首都，它的過去如同今日，一七八九年的它如同一八七一年的它㊴，絕不是凡爾賽。而且從來都不是維琪[34]……」）。這是密特朗的反擊，「附敵的血統」進入了這個傳統，使得法西斯主義成為右派必然具有的病菌，不論被瞄準的人是德布瓦西厄或季斯卡、不論這些人的經歷到底為何。這就解釋了在接下去的幾年中，右派善辯人士關切的幾個事項之一，正是把球丟還給左派，指責他們（和雷維一樣）造出了怪獸。

同樣的情況，對於部分右派而言，出自黨派與運動的內部政治抵抗勢力，或是共產黨「自由射手游擊隊」與祕密軍隊的武裝抵抗，一直都很令人起疑。當馬架挺身反抗並談到「反叛」的時候，也是以抵抗運動的某些概念為名義，那是屬於軍階與「正規戰鬥」的概念，而不是一九四四年的游擊隊概念，後者屬於某種街頭巷戰的形式，二戰之後，殖民戰爭的「英雄」在印度支那與阿爾及利亞，對付的就是這類戰鬥。同樣地，德布瓦西厄將軍發起的攻擊來自相同的邏輯。由於考慮到只有「自由法國」是合法的，只有二戰**之後**擁護將軍的人，才可以自稱繼承了六月十八日的精神，那麼就必須通過抹黑抵抗運動的其他派別來打倒對手，甚至以違反將軍的觀點為代價。只有密特朗的戰斧勳章，不足以攻下有利的地盤，因為根據戰犯互助機構的紀錄，這位未來的總統確實曾在一九四三年秋天，獲得貝當的徽章，但不是出於個人的請求，那時他人在倫敦，等到授勳一事發生時，他在阿爾及爾見到了戴高樂將軍。密特朗一直以來不斷說到這件事，並且，直到目前為止，他的幾個對手與歷史學家都不能忽略這些事實，只能假設他對元帥存有好感[35]。所以必須讓死人說話，甚至是謊話：在戴高樂將軍的《回憶錄》中，只出現過一次密特朗的名字，位於法國占領區「特派員」的名單中，沒有其他評論，而戴高樂並不是吝於評論的人[36]。

之後，從許多方面來看，這種類型的論戰都只是替代品。毫不意外，官方在五月八日紀念日缺席一事，就以這種方式轉移了方向。負責退伍軍人事務的國務祕書莫里斯．普隆提耶，必須出面說明這個沒有人氣的措施，十分為難，轉而攻擊帕西上校（「真正的抵抗運動人士，但後來事

㊳譯注：該協會創立於一九八四年，親社會黨的組織，支持密特朗的行動。
㊴譯注：前者爆發法國大革命；後者發生巴黎公社事件：普法戰爭中巴黎市民組成國民自衛隊，在德軍撤出巴黎後，成立短暫的政府，後遭鎮壓。

業發展得不順利」），以及密特朗（「他占盡了各種好處[37]」）。更深入地來看，此類論戰足以超越傳統的左、右辯論，彷彿一九八一年的重要性具有某種歷史淵源，堪比本世紀的重大辯論：擔心投票結果的右派（至少右派中最引起爭議的一群人）暗示，投給密特朗，既等於投給古拉格（共產黨員進入政府），也等於投給法西斯主義（維琪的戰斧勳章）。沉重的抉擇……

不過這又多麼矛盾！一九七五年當時廢除五月八日紀念日，其作用是以官方身分遮掩「為了歐洲而自相殘殺的內戰」（出自季斯卡寫給歐洲議會成員的信），如此一來就附帶遮掩了內部的鬥爭，而且這是戴高樂將軍開創的傳統。六年後，同一批人因為這個不受歡迎的決定感到為難，於是毫不猶豫地重新發動國土內自相殘殺的戰爭，再次顯示出大家一直試圖隱藏的東西，那就是第二次世界大戰的意識形態本質，以及在衝突的性質與代表意義這方面，缺乏全國性的共識。

歷史上的這段內容為對陣的最後幾天添加了戲劇性的誇張色彩，像是來填滿政治論述枯竭的安排。涉及外貿或物價上漲的統計數字，讓位給扣人心弦的暗鬥，幾百萬失業者在幾百萬犧牲者面前無足輕重。就這樣，淺薄的政治鬥爭帶著爭議不斷的種種事件，轉化成了討伐往事的昇華之戰。而在論戰還未發生之時，前抵抗運動人士的數次號召，要的不正是這個？把全國抵抗運動委員會㊵提出來代表什麼？不就是要讓人感受到，社會的戰鬥氣息不是為了購買力，而是為了自由。密特朗成為總統後，獨自前往先賢祠向尚．饒勒斯、維克多．舍爾歇㊶和尚．穆蘭鞠躬致敬，不就是要以這種方式做出回應？當然，敬意來自國家，但同時也來自這位受到攻擊的抵抗運動人士，而且更是來自左派，他們為自己收復了被後戴高樂主義的右派所捨棄的遺產。

國會的抨擊

在密特朗當選後的好幾年當中，右派數次嘗試改變形勢，不是以活化過時的抵抗運動主義的方法，而是攻擊左派參與抵抗運動的真實性。激烈的抨擊最常出現的地點，就是國會的議會廳。一九八一年九月十五日，當總理皮耶．莫華提到僱用年輕的失業者來維護我們的森林資源時，共和聯盟黨的議員侯貝－安德烈．魏維安，深諳國會陷阱的技巧，起身大喊：「元帥，我們來了！」影射維琪的「青年團」[42]。莫華一下子無言以對，稍後才以一本正經的腔調反駁，指責「某些資產階級」以報仇為目的，跟隨維琪的腳步。內容沒什麼，所有的課本都教過，但這樣誇張的東西竟發生在國家的議會廳。同樣是以具有爭議性的手法引用往事，不過是某種戲劇性的替代品，這一齣可以視為輕喜劇。

更具有代表意義的插曲，是當辯論涉及一九四四年攸關新聞界的改革法令時，強烈爆發的情緒控制了議會廳。重新審視這些辯論，缺乏力道的挑釁對比猛烈的反應不免令人訝異。在這場論戰中，抨擊的機制再一次發揮了出色的作用。只要讀一讀脣槍舌戰的內容就能理解。

㊵譯注：創立於一九四三年，第一任主席為尚．穆蘭，旨在領導與協調法國境內幾支不同的抵抗運動。

㊶譯注：對廢除法國境內的奴隸制貢獻良多。

㊷譯注：一九四〇至一九四四年的組織，年滿二十歲的男性必須在此進行六個月的訓練，內容是執行公共工程、尤其以森林建設為主。

一切開始於某位共產黨議員不合時宜的暗諷……。

艾德蒙．加桑（共產黨）：……當然，現在已經不是一九四四年的情況了。不過我還是要強調一下，占領時期我是屬於參加戰鬥的那群人。

馮思瓦．都貝赫（法國民主聯盟黨）：和馬榭先生嗎？

亞倫．馬德瀾（法國民主聯盟黨）：和共產黨員嗎？

都貝赫：馬榭先生那時已經從梅塞施密特回來了嗎？

馬德瀾：您經歷過德蘇簽訂互不侵犯條約的時期嗎？

加　桑：我不是唯一參與過戰鬥的人；而且，挺身而出的也不是只有共產黨員，還有其他人。我不允許別人誣衊我……。

賈克．杜彭（共和聯盟黨）：一九四一年以前，共產黨都在做些什麼？

加　桑：杜彭先生，那個時候您還沒有出生！

杜　彭：不過我念過幾本書！

加　桑：我們有七萬五千名黨員遭到槍決！您這樣說話讓人無法忍受！我真是替你感到羞恥！

杜　彭：是誰在德國司令部要求《人道報》復刊的？

會議主席：各位冷靜點。

杜　彭：一九四一年以前呢？

加　桑：不要侮辱法國勞工，他們曾經隻身迎戰龐大的資產階級，而且這些資產階級還組成了第五縱隊來反對法國！所以不要再扯這個話題了！

杜　彭：是誰去要求《人道報》合法復刊的？就是共產黨！

加　桑：你不用在這裡教訓別人。至於那個時候發生了什麼事，我可以很平靜地告訴你，在集中營裡面，沒有任何人屬於你的朋友圈，但有很多都是我們這邊的親友！

杜　彭：什麼？這是什麼意思？真是太可笑了！

馬德瀾：這段老梗行不通了！

加　桑：埃桑先生那個時候在哪裡？我們也許可以談談這件事，畢竟他對這條法案感興趣！（共產黨議員的座位區響起一片掌聲。）

杜　彭：那密特朗呢？

黑蒙．佛尼（社會黨，法律委員會主席）：馬德瀾先生，您的老闆埃桑先生，那時他人在哪裡？

馬德瀾：那密特朗呢？

加　桑：各位，停止這些含沙射影的東西吧！我再重複一遍，現在這條修正案，旨在確保新聞界的多元化不被外界破壞。

杜　彭：那密特朗呢？

佛　尼：那埃桑先生呢？

（……）

佛　尼：馬德瀾先生、杜彭先生，如果你們執意投入這個話題，可能會讓自己遇上矛盾的狀況。首先就會被問到，埃桑先生在第二次世界大戰時做了什麼好事。

馬德瀾：來啊！密特朗先生在戰爭開始後做了些什麼？

（……）

喬治．菲立烏（傳媒交流國務祕書）：我在這個議會會場中，聽到有人幾次說出法蘭西共和國總統的名字……

杜　彭：沒錯！

都貝赫：密特朗先生可是個有歷史的人啊！

菲立烏：……我要抗議這種影射的方式[38]……

第二天會議繼續進行。社會黨決定藉由該黨議會黨團主席皮耶．喬科斯的發言，提高局勢的緊張程度，他很快就提出議會議事規則第七十五條，任何議員涉及侮辱總統，必須接受審查處分。不過會中，歷經幾小時對法律吹毛求疵的詭辯之後，馬德瀾議員才終於表達了他的弦外之音，在此之前他**只是暗示性地提到**總統，議員表示密特朗在解放當時的工作「類似編輯」：「當時（他）在某個叫做《您的美》[43]雜誌當負責人，我可能會請歷史學家注意一下，看看誰曾經是那個雜誌社的老闆[39]。」

這就是對總統的「侮辱」。接下去的事很多人都知道，密特朗在共和聯盟黨的朋友德貝努維，為他曾經參與抵抗運動的經歷，做出了感人的辯護；尤其還在歷經了難以形容的爭吵之後，通過表決，譴責三位議員杜彭、馬德瀾和都貝赫的言論，這自一九五〇年以後還是頭一遭。

真是詭異，素不相識的人物似乎也能彼此纏鬥。爭吵的起手式？共產黨議員加桑，不合時宜地提到自己參與抵抗運動的往事。是挑釁嗎？反對黨的三位議員，抬出反對共產黨一貫的手段，提到馬榭與一九三九至四一年的歷史。論戰的真正目標為何？對右派而言，是要以討論密特朗的過去來分散注意力，避免討論埃桑的經歷。然而正是這一點引出了議會的衝突，因為僅僅是提到總統的名字，外加他在戰後所從事的活動，就能引起軒然大波，甚至還使得對立一方的議員挺身為密特朗辯護，不是關於他在**戰後**真正做了什麼，而是**戰時**做了什麼，反而在戰後這方面沒有任何人暗示過任何事！換句話說，在多數情況下，大部分的總統捍衛者已經完全預料到，所有關於總統的戰斧勳章以及假設他是「貝當追隨者」的影射內容，這一點，為政治上的心照不宣做了精采的展示。

㊸譯注：一九三三年發行的女性雜誌，出資的老闆 Eugène Schueller，也是一九〇九年萊雅（L'Oréal）公司的創辦人。一九四〇年曾為附敵政黨「革命社會運動」（Mouvement social révolutionnaire）提供資金，還在一九四一年擔任附敵法西斯政敵「全國人民聯盟」（RNP）經濟技術委員會主席。

從某些方面來看，這個事件是症候群在政治論述上誇張的表現。戲劇化與替代性的效應，在此事中所占的分量，幾乎很難在別的地方看見，它占據了議會整整兩天的時間，還在辯論時出現了創紀錄的修正案與會議中斷的次數。這個事件顯示出「禁忌」的邪惡效果，已經來到歇斯底里的邊緣：密特朗到底是有怎樣不堪的過去，讓社會黨的議員試圖隱瞞？什麼也沒有。右派又是做出了什麼褻瀆的行為？什麼也沒有，要有也無足輕重。然而社會黨黨員陷入了慣用的譴責邏輯，於是產生條件反射式的回應，拒絕承認共產黨議員這邊的「附敵者」，不過是出自反對陣營廣泛且全然不符合事實的暗示……，於是就忘了另一位「附敵者」埃桑。這就是設下圈套的用意。

不過埃桑事件只是暫且推遲，幾個星期後它再次掀起波浪，因為在歐洲議會選舉時，由西蒙．薇伊主導的反對陣營名單中，埃桑占據了有利的位置㊹，而且還選上了，於是以往日抵抗運動人士為首的一部分輿論，對薇伊提出抗議。

左派執政後出現的這種趨勢，到了一九八六年三月大選之後仍在繼續。惡言相向之下，附敵行為和法西斯主義源自左派成為歷史性的「觀念」，得到幾個多少算是權威人士的認可（見下文）。有賴這項「修正主義」的進展，內政部長夏爾．帕斯夸㊺在一九八六年五月二十日，關於恢復多數票當選制度的討論會上㊻，從容地指責某些社會黨的「朋友，在占領軍的面前無所作為」。該有的都有了：把不同時間點的事件混為一談、精心策劃的挑釁、肆無忌憚的反應，最後就是牽制作用。

我們也許可以輕鬆地淡化這些惡意的譴責與爭論所造成的影響。然而我們看到這類言論具有特定的作用，它是法國政治辯論的本質，深植於某一類的傳統：其明顯特徵是，接棒的政治人物生於戰時或戰後，他們自己完全沒有參與戰爭的經歷。然而這種經常性的騷動，不是沒有對戰時的記憶造成深遠的影響。

大部分這種謾罵都以同一種模式運作：「意有所指的侮辱」，這是前不久由臨床精神病理學和精神分析醫生拉格什開展出的概念[40]。此處所描述的大部分情況，都會有以下四個角色參與其中：傳遞訊息的「出言辱罵者」、接收訊息的「遭受辱罵者」、「辱罵的內容」（例如維琪、附敵行為、〔不〕抵抗運動，等等），以及辱罵行為的見證人。此外，所有慣常使用的修辭方式都用上了，有轉喻（「甲……，這就是維琪！」）、隱喻（「那密特朗呢?!」、「那埃桑呢?!」），中間還穿插了不明事理的混為一談（季斯卡和附敵行為、賀加的政策與拉瓦爾的政策，等等）。

辱罵之中很少會特別指明過去犯下的、特殊且明確的犯罪標的，不論它屬於輕罪還是重罪

㊹ 採取政黨名單比例代表制。

㊺ 譯注：一九八六年社會黨並未自法國立法選舉中勝出，形成密特朗執政時期的第一次「共治」，他選擇保衛共和聯盟黨（RPR）的席哈克出任總理，後者任命同黨的帕斯夸為內政部長。

㊻ 譯注：一九八六年的立法選舉，例外地採用政黨名單比例代表制。

（但是埃桑、馬榭與帕蓬的除外，這三人都受到起訴，或因誹謗，或因具有不容置疑的潛在罪名）。大部分都會用說反話或拐彎抹角的說法，以避免誹謗罪，例如：社會黨的「朋友，在占領軍的面前無所作為」；甲或乙曾經「和維琪共事」，但沒有更多的細節（這樣一來就有好幾千人，首先是所有的公務人員，其中也包括真正的抵抗運動人士……）；甲或乙屬於「附敵的家族」，但這不表示該位仁兄有過附敵的行為。

這種布局，唯一重要的就是產生預期的效果，直接打擊對手還在其次（就像處在雙重夾擊的情況），侮辱能否奏效，端視見證者——首先是各家媒體，其次是「輿論」，能否完成剩下的工作，並由**他們自己**得出，某某人**就是**附敵分子，也就是得出背叛者或罪犯的結論。這類狀況的典型表現，體現在那場關於媒體的論戰，社會黨員含蓄地提起密特朗的過去，不是對立陣營要求他們說出的戰後那一段，而是戰時的經歷，如此一來（並非出於自願）就讓媒體然後是輿論，自己琢磨什麼是必須隱瞞的性質。

換句話說，這些假造的真相藉由爭論的過程傳遞出去，不僅被直接參與的主事者也被旁觀者明白地表達出來，並由後者（不自覺地）滋養出懷疑的氣氛。考慮到這種召集見證的方式，已經建立出真正的系統，於是它在症候群的歷史中，成為必不可少的要素。不過，從很多方面看來，上述的做法和公眾輿論的真實感受似乎又有段距離（第七章會提到），他們並不像有些人與政治人物所認為的、那麼在意這些重提的往事。所以圍繞著往事的政治騷動，在很多情況下等於責令輿論自己提出問題，而那些問題有時根本就是有意製造出來的。

其次，有關說反話或使用拐彎抹角的方式，其實每個政黨都用相同的方式抨擊他們的對手，其貢獻就是讓往事表現得難以理解：每個時期的政治真理，會定期取代歷史真相。有些用詞，例如「附敵分子」，就失去了所有客觀的含義。更糟的是，這些詞語讓人以為所有的與事者都有什麼事要隱瞞，而且都會暴露出可恥的回憶，因為從根本上而言，侮辱屬於防禦手段。也因此這些論戰所產生的惡劣影響，出於因果關聯，會周期性地反映在發起論戰者的身上，不論是左派還是右派。

最終（出於歷史學家的天真）令人有些驚訝的是，這種政治話語模式提供的附加價值頗低。謾罵並沒有消滅敵人，反而是每隔一段時期就提醒我們，任何政黨、任何知名人士，無論再怎麼毫無爭議，也不能毫髮無傷地走出占領時期。就某種意義上而言，這個（平凡的）觀察結果，代表抵抗運動的傳承終於面臨破產：四十年後，我們看見少數人的英雄主義或洞察力，一點也無法挽回其他人（或真或假設）的錯誤。

極右派與父親的陰影

一九七〇至一九八〇年這個具有時代特徵的執念，也從同一時期另一個重大的政治事實得到養分：極右派在法國捲土重來。解放法國的行動喪失了威信、「祕密軍事組織」與法屬阿爾及利亞相繼失敗、戴高樂主義位於右派內部進行政治掌控、馬克思主義與其變形組織進行文化掌控，以上種種似乎長期以來削弱了某種「民族的」、「威權的」，甚至「具有法西斯傾向的」右派聲音，因此這類右派被壓縮成一些懷念納粹崇拜的人士，與一撮剃短髮的狂熱分子。

然而十年之後，這個「精神上的團夥」找回了名氣，逐漸樹立起威望，尤其是在一九八一年後，似乎成了選舉舞台上不可忽略的一分子。在這個收復失土的過程中，我們可以扼要勾勒出幾個階段，並和四〇年代的回憶所獨有的演變作對比。

一九七九年夏天，新聞界的「發現」，讓大眾認識了「新右派」的存在。突然間，大量的報導朝著悠閒度假的人們進攻，譴責某種完全屬於知識型的「新法西斯主義」再度出現，並認為其中具有不良的意圖。《世界報》首先發難，然後《新觀察家》週刊、《解放報》、《快訊》週刊陸續跟進，就連《費加洛報》也不例外，它們對「歐洲文明學會」與該學會出版的期刊《要素》，以及《新學派》與「時鐘俱樂部」㊼，進行一系列的調查、採訪與批評。短短幾個星期內，就在法國與外國媒體中，出現了超過三百五十篇的報導[41]。

事實上，那些新右派都不是新建立的組織。「歐洲文明學會」由新法西斯主義組織的前「歐洲行動」㊽成員創立於一九六七年，其成員之一亞倫·德伯努瓦，曾經參加過「民族主義學生聯盟」㊾，一九七九年他被視為新右派隊伍的首領之一。「時鐘俱樂部」成立於一九七四年，一心想要成為某種「右派尚·穆蘭俱樂部」，多從國家行政學院的校友中吸收成員。媒體曾多次報導有關他們對優生學、反對「平等主義」、捍衛「西方」價值的看法，但沒有在一九七九年的夏天引起強烈的反應。雖然某些報章雜誌在內容上有許多不實的發揮，但事件本身也揭露了新右派的

「葛蘭西[50]」策略，他們占據文化領域、投入思想鬥爭的意圖，一開始還頗為低調，但隨後就不再隱藏。一九七八年，法蘭西學術院把論文獎頒給亞倫・德伯努瓦的《右派觀點》[42]。同一年，侯貝・埃桑把他的《費加洛週日增刊》改成《費加洛雜誌》，之後這份週刊，至少在一九八一年後的頭幾年，儼然成為新右派的非正式機關報。

重要的是，我們從根本上發現了思考型右派，而且此一右派的參考基準，主要來自某一類型的傳統與價值體系，以及某種「世界觀」；最後這一點無論如何都讓人想起一九三四至一九四四那受到詛咒的十年。

到了一九八〇年，民眾對邪惡恐怖主義的畏懼來到最高點。該年秋天有消息披露，約有二十幾名警察屬於某個大家不大熟悉的新納粹集團「歐洲民族行動聯盟」，其首腦為馬克・弗迪克森。九月二十六日，巴黎大猶太會堂、猶太人大屠殺紀念館和一所猶太學校，這三個建築物遭人在汽車內以手槍連續射擊，而且事後追查不到蹤跡。等到十月三日發生了科貝尼克街炸彈攻擊事

㊼譯注：「時鐘俱樂部」與「歐洲文明學會」屬於同類型智庫組織。二者都被視為具有介於右派與極右派之間的政治色彩。

㊽譯注：一九六三至一九六七年，屬於偏激右派的政治型組織。

㊾譯注：全名為 Fédération des étudiants nationalistes，極右派法國學生組織。

㊿譯注：政治理論學家，義大利共產黨創始成員，發展出文化霸權理論；被視為抽象政治的始祖。激進右派研究葛蘭西、以思想獲取政權的學說立足。

貝當出現在《費加洛雜誌》的封面
（一九八〇年五月十七日星期六）

件後，大眾自然開始譴責有某種凶殘的新納粹主義再度出現。第四章末尾曾經分析過，為何眾人會有這種偏執的想法，而想法本身也是基於部分事實：一九七七至一九八一年間，有二百九十起攻擊事件歸因於極右派（包括科貝尼克街的案子，但這一起似乎有誤），在這些攻擊事件中喪生的有：阿爾及利亞人拉義得・賽拜伊（一九七七年十二月二日）、亨利・庫希耶（一九七八年五月四日）、皮耶・高德曼（一九七九年九月二十日），還差一點殺了亨利・諾蓋（一九八〇年九月二十一日），他是「人權聯盟」的主席[43]。

當時大家以為這類右派是「新的」，但他們後來的表現真是再傳統不過，至少那些首腦是如此，要不也可以算上它的選民。極右派真正的突破性進展，並不是來自帶著新想法的知識分子（他們頂多加強了傳統的部分），而是來自由尚－瑪麗・勒班領導的異質性運動，這位支持法屬阿爾及利亞與往日布熱德主義的老兵，經歷過包含各種不同「民族主義」成分的內部鬥爭。勒班在三年的時間內，成功地在各市議會放進了「國民陣線」的代表[51]。他的重要斬獲像是一九八三年與國會在野黨結成聯盟後，同年九月的德勒市市政補選[52]；然後是一九八四年六月的歐洲議會選舉[53]；一九八六年三月國民議會選舉[54]獲得三十五席，史無前例地和共產黨席位相同；以及一九八八年的總統大選，勒班在第一輪投票獲得將近百分之十四點五的選票。從此他正式進入法國的政治版圖。

[51] 譯注：勒班自一九七二至二〇一一年，一直擔任國民陣線黨主席。
[52] 譯注：兩大右派在野黨為共和聯盟黨（RPR）與法國民主聯盟黨（UDF）。德勒市補選，國民陣線於第一輪獲得百分之十六點七的選票，第二輪與共和聯盟黨結合，贏得選舉。
[53] 譯注：國民陣線獲得百分之十一的選票，勒班成為歐洲議會議員，之後也持續連任。
[54] 譯注：該年議員總數為五百七十七席。

這就是極右派獲得新生的三個時刻，也是客觀事實上三個不同的要素，雖說極右派各政黨之間有一定的連結，但若是把它們視為同質性的整體，那就錯了。然而混為一談已是事實，原因在於某些特定事件同時發生，再加上某些主題十分接近，而且最主要還因為所有主事者與他們的對手群，都曾自發地談論過黑暗的年代。

新右派的特殊性在於讓某些人、某些想法，從困在法屬阿爾及利亞戰敗的小團體中走出來。新右派人士不僅把頭髮留起來、把鐵棍束之高閣，甚至還對右派的專門用語下手，賦予它知識分子的光彩，否認它所有可恥的性質，以應對傳統政黨似乎從中得到的體會：

亞倫．德伯努瓦在一九七六年寫道，今天，右派似乎已經消失了。更準確地說，沒有人想再聽到有關它的事。我們不禁懷疑它是否曾經存在過。現在的情況就好像「右派」這個詞，從此還囊括了過去只保留給「極右派」的情感負擔（……）。左派在左邊，極左派在左邊。季斯卡與戴高樂各自的擁護者要賭一賭，看誰能從左邊繞道超過另一個[44]。

亞倫．德伯努瓦的諷刺，完全反映出少壯激進分子的主要感受，不僅如此，對那些政治性比較傳統的人，甚至莫拉斯的追隨者，也頗能引起共鳴，例如吉貝．孔特：

右派擁有幾個超過一世紀的政黨，還有數量可觀的報章雜誌、傑出的理論家，但現在右派本身已無法做出任何正式、坦誠、為大眾所接受的表現（……）。當今右派不願意展示自己真實的色彩，這一點當然騙不了人。除了機會主義、三心二意的組成分子之外，它甚且不能確切地表達出，有某種深刻的不安、某種道德上的分歧，一直存在於當代法國的內部[45]。

有不少原因可以用來解釋這種對於用詞、甚至事實的排拒。意圖平衡互相對抗的元素——「階級」與「進步」、「安全」與「自由」，它顯示出自由主義的特徵，尤其是在季斯卡的七年任期之內，迫使他處在這種虛假的平衡中。至於戴高樂主義者，由於不接受政治的雙重分裂，使得他們同時否決「右派」與「左派」的措詞[46]。不過此處還可以加上一點，「六月十八日之人」的傳承者，對於把抵抗運動這項遺產和右派綁在一起感到深惡痛絕，占領時期的經驗給法國右派帶來的恥辱感如此之大，勝過它帶給其他所有政黨的感受。如果每個人都要擠進、嚴格說來不可能存在的中心位置，是因為處在右翼仍然能聞到煙硝味。新右派，一心要以躋身知識圈來獲得認可，因此不得不公開迎擊、受到「維琪」瀰漫性（而且模糊）記憶覆蓋的明示與暗示的內容。

他們做起來很有技巧，又不缺意識形態上的連結，像是拒絕自由經濟、對專制與反對平等的政體情有獨鍾、恢復社會優生學與阿雷西．卡雷爾的論點[47]。而且表現得毫無保留。於是出現了三種似乎彼此對立的態度：對懷舊的排斥、替附敵的概念除罪，以及對此概念進行修改。

舉例來說，亞倫．德伯努瓦以鄙視的態度提到懷舊人士：「有些人想回到一七八九年，有些則想活在一九三三或是一九四五年（……）。這種心態乏善可陳[48]。」「時鐘俱樂部」的亨利・德雷斯岡也有相同的看法：「納粹？他們既愚蠢又極端[49]。」其他一些人則淡化納粹罪行與曲解「種族滅絕」的含義，嘗試延續維琪與戰爭的傳承，像是把它用在旺代戰爭的情況中[50]。第三類是把指控轉向左派。他們以澤夫・斯登赫的論點為依據，採用貝納—亨利・雷維充滿爭議性的文章，企圖證明附敵行為首先應算是左派的作為（因為在維琪和附敵分子的行列中，都能看到前社會黨人與前共產黨人），而且法西斯主義的重要成分是社會主義[51]。我們可以看到這些遭到扭曲的歷史，立刻被運用在國會舞台上。要想對抗自一九四五年以來左派對右派的指控，這種做法似乎是目前最有效的招式之一。

圍繞著國民陣線黨發展的傳統極右派，他們的態度比較沒有歧義。在這個圈子裡，並不是每個人都認為一九四〇年屬於糟糕的回憶。他們之中總是能找到一些曾經為貝當主義效勞、或是致力於附敵合作的人。一九八一年他們宣布創辦《見證報》，宗旨是為了「真正的法國，擁有重視工作、家庭與祖國，這些基督徒美德的法國」而努力，在籌組辦報的支持委員會中，出現以下這些名字：歐豐上將、莫里斯・巴代什、塞吉・詹赫[55]（一九四二至一九四四年國民教育部長亞貝・波納部長辦公室的一員），此外還有歷史學家皮耶・索魯、畢貝傑[56]，以及法國醫生暨作家皮耶・德布雷—利藏。

在這個陣營中還有《里瓦羅爾》週刊，在戰爭結束四十年後，仍然持續不懈地堅稱自己屬於一九四五年戰敗的那一方。以下不過是足以佐證的無數例子之一。一九八二年十一月十九日，它刊出一封讀者投書，這位不大高興的人士表示，自己對前附敵分子一直帶有敵意，他譴責週刊的擁護者，組織了前往尚・埃侯－帕其墓地「朝聖」的活動。埃侯－帕其[57]是前法國人民黨黨員，名氣來自巴黎廣播電台的固定時段，此人說過：「英國就像迦太基，必然會遭到摧毀。」他在解放時遭到槍決。投書人士得到編輯部這樣的回覆：

> 我們要提醒這位來信的讀者，《里瓦羅爾》週刊匯集了各種思想，有人「追隨貝當但不附敵」，有人「附敵但不追隨貝當」，也有與兩邊都不相干的人，但這些人後來才了解盟軍「殺錯了豬[58][52]」。

還有其他為極右派效勞，但邊緣性更強的報章雜誌，也保持了這種對四〇年代的懷舊氣息，例如《戰士》雜誌，支持者當中就包括了聖盧[59]（前「法國反布爾什維克自願軍」組織的記者）。雖然《戰士》雜誌對移民的話題非常著迷，但偶爾也會就政治史發表幾篇透澈的分析：

---

[55] 譯注：抵抗運動人士，曾代表國民陣線黨當選省議員，並擔任過該黨副主席。

[56] 譯注：法國道明會教士暨作家，也從事過電影工作。

[57] 譯注：親德的電台記者。

[58] 譯注：謠傳邱吉爾在宣布希特勒死訊時說：We slaughtered the wrong pig（我們殺錯了豬）。

[59] 譯注：原名Marc Augier，法國作家，二戰時也參在納粹黨衛軍擔任政治專員。

我們可以清楚地看到，在法國，幾乎所有的政體都是通過武力來進行更替：第一共和出自革命、第一帝國來自政變、波旁王朝因為外國武力入侵而復辟、七月王朝來自另一場革命、第二共和仍然來自革命、第二帝國來自政變、第三共和通過武力行動、第四共和藉由抵抗運動與盟軍的勝利、第五共和靠的則是五月十三日。唯一出自國會投票的法國政權，就是一九四〇年七月，賦予貝當元帥完全執政權力的那一次[53]。

能夠如此詮釋歷史，真有一套……

下面這個例子表現出的親緣關係，也幾乎直接承襲自四〇年代，那就是上述陣營在一九八三年十月十六日的聚會，名為「法國友誼日」，大約囊括了所有新興極右派的組成分子：國民陣線黨的勒班、全國農民與獨立人士黨的菲立普・馬羅與皮耶・賽讓（該黨成為「令人尊敬」的政治平臺）、全國大學校際聯盟的伊夫・杜鴻、《實錄》週刊與《見證報》的馮思瓦・畢紐，還有基督徒團結協會的侯曼・馬希（原名貝納・安東尼（Bernard Anthony）），以及喬塞夫・歐提茲與作家安德烈・費根哈斯。演講台上，阿諾・德拉絮控訴「馬克思主義者、共濟會成員、猶太人與新教徒，這四個超級勢力控制了法國，它們的象徵人物是夏爾・菲特曼、夏爾・艾呂、侯貝・巴丹戴爾與米歇爾・賀加這些部長」。此外賈克・普隆卡邀請出席者為貝當元帥鼓掌致敬，因為他「在一九四〇年八月解散了那些祕密社團」。這些人擠滿了聚會廳，表達他們過時的怨恨、恐懼與幻想，尤其是關於移民的議題[54]。除了形式讓人想起巴黎占領時期的動員聚會之外（也會讓人想到阿爾及利亞「事件」的動員活動），會場上的主要話題直接來自莫拉斯主義，與莫拉斯對四個聯邦[60]的排斥，同時也批評法國政府對這四種群體的接受。總之，該聚會人士的中心思想以排他原則為特徵（諸如猶太人、共濟會成員、共產黨員、社會黨員、外國人等等）。

從那時開始，勒班極其誠實而出色地證明了、自己完全沉迷於四〇年代。他似乎把戰爭以及維琪最強烈的含義牢記在心，但同時又堅決否認與當時的反猶太主義有任何關聯。一九八七年他說毒氣室是「第二次世界大戰史的細枝末節」，一九八八年「杜哈福焚屍爐」（Durafour crématoire）[61]，一九八九年詢問李歐內．斯多雷胡部長是否具有「雙重國籍」，等等。

然而與黑暗年代聯繫的力量也來自外界。由於新右派似乎和達其耶的鬼魂與新納粹的炸彈同時出現，因此使它立刻就被「妖魔化」。種種現象雖然彼此具有明顯的區別，但其實相互影響。一九七九年夏天，《新觀察家》週刊為新右派做了專題報導，其中有一篇亨利．吉曼關於貝當的文章，作者一再鋪陳的看法是，元帥可能在戰爭開始之前就「密謀」對抗共和國。在這樣的設想之中沒有任何論據，要不就是意有所指：新右派不僅是貝當的傳承人，而且還以他為榜樣，「密謀」對抗民主。歷史學家很久以前就駁斥了貝當早有陰謀的論點，所以顯得他這個攻擊很笨拙[55]。

---

[60] 譯注：莫拉斯以四個聯邦指稱新教徒、共濟會成員、猶太人與外國人。

[61] 譯注：杜哈福於一九八八年擔任人事暨行政改革部長。勒班在公開場合以杜哈福姓氏的諧音開玩笑，聽起來如同耐用的烤爐。勒班以公然侮辱部長，罰鍰一萬法郎。

同樣地，我們看到科貝尼克街的爆炸事件，立刻被算到極右派的頭上，猶太社群與左派的動員，也以反法西斯為主題而不是保衛以色列。這種不假思索把當代無論哪一種極右派，都與過去的貝當信徒或附敵分子、進行同化作用的例子，數不勝數，例如：已經成為此中象徵的德勒市市政補選、種族主義極右派的抬頭、一些與傳統政黨之間可能產生的勾結，在在使得左派的積極分子，自發唱起〈游擊隊之歌〉[62]。

這種混為一談的方式和冷漠的譴責並不相同，其敏感度要高於策略性，它所產生的首要影響就是無法及時理解眼前的現象。為了理解國民陣線黨的言論與該黨得票率上升，二者的特性為何，評論人士用了好一段時間、才跳出一律回歸「附敵分子」這個誇張的框架。

到底是極右派表現出某些症狀、拒絕把過往遺物束之高閣，還是一九八〇年代的左派難以擺脫對極右派歷史過度簡化的看法？

無論如何，我們可以注意到，極右派的再起也從六〇年代末的文化衝突中獲得不少好處。對占領時期的法國所生出的普遍看法提出質疑、在抵抗運動神話般的記憶中打開一道缺口，這兩種情形讓所有群體中的懷舊人士都得到好處。法屬阿爾及利亞的戰敗使極右派大受損傷、士氣低落，但它仍然經由間接的幫助裝修了門面，而且是來自摧毀神話的人物，領頭的是龐畢度與季斯卡。怎麼說呢，在一九六八年議會選舉與一九六九年總統大選期間，法屬阿爾及利亞的反戴高樂人士，首先與國會的多數黨拉近關係，接著就親近新上任的總統；到了一九七四年，季斯卡把護衛的任務交給右派激進主義色彩非常明顯的人士[63]，這些人於同年底，在季斯卡的祝福下，成立了「新勢力」黨。

這些極右派當中有很大一部分，似乎無法擺脫對一九四〇年產生懷舊與迷戀的自然反應。即使新右派做出富有現代思想的言論，但克制不住的反應似乎也讓它無法否認上述的傳承。說起來也沒什麼好奇怪，因為只有在那個特定的時期中，它的人員、想法與象徵意義，曾經得到一小部分權力。有哪個政黨可以輕率地不去理會自己的歷史、拒絕探索權力的文化？當然，無論是國民陣線黨或新右派，都不能把自己降為某種意識形態上的新貝當主義，或某種單純的「法國法西斯主義」的復興，而後者始終是引起激烈爭論的主題。無論如何必須考慮到，弒父的行為終究沒有徹底執行，而且還存在一股「工作－家庭－祖國」的懷舊風，它的籠罩範圍大大超出了極右派的地盤，就連一九八五年十二月的雷蒙．巴爾，是否也不敢違反這個禁忌呢（「要有工作、要有家庭、要有祖國，但必須是在自由的法國，因為自由的人會想要擁有它們[56]」）？這句話一點也不天真，幾個星期後的一九八六年一月十二日，這位可以成為總統候選人的前任總理，在法國電視一台的訪談中，進一步證實了他的想法，重新與元帥的思想本質連結起來，這曾經是他的信條也

⑫ 譯注：創作於一九四一年，二戰時期代表抵抗運動最有名的歌曲。

⑬ 譯注：一九七四年總統大選第二輪投票之前，《世界報》曾刊出，季斯卡的護衛人員毆打傾向投給密特朗的民眾，並與記者發生肢體衝突。這些護衛來自GUD，它是法國極右派學生組織，以激進暴力著稱。

是他的根本障礙，那就是能在沒有任何外國強權占領的法國實行民族革命，不必因此而遭到控訴背上附敵的原罪。

由此可見，在政治語言的範疇內，強烈的譴責不是推動執念的唯一外力。穩定的直接傳承發揮了作用，而且更妙的是，很多政治人物，不論是右派還是左派，都仍然相信提到元帥救贖者自有一番好處。可以是起恫嚇作用的稻草人，也可以是具有象徵意義的代表。

巴比：心理宣洩型案件？

一九八三年二月五日星期六，法國東南方的奧朗日市的軍事基地內，停著一架從法屬圭亞那飛來的道格拉斯DC－八飛機，機上走出一位疲倦且惶恐不安的七十歲男子，立刻就被轉移到蒙呂克堡[64]監獄。在那裡，戰後出生的初審法官克里斯提安．里斯，告知他在前一年被控犯下危害人類罪。此案似乎終於獲得了結：黨衛軍上尉克勞斯．巴比，一九四二至一九四四年間納粹駐里昂警察與保安處第四分部的負責人，四十年之後再度回到他的犯罪地點，落入曾經遭他虐待、處決者的下一代手中。

巴比一案出自司法部長侯貝．巴丹戴爾明確的意願，一下子就有了象徵意義。同時也具有重要性：玻利維亞公民克勞斯．阿特曼[65]在抵達法國本土後，媒體無法取得他的任何影像，因為要避免太快把這個人物「平庸化」，還要為眼前的事件與之後的案件，保留所有情感上與儀式上的分量。

巴比自一九四五年起就開始遭到追查，曾在一九五二年與一九五四年的缺席審判中，以戰爭罪被定罪[57]。他受到美國情報部門的保護（一九八三年八月十六日美國正式承認此事），一九七一年貝雅特．克拉斯費德⑯在玻利維亞找到他。貝雅特的先生塞吉後來披露了一件事，他說法國軍事情報機關一九六三年就知道了他的藏身處，但這麼多年來「法國沒有採取行動，什麼都沒做」[58]。法國當局到了一九七二年的時候，才不得不第一次要求引渡，並且在接下來的十年中都沒有成功。

一九八一年左派取得政權後加快了進程，同時玻利維亞通過自由選舉，於一九八二年十月十日選出新任總統西勒斯．蘇亞索，由於他也領導左派聯盟政府，使得整個過程更加容易。

密特朗當選總統後，抵抗運動的傳統獲得明顯的恢復，尤其是先賢祠的典禮。為了即將到來的尚．穆蘭離世四十週年紀念，其離世日期公定為一九四三年七月，於是還有什麼慶祝方式，會比引渡殺害他的劊子手來得更好？多虧了這件事，也許左派政府正好能藉此省略掉紀念儀式，想

⑭ 譯注：位於里昂的前軍事監獄，二戰時納粹將抵抗人士與猶太人關在此處。巴比曾下令將關押此處的一〇九人，轉移到里昂布洪機場執行死刑。

⑮ 譯注：巴比以這個假名取得玻利維亞國籍。

⑯ 譯注：貝雅特，原籍德國，與塞吉，法國律師，分別出生於一九三九與一九三五年，他們以聲討沒有受到懲罰的納粹罪犯為己志。

來這種典禮必須把所有人聚集在一起，一定會為組織密特朗盛況的負責人製造一些難題，因為在當時的背景下（「左右共治」或「開放執政」[67]都還沒有發生），很難把抵抗運動的所有組成分子聯合起來，戴高樂主義者和共產黨員都包含在內。

由於赫吉・德布雷[68]的支持，塞吉・克拉斯費德得以藉由上述那些有利的元素，促請政府在一九八二年，重新啟動巴比的調查案。特別是當時的好幾位部長就是前抵抗運動人士，非常重視此案，如：外交部長克羅德・謝松、國防部長夏勒・埃呂、內政部長卡斯東・德費，當然還有密特朗本人（他在二戰從事地下活動時期，可能已結識了塞吉的父親[59]）。而且還有一事，侯貝・巴丹戴爾的父親就是從里昂被帶走，並在奧斯威辛集中營喪生，巴丹戴爾一九六一年還旁聽過艾希曼的庭審[60]。在這個階段，一方面有律師，他代表集中營猶太人的記憶，另一方面還有展現抵抗運動傳承與記憶的人士，這兩類人的行動完全一致。

可以說巴比的到案明顯反映出政府強烈的意願，即使一九八三年三月即將舉行市政選舉，讓在野黨從中看出某種「選舉手段」。巴比事件既沒有在引起騷動的戰爭回憶中，表現得像是意想不到的高潮，也不是單純的症候群的化身。它傳達出政權願意為群體記憶提供一個特殊的時刻：巴比，納粹占領軍野蠻行為的象徵，曾經對尚穆蘭施以酷刑，如今這個人即將接受審判，就和其他同種類的「歷史」案件一樣，代表這個國家具有法制而且絕不遺忘。

關於此案的最佳指標，大概就是時任傳播部部長喬治・菲立烏提出，由電視現場轉播審判的過程；這會是法國真正的「創舉」，第一時間也獲得巴丹戴爾的支持（雖然後來遭到否決，但此事促成一條新法，那就是出於歷史目的，准許錄下「重大」案件的審判過程）。就這樣法國人民受到邀集，進行有志一同的慶祝活動，既屬於受難者也屬於英雄的活動，但是在國家級的紀念範圍之外，也就是位於所有的政治考量之外，因為司法是主要的執禮者。一九八三年二月六日，巴比抵達法國的第二天，總理皮耶·莫華在馬丁尼克島發表聲明：

法國政府決定逮捕克勞斯·巴比，並不是出於復仇的心理。它只是出於兩方面的關切。其一，讓法國司法得以執行它的任務，其二，忠於哀悼與戰鬥的時刻所帶來的回憶，法國依靠它們拯救了自身的榮譽。全法國的男女老幼不能忘了屬於他們的這段歷史。年輕的一代尤其要知道過往的經歷，以便做好準備，永遠捍衛祖國的尊嚴，進而捍衛人類的尊嚴。

巴比的案子很複雜，這一點政府當然知道，它不僅盤根錯結，而且還會引起一連串無法控制

---

⑰ 第一次開放執政是在一九八八年，米榭爾·賀加擔任總理，右派的民主聯盟黨議員，在國會中與社會黨黨團合作，部分議員還成為部會首長，被視為完全開放執政。

⑱ 生於一九四〇年，曾跟隨切格瓦拉（Che Guevara）在南美洲從事革命活動，返回法國後成為作家。一九八一至一九八五年間，擔任總統的國關特使。

的影響。此事再一次顯示出，無論執政當局展現出何種意願，又有哪些組織積極運作，第二次世界大戰的記憶，都不會進入預先安排好的、有結構的框架之中。

一開始，所有的事似乎都進行得很平靜。在這起事件最引人注目的時候，有份民意調查顯示出近乎一面倒的結果：百分之八十的受訪民眾認為，法國向玻利維亞要求引渡巴比是正確的行動（只有百分之十五反對）；百分之五十四贊成由法國法庭審判巴比（百分之三十三支持國際法庭、百分之三表示德國才有審判權、另有百分之十認為「法國不應該涉足這個案子」）；百分之七十一「有興趣」跟進審判過程，百分之十八「非常有興趣」，只有百分之十表示「不感興趣」[61]。不過這只能顯示出短暫的反應，很少人真正理這個解潛在的利害關係與障礙，尤其是在這個階段。

果然，很快就出現了種種不確定的狀況。接受詢問的重要人士很難就驅逐巴比的時機達成共識，對於未來審判的意義也看法不一。席哈克對於正義得以伸張表示欣慰，常常被人問到此事的薇伊，不僅希望旁聽審判過程，同時還希望看到「它對歷史的貢獻」，因為，再怎麼樣，「人類的正義都不會從這個案件中獲得什麼好處[62]」。很多前抵抗運動人士或集中營受害者，也持有相同的看法，他們希望這個審判「具有教育的意義」。

在極右派這邊，「健忘的人士」當然迅速多了起來：尚－瑪麗．勒班、《實錄》週刊、《法蘭西觀點》週刊（在他們眼中，巴比不過是「笨拙的施刑者[63]」），不過從整體上看這些人只是少數。國會中，在野黨的雷蒙．巴爾坦白表示了他的不自在，並按照自己的意思引用里昂大主教德古泰的一句話：「它屬於需要保持緘默、而不是勇於發言的事件之一[64]。」這是他自己偶爾會忽略的箴言……。共和黨祕書長馮思瓦．雷歐塔公開表示他對「回收」感到憂慮。他利用自己因世代使然，與歷史毫無瓜葛的背景，甚至說了以下這句話：「目前有些政治人物不見得會對這段過去感興趣。」在那些興奮期待著會發生什麼事的媒體面前，這倒避免了一些模糊不清的發言[65]。謾罵的欲望再次出現。同時，左派與右派也都重新開啟了老檔案。《晨報》下了「有人正在發抖」這個標題，指的是附敵分子可能會因為審判帶來的後果，成為被追究的對象。所以首要的風險就是，巴比的案子再度點燃法國內鬥，從而使它喪失了成為象徵與典範的所有重任。不過這個憂慮很快就被接下去的發展破解了，因為在第一時間裡，這個案子只是法國人用來消遣的愛好之一，雖然大眾同時也體認了黑暗年代的精神創傷與執念，還把頭號敵人納粹德國人格化的罪惡送上審判台。

緊接著又有第二個風險：這個案子扯出各種旁支末節，掩蓋了最重要的事件。尚．穆蘭的前妻瑪格麗特．斯托克塞胡提就演了一場悲喜鬧劇；其實她和穆蘭才結婚一年就在一九二八年離婚了，當時這事還登上幾份報紙的頭條[66]。此外，還出現一些帶有間諜小說氣息的暗示，說美國和法國的情報部門曾在戰後保護過巴比。這些傳聞幾年後（一九八五年），替換成對某些新納粹組織與瑞士金融家馮思瓦．哲努[67]的追蹤報導。

然而，最難評估的風險，也是對預期的回憶作用產生最嚴重後果的風險，正是事件本身的核心。一九八三年二月二十三日，里昂的檢察官宣布了指控的罪名。針對克勞斯．巴比提出的八項具體事實，全都涉及對「平民」進行逮捕、施以酷刑或驅逐出境，尤其是猶太裔受害者。照這樣看來，檢察官尚．貝堤耶忠於司法部長所要求的行事準則，而後者在整個案件中，也一直嚴格遵守法律：

……克勞斯．巴比極有可能對抵抗運動成員犯下的行為，不包括在他所擔負的危害人類罪的指控罪行中（……）。這些事實構成了現今規定的戰爭罪，但沒有顯現出危害人類罪的內容，也就是針對在戰爭時期與占領時期，平民所遭受的屠殺、暗殺與驅逐出境等狀況，例如種族滅絕、劫持人質等（……）。由於抵抗運動人士挺身反對維琪政權和占領軍，屬於自願戰鬥人員，而且他們一向強烈訴求這個特性，也受到法律的承認（……）。因此，從司法上而言，他們並不等同於受到紐倫堡國際法庭憲章所陳述的一般平民。

關鍵是，正是在這個階段開啟了司法、記憶和歷史之間的矛盾。

第一個難題就是犯罪的證據。巴比被判定為有嫌疑的證人，他必須要能受到完整的法律保護。即使就歷史層面而言，無論是他具有黨衛軍與納粹成員的身分、他在里昂執行的行動、或是他所擔負的責任範圍全都沒有任何疑問，司法仍然需要足以確立**個人**有罪的具體實物證據，不是因為他屬於某個具有犯罪名聲的系統而招罪。於是產生了第一波衝突。證人－受害人……，過了四十年後，並不是絕對的保證；至於文件，只有正本才算數：一九八三年十二月，被告方說服里昂法院接受了他們對「使用偽造品」的控訴，指的是一封電報的複印本，內容是巴比於一九四四年四月六日下令將四十四名伊澤市的猶太兒童運往集中營[69]。不過被告方當時這個象徵性的小勝利也就到此為止。多虧了塞吉・克拉斯費德在當代猶太文獻中心的長時間搜尋，終於找到這封電報的正本，使它在一九八四年十二月成為第一份犯罪物證[68]。沒有任何歷史學家會懷疑這封電報，或懷疑那份由紐倫堡法院拷貝的影印文件。沒錯這就是司法，即使在審判程序終了時只能受理區區幾項罪行，完全不能呈現納粹巴比的歷史現實與犯罪程度。那麼在這些情況下，又能怎麼提起「歷史教育」？

第二個難題：記憶之間的對抗。巴比遭到起訴的幾天後，他的好幾位受害者或受害者的家人，以及二十二個協會（人權聯盟、達豪受害者聯誼會、隆河省抵抗運動志願戰士聯合會、集中營倖存者、抵抗運動關押人士與愛國者全國聯合會……），聯合提起民事訴訟。不過沒有人能忽略司法——引用法律，所做的根本區別：「戰爭罪」是在軍事行動中危害了士兵**或等同士兵者**，例如抵抗運動分子，享有二十年的追溯時效期；只有危害平民的「危害人類罪」，特別是在最終解決方案的框架中，才具有不受時效限制的性質。這個區別非常重要，意味著法國司法部門在預審階段認為，尚・穆蘭的死，以及巴比對南法抵抗運動之都里昂、其影子部隊所進行的殘酷鬥爭，雙雙被排除在訴訟程序之外，也就是在法律層面「遭到遺忘」。然而，當初逮捕巴比正是出

[69] 譯注：這是伊澤之家（Maison d'Izieu）紀念館公布的資料，原書上資料六月六日、四十一名兒童，應該有誤。

於反對遺忘的名義！

真是矛盾，殺害我們民族烈士的人，可能受到的判刑卻是基於他對數百位平民（主要是猶太人）所犯下的罪！因此在法庭上，抵抗運動可能會變得無聲無息。不過也有某些人以暗示性的口吻說：「非常合適！」本來關押集中營的往事，以及不久前才辛苦建立起來的「大屠殺記憶」，可以在此時找到表達的機會，因為至少直到七〇年代初，抵抗運動的記憶多年來始終缺少官方的紀念活動。繼艾希曼在耶路撒冷遭到起訴之後，巴比拘押在里昂有助於譴責納粹主義的本質。

然而此時並不利於前抵抗運動人士，尤其是尚．穆蘭的親友。在遵循法律的情況下，具有象徵性的民族英雄竟然從審理過程中消失，這要怎麼讓人接受？或許就因為太具有象徵意義，而且出乎意料，以至於無法隱藏的某種內疚與某些恰巧出現的遺忘，隨後都在激烈的論戰中逐漸暴露出來。此外，一九八七年四月，審判開始幾週前的一項民意調查，讓抵抗運動人士認為足以證實他們的憂慮，調查結果刊登在一九八七年五月二日的《世界報》。該項研究顯示大多數法國人，自發性地將巴比定調為「黨衛軍」、「納粹」（百分之四十），甚至是「殺人犯」和「施刑者」（百分之三十七），但只有百分之二的人認為，就是他「對尚．穆蘭施以酷刑並加以殺害」。司法與歷史之間的這種矛盾本來會一直處於潛伏期，因為遵循法規和尊重裁決是這種審判的本質，其目的正是要證明民主制度優於納粹主義，後者對法治政體的完全否定。可是沒想到出現了意外的元素，巴比的律師賈克．魏傑思。

魏傑思十七歲離家，投入抵抗運動組織「自由法國武裝部隊」[70]，戰後成為共產黨員，後來擔任「民族解放陣線」（ＦＬＮ）㉑的律師，並與巴勒斯坦各組織交好。出於個人的政治因素，也出於對「資產階級民主」的仇恨，他很有技巧地進入巴比檔案的層層環節之中，不論是司法檔案還是政治檔案。為此值得替他做個簡要的分析，因為，此案如果沒有內在的悖論和含糊之處，魏傑思大可以把心思放在其他的敏感案件上。所以即使當時預想不到他的參與，但此事絕非偶然。

「是魏傑思選擇了巴比，而不是巴比挑上魏傑思[69]。」原則上直到六月十五日為止，都是由里昂律師公會會長亞倫．德拉塞維特為巴比辯護，他指定自己做公設辯護律師。他還找來了「牧師律師」侯貝．博瓦耶以及魏傑思，也許是出於馮思瓦．哲努的建議，這位瑞士金融家和新納粹組織頗有交情。不過，一九八三年六月十四日，里昂大主教德古泰以反對「納粹主義常態化」的名義發表聲明，譴責教會成員參加這個案件。隔天，德拉塞維特也退出了為巴比辯護的行列，把這個任務留給了魏傑思一個人[70]。

幾天之後，魏傑思就在監獄－司法行動委員會㉒組織的座談會上，說明自己辯護的對象就是前納粹，那個主張與資產階級政權實行「決裂戰略」的「左派活動分子」；可見魏傑思很久以前就做好了準備。首先他重申，巴比「因為逮捕尚．穆蘭而進入了我國的歷史」，接下來他對「穆

⑳譯註：於一九四〇年在戴高樂將軍的支持下組成。
㉑譯注：阿爾及利亞政黨，一九五四年以國家獨立為建黨目標。
㉒譯注：成立於一九八〇年，目標為「支持尋求援助的囚犯和刑事被告，並使大眾了解他們的奮鬥」。

蘭事件」因受限於危害人類罪的定義，所以排除在審理程序之外這件事提出異議，他表示該定義非常「具有延伸性」，完全可以運用在這個案件中。在他看來，真正的原因出在別的地方：

如果我們認為這是危害人類罪，那就應該討論尚．穆蘭是在什麼情況下，落入德國人手裡，因為他不是碰巧在搜捕時意外遭到逮捕，尚．穆蘭是被法國其他抵抗運動人士送到德國人手上的，而且現在有些政治人物倚仗抵抗運動的名聲，想要出現在輿論中，如果他們夠狂妄的話，也許還想在歷史之中露臉，而且他們確實狂妄，有如純正的英雄，新世紀的維欽托利⑬。如果穆蘭事件真的放在審理程序內，那時大家就會知道，我們這許許多多的維欽托利，實際上是表裡不一、兩邊討好的人，這些人的黨派政治熱情使他們忘了抵抗運動提供的服務，而且他們過去要不就是反戴高樂主義者，要不就是反共主義者[71]。

然後他說，一九六四年十二月以前，之所以沒有通過戰爭罪不受時效限制的法律，就是為了防止像他這種為「民族解放陣線」戰鬥的律師出現，「淹沒」了檢察機關，同時他也指出，法國應該先把自己內部的問題處理好[72]。這是他最常在公開場合使用的論點。

他的聽眾（一群極左派的鬥士）提出若干苦惱的疑問之一就是，巴比不光是德國人，還是「惡魔」，魏傑思面對這個問題的說法是：

審判是一個事件，它引起挑釁，策劃劇情，安排其他人想要看到的表演，但是由我們執行我們想要的剪接。這裡的剪輯，指的不是操弄的手段，而是讓我們所擁有的元素富有含義[73]。

他還說：

我們所在的位置沒有權力，唯有通過權力的無能與盲目所提供的機會，才能引發討論[74]。

魏傑思面對自己陣營的群眾，不禁在幾句話語中透露了他的意圖和計畫。而且之後也精確地加以實行。首先，他很清楚任何政權即使是民主政權也一樣，要在事情發生之後，不管有沒有罪行產生，以「回溯的方式」評斷某個政治體系，可說是困難重重，堪稱紐倫堡的審判程序於四十年後再現。出於對死者的尊重和保持警惕，牢記犯罪始末是一回事。可是脫離了當時種種環境，生活中的氣氛又絕對不會讓人想起盟軍發現死亡集中營時的驚恐，此時要用民主制度的法律和正義來定罪是另一回事，也許必要，但非常棘手。

其次，他試圖把「教育意圖」轉變成自己的利益，於是那些期待此類事件能讓大眾「吸取教

⑺③ 譯注：西元前一世紀的高盧人領袖，在抵禦羅馬軍隊入侵時落敗，被凱撒處死。

訓」的人，反而顯得比較天真。而且一九六一至一九六二年，艾希曼的審判已經讓我們看過其中的陷阱。該案顯示出「邪惡的平庸性」，也就是它可能存在於這裡或任何其他地方，以及因此而產生的虛偽，它審判某個失敗系統的代表人物，然而審判所在地卻讓其他種類的極權主義系統、或其他種族滅絕的悲劇糾纏不已。該案還揭示了最終解決方案中，某些隱藏起來的面貌，例如猶太人委員會的態度，或是受害者的「被動性」[75]。也因此上述案件會在一開始看似簡單（且瘋狂）的計畫中引起騷動：在以色列審判種族滅絕的最高負責人之一，而這個國家的建立正是來自納粹大規模的罪行。不過正是因為艾希曼的審判承載了龐大的意識形態與情感分量，所以為這個年輕的猶太國家，建構出極具歸屬感的牢固實體，這一局挑戰無疑是值得的。

最後，也是最重要的一點，律師擊中了整個結構的致命弱點，那就是抵抗運動留下的記憶。這個記憶不僅被排除在辯論之外、也不僅必須壓抑自己的憤怒，它還得把原有的陣地讓給魏傑思。此人明目張膽地利用該檔案作為爭議事件、在輿論中很敏感的層面，再度開啟往日的爭議，此時由於牽涉到抵抗運動人士之間的關係所以更加沉痛。光是這樣還不夠，他又以捏造的方式表現地下抗戰時期非常嚴峻的人性與政治環境。這讓我們再次看見過去弗里松直搗猶太人記憶裂痕的手法。

在巴比抵達造成的餘波中，尚．穆蘭被捕時的情況早已重新從記憶中浮現。大家再度提到一九四三年六月二十一日的種種事件，儘管司法不起訴赫內．亞迪，但他所扮演的角色，在眾多抵抗分子的眼中，就是那個「背叛者」。簡言之，穆蘭事件，也就是他的所有任務，雖然被預審排除，但仍然會出現在媒體上。魏傑斯就利用這樣的溫床，於一九八三年十一月出版《擺脫彼拉多[74]》，用它來製造虛假的爭議事件[76]。僅僅用了十二頁（！），沒有任何新的內容，因為他只是抄錄一些很舊的資料，來發揮「背叛」事件的論點，完全符合上面提到的、六月那場座談會所勾勒的策略。他在書裡下的功夫無關文字措詞——四十年來大家早就知道穆蘭是被出賣的，而是著重洗腦與挑釁，他讓人相信確實有什麼「機密文件」能證明他的指控。不過，同一時期，在一些專門研究第二次世界大戰歷史的機構中，歷史學家在尋找「關鍵」書信或文件時，還真的認出了魏傑斯的幾個黨羽……，證明了魏傑斯當時所謂的檔案內容，要比他力圖讓人相信的更加貧乏。

這都無所謂，主要的是挑釁成立，抵抗運動人士改變了低調的態度。接下來是雪崩式的聲明、澄清、自白與撰述，讓人覺得這些反應以防禦為目的，總之有利有弊[77]。不過這只是第一個階段，隨後，「集中營倖存者、抵抗運動關押人士與愛國者全國聯合會」、「全國前抵抗運動人士協會」、「人權聯盟」、「支持人民友誼反對種族主義協會」，以及其他好幾個組織，共同施壓發起了反擊。一九八五年十月五日的判決（將巴比移交給隆河省重罪法院），結束了偵查工作，將檔案移交給最高法院，後者於一九八五年十二月二十日撤回重審。這是「歷史性」的決定，法院還對危害人類罪做出新的詮釋，並在指控中加入某些侵害抵抗運動人士的行為。所有的

---

[74] 譯注：彼拉多約生於西元前一世紀末，根據「福音書」的記載，這位猶太行省總督，雖然找不出耶穌的過錯，但還是將祂處刑。

偵查工作又重新執行了一次，於是新檔案的結案時間推遲到一九八六年七月九日。這一天，巴黎上訴法院對巴比的判決成立，除了已援用的事實外，還受理了有關侵害抵抗運動人士的六項指控中的三項。真是具有啟發性的裁決：「被關押在集中營的人（……）由於他們確實或假定從事了抵抗運動」，被告必須擔負刑責；但是一九四三年某警察局長，因為放走抵抗運動人士，使得自己遭受酷刑致死一案，被排除在辯論之外。

危害人類罪的犯行者，必須是在其所屬霸權意識形態的政策框架內行動，例如第三帝國國家社會主義意識形態。這個動機必須是特殊的，而戰爭罪只要求犯罪意圖[78]。

能夠這樣將納粹主義的「霸權意圖」和戰爭或警察的行動區分開來，真是周密……。然而納粹發動的戰爭，不就是以霸權統治歐洲為持續與最終的目標？根據這種標準，所有反抗第三帝國而喪命的人，不就是死在霸權主義之下。

我們不得不認為，魏傑思用他特殊的方法確實得了好幾分。早在一九八三年六月十五日時，不知他是否想像過這種局面？難道他不了解記憶中存在對抗性？除了他還有誰曾經仔細品味過塞吉．克拉斯費德、亨利．諾蓋以及維爾高[75]、他們就猶太人的記憶與抵抗運動人士的記憶，所進行過的疑點重重的辯論[79]？受害人之間的爭執，能具有什麼教育性的作用？

除了條條合理的司法論點之外，甚至在作為壓軸好戲的審判開始之前，巴比一案還就記憶，提出了一些非常重要的挑戰。

首先是形式上的。審判巴比具有宣洩的作用，正如艾曼紐・勒華拉杜里在巴比移送到法國幾天後所作的預言，它是「龐大的民族心理劇（psychodrame），以整個國家作為精神分析治療的範圍[80]」。

其次是內容上的，也就是該事件集體表象（représentations collectives）的未來發展。我們是否應該著重最終解決方案的特殊性，因此把反猶太主義視為原始與固有的扭曲心理？是否應該強調整個政治體系的性質，並重視所有的受害者？

在一種情況下，猶太中心主義就某些觀點來看比納粹主義更精確，因為二者雖然都以猶太人為主要目標，但猶太人並不是納粹主義的第一個、也不是唯一的目標。這是國際法在區別戰爭罪與危害人類罪這部分所確認的內容，首先針對的就是最終解決方案。在另一種情況下，具有主導地位的是某種「政治性」更強的概念，它試圖與抵抗運動的統一精神（或假定的統一精神）重新連結起來。這個概念對納粹主義的獨特層面，像是涉及反猶太主義的部分，完全不感興趣，而是牢牢地建立在對抗所有的高壓制度上，不論受害者是誰。這樣的概念在之前提過的猶太抵抗運動人士的情況中，能找到它的合法性與邏輯性，然而，此一概念屬於「抵抗運動」還是「猶太人的身分」，到底哪一種占優勢？這個概念在一九八五年說服了最高法院的法官。此後為罪行定義不

---

⑦⑤ 譯注：本名 Jean Bruller，法國作家暨插畫家，短篇小說《沉默之海》就是他的作品之一。

再依據受害人的性質，而是依據行為的性質，以及犯罪者認同的意識形態。

不過，這種面對事物的看法不是沒有其含糊之處：在縮減戰爭罪與危害人類罪，這兩種罪行性質之間的法律界限時，抵抗運動人士也有可能會失去、自解放以來經由高度抗爭才獲得的特殊屬性，該特性成功讓人接受他們曾經是**戰鬥人員**，而此一定義說明了為何會援用**戰爭罪**的概念。

無論哪種情況，我們是否都能讓司法來指引出歷史的意義？對危害人類罪所做的限制性解釋，直到一九八五年都具有法律的名義，之後這個特權就給了戰爭罪。這不一定表示，對它們各自的看法會因時代的不同產生對或錯的區別，而是標示出必然會有的心態轉變。只是要能接受，以反映法律為目標的司法機構的立場，事實上也可能會反映出群體的記憶。有待證明的是，自肅清結束以來我們多次看到，在傳播記憶的媒介等級中，司法應該不是最忠實的那一個。

審判與它的影響

如今再看一九八七年五月十一日至七月四日間，為期六個星期的巴比案件，著重的部分自然有所不同。法國人的記憶歷經長時間的演變之後，這起審判是否真的在這樣的規模上，起到了民族「宣洩」的作用？它是否代表從此沒有退路？應該不是，或者不完全是，但它毫無疑問標出了一個轉折點。

根據最高法院一九八五年十二月二十日的判決，針對巴比的指控，並不限於最終解決方案範圍內的罪行。他被控犯有以下五項罪名：一九四三年二月九日在里昂市聖凱特琳街逮捕了八十四人，並將他們遣往集中營，「法國猶太人聯合總會」里昂委員會因此遭到鏟除；一九四四年四月六日逮捕了伊澤難民營中的四十四名兒童和七名成人，全數遣往集中營；一九四四年八月十一日，從里昂發出最後一批押送列車，「大約」六百五十人被運往集中營；馬塞爾・龔佩爾教授遭受酷刑致死，另有其他人士於一九四三至一九四四年間被遣往集中營；勒澤夫一家被遣往集中營，唯一的倖存者是莉茲・勒澤夫[76]，她在審判時出庭作證。在這五項指控中，最後三項同時涉及猶太人和抵抗運動人士，但沒有區分出「猶太人」或「抵抗分子」，哪一種特性比較受到重視，也沒有指出哪一種可能是罪犯作案的主要原因。所以巴比被判處無期徒刑，的確是因為他犯行的本質，而不在於受害者的特性為何。因此，關於這一裁定是否確切，再次掀起了論戰，這種裁決無疑是用最終解決方案與屠殺猶太人、二者自身的性質為論據，駁斥它們同屬一體的說法，但是藉由將危害人類罪的概念，從偶發性的罪犯——納粹主義與實際受到審判的納粹成員身上，分離出去，從理論上而言是對未來運用此法時鋪路。雖然當時這項裁定在許多方面都很有爭議，但是它有助於隨後對圖維耶提出起訴，他的反猶太行為與他領導的反抵抗運動相比，前者居於次位，但他採用的手段和方法接近納粹主義的作為，因此符合罪行不受時效限制的法律。此處正是重要的轉折點，在一九八五年十二月的裁決中，對法律的新態度相當明確。於是，當我們看見勒給和圖維耶的預審程序（見上文）大幅加快，並不是巧合：有了對罪行的新定義，又把德國罪犯

[76] 譯注：抵抗運動人士，在里昂被捕，巴比對她施以酷刑。她的丈夫與兒子隨後也遭到逮捕並喪命。

定了罪之後，就不可能再以法律原則為名義，遲遲不把犯有類似罪行的法國人送上法庭。

還有另一個值得注意的事實：乍看之下，魏傑斯律師在審判中採取的策略失敗了。既沒有引起轟動的實情披露，也沒有破壞原來的穩定，本來被告不出席聽證會應該會讓魏傑斯成為主要的靶子，也就是每場聽證會的「主角」。民事訴訟的原告律師之一保羅．威亞，在他的辯護詞中就說：「其實這些都只是虛張聲勢。」

一點也沒錯，虛張聲勢。然而，逃過大屠殺的猶太人，他們的記憶和抵抗運動的記憶之間，實實在在存有矛盾，儘管在審訊時表現得很隱誨。這是魏傑斯律師唯一成功發揮的部分。不過他也只是為了自己的利益，才運用了這兩種社會與歷史意義都很不同的記憶，它們長期以來一直處於分歧的狀況，甚至衝突不斷，尤其是在發生了如何定義危害人類罪的論戰後，就已經表現出彼此的不同。在這些衝突中有以下這樣的例子，七月一日進行庭訊時，「法國猶太人社團總會」的律師札威，中斷了阿爾及利亞籍的辯護律師布瓦依達的辯護，後者當時正把納粹主義和以色列政體的態度進行對比。札威表示他想要駁斥那些「令人無法忍受的言論」。然後，同樣是民事訴訟庭，輪到他被拉夫翁攻擊，後者是「解放者」抵抗運動人士協會的律師：「辯護乃自由行為，唯一能對它進行審查的，只有陪審團的各位先生女士們[81]。」其實之前在六月二十三日的庭訊上，人權聯盟的律師亨利．諾蓋，本身也是歷史學家和抵抗運動協會的發言人，就曾經警告過魏傑斯律師：「如果巴比的律師在答辯之時，提出並發展的嚴重指責足以導致律師本人獲罪（指的是他毫無根據地指控前抵抗運動人士涉及尚．穆蘭遭到逮捕一事），就算他以辯護人言論自由的名義重複上述指控，我也必須要求法庭執行我本人認為必要的調整[82]。」於是芬基爾克勞有此一問：「諾蓋代表抵抗運動人士要求中斷發言屬於合理行為，怎麼當札威代表猶太人運用這個方法時，就成了不敬的行為。如何解釋這種雙重待遇[83]？」然而，抵抗分子的某些律師和被告的辯護律師之間、這些意想不到的戰術聯盟，顯示出某種反猶太復國主義的情況仍屬輕微——他們或多或少都有這個傾向，但主要還是兩造之間客觀存在的聯盟：魏傑斯律師與抵抗運動的律師團，出於截然相反的理由，都想把穆蘭事件「工具化」，讓抵抗運動出現在法庭辯論之中，而且他們也都對最高法院的裁決感到滿意。魏傑斯因為分散了注意力，也算是有些收穫。另一方面，**抵抗運動**（不再只有**遭受**巴比**迫害的抵抗分子**）重新成為案件的主角，由於它已進入法國歷史，所以這個地位咸認合理，不會因為戰爭罪和危害人類罪之間的細微差別而受到影響。

從這個意義上而言，巴比的審判當然屬於抵抗運動記憶中的轉折點。它顯示出該記憶從此會在第二次世界大戰的表述與回憶中成為一個結點。事實上還必須指出，在案件開始的前幾年當中，這部分記憶曾經一直是攻擊的目標，那些攻擊帶著或多或少的根據與公正性，大部分的時候意識形態的因素發揮了充分的作用。例如：魏傑斯律師的幾次攻擊，主要藉由克羅德．巴厄導演的電視劇《苦澀的真相》，指控某些抵抗運動人士背叛了尚．穆蘭，就像雷尼．哈迪那樣，哈迪長期以來一直被視為將穆蘭實際交到巴比手上的那個人；猶太裔導演莫斯可一九八五年六月推出紀錄片《退休的恐怖分子》，片中包含對共產黨的攻擊；一九八六年九月，亞歷山大．德．馬宏什以「從未公布的蓋世太保檔案」為掩飾做出攻擊，提到「某些著名抵抗運動人士」的「變節」[84]，等等。顯而易見，這段時期的一切，看起來就像是大家都在努力消除障礙。實情是，抵抗運動人士與大屠殺的倖存者具有相同的處境：難以「進入法國歷史」，也就是對神話進行審視與正確的認識（之前我已談論過這部分）。

一九八九年，丹尼耶·柯迪耶的書招來普遍的強烈抗議（幸好是在巴比的審判之後……）就是明顯的例子。然而，這一次與之前的其他抨擊不同，柯迪耶是「自己人」（尚·穆蘭的前任祕書與親信），他提出了不容置疑的文件，促請所有歷史學家信賴他所重建的檔案，並擱置以前的證詞。柯迪耶的本意無關「攻擊」或誹謗，而是要重建、因為缺乏文件所以長久以來無法釐清的真相。可是，抵抗運動組織的發言人再次表現出猶如困獸之鬥的反應：絕對不能碰觸由結合穆蘭與戴高樂所構成的抵抗運動的神話，也絕對不能提起某些抵抗運動人士親近貝當主義的遲疑表現，其中就有亨利·費內的猶豫不決⑰，儘管這部分的內情缺乏實物證據，也沒有奠基於檔案紀錄的整體分析，但多少早已為人所熟知[85]。

在該案六月十八日的庭訊中，律師保羅·威亞，本身是前抵抗運動人士和前里昂律師公會會長，他在陳述時表示：「法國抵抗運動不會在這件事情上分裂；它已形成牢不可破的整體，什麼都不能將它摧毀[86]。」「……整體」，選擇這個詞，就跟選擇庭訊日期一樣，絕對不是偶然：該詞衍生出我們民族傳統的另一個「整體」——法國大革命，當代歷史撰寫把它處理得四分五裂，而這一點正是火焰守護者⑱力圖避開的危險。

然而，除了法庭上的辯論與戰術之外，巴比一案最重要的是聚集了所有的見證者，無論是抵抗運動人士還是大屠殺的倖存者，各式各樣的情況都有。出乎所有人的意料，以及案子開審前各方表達出來的憂慮，證人的陳述構成了主要的事件。雖然嚴格說來，這些證詞對巴比定罪所做的貢獻微乎其微——檢察官特魯什偏好佐證的文件，但它們給了這個案子特有的表現層面，那就是受害人擁有發言權。把他們召集在一個不僅是「記憶的場所」，而且還是行使司法的場所，加上與事件相符的神聖化過程，彷彿是在法國歷史內尋求解脫與復仇。筆錄的內容並無特殊之處，但是這些證人：安德烈．弗薩⑲、莉茲．勒澤夫、黑蒙．奧布拉克⑳、瑪麗－克羅德．魏央－庫居希耶以及其他許多人，都是這起案件唯一的「主角」，因為他們把充滿象徵性的面貌，賦予了所有念想中的亡者。「巴比案延遲了將納粹真正的受害者載入歷史的最後一刻」，亞倫．芬基爾克勞這句話說得很正確，然而他不需要對這一點表示遺憾，因為載入歷史是必然的事[87]。審判巴比正好發生在悲劇的倖存者、將「歷史化」視為威脅的時刻，所以該案完成了更符合實際狀況也更平凡的作用，因為整起審判秉持的是法律的精神，首要目標就是為受害者伸張正義，然後才是

⑰譯注：由於他的軍人背景。

⑱譯注：火焰，位於凱旋門下無名烈士墓前的火焰；每晚六點半由退伍軍人——守護者，進行點燃火焰的儀式。

⑲譯注：記者、散文作家，法蘭西學術院院士。二戰時參與抵抗運動，在里昂遭到逮捕，後從監獄中逃出。

⑳譯注：猶太裔，抵抗運動人士。

「重要的歷史借鑑」或是有機會「喚醒意識」，後面這兩點雖然是值得高度讚揚的目標，但其他的記憶媒介也能發揮完美的作用，反之則無法達成本案的成就。再說判決宣告以後，根據各界不同的表態，這種正義得以伸張的感受似乎占了絕大優勢，無論如何要多過覺得自己接受了回憶的教育。

也因此審判巴比一案確認了自一九七〇年代末以來，一貫訴諸司法的手段，也就是說，法庭在這十年間終究只是一個場所，一個以特許的方式、表達特定時代記憶的場所，本書也指出了其中所有的模糊性。克羅德・朗茲曼[81]說：「重要的不是教導的方式，那只是教授一門死去的知識。重要的是傳承、重生，消除過去與現在的距離。審判法庭不是紀念的場所[88]。」他還說：「而且，雖然它涉及傳承，意思是把事情發生的真正經過傳遞下去，但是在過了四十年之後，拍攝一部《浩劫》[82]，更勝於進行一場審判[89]。」這個明確的立場，凸顯了一九八〇年代形成的挑戰：既然往事重現是明確且輕易就能觀察到的真實，同時又是精神上必不可少的過程，那麼問題不能歸結為簡單且應景的「記憶，還是遺忘」（近年來，整個文學創作大量運用這一點），而是什麼才是最好的傳播媒介（影片、審判、文章）？傳播本身的意義是什麼？此外有必要讓這些媒介彼此競爭嗎？法國電視台播出《浩劫》之時，巴比的案子也正在進行，雖然我們的國營與私營電視頻道，因為膽小怕事的本性，或因為屈服於「收視率」的考量，而把播出時間安排得很晚（午夜左右），可是也阻止不了數百萬的電視觀眾。雖然朗茲曼的上述所言，出於創作者與電影工作者的立場，但他說出了真相：很有可能他的電影在傳承這方面，不論是過去或未來，都比里昂的審判具有更強大的影響力。況且，影像具有明確的歷史背景，能夠把代表含義清楚地表達出來，帶給觀眾更多的感受。然而影像不會讓含義永遠固定不變，至少它的限制性要比司法審判來得小，司法審判不得不藉由「判決」講出歷史，而且在這個例子中，還必須對國家社會主義做出嚴格的定義，可是從根本上而言，歷史真相（不僅僅是歷史學家的真相）是相對的、不斷變化的，並且會受到不斷審視的約束。

---

⑧1 譯注：猶太裔法國作家暨電影工作者，前抵抗運動人士。

⑧2 譯注：由朗茲曼執導，一九八五年推出的紀錄片，內容關於二戰時期納粹對猶太人進行屠殺的始末，片長將近十小時。

第二部

傳承

第六章　症候群的傳遞媒介

本書第一部分所描述的演變，當然無法涵蓋所有的死灰復燃、反覆出現的事物，以及記憶帶來的各種張力。然而還是能以它為根據，畫出某種「熱度曲線圖」（圖一）。在此只有小小的意圖，希望能透過觀察，勾勒出在後維琪時代的法國社會中，占領時期如何表現其現實性，以一目了然的方式，顯示出不斷交替出現的狂熱期與緩解期。

曲線圖只是要反映一系列對形勢的評定，曲線圖的建立端視症狀是否明顯發作（或沒有發作），屬於很難否認的狀況。它主要是測量強度，而沒有將症狀類型按等級區分。對於這一類重大的政治危機、文學或影片，之前的分析都給予相同的重視。在政治危機中，我們可以清楚看見占領時期的參考價值。仔細釐清各式各樣的集體記憶所發送出最明顯的信號是首要目標，且不去考慮發送者是誰。

這一章的目的，是相互比較上述演變與幾個「回憶媒介」。被視為共同遺產的民族記憶，是在接收了許多信號之後才形成的。所有為了社會目的，促使事件被有意重建的一切，在此稱之為媒介。無論重建的過程有沒有自覺傳遞出明示或默示的訊息，事件為數眾多的表現形式全都為集

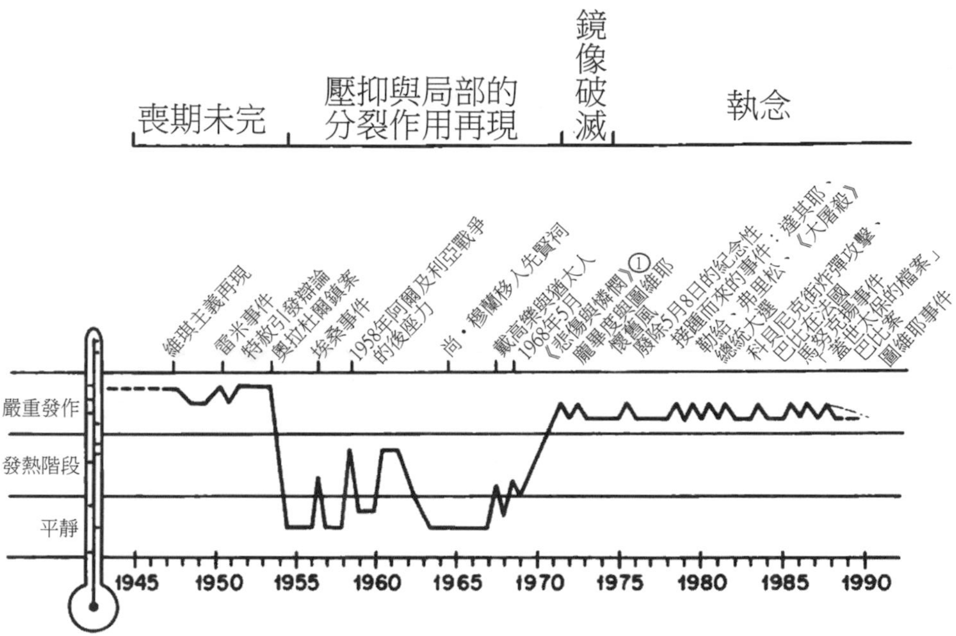

圖一　症候群的熱度曲線圖

體記憶下了定義。從個人或家庭的記憶到局部的記憶，從核心小組的記憶到民族的記憶，都具有一系列的調解作用，這些記憶在不同的時刻，根據不同的心態，各自展現出不同的重要性。

官方媒介：紀念日、紀念碑、固定或定期舉行的慶祝活動，代表國家或民族、省分或縣市，組成具有世界性的、統一起來的代表。整體而言，是檯面上各種勢力彼此妥協的結果。在這些官方媒介中，還必須包括司法，我們在前面所有的章節中，都能看到它對戰爭與占領時期的定義，產生了至關重要的作用。

民間社團媒介：長期以來，集中營倖存者、抵抗運動人士、軍人、強制勞動者以及其他人士組成了各種團體，這些團體將把局部的記憶，也就是與特定的親身經歷相關的記憶，組織起來並加以統一。在某些情況中，他們守護著事件具有進攻性、防禦性的固定不變的代表意義。

文化媒介：看似以更為自發性和無政府主義的方式表達，在完全不同的層面發揮其作用，如文字、電影、電視。文化媒介的訊息大部分是暗示性的。

學術媒介：藉由提出和正式制定幾種可能存在的解讀方式，用以重建和教導對事實的理解。因此，歷史著作就成了回憶的媒介，它和其他媒介依賴著相同的脈動，無論如何都很少會脫離它的對象。學術媒介還能影響教科書和學校的課程，是社會傳承的最佳方式。

就像它們所顯示的那樣，上述的所有媒介都形塑了民族記憶的特定狀態，尤其是特定事件的

---

①譯注：攝於一九六九年初的紀錄片，內容關於二戰時期，法國中部小城克雷蒙費弘的日常生活。

表述。然而，不是每次都能確定最原始的動力為何。我們最多只能比較其各自的發展。

本章不是要研究回憶的所有媒介，它們都具有各自的自主性和歷史。冒著看起來不大完整的風險，我們只選擇深入研究其中的三種：紀念日、電影以及學術傳播。排除本身就由許多主題構成的媒介，例如文學作品中對維琪的回憶，或是對民間社團的分析。而「捍衛貝當元帥名譽委員會」則在第一部分中已經研究過了。紀念日的存廢，能夠闡明症候群有時讓人難以理解的那一面，因為它大部分不是表現在既定框架內，官方記憶只能在相對而言較短的時間內，制止事態失控與消除質疑的聲音。至於電影和學術型的歷史，則表現出傳播鏈中兩個截然不同的方式，一個是提出自覺性的表述，有時與當時的趨勢相反，但其影響一直都很強烈（我們已在第一部分中看過好幾次了）；另一個則說明了，要編寫脫離記憶的歷史，是十分困難的事。

在觀察了症候群這些媒介各自的演變後，最後將其單獨和「熱度曲線圖」相互對照，嘗試比較這些媒介和症候群的整體演變。當然，這個方法看起來也許並不自然，因為曲線圖的形狀，取決於這些媒介在某個特定時刻的重要性。因此比較不同的演變狀態的唯一目的，是希望能夠清楚易懂。然而，自一九四五年以來，似乎並沒有其他明顯能夠更勝一籌的專門代表模式，這也是維琪留下的回憶所具有的特徵之一，它總在我們意想不到的時候突然出現。

沒有聲音的紀念日

一九二二年十月二十四日，通過法律將十一月十一日定為國定假日。一九二一年時，議會一開始曾以不增加國定假日為由，將十一日之後的那個星期日訂為慶祝一九一八年的一戰休戰紀念日。但行政當局在退伍軍人的施壓下讓步。正如同安東．波斯特針對此事的精采分析所言，一戰時法國老兵的節日就此成了所有法國人的節日[1]，且一直保留至今，幾乎和七月十四的國慶同等重要。

在經歷了高舉「神聖聯盟」大旗的可怕戰爭後，如果建立全國性紀念日成了挑戰，那麼慶祝二戰結束的活動就引起了更大的障礙。由當代史研究所主持的大規模集體調查中，針對這個無法掌握的紀念日，侯貝．馮克詳盡描述其完整的興衰過程[2]。圖二總結了從一九四六年以來各種形式的紀念活動。

法律於一九四六年五月七日訂定了「法國軍隊與盟軍戰勝紀念日儀式」（此處可以注意到戰勝者的排列順序……），在五月八日當天，或於八號後的第一個星期天舉行紀念活動[3]。因此它不是節日也不是假日，當然就給了它更多的彈性。這條法律一直用到一九五三年，但實際執行的嚴格程度不一，像是一九五一年，內政部長亨利．柯伊，受到來自退伍軍人與抵抗運動人士組織的施壓，決定該年就在五月八日慶祝，那是個星期二[4]。

一九五三年三月二十日頒布的法律是第一次的改變，它規定「法國每年都要慶祝停戰

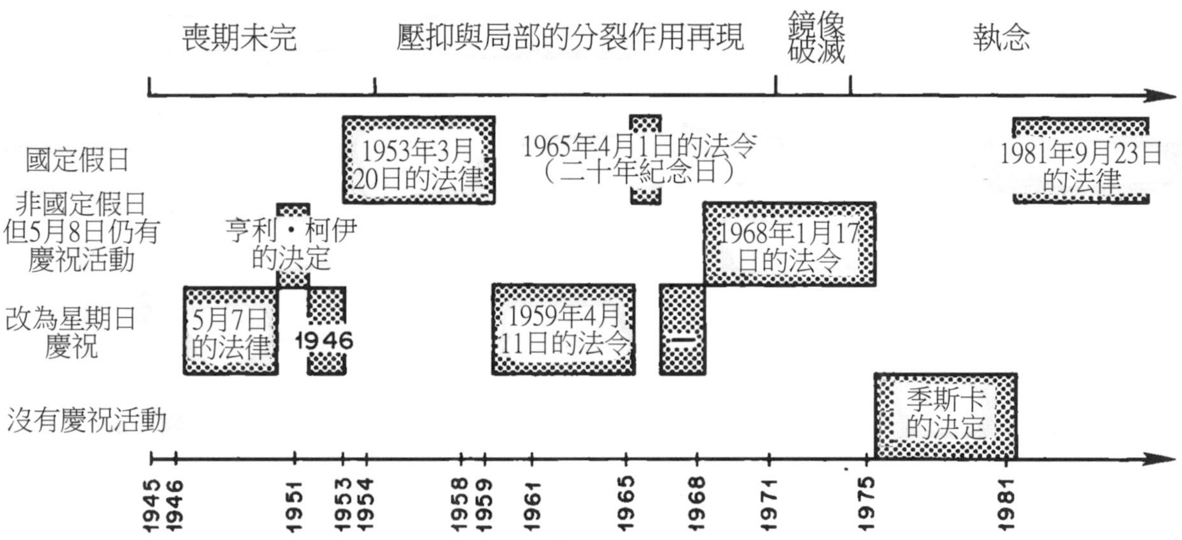

圖二　紀念五月八日的演變圖

紀念日」，並將五月八日定為節日[5]，該法條一直執行到一九五九年為止。使用「停戰」（armistice）代替「投降」（capitulation）是非常明顯的疏漏。要不就是參考十一月十一日的停戰，指的是一九一八年的勝利（無可爭議的勝仗……），要不就顯示出有意壓制一九四〇年六月的那次停戰。而且混淆的情況經常發生：停戰是兩國之間中止了敵對的行動，由執政當局簽署；無條件投降則是由雙方參謀總長簽署的軍事投降。德國軍隊於五月七日，在漢斯市艾森豪將軍的總司令部簽署無條件投降，並於五月八日至九日之間的夜晚，在柏林批准。所以，選擇五月八日定為勝利日其實並不合常理，因為這個日期對應不上任何特定事件。這其實是西方盟國為了反對史達林所造成的結果，因為後者選擇五月九日[6]。

之後，戴高樂將軍再次取消了國定假日。直到一九六八年，紀念活動都在五月的第二個星期天舉行。唯有一九六五年的二十週年紀念日除外，該年活動於五月八日當天舉行。一九六八年到一九七五年，在抵抗運動人士各協會的施壓下，紀念活動又改回於每年的五月八日傍晚舉行。從這項決定可以看出，戴高樂將軍面對退伍軍人時不大情願的態度，而這個心態還曾導致他短暫接受過廢除退伍軍人退休金的規定（見第二章）。不過，活動時間的更定，也因為不願意增加有礙經濟生產的節日[7]。

值得注意的是，戴高樂一派的抵抗運動主義時期，並沒有為紀念活動添加任何光彩。在輿論中一直維持的神話，以及對一九三九年至一九四五年間對於諸多事件保持一定程度的緘默，是當時並存的兩種情況。然而，從一九六八年開始，紀念日的法規、逐漸產生的重啟現象，以及為數眾多的疑問，彼此之間顯然已失去平衡。缺少盛大的官方儀式，自然讓年輕一代變得冷漠，相對於慶祝，他們更渴望的是知道。不過，正如我們所見，因六八年的五月事件而產生了諸多質疑，同時集中營的記憶和猶太人的記憶明顯復甦，一如不久之後，也出現了抵抗運動的記憶。

因此，季斯卡於一九七五年決定直接取消所有紀念活動的手段，讓人覺得這是實實在在的挑釁。當時，症候群的執念階段剛開始，取消紀念活動所得到的效果與原本尋求的完全相反，昔日的爭吵又回來了。然而，這也顯示出，這樣的決定早就成為這個紀念日特屬邏輯的一部分，那就是從一開始就遭到忽略。

最後，出於共識，並根據一九八一年九月二十三日通過的法律，皮耶・莫華內閣恢復了這個國定假日，而且當右派於一九八六至一九八八年間再度執掌內閣時②，也沒有改變這項措施。

除了在上述的最後一個時期之外，五月八日這一天似乎都與現實存有差距。如一九四〇年代末、一九五八至一九六二年，以及一九七四年後，每當黑暗年代的記憶重新變成熱門話題時，執政當局就會奪走這個紀念日的光彩。反而是自一九五三年至一九五九年，在五月八日成為紀念日的第一個階段，基本上還算平靜。我們並未在其中看到必然的因果關聯，但似乎存在某種特徵：想要藉由降低慶祝的程度，來抵銷重新抬頭的某些力量。

五月八日與上一場大戰其他紀念日，所具有的本質不明確的問題，官方記憶對此向來束手無策。

只憑著某個特殊、尋求共識、民族性的日期，就能一手抹去紀念事件的極端異質性嗎？模仿十一月十一日的禮拜儀式代表了什麼？我們究竟是為哪些亡者默哀一分鐘？是抵抗運動的犧牲者與陣亡士兵嗎？旗幟與獎章可以當作證明，毫無疑義。是遣送到集中營的受害者嗎？理所當然，所以才有一個又一個的集中營友好協會。只不過指涉的是所有關押在集中營的人，而非特指最終解決方案的受難者。然而其他的人呢？尤其是死於德軍或盟軍轟炸的平民、遭到處決的非抵抗分子人質、死於誣告、死於維琪的各種搜捕或民兵酷刑的受害者，更何況還有另一個陣營的法國人，他們是遭到「立即處理」的附敵者，與其他肅清行動的對象。儘管只有一萬人，但一萬人也是人？

當然，在個人記憶中必然會有對至親之人的追思，無論喪命的原因是身上的制服，還是衝突的性質。只不過，五月八日從來沒有統合（syncrétique）的能力，足以刪去生者的所作所為，也不能使受難者在死亡之中獲得平等的地位。

有兩個跡象足以證明這一點。一方面，五月八日的活動經常被其他的紀念日給「轉移了正軌」。其實活動經常在時間相近的聖女貞德紀念日（五月第二個星期天）那天進行。又或在將兩次大戰「連結在一起」的十一月十一日舉行，這是戴高樂主義者於一九四五年十一月十一日所建立的重要傳統[8]。另一方面，它常因其他的紀念活動而被擱置一旁，例如六月十八日、城市解放日、抵抗運動的某個事蹟，或某位地方烈士。

②譯注：一九八六至一九八八年間，總統雖然是密特朗，但是由席哈克擔任首相，組成內閣。

侯貝．弗蘭克寫得好：「讓人傷心難忘的事，不是那麼容易就能紀念的[9]。」正是如此。五月八日的靜默顯得太沉重，且存在感太強。以至於僅僅是象徵性且常有變動的儀式，卻仍無法讓人忘掉這些沉默。從歷史實體的定義上來看，第二次世界大戰對於法國的意義，與第一次世界大戰正好相反，因此無法被當成紀念的對象。這是造成往事「自發性地」在體制框架外重現的原因之一。維琪症候群的持續性，標示出官方記憶在這方面最顯著的失敗。

黑暗年代的銀幕

在傳遞回憶上，電影扮演了特別重要的角色。首先，從一九三〇年代起，電影就成為大眾休閒活動，也是表現當代人心態的重要指標。隨後，就算是在戰爭期間，電影也對世人的想法產生巨大的影響。拍攝下來的時事報導，完全就像政治宣傳片，是當時主要的新聞來源。而大幅增長的劇情片則是占領時期不可或缺的消遣，當德國坦克於一九四〇年六月橫掃法國時，超過八十萬人還是能找到時間去看電影[10]。因此，經歷這一事件的幾個世代，會試圖在戰後的銀幕上尋找該事件的歷史陳述，也就不足為奇了。總之，電影勝過其他的表達形式，有時可以顯示出受到壓抑和無法言說的事物。這要歸功於檔案影像所帶來的立即衝擊，以及重新建構的力量，就算建構的結果並不完美。《悲傷與憐憫》和《浩劫》就是兩個很好的例子。

然而，第二次世界大戰並沒有激發出大量的電影作品，更別說電影製片人了。一九四四至一九八六年間，有兩百部法國自製或與外國合製的影片，以占領時期、戰爭、抵抗運動為主題，或將這段時期當作敘事框架，其中包括了寓言作品，發行量大的小成本系列，而且自一九七六年開始還有色情片。這類型影片最盛行的幾個時期，其最高產量也從未超過法國電影總產量的百分之七；數量最多時，一年只有十幾部影片。光是占領時期四年中的戰爭片數量，就比四十年來法國所出品的戰爭電影數量還來得多。後者的數量，只勉強等於在法國所放映外國戰爭片（主要為其他英語系國家的英語片）的一半。

圖三說明了這種有限的關注，同時也顯示了隨著時間改變的差異[11]。

如果考慮到影片的內容，還可以大略分出幾個階段。

解放時期

從整個解放時期一直持續到一九四六年，在各個方面都有特殊的表現。不過兩年多，就發行了二十二部電影。幾乎有一半的作品是紀錄片的剪接，它們的完成有賴各方的支助。例如，一九四六年，皮耶・布隆迪的《法國之子》，以及三軍電影資料處的《裝甲車隊》，就受到軍方的協助。而赫內・克萊芒的《鐵路戰鬥隊》，則有抵抗運動組織的支援。卡文的《費璋斯上戰場》則得到同盟國政府的扶持。在全部的影片中，有十四部或多或少是獻給抵抗運動，其餘的則關於戰爭。克萊芒是最深受該時期影響的導演，他於一九四六年發行的另一部作品《平靜的父親》，應該是當時最引人注目的影片。儘管它是在頌揚抵抗運動人士，但並沒有把抵抗運動主義轉變成神

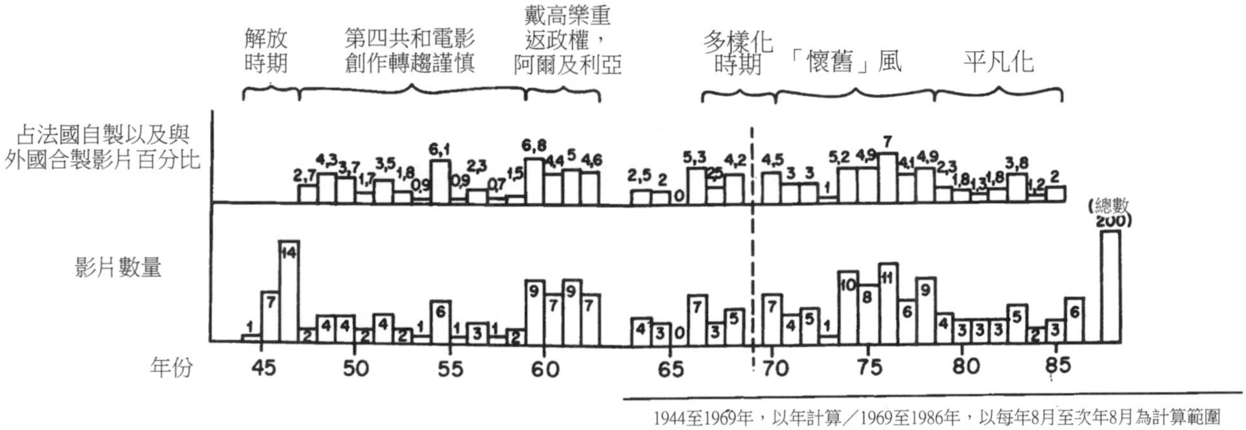

圖三　電影中的第二次世界大戰（法國片）

（影片列表請看書末）

話。片中展現了地下行動的困難度，日常性高於史詩性。主人翁不是個社會邊緣人，而是家庭中的好爸爸，他的投入抵抗運動擾亂了家庭生活。當他冷酷無情的殺死告密者時，他看起來不像個正義之士，只是一名不得已陷入動盪之中的公民。

第四共和電影創作轉趨謹慎

在一九四七至一九五八年間的電影，既沒有歷史寫實主義的豐富，也不具其調性。在這十一年當中只有三十部電影。不過劇情關於軍人的倒是很多，如一九五〇年喬治．貝克萊的《大馬戲團》），或是一九四八年抵抗運動人士提居斯．維伯－穆勒的《重水廠戰役》。抒情與嚴肅的作品則占少數，如尚－皮耶．梅爾維爾的《沉默之海》（一九四九年）。根據電影史學家暨影評人尚－皮耶．尚科拉的說法，第四共和電影藝術的主要貢獻，是對活在黑暗時期大多數的法國人，給予其日常生活與經歷的公正評價。從這一點看來，克羅德．奧丹－拉哈的《穿越巴黎》（一九五六年），可謂此類型的佳作之一，它開創了法國人忙於生計的一貫說法（而且常常是有根據的），那就是寧願殺豬也不殺敵。這部電影以自己的方式批評了新興神話。賈克．西克里耶就寫道：「奧丹－拉哈『說出了真話』，而同一時間侯貝．布列松於一九五六年推出的《死囚越獄》，採用高傲與悲劇性的距離，讓一位抵抗運動人士進行了精神上的冒險逃亡[12]。」

然而，值得注意的是，開始出現一些影射敏感題材的作品。儘管附敵行為、維琪或法西斯主義沒有任何政治地位，並幾乎只用暗示的方式呈現，但「附敵分子」卻成為大家所熟悉的角色，最起碼是經常出現。如一九四七年克萊芒的《海牙》、一九四八年亨利－喬治・克魯佐的《情婦瑪儂》、一九四九年安德烈・凱雅特的《維羅納的情人》、一九五四年奧丹－拉哈的《沒有懺悔的神》等。

唯有一九四八年安德烈・貝托米厄的《消防隊的舞會》，直接提到占領時期造成一個家庭分裂。有些人覺得這部影片「卑鄙」，也有人，如西克里耶覺得它「愚蠢但有教化作用」。

這個時期雖忌諱提到集中營，但仍有些創作者以其為題材。例如，一九四九年由德雷維爾、克魯佐、凱雅特以及蘭龐共同執導的《死裡逃生》。而一九五六年雷奈也創作了非常著名的《夜與霧》，這部短片由尚・凱侯編劇，並與第二次世界大戰歷史委員會合作完成。不過雷奈的這部作品，與三十年後由克羅德・朗茲曼所執導的《浩劫》有很大的不同，前者主要呈現抵抗運動人士與政治人物成為集中營的受害者，而較少著墨於那些出於種族因素的受害者。

馮思瓦・楚浮寫道：「《夜與霧》是部傑出的影片，很難再多說些什麼；任何形容詞與美學評論都不適合用在這部作品身上，與其做成『訴狀』或『詩篇』，它對關押集中營採用『思考』的角度。電影的整個力量在於作者採用的語氣：令人覺得恐怖的溫和；看完電影，我們『受盡折磨』，而且對自己感到不大高興[13]。」

確實是太傑出又太獨特，且大大超前於當時的觀念……。該片於一九五六年入選坎城影展競賽片，但在電檢時遭遇考驗。有頂倒帽的憲兵軍帽，出現在皮蒂維耶專門用來拘留與集結的中途營（由德國人創立，但由法國人管理）。雷奈被迫以突兀的幾筆劃去軍帽。審查抹除的完全不是作者的想像或言論，而是當時的影像，即不容置疑的事實。就算有二戰歷史委員會這種官方史料組織的參與，也不能扭轉此事的發展。最終，在西德大使館和法國外交部的施壓下，這部影片以非競賽片的身分放映。

一九五八至一九六二年的再次活躍

戴高樂的重掌政權，帶來了非常明顯的影響。一九五九至一九六二年間拍攝的影片超過三十部（數量和之前的整個時期相同），占法國電影年度總產量的百分之四到百分之七（前一個時期大約是百分之一）。令人驚訝的是，抵抗運動也多了戴高樂主義和軍隊的色彩。例如，一九五九年克里斯蒂安－雅克的《寶貝從軍記》，該片集合了當時的兩個傳奇人物：碧姬·芭杜與將軍。另外還有一九六〇年德雷維爾的《諾曼第－涅曼》、一九六一年德尼·德拉帕特里埃的《托布魯克的計程車》。

「反英雄」在這一時期出現的頻率也比較高，他們有著令人感到安心的缺點，比戴高樂一派慣有的高度更加接近群眾。我們在一九五九年朱立安·杜維威爾的《自殺契約》中，看見塞吉·赫加尼、保羅·馮各、貝納·布里耶，與里諾·馮杜哈所扮演陰鬱的英雄角色。也在同一年亨利·韋納伊的《乳牛與戰俘》中，看見與前述那些英雄形成對比的費南代爾（法國喜劇演員）。

如果能分出「戰俘」這個類型的話，雖與戴高樂一派相去甚遠，但卻非常賣座，像是一九五九年凱雅特的《橫渡萊茵河》，還有一九六二年尚・雷諾瓦的《逃兵》，以及亞歷克斯・周非的《紅褲子③》。有些電影試圖探索其他的灰色地帶，例如一九六一年蓋什布鴻的《地獄假期》，片中描述開小差的民兵在女孩的陪伴下四處逃亡，這個題材讓人聯想到後來的《拉孔名叫呂襄》。還有一九六二年尚・德威默的《戰爭的榮譽》，這部反潮流的電影著重於各種形勢的偶然性，而非符合時宜的英雄主義，這多少影響了它的票房。同一類型的還有一九六一年阿蒙・加蒂的《逃出禁閉室》，這可能是唯一以集中營為場景的電影。最後，一九六二年賈克・多尼奧－瓦克洛茲的《告發》，以及一九六三年亞倫・雷奈的《穆里愛》，是在這個時期中的罕見作品，相互比較了占領時期與阿爾及利亞戰爭，以及兩者之間的抗爭。

也許我們應該在這份名單中，加上一部看起來與四〇年代無關的作品，一九六二年伊夫・侯貝的《鈕扣戰爭》。這部電影的靈感來自路易・貝爾高於一九一二年所出版的小說，故事比較讓人聯想到短褲版（有時還沒穿褲子）的《克洛許梅勒》④，而非法國人的內鬥。話雖如此……。在貝爾高的書中，兩個村莊間的競爭本來就已經不缺政治性了，「因為住在維鴻村的信仰天主，住在隆吉威村的信仰革命[14]。」小說把場景轉移到一戰後的法國，以暗示的手法表現出混亂年代的氣息。在伊夫・侯貝的電影中，勒巴克「將軍」類似抗德游擊隊隊長，只有叛徒巴凱耶披著斗篷、戴著巴斯克貝雷帽，完全設計成告密者的類型，而且還遭到粗暴的清算，這是影片中最冷酷的片段。敵營的首領阿茲泰克，駕著恐怖的「裝甲車」（剛拆掉包裝的拖拉機）前來，用這輛真正的龐然大物，突襲正在慶祝勝利的隆吉威陣營。隆吉威的村民在很有軍人風範、對敵方英勇衝鋒後，天真地以為待在營地很安全……。此外，還有了不起的世代傳承的關係，兒子們像父親們一樣作戰，而他們的孩子日後也會對抗世代相傳的敵人。一切都發生在農村，既沒有完全進入技術時代，也算不上脫離貝當年代的勞耕方式。貝爾高的小說雖描寫的是法國內部鬥爭的原型，並且以巴黎公社、政教分離的爭論與新興共和國為背景，但半個世紀後，侯貝的電影應該是後維琪時代唯一可行的改編作品。

六〇年代的多樣化

在這波創造期過後，戴高樂的共和與龐畢度的頭幾年，仍維持著對第二次世界大戰的興趣。一九六三至一九七〇年間，約有三十部影片，但無法確實觀察出其中的趨勢。整體看來，有點像是各種可能的論述開始趨於平衡。一九六六年克萊芒的《巴黎戰火》，毫無疑問地表現出浮誇而謬誤的觀點。它在巴黎的首映造勢是場十足的政治活動，儘管一九六六年十月二十四日晚間，首都大雨如注，卻仍伴隨著閱兵與聲光表演。

---

③ 譯注：屢次逃獄的戰犯，必須穿上紅色的七分褲。

④ 譯注：這是加布里埃爾·切瓦利爾（Gabriel Chevalier）諷刺農村生活的小說。《鈕扣戰爭》也是描寫鄉村的故事，但主人翁是分屬兩個村莊、彼此作對的一群小男孩。

不過（幾乎是）同一時期，一九六九年梅爾維爾的《影子軍隊》，為「自由法國」的體制，提供了更純正忠實的觀點。奇怪的是，該片沒有顯露任何六八年五月與戴高樂離開政壇的痕跡。這部影片憑藉其出色的藝術結構，謹慎（且過時）的戴高樂主義風格，卻又不流於賣弄，本來可以形成某種具有參考價值的看法。它在表現某些特殊人物的軌跡時，人性化且充滿感情，觸動了絕大多數的觀眾。可是，除了拍成的時間有些延遲外，梅爾維爾的這部片子太過貼近人物、貼近抵抗運動人士他們各式各樣的性格，卻不夠貼近抵抗運動，以及戴高樂透過馬爾侯所致力的那種抽象永恆的想法。這部電影太沉迷於人的命運，也許可以說是缺少了政治氣息。

從這個意義上來看，在電視轉播尚．穆蘭移入先賢祠的五年後，梅爾維爾的大作成為一個轉捩點。它抹去了有朝一日能看到為抵抗運動創建影像基礎的可能性，等到奧佛斯於同一時期拍攝的《悲傷》推出後，有關該主題的微弱希望就宣告結束了。基於不同的原因，克萊芒和梅爾維爾都不像蘇聯電影導演謝爾蓋．愛森斯坦那樣，他們不是當偉大官方電影人的料。

值得注意的是，在這個階段，占領時期和戰爭成為很平常的題材，為輕喜劇提供了故事背景，且數量愈來愈多。例如，一九六六年尚－保羅．哈普諾的《城堡之戀》。尤其是傑哈．烏里於同一年所推出的《虎口脫險》，是法國最賣座的電影。對於那些不了解一九四〇年的孩子們而言，這絕對是唯一一部會讓他們遺憾自己沒有經歷過那個時代的電影。

在即將邁入七〇年代之際，法國電影反映出兼具各種形式又令人放心的影像，而且還沒有把那些不好的記憶排除在外。因此，如果認為這個領域保持了戴高樂主義僵化的觀點，這樣的論斷未免又得下得太快了些，雖然權力的確有其偏好，讓某些人受到鼓勵，又讓其他人感到洩氣，但靈感仍然來自各個不同的方向。

「懷舊」風

一九七一年四月上映的《悲傷與憐憫》開啟了新的階段，但要等到兩年之後，這個新氣象才會表現出來。自一九七四到一九七八年，突然增加了不少關於二戰或受二戰啟發的電影。一九七四至一九七八年是顛峰時期，共有四十五部，超過之前十年的總數。一九七六年至少有十一部電影，占年度總量的百分之七，與一九四六年一樣。毫無疑問，鏡像破滅在法國電影中具有它的實質性。特別是因為當中有許多作品直接將占領時期當成探討主題，而非單純的背景。

不過，也不需要誇大「懷舊」風潮在數量上的比重。雖然在好幾年間，懷舊風使得法國觀眾重新陷入費解的占領時期，但仍從中發展出截然不同的類型與訊息，同樣的情況也出現在出版界（見第三章）。

我們可以區分出四種類型，但《悲傷》不包括在內，因它直接或間接地影響了以下絕大多數的影片。

檢察官：為數不多，但卻相當引人注目。它們都屬於《悲傷》的系統，譴責的對象通常是維琪、附敵行為、納粹主義。表現的形式有二：一是紀錄片。例如，一九七三年亞里斯與德賽杜的

《法國人，你可知道》、一九七四年傑鴻．卡納巴的《共和國死於奠邊府》，當中只有部分內容探討此一時期。另外還有一九七五年馬克．伊勒的《以種族的名義》、一九七六年安德烈．哈利米的《在占領時期高歌》。另一種則是歷史重建，其中以一九七五年科斯塔－加夫拉斯的《特別法庭》最具有代表性。另外還有弗蘭克．卡森提於一九七六年十一月上映的《紅色海報》。在這個潮流內的還有一九七三年尚．揚恩的《巴黎的中國人》，影片傳達的訊息雖被簡化了，但大方向仍然相同。這些作品或極端、或溫和，但將近所有的影片都把重心放在幾乎從未探討過的部分，從由真正的法官坐鎮的維琪特別法庭，到參與抵抗運動的移民。全都以某種集體的自我鞭策為基礎，法國人多半看起來意志薄弱，要不就是「法西斯」。不過所有的作品都旨在闡明一直受到忽視的歷史事實，然而有時還是習慣性地忽視。

編年史：這些作品試圖以寫實的走向，重現占領時期的氛圍，充滿了屬於個人的回憶。如一九七三年皮耶．格蘭尼亞－德弗利的《火車》，一九七四年則有米歇爾．達哈克的《舞會上的小提琴》、愛德華．莫利納侯的《命運的嘲弄》、米歇爾．米塔尼的《羅浮宮邊門》。一九七五年有安德烈．泰希內的《法蘭西回憶》、賈克．杜瓦雍的《一袋彈珠》。以及一九七七年赫內．費雷的《莊嚴的聖餐》等。儘管不是所有的影片都以占領時期為唯一的主題，但每部都談論到它，而懷舊的情緒多於反抗。在這些電影中，大部分都以猶太人的記憶或種族滅絕的往事為中心且反覆的出現，這在某種程度上也是有些刻板且糾纏不休。

唯美主義者：有幾部作品為懷舊的風潮賦予了魔鬼的名聲與爭議。此一類型中，最具有代表性的當屬《拉孔名叫呂襄》。這是一九七四年路易・馬盧改編自莫迪亞諾的劇本，這部電影在當時被視為異端。如今，我們可以理解那時讓人震驚的理由為何。路易・馬盧的電影之所以會造成困擾，是因為他反對之前的善惡二元論，發展出一套「一切混沌不明」的思想體系。而且這個思想體系還是由一個加入納粹祕密警察組織的法國人，從其搖擺不定的際遇中表現出來的。在所有法國附敵分子的樣貌中，按理說這個人物是最難以同化，也最難以原諒的。因為它不屬於意識形態中模稜兩可的部分。在積極從事抵抗運動與自己的最終選擇之間，這個法國人「猶豫不決」。主要是來自對戰鬥的需要，渴望行動、渴望施展充斥在那個時代的暴力，而不是追求政治上的思考。不過，就在同時，輿論重新發現具有意識形態的實質法國法西斯主義，因此至少有部分觀眾會期待看到相關的分析，甚至是控訴。但影片似乎對這個政治層面避而不談，反以暗示將投身抵抗運動降到類似的等級。路易・馬盧採用了莫迪亞諾的邏輯，有時會對他不可能忽略的時期，過度的調動敏感性，拋棄了該時期的歷史，不過他有權這麼做。如此說來，路易・馬盧的電影，其性質自然是煽動大於挑釁。然而以現在的眼光來看，我們必須承認這部電影的貢獻和《悲傷與憐憫》一樣，但也許還以更巧妙的方式，永遠改變了將那個時代簡單化的想法。

我們可以整理出好幾部有著相同傾向的作品，儘管質量各不相同，但它們都對占領時期與納粹主義表現出著迷的態度。如一九七四年莉莉安娜・卡瓦尼的《夜間門房》、一九七六年克羅德・雷路許的《好人與壞人》、一九七八年克里斯提安・吉昂的《一二二》，該片宣告了這個類型作品的式微。還有一部性質完全不同的作品，一九七六年喬瑟夫・羅西的《克萊因先生》，探討占領時期對身心造成破壞，在這方面絕對做出了最強烈的諷諭。

機會主義者：這部分影片通常質量較差，採用明確的故事類型，只是變換了符號，把背景設定為占領時期。於是我們會想到經久耐用的幾位大兵，一九七三年侯貝・拉慕赫的《第七連到底去哪兒了？》又譯《深入敵後搞搞震》），以及一九七五年的《代號瑪蓮夫人》與《第七連找到了》。接下來是一九七六年賈克・貝納的《光榮的日子》、一九七七年菲立普・克雷的《月光下的第七連》。也就是每年一部影片，直到靈感拋棄一九四〇年代，重新玩起和平年代不具有時間性的電影手法。在這個類型中，也可以找到色情片，是由卡瓦尼的作品無意間所引起的⑤。如一九七五年基・貝侯爾的《色狼突擊隊》、一九七七年詹姆斯・加特納的《黨衛軍特別列車》、一九七七年馬克・斯代納的《黨衛軍妓艾莎》、一九七八年喬澤・貝納澤哈夫的《黨衛軍妓院》。當然，實質上這些影片對占領時期所反映出的看法十分有限，但它們說明了這個主題能出現在所有的電影類型中，為延續懷舊風做出了貢獻。

經過一再剖析、反覆咀嚼、甚至還披上了色情的成分。對於一九七〇年代不論哪個年齡層的法國人而言，「占領時期」都是大家熟悉的對象、習以為常的參考點，不斷在眼前出現。

一九八〇年代的平凡化

自一九七八年到一九八七年間，這股風潮似乎逐漸消退。從一九八七年五月巴比接受審判後，在一九八七年八月至一九八九年十二月間，有十四部電影以過去那段時期為主題，再度找回了某種程度的時事性。此後，第二次世界大戰成為銀幕上常見的「經典」題材。抵抗運動與附敵行為的二元對立愈趨緩和，看待事件的觀點轉為繁複，因此在銀幕上找到了某種歷史一致性。這樣的現象使得此後在談到占領時期的法國社會時，不致於陷入如先前幾個階段中或政治性、或神話性的善惡二元論。於是，除了少數作品外，電影藝術不再扮演打破禁忌的角色。從歷史學家的角度來看，在這個階段中，影片數量的重要性比不上某些特定作品的出現，而它們對於思想和心態的演變具有重大的意義。

一九八〇年馮思瓦．楚浮的《最後地下鐵》，不僅公正均衡的觀察當時的實況，同時也是各方都能接受、獲得一致好評的電影。重要的是，這部電影的名聲在於其自身的藝術價質，而較不關乎影片的主題，也就是占領時期巴黎某劇院的日常。評論並沒有將它視為又一部關於黑暗年代的作品，而是當成「作者電影」加以分析，可說是十分正確，而且還是出色的創作者。要將該片視為指標也好，或是證據也行，總之爭議的成分已經消失了。這一點與前一個十年正好相反，後

⑤譯注：卡瓦尼的《夜間門房》，描寫自集中營歸來的女子，遇見擔任門房的前納粹，也是她過去的情人，而且又再度成為他的情婦。

者當初在選擇主題時，傾向於將作品本身的特質放在次要位置，《拉孔名叫呂襄》就是個例子。

一九八二年尚－瑪麗．波瓦黑的《爺爺是抵抗分子》，則標誌出另一種演變。這部電影並非什麼大師之作，不僅如此，還很盡興地破壞傳統：一個血統純正的法國家庭，如何一次又一次地抵制入侵者。主要人物有德國詩人，類似《沉默之海》那位軍官的誇張版、附敵的門房、高傲的戴高樂追隨者、不情不願的抵抗運動人士，他們奔走在一連串不具有偉大意圖的行動中，針對的不是抵抗運動，而是它虔誠的形象，尤其是法國電影傳達了四十年的形象。這部電影以嘲弄的形式向梅爾維爾、克萊芒以及烏里致敬。片中的布景由威利．霍特負責，他是這個領域中的佼佼者，尤其是在《巴黎戰火》中的表現⑥。不過重點不在此。《爺爺》應該是第一部關於占領時期，但從頭到尾沒有顯露黑暗年代悲劇性的電影，沒有向「背景」做出任何一種讓步，不尊重任何事或任何人。滑稽逗趣的傑作《虎口脫險》，同時也是《爺爺》仿效的對象，但前者仍保留了悲劇的角度，只要涉及英雄或烈士時，就會本能地稍加克制，而《爺爺》則完全沒有這種表現。還有一個重點，這部很快就完成的詼諧劇雖充滿譏諷，卻沒有引起任何憤慨。一九七三年揚恩粗俗的諷諭作品《巴黎的中國人》，還曾引起一些情緒，讓前抵抗分子動員起來，反對片中指稱法國人軟弱可笑的看法。十年後，除了共產黨毫不擔心，指責該片具有可笑的「不負責任感」外，再沒有這樣的批評了，還有就是《巴黎晨報》寫了「最愚蠢的一天」[15]。

在同一類型的構思中，能看見路易．馬盧如何從《拉孔名叫呂襄》，進展到《再見，孩子們》，成果驚人。這部電影獲得一致好評，於一九八八年獲頒七項凱撒獎，並獲得所有人的認可。在影評們的眼中，馬盧立刻不再是拍出《拉孔》與《好奇心》那位煽動性強烈的電影人，而是以巴比的審判與伊澤市猶太兒童的悲劇為背景的創作者，即使馬盧的動機與當時的時事並沒有緊密的關聯。這部電影的成就，並不在於它以令人感動的手法，在「雅利安」小同伴旁觀的目光中，重現了一個猶太兒童的命運；而是在於少年始終不以討好心理所做的觀察，避免了通俗劇裡的陳腔濫調。和楚浮的例子一樣，該片的背景並沒有「毀掉」作品，而是賦予了它全部的深度。這個主題當然也與背景相當契合，但我們能從中看到「平凡化」的另一種標誌，那就是重要的創作以其自身的樣貌為人所接受，而不僅僅是具有歷史價值的描述。然而，比起更符合時代精神的《再見，孩子們》，馬盧在私底下似乎更偏愛跑在時代前面的《拉孔名叫呂襄》[16]。

簡言之，八〇年代就這樣擺脫了「懷舊風」時期，自願的、說教的或告發性的傳統。此後占領時期就成為成年觀眾觀影時經常出現的成熟題材。此時，那些不以戲劇性取勝的作品也一樣：引起觀眾思考、具有歷史使命特性的電影，從此遠離適用的必然模式，而這些模式是此一類型的早期電影中具煽動性的元素。

一九八五年克羅德・朗茲曼的《浩劫》，以及強度略低的奧佛斯《終點旅店》，完全具備上述的精神。《浩劫》毫無疑問是部偉大的作品，但並不是一部沒有缺點的電影，儘管現在的評論與一般看法已將其視為近乎神聖的影片：「這個作品要求我們肅穆靜思（……），我們面對的不

⑥譯注：霍特以此片獲得奧斯卡提名一九六七年最佳藝術指導。

是戲劇表演的等級，而是儀式的等級[17]。」影片的呈現完全由證詞所建立，沒有任何檔案影像，這個高度的獨特性在於其目標：不是被當成歷史現象的種族滅絕，而是它殘餘的部分與經久不變的沉重，一直留到現在、留在證人與觀影者的記憶中。正因此，《浩劫》出色地闡明了歷史與記憶間相互牴觸的關係。一邊是符合科學要求的重建，將各個事件分出高低等級並保持距離，這麼做的代價是在過程中遺忘了個體，並有可能變得既無情又抽象；另一邊則是帶有道德使命感的「消遣活動」，藉由倖存者的現身與話語讓逝者重生，從而消除了過去與現在之間，看似無法縮減的距離。當然，《浩劫》提供的是主觀的視野。而且這個視野並不能完全闡述，為何許多國家或多或少自願加入了最終解決方案，例如法國？但為什麼單單看重波蘭的反猶太主義？波蘭人（不可否認）的反猶太主義，以及納粹把滅絕集中營設在（被第三帝國占領並部分遭到併吞的）波蘭，二者之間存在著什麼樣的歷史關聯？假設波蘭人一開始並沒有反猶太，那麼當他們在拯救後來的受害者時，應該可以做得比其他國家更好，然而真的是這樣嗎？即使話語權幾乎完全留給了參與影片的角色：受害者、劊子手和「其他人」，但仍舊可以從剪接與影片的內在平衡中看出這些立場。不過，正是因著這種主觀性，這種由作者自己公開的偏袒，影片才具有力量。如果嘗試要「具有歷史意義」，也就是表現出相對性與教育性，可能會因此失去所有的意義。企圖讓種族滅絕只具有單一且獨特的代表含義，是件荒謬的事。克羅德．朗茲曼也充分說明了這一點，很少有專業歷史學家能夠辦到他所做的事，而且一般來說確實是如此。特別是他證明了「令人髮指到難以命名」的事，並不是「不能描述的」，我們還是可以觸動戰爭世代以外、其他幾個世代的良知，「思考奧斯威辛」並非沒有可能，這甚至是本世紀末的主要課題之一。這部電影之所以帶來衝擊，是因為它把話語權交給那些覺得自己（不論這個想法是否正確）被排除在正規歷史之外的人，也就是倖存者。不僅如此，否定論者所謂未遂的罪行，以及愈來愈多關於種族滅絕的科學研究，在這些迥異的類別中，倖存者遭到相對化，進而降低了重要性，在在令他們感到不安。西蒙・薇伊的態度就是其中一個例子，即使現在立場已不那麼激進了，但她在許多場合，特別是一九八七年十二月由當代史研究所組織的座談會上，就曾直接比較歷史學家與見證人的發言，顯示出二者幾乎無法並存。除此之外，《浩劫》十分切合猶太記憶的覺醒階段，以及一九七〇至一九八〇年代的「執念」時期。就如同《悲傷與憐憫》之於法國占領時期的回憶，只不過《浩劫》是以完全不同的模式和語氣呈現。因此，在理解一九八〇年代的表述時，它始終是個重要的里程碑。

奧佛斯於一九八八年的《終點酒店》中，追溯了巴比的一生，他如何為美國情報部門服務，以及審判的根本原因。儘管奧佛斯才華洋溢，但這部影片並沒有像《悲傷》那樣帶來衝擊，也沒有打動觀眾。雖然不是要比較這兩部作品，但《終點酒店》毫無疑問地較不符合一九八〇年代大眾的期望。而且敘事手法為眾人熟悉，但與《浩劫》相比卻又少了新鮮度。這種已經成為典範的電影語言，正是奧佛斯所創造出來的。而且在這種特定的訟案中，在面對審判、也就是事件本身時，其表現性當然就只能消失，影片也因此不那麼生動。不過這部電影仍是目前這個「解構」時期中，罕見具有教育與政治價值的作品之一，但較屬於一九七〇年代的氣息。

歷史學家卡松曾預言：「整個八〇年代不會再有內部的對抗，也不會再挖掘不久之前、令人反感的往事[18]。」不過有個疑問仍然存在：是什麼將電影表現和集體記憶聯繫在一起？症候群和這裡所描述的演變，二者之間的關係是什麼？電影藝術在第四共和時期所表現出的低產量和興趣缺缺，一點也不符合當時政治領域的狀況，也與一直持續到一九五四年的動盪狀態對應不上。轉折點並沒有在這個時間點出現。電影藝術似乎有些退縮、有所保留，有意迴避這個主題。因此，當時的電影在塑造神話這方面的貢獻很小，且僅限於對某種現狀的認可。

相反地，在騷動不斷的區塊，尤其是阿爾及利亞的衝突，反倒出現了一九五八至一九六二年間的突破。不過，在電影所傳達出來的訊息中，似乎抑制了內戰的熱力。占有主導地位的作品仍在頌揚某種類型的戴高樂主義，團結與行止端正。至於緊接在後的時期，大致能反映出缺乏振興的力量、歌頌對戴高樂式抵抗運動的崇拜，以及可以看出特定主題變得平凡瑣碎的徵兆。

六八年五月幾乎沒有改變這種狀況。如果有，那就是使奧佛斯效應延後引爆。依照嚴格的電影意義而言，奧佛斯效應理所當然是七〇年代混亂中心的第一個部分。這是電影藝術首次不遵守大環境裡的常規，它走在時代的前面、提出先見之明，造成大眾心態的改變。雖然也只有幾部電影做到了這一點。其他的，就交給了從眾效應，與各式各樣的質疑。七〇年代的電影直接參與了回憶生出波瀾的過程。

待邁入最後一個階段時，電影經歷了雙重的演變。一方面，占領時期失去了邪惡的身分，並且在大多數的情況下，成為具有共識與獲得認可的影片題材，不再具有醜聞的意味，甚至連最後幾個禁忌都打破了。對於電影製片人來說，此後製作有關該時期的特殊作品，並因此受到認可，必定會更加容易，具有創造性的提案不至於遭到扼殺。不過另一方面，比起以往，電影卻減少了預見性。電影變得比較屬於催化劑，無論有意與否，都把八〇年代表現在其他方面的執念進一步加以影像化，尤其對審判庭與刑事法庭展現強烈興趣。因此，屠殺猶太人的回憶成為經常出現的主流題材，也就不足為奇了。其中當然有《浩劫》與《再見，孩子們》。此外還有一九八八年弗蘭克·卡森提的《殉難猶太詩人的遺囑》，以及一九八九年貝納·考恩的《納塔莉亞》。

換句話說，在這整個時期當中，電影鮮少有預見心態演變的時刻，不過電影卻能以最明顯、最有影響力的方式表述這些演變。因為電影所詮釋的，鮮少有歷史書籍、甚至小說能夠重現；電影能將那些遙遠的、新興世代未曾經歷過的，而且還時常遭各種記憶掩蓋的事件，瞬間重視眼前。以影像為媒介，讓過去再度復活並喚出往事，在二十世紀末的今天[7]，我們透過這個仍受重用的媒介去感受歷史。其中必然會有觀點失真，以及不符合時代氣息的所有風險。

學術的記憶

雖然影片產出的數量不多，但卻有幾萬本著作貢獻給這個時期，包含了各種類型、各種風

⑦編注：本書首次出版於一九八七年。

格，與各種意見。在這些為數眾多的書籍中，我嘗試區隔出那些來自學術記憶的作品。意思是指，根據（無論何種性質的）文件，提出建立在推理基礎上的回溯型研究，旨在對過去提出嚴密與可以理解的描述。簡言之，就是「史書」類著作。我不企求能夠蒐集到所有的書，這樣的設定太不切實際，就算觸動某些敏感神經也不要緊。我的目標是那些在占領時期歷史的這個特定領域中，那些足以代表某種趨勢，或某種演變的著作。

然而，歷史學家若相信從學術觀點出發的歷史，都具有恰如其分的自主權和嚴格的定義，那也未免太過天真了。關於這個題材，很難把範圍局限在歷史學家、大學教師、記者或作家的文字。和帶有距離的論文或綜述一樣，在闡明該時期的灰色地帶時，證人的見證也有卓著的貢獻，儘管有時確實會使事件更加模糊。

因此，有關占領時期的著作，就限制在史書和回憶錄或自傳的範圍內，這類文獻經歷了和症候群相似的演變過程。到目前為止，學術記憶的具體影響尚未被分析，而此一事實值得我們加以關注。

基礎著作

從解放開始到一九五四年，在一片不和諧的聲響中，法法戰爭的主角們主宰了出版的舞台。眾家首腦雖很少表達自己的想法，但好幾個能發揮作用的人物拿起了他們的筆。在抵抗運動陣營確實如此，皮耶·基藍德貝努維於一九四六年在侯貝·拉豐出版社出版了《黎明的犧牲》。以及伊夫·法賀於一九四六在格拉塞出版社所出版的《叛軍，士兵和公民》。還有其他許多已在第一章裡引用過的著作。

維琪陣營也是如此。路易·胡吉耶的《倫敦祕密任務》，以及亨利居穆藍·德拉巴泰的《妄想的年代》，這兩本都是由日內瓦的翼馬出版社於一九四六年所出版。此外，還有路易-多米尼克·吉哈於一九四八年由安德烈·波納出版社所出版的《蒙圖瓦，凡爾登外交》。以上作者都與貝當元帥過從甚密。而附敵這一邊，主要是費南·德畢農、皮耶·普舍、尚·埃侯巴其等人去世後的出版物，外加審判紀錄以及二線人物的一些著作。

這些第一代的證詞反映了當時的政治鬥爭、政治阻力的清除、維琪幫或極右派的捲土重來。如今已全部進入服喪期。

在這些角力戰進行之際，歷史學家早早開始了他們的調查工作。法蘭西共和國臨時政府於一九四四年十月，就決定成立隸屬於國家教育部的「法國占領時期與解放歷史委員會」。一九四九年，組成該委員會的人員包含了歷史學家，如勒費弗爾、亨利·米榭爾、愛德瓦·佩華，與法國檔案館名譽主任皮耶·卡鴻；還有政治人物，如公共事業督導部、上議院副議長吉貝特·博索雷特。這個委員會的任務很快就定位在研究抵抗運動。在此同時，一九四五年成立了另一個機構，「戰爭歷史委員會」，屬於部長會議主席的職權範圍，重心放在蒐集文件資料，尤其是來自各部會或各級行政部門的檔案。人員包括呂襄·費弗爾、皮耶·卡鴻、皮耶·雷努凡和亨利·米榭爾。上述二個委員會於一九五一年合併，成為「第二次世界大戰歷史委員會」。

他們的聯合行動促使了第一批回顧型研究。第一本專業期刊《戰爭史筆記》於四〇年代末發表，在發行四本期刊後，更名為《第二次世界大戰歷史期刊》，長期以來一直是這個領域最重要的國際科學期刊之一。多虧檔案研究人員的活力，無數的檔案資料得已收編、分類，且有部分業已出版，例如：由皮耶．卡鴻與皮耶．賽札所主持之停戰代表團的文件。亨利．米榭爾於一九五〇年主導了該領域的第一本《我知道什麼？》[8]，專門介紹法國境內的抵抗運動。

在這些非常官方的機構之外，還必須提到祕密成立於一九四三年四月的「當代猶太文獻中心」，它成為二戰後關於最終解決方案，各種檔案和書面文件收藏最齊全的機構之一。一九五七年，於同址建立了無名猶太烈士紀念館[9][19]這裡成為一個身兼研究、展覽，與代表記憶的地方。該中心的隸屬人員之一喬瑟夫．比利格，針對維琪政權時期的「猶太事務總局」，做過詳盡的調查，並於一九五五年出版了一套三卷、同名著作中的第一卷（當代猶太文獻中心出版社，一九五五至一九六〇年）。在達其耶效應發生的二十三年之前，這部作品早已披露了法國參與最終解決方案的規模，但因該書的發行多少具有保密性，並未引起騷動。當代猶太文獻中心的幾位主持人，像是喬治．維勒、塞吉．克拉斯費德等，持續不懈地出版有關毒氣室、納粹罪犯、集中營的研究報告，但直到一九七〇年代才獲得廣泛的迴響。以驅逐並關押至集中營為研究主題，第一份出自學院論文的綜述型著作，是歐嘉．沃姆瑟－米戈的《納粹集中營系統，一九三三至一九四五》，於一九六八年由法國大學出版社出版。該著作還原了部分真相，尤其是區分出滅絕營與集中營，並明確指出各毒氣室的所在地點，引發了不少爭議。

戴高樂的維琪，侯貝．阿宏的維琪

一九五四年的兩次文學事件，定下了第一個界標。第一個是由普隆出版社出版了戴高樂將軍的第一卷《戰爭回憶錄：喚回榮耀　一九四〇至一九四二》。此外，法雅出版社推出了由侯貝．阿宏與喬潔特．艾哲合作完成的《維琪的歷史》，這是第一部關於法國政權的綜述型著作。出於某種巧合，這兩套書的出版進程相似。戴高樂的第三卷《戰爭回憶錄：完成救贖　一九四四至一九四六》於一九五九年推出，而侯貝．阿宏的《法國解放史》也同時上市，且內容都針對同一個時期。然而它們的共同點僅止於此，在第四共和的最後這幾年，將軍和歷史學家都享有重要地位，各自都釐清了四〇年代的某些觀點。

《戰爭回憶錄》全書寫於一九五二至一九五八年間，內容反映了一九四六年的挫敗，將軍以尖刻的口吻反對「由各政黨操控的共和國」，但這套著作同時卻又充滿了崇高的啟示力量，引領出非凡的命運。這部作品具有傑出的政治性，在此處所討論的主題上，其高度特性是，它為一九四〇至一九四四年間的整體事件賦予了正面的意義。貝當想要利用的是失敗，而戴高樂則是勝利。前者打的是恐慌牌，而後者在十年後悄悄地促使戰鬥法國的榮耀再現，也就是「整個法國」的榮耀：「這種民族野心的火焰，在狂風吹過的灰燼中重新燃起，等到風停的時候，又該如何讓

⑧ 譯注：法國大學出版社於一九四一年起，就特定主題，陸續出版的一系列通識教育叢書。
⑨ 譯注：此地於二〇〇五年更名為大屠殺紀念館（Mémorial de la Shoah）。

它繼續燃燒呢[20]？」換句話說，法國在**贏得**戰爭之後，如何才能贏得和平，而且，尤其要恢復它的「偉大」？

然而，戴高樂鼓勵法國人參與的歷史課，還是具有一些合理的真相。法國人的「救恩」與救贖，首先出自「戴高樂」，身為作者的他以第三人稱談論了其中的兩面性。沒有他，沒有「發憤圖強」，「法國的靈魂仍然處於垂死的狀態[21]」。由此顯示出六月十八那個人的孤身戰鬥。因為，他在不否認抵抗分子的整體貢獻的情況下，譴責其不足之處，並在冷戰的背景下仔細的加以剖析。祕密軍隊或自由法國武裝部隊的成員，彼此之間沒什麼可以互相指責的。可是那些「政客」卻不是一直都能理解戴高樂的訊息。至於共產黨人，他們的蜜月期已經結束。他甚至暗示性地將一九四四年八月二十六日巴黎聖母院槍擊案的那筆帳，算在他們頭上。根據戴高樂的說法，有些人希望以這起挑釁行為，說服輿論接受抵抗運動組織和解放委員會保持武裝的必要性。

最後，當他提起另一個陣營的時候，口吻還是頗節制的。那些附敵分子（在書中出現的機會少之又少），「他們雖然有罪，但其中不少人也非懦弱之輩[22]」。此外，他也承認（而且大家早就猜到了），貝當執意親自面對高等法院的陪審團，讓他在政治上、甚至在個人立場上都很尷尬：「我希望自己不必和他碰面[23]。」並且再度引用自己在一九四七年的演說中使用過的論點：「經年結凍的冰奪走了年邁時必需的力量[24]。」

《戰爭回憶錄》屬於重要的「見證」，但它對占領時期的解讀卻甚為模糊。這本書將重心放在抵抗運動與自由法國，想當然耳，況且也沒有任何理由以其他方式呈現。不僅如此，這部著作還進行了實質上的歷史移轉。一九四〇至一九四四年間，**法國**的歷史（因為涉及的正是這個主題）淪為少數人的冒險故事，在本質上發生了變化：它的重心從巴黎與維琪，移到了倫敦與阿爾及爾。一九四四年裁定的「事實上的執政當局」（維琪政權）被排除在外，正好對應十至十五年後的法國政府執政行為被視為無效。政治意志超越客觀現實，法國的歷史與道德混為一談。

不過，這部《回憶錄》並沒有將抵抗運動主義簡單化。在典型戴高樂的抽象概念中，並不是所有的法國人都是抵抗運動人士，而是「法國的靈魂」。為了獲得擊敗對手後、在回顧之時應有的榮耀，還必須讓體現出榮耀本質的人物（戴高樂），再次主宰國家最重要的命運。換句話說，本錢是有的，但目前呈蟄伏狀態，尚無作為。

處於孤立的將軍，不能獨自把維琪的歷史擱置一旁，也不能獨攬那些出於無奈才留在法國本土的四千萬法國人之歷史。於是法蘭西學術院院士侯貝·阿宏的第一本著作，就有了歷史文獻上的重要性。

滿懷激情的散文作家侯貝·阿宏，在三〇年代自「不遵循守舊」（non conformiste）的知識分子之中崛起，這個特殊用語包羅萬象，代表著疏離、喧鬧和富有創造力的一代，而他們往往會被法西斯主義或「計劃經濟論」的某些觀點所吸引。不過，戰爭多少讓這位熱情的作家冷靜下來。侯貝·阿宏因身為猶太人而只能四處逃亡，多虧皮耶·拉瓦爾的內閣成員尚·賈丹，才得以從法國政府反猶太人的法條中逃往北非避難。他曾在維琪市以半躲藏的形式短暫停留，這讓他對元帥王國中的人員與氣氛，有一定程度的熟悉，這種認識不能免除某種程度的認可。他在自己的回憶錄中，表示自己對法蘭西民族解放委員會和戴高樂感到失望，指責後者想要「排除對手（貝當與吉羅各自的追隨者）的影響力，並把他非難的時期，從歷史中刪除[25]」。

侯貝．阿宏和喬潔特．艾哲合著《維琪的歷史》，其內容主要奠基於大量的證詞，以及高等法院的審判紀錄，當時這些資料並不對大部分的研究人員開放。此外，侯貝．阿宏在他所有的著作中，還廣泛使用一份從未發表的檔案，內容來自與他關係良好的政經界知名人士。因此，他這份檔案中充滿了其他官方場所中找不到的文件或記敘[26]。不過，「未曾發表」也始終是其資料來源的主要缺陷，因為長期以來，其他人無法接觸這些資料，內容一直無法核實，使得他的著作缺乏嚴謹的制度。

《維琪的歷史》呈現出長達超過七百頁的龐大綜述，幾乎描寫出法國政府每一天的變化，參考囊括的時段超過十五年。它成書時的時空背景還不大適合進行學術研究，且與當時占有優勢的敵對情緒背道而馳，此書完全沉浸在證人的觀點之中，主要是前任部長或親政府的人員，並對政權及政策提出「極簡」的詮釋。

該書的論點可概括為一個簡單的解釋框架：維琪有兩個，一個是貝當的，而另一個是拉瓦爾的。舉個很重要的例子來說明，在一九四〇年十月二十二日與二十四日的蒙圖瓦協定中，完全沒有看到與德國合作的根據（這是目前大多數歷史學家都承認的事實，且自維琪的檔案中獲得證實）。侯貝·阿宏仔細區分出國家元首與政府首腦：

對於元帥而言，停戰屬於而且只能是中場休息，暫時維持法國的存在，用來等待英格蘭與軸心國之間的戰爭結果；他對蒙圖瓦協定抱持同樣的觀點，從一開始就只是一個插曲，並沒有給他的對德政策帶來任何新意。對於拉瓦爾而言則完全相反，停戰應該會導致同盟關係的逆轉，而蒙圖瓦協定明確標誌出轉變的開始（頁三〇八至三〇九）。

從這個角度看來，附敵不過是場「誤會」。維琪這個政體本身在官方聲明中，要比在實際的真相中更為「模稜兩可」，「但法國人民當時並不知道這一點」。侯貝·阿宏著重在與盟國之間的「祕密談判」，搶先提出了「兩面手法」的論點。不過他也表示，該政權應當負起判斷失誤的責任，尤其是那樣的時刻是否適合對法國社會進行改造。他的這種看法，低估了民族革命的影響力與持續作用的企圖，也就是進入德國歐洲的框架內。

侯貝·阿宏在《法國解放史》中保持他的氣勢，在譴責抵抗運動的「罪行」時，謹慎度大幅降低。有很長一段時間，由於他科學家般的地位，大家都接受他的論點，認為關於不經法定審判而立即處決的人數介於「三萬至四萬之間」。這是經過折衷之後得到的數字，落在最大估計值（超過十萬）和最小估計值（一萬左右）之間，而後者與實際數目非常接近。最起碼可以認定，該書所提出的「統計」方法令人懷疑。戴高樂將軍還曾親自寫信給他，表示自己的驚訝：

……我誠摯地向您傑出的著作致以最崇高的讚賞。您所引用的某些細小的環節與好幾個數目，與我所看到或已知的有些許出入。例如根據各省省長詳盡而合理的報告、得出由於抵抗運動所造成的處決人數，早已眾所周知。我在《完成救贖》一書中，就已給出準確的數字（應該是一萬），比您所說的要少[27]。

此外，侯貝·阿宏在同樣這本書中，誇大了一九四四年夏天籠罩全法國的「革命」威脅。不過，他這個觀點要等到好幾年後才得到修正。

抵抗運動的精神

因此，戴高樂和侯貝·阿宏以他們各自的方式，促使後遺症得以平息，一個是（以對等交換）提供編造的回顧型榮譽，另一個則是盡量減少維琪的邪惡色彩，而且兩者採用的手法，都是略微破壞抵抗運動的光環，尤其是共產黨員及其周圍人士的聲望。

隨著將軍的重新執政，以及阿爾及利亞的局勢爆發後，歷史編纂明顯致力於探索另一個內容龐雜的領域，那就是處於陰影中的戰士。第二次世界大戰歷史委員會是六〇年代歷史編纂學的主導者，歷史學家亨利·米樹爾成為該委員會的負責人，有一支能力很強的小團隊從旁大力協助，在為他在建立國際聲譽這方面，提供了很大的幫助[28]。亨利·米樹爾的論文致力於探討「抵抗運動思想流派」的多樣性，也可說是各流派之間的分歧。這本著作於一九六二年由法國大學出版社出版，收錄在由他與波里斯・米爾金－古茲維奇共同負責的《抵抗運動的精神》叢書系列。

由於在各省擁有龐大的通訊會員網路，第二次世界大戰歷史委員會連續發起了好幾項調查：最早進行的調查之一，是關於集中營的人數統計資料，這和五〇年代普遍關注的話題不同；其次是發起於六〇年代初，有關抵抗運動的時間表與地理分布；之後於一九六八年針對鎮壓附敵行為展開調查；最後是七〇年代關於經濟方面的調查。

因二戰歷史委員會和政府當局、軍隊、法國檔案館與前抵抗運動人士之間建立了必不可少的交會，才更能反映出當時的歷史編纂工作。這裡不詳細介紹他們可觀的工作內容，但可以討論一下最佳與最有爭議的成果。「抵抗運動年表」的任務，是逐省清查所有「抵抗行為」發生的地點與性質，從破壞到情蒐，乃至空投與文宣。建成檔案後，就能根據這些事件，逐漸編織出對抗占領軍的詳盡網絡[29]。當時並沒有資訊科技能夠從旁協助，整體工作使用了二十萬張索引卡片（！），其中四分之三的資料有實際建檔……，不過負責一部分這項工作的人員表示，這些資料派不上用場。當然，我們可以認為系列史與量化歷史是當時的趨勢，但回顧這件事的趣味，在於把「整個」抵抗運動裝箱的幻象（實際上是收進一個特殊的大櫃子）。經過認可、慎重的清查、過濾與分類，獲得確認，透過這種方式，祕密行動的每個主角終於為後人知曉。歷史學家出於良好的動機，成為回憶的記錄者。

另一方面，對肅清的整體調查，消除了關於「不經審判而立即處決」人數上的疑慮[30]。這項任務比前一項更具有科學性與批判的精神，將人數確定在一萬左右，這個數字的可信度很高，且半數發生在一九四四年六月六日之前，也就是仍然處於占領時期。所有歷史學家都大量使用這個調查結果，本來可以終止一再出現的相關爭議，也就是典型的症候群表現（只不過我國的歷史學家並不是先知）。

儘管亨利・米歇爾曾是社會主義人士，然而當戴高樂對抵抗運動的觀點，在此找到歷史材料與記憶媒介的時候，共產黨人也明顯提高了對抵抗運動進行歷史編纂的重視。歷史學家斯蒂芬・庫圖瓦還特別論述六〇年代的這段振興期。共產黨為了內部鬥爭而犧牲了抵抗運動，將其視為禁忌達十五年之久。當該黨看到武裝部隊與自由射手游擊隊的前輩逐漸衰退後，抵抗運動再次成為重要的政治課題。《法國共產黨的歷史》於一九六四年問世，成了基層活動分子的寶典；在賈克・杜克洛（曾任法國共產黨祕書長）的指導下，一九六七年出版了《法國共產黨參與抵抗運動的歷史》；《莫里斯・多列士學會歷史季刊》自一九六九年起開始發表很多有關此一主題的文章[31]。

可以從兩方面來說明這樣的轉變。首先來自該黨的內部歷史，在莫里斯・多列士⑩於一九六四年去世後，杜克洛擔起了融合各派的作用，而他是過去祕密行動時期的首腦。其次，左翼聯盟自一九六九年起逐漸崛起。根據庫圖瓦的說法，這個轉變甚至對極左翼的毛派構成某種回應形式，後者試圖宣稱自己是「新抵抗力量」以獨占傳承的地位。不過從根本上看，對戰爭年代的表述並沒有改變：他們始終捍衛《德蘇互不侵犯條約》不帶有任何祕密協議的立場；再者，法共於一九四〇年七月就開始投入抵抗運動，並於一九四一年六月後成為抵抗運動的主要動力。

因此，在尚・穆蘭移葬先賢祠一事中，可以看到戴高樂主義的記憶與共產黨的記憶之間，在六〇年代形成沒有明說的聯盟，似乎是在歷史編纂上找到了表達方式，地盤的占領者這一邊是共產黨員，而另一邊是第二次世界大戰歷史委員會。

另一方面，關於附敵或維琪的研究則少之又少。即使侯貝・阿宏的論點頗有名聲，但值得注意的是，他並未勾勒出任何脈絡，也沒有帶出實質的後續追蹤。一九六四年，米雪爾・科塔針對二戰的附敵媒體，發表了非常詳盡的著作《附敵時期，一九四〇至一九四四年》，由阿蒙柯藍出版社出版。但同時仔細且謹慎地從分析中排除了一九四三年以前，維琪政府內部具有相同想法的派別。即使如此，還是引起了書中提到的當事者或其家人的憤怒。於是她在一九六五年的第二版問世之前，刪去了一些生平資料，內容有關好幾位人士在解放當時的遭遇，如克勞德・鍾得[11]、尚・盧斯托[12]、克勞德・莫布給[13]、哈爾夫・蘇波[14]，以及呂襄・赫巴特，此人於第二版問世「當時」已不是《里瓦羅爾》週刊的記者。其中大部分人都被判處了嚴厲的罪刑，有些還是死刑，但都於一九五三年獲得特赦，之後法律就禁止披露獲釋人等的名字。原則上，這條規定始終有效……

⑩ 譯注：莫里斯・多列士（一九〇〇至一九六四），於一九三〇年至一九六四年間，擔任法共總書記，二戰後曾任公職部部長、部長會議副主席。

⑪ 譯注：克勞德・鍾得（一九〇二至一九八二），法國極右派親德記者，占領時期從事附敵行為。

⑫ 譯注：一九四〇至一九四四年任職巴黎電台，當時屬於德國駐法宣傳單位。

⑬ 譯注：占領時期任職於附敵的 *Je suis partout* 週刊。

⑭ 譯注：哈爾夫・蘇波（一九〇四至一九六二），占領時期為 *Je suis partout* 週刊著名的漫畫家。

亨利・米榭爾在一九六六年發表了《一九四〇年的維琪》（侯貝・拉豐出版社），分析了初期的維琪政權，此書竟意外成為這位研究抵抗運動的專家最好的著作之一。對於隸屬國內政策的民族革命，以及隸屬「外交」政策的國家級附敵行為，兩者之間的關聯不可分割，他也是最早指出這種概念的人之一。同樣也是一九六六年，賈克・杜肯發表了《占領時期的法國天主教徒》（格拉塞出版社），並於一九八六年修訂後再版。對於這複雜而頗有爭議的主題，這是第一篇綜合性論述，處理的手法十分謹慎。之後，賈克・德拉瑜在非常仔細地爬梳後，於一九六八年發表了《占領時期的不法交易與罪行》（法雅出版社）。一九六九年，賈克・德貝希耶・德・巴亞克則追溯了《民兵史》（法雅出版社）。

更重要的是，具有相當勇氣的法雅出版社，成為探討這些主題的先驅，還翻譯了德國歷史學家艾伯哈特・雅克的著作《法國處於希特勒的歐洲》，本應能為歷史編纂開啟真正的轉折點。多虧了德國的檔案，這是第一部探討國家級附敵行為，並解析種種機制的著作，完全顛覆了侯貝・阿宏的看法。根據雅克的說法，即使遭到德國占領，但維琪尋求與帝國達成協議、進行國與國談判的意願，在一九四二年**皮耶・拉瓦爾回國之前**（四月十八日），就已達到顛峰。因此，攸關蒙圖瓦協定的政策，貝當確實是主要負責人，再由一九四一至一九四二年的達爾朗政府清楚地展現出來，完全不是因受到拉瓦爾的「不良」影響。而且，是德國人因全面戰爭而放棄了與法國人合作的一切想法，最終使得那些盡心盡力、甚至希望占領軍獲得勝利的人，白白哄抬了一場。

然而，雅克的著作來得過早，不在法國人的興趣範圍之內，儘管它促使許多法國和其他國家的歷史學家，從相反的方向探討戴高樂的轉移手法，從倫敦到維琪、從阿爾及爾到巴黎，但該書並未造成任何共鳴與轟動（見第七章）。

維琪的美國人

歷史編纂的領域自一九七〇年起開始經歷重大的變化。該年三月，在赫內・雷蒙和賈寧・布丹的推動之下，國家政治科學基金會舉辦了有關初期維琪政府的研討會。該會聚集了學院的研究學者，和並不掩飾自己身分的維琪政府知名人物，如赫內・貝瀾[15]、馮思瓦・勒伊德[16]、尚・波赫塔[17]。會議的氣氛有助於討論，與會人士似乎都有意打破沉默，證人以一定程度的坦率，說明各自的政治活動。而且，區別「貝當的維琪」和「拉瓦爾的維琪」，仍是熱門的說法。這個說法來自該基金會的名人安德烈・席格非[18]於一九五六年（和侯貝・阿宏一樣），發表在《法國政治學雜誌》上。該會雖討論了制度與意識形態的主題，如勞工憲章、青年與憲法，但在這種溫和的環境中，不太可能引發衝突，不過是法法戰爭虛幻的分身。最重要的是，討論的內容中既沒有附

⑮ 譯注：一九四〇至一九四二年擔任維琪的勞動部長。
⑯ 譯注：法國企業家，一九四一年擔任維琪工業生產部國務祕書。
⑰ 譯注：法國職業網球選手，曾擔任維琪教育暨運動專員。
⑱ 譯注：國家政治科學基金會的第一屆主席。

敵行動的政策，也不包含一九四二至一九四四年這個時間區段，更不包含反猶太人的法條。

赫內．雷蒙後來非常坦誠地表示，自己很想了解，內政與外交政策分離的法律依據為何，因為那是維琪歷史的基石之一：「畢竟蒙圖瓦協定不僅為社會政策，也為青年政策下指導棋[32]。」該會雖具有一切研討會固有的缺陷，如諸多謹慎、甚至種種顧慮，但無庸置疑，基金會所提出的集體協作，即使不算是突破口，至少也打開了一條路。

一九七二年，伊夫．杜鴻出版了一本只有一百七十六頁的著作，書名十分簡短，《維琪一九四〇至一九四四》，由波達斯出版社出版。書中概略描述了該政權的整體情況，根據當時的研究狀況，本書所表現出的敏銳性與預測，直到十五年後仍相當具有價值。

然而，從大西洋彼岸刮起一陣旋風，擾亂了龐畢度平靜的法國。

旅居美國的法籍學者斯坦利．霍夫曼是研究法國政壇的專家。他在一九五六至一九七二年之間所發表的幾篇法語文章中，越跨了過去由阿宏、席格非以及其他許多人，在「維琪的貝當追隨者」與「巴黎的法西斯黨羽」之間所劃定的嚴密邊界。他在一九六九年寫道：「基本上，對附敵一事不為所動的國民而言，如果沒有國家級的附敵行為在先，奴性的附敵合作主義和意識形態的附敵合作主義，都不可能那樣輕易地獲得發展。」[33]

一九七三年一月，瑟伊出版社出版了前一年在美國發表的一本英文著作。法文譯者是克蘿德．貝特杭，她是歷史學家尚－皮耶．阿澤瑪的母親。為該書作序的正是斯坦利．霍夫曼。該書的法文版書名《維琪的法國》，比原書的英文書名《維琪法國，保守派與新秩序，一九四〇至一九四四》，來得簡短也更尖銳，立刻顛覆了傳統的觀點[34]。在此之前，「維琪」一詞所代表的是政府、政權和特定的時期。很少將整個法國等同於在戰敗後產生、且還被局限在很小一部分的國土上的這個政治勢力。但從此之後，這種做法就經常出現。

作者羅伯特．帕克斯頓有幾個瑕疵，但取決於不同的觀點，也可說是優勢：他相當年輕，僅四十一歲，又是個外國人，不論是親身面對或通過家族傳承，都沒有經歷過那些事件，卻要來論述一些連法國專家都審慎對待的問題。然而，此書確實打破了一些障礙。首先，書中表示維琪從來沒有實行過所謂的兩面手法，更別說要抵抗占領勢力了。正好相反，他們堅持要求德國人接受彼此合作的政策，而且從一九四〇年夏天就開始了（這也是艾伯哈特．雅克論文中的重點，在此獲得補充與發揮）。其次，和亨利．米榭爾一樣，帕克斯頓認為，附敵合作與民族革命屬於同一個政策的兩個方面。但就維琪的傳承部分，他倒是提出了與米榭爾截然不同的論點。不像侯貝．阿宏或亨利．米榭爾那樣低估後果的重要性，他反而以大量的章節探討內部的改革。他認為，這些改革在各方面都顯示了維琪上下改變國家和社會的野心。帶領改革的一群技術官僚，沉浸在報復左派人民陣線的氣氛中，結果這些改革宣告了五〇與六〇年代的演變（國家政治科學基金會之前舉辦的那場研討會，就曾針對這個主題做了概述）。最後，作者還研究了維琪和占領軍相比之下的特異性，尤其是在打擊猶太人這部分。

帕克斯頓的著作充滿知識分子的熱情，有時會將論述的邏輯推向極限，讓人覺得他低估了占領軍和當時局勢，與實際上所帶來的沉重負擔。由於結構嚴密，也由於毫不節制，他的書確實衝撞了當時的思維模式，引起了一些騷動。

馬克・費侯⑲很快就預料到，這種新的解讀會給每個陣營帶來政治性的干擾。首先是左派，由於一九四〇年只有菁英分子叛國，這種令人安心的想法徹底粉碎，「因為實際上，從巴約訥⑳到非洲，英勇、直至獻出生命的抵抗行動，無論對誰來說都沒有意義」。接著是戴高樂主義者，「他們承繼了曾經與之戰鬥的政權」；最後則是「曾經貝當化、曾經相信、想要相信、想要讓人們相信，元帥玩的是兩面手法的所有那些人[35]」。然而，其中尤屬左派最維護帕克斯頓。

共產黨人之所以讚許帕克斯頓，是因他們對維琪的論斷，也就是「壟斷式國家資本主義」的產物，在他們看來得到了某種確認。猶太社群的機關報強烈建議閱讀該書，顯然他們對於有個外國專家高調闡述他們一再譴責的內容感到滿意。在抵抗運動人士的圈子裡，反應則有好有壞。對於某些人來說，「所有參與抵抗運動的人都應該讀這本書，清晰明智，無關激情與仇恨[36]」。可是，也有人一點也不欣賞。作者在導言中針對「第一時間的抵抗運動人士」發表了幾個簡短的說法，他指出「這些人（在一九四〇年）對政權沒有構成任何實質威脅[37]」。帕克斯頓在研討會或會議上，不是就曾經被彬彬有禮但滿心不悅的火焰守護者找了好幾次麻煩……

不過，理所當然還是右派最有敵意。多米尼克・賈梅曾在《震旦報》，對這位美國歷史學家的能力提出強烈的質疑：「據說羅伯特・帕克斯頓先生目前任教於哥倫比亞大學。實在讓人不敢相信[38]。」《法國天主教》週刊也譴責這位「生活平靜的學者」，遭到「類馬克思主義」（paramxisme）染指，他們比較欣賞早幾個月前所發表的歐豐上將回憶錄[39]。而且最終，正是這位掌管整個貝當協會運作的海軍上將，對帕克斯頓提出最為毒辣的批判。他讓維琪的同事尚・波赫塔討論「祕密電報」是否存在，它是貝當福音的基石。自己則寫了一封信給《世界報》，大言不慚地說所有這些都是「法國人的家務事[40]」。他還在別的刊物上評論一番，仔細交代了帕克斯頓的著作，是如何讓貝當親愛的追隨者深感痛心：

帕克斯頓先生只有在他整部論述的最後一句話，才把關鍵性的祕密交我們眼前。就是這句話：「在一國的歷史上，有時會出現某個殘酷的時刻，為了拯救賦予全民族真實含義的東西，人們無法不去反抗代表國家的政治體。對於法國而言，這就是一九四〇年六月之後的狀況。」於是，當時年僅八歲的這個美國人，在大西洋彼岸安心地拍皮球，但同時他祖國境內的幾個領袖，已經把我們丟入了戰火之中，而且為了置身事外、躲在「現購自運」（cash and carry）㉑的政策背後，到了今天，他竟然想要論證，一九四〇年遭到血洗的悲慘法國，唯一的出路就是革命，就是破壞性的戰爭。他撰寫這本書，只是要

---

⑲ 譯注：一九四〇至一九四二年擔任維琪的勞動部長。

⑳ 譯注：法國企業家，一九四一年擔任維琪工業生產部國務祕書。

㉑ 編注：美國在孤立主義的思潮下自一九三五年通過一系列《中立法案》避免捲入戰爭。但此時美國尚未從經濟大蕭條中恢復，故開了一個後門，在一九三七年第三次的《中立法案》裡允許交戰國支付現金向美國購買民用物資，並自行運回。

嘗試證明這個觀點[41]。

也有讀者本著同樣的精神，批評帕克斯頓不了解內戰的恐怖。這個美國人回應表示，自己比任何人都理解這一點，因為他本身就來自一個南方的家族。有一次帕克斯頓甚至直接與歐豐上將針鋒相對，因後者當眾挑剔起他的年齡[42]。

最有意思的是，歐豐上將還屢次把侯貝．阿宏當成擋箭牌，阿宏本人於一九五五年遭人指責「不公正」，但到了一九七三年卻又被視為「溫和派[43]」。這種學術參考性的評價，曾解決了很多人的問題，尤其是右派人士，但毫無疑問，帕克斯頓的著作淘汰了這種說法。

專家的反應同樣饒有興味，因為它們暗示了當時歷史編纂領域的諸多潛在性與障礙。亨利．米榭爾盛讚帕克斯頓的著作是「大師級的作品」。不過，雖然他以個人所仰仗的抵抗運動的名義，為該作品「對維琪政權的無情控訴」感到高興，但也不禁遺憾這位美國作者「並不因此而讚美維琪的對手」，甚至暴露出「對法國的敵對氣息[44]」……。歷史學家賈寧．布丹在《法國政治學雜誌》中就「頗有微詞」，她批評若干關於事實本身的錯誤，以及單方面使用來自德國的資料，這讓人想起過去某些法國人做的研究。顯然她很猶豫是否要讓自己完全接受，例如「維琪的自發性反猶太主義[45]」。

最尖刻的文字來自阿藍－傑哈．斯拉瑪的文章：「我在他自己的書中，找到駁斥他那些論點的陳述[46]。」他的說法非常生動，但如今看來，不過是顯示出法國當時歷史學家們的無力：同意帕克斯頓觀點的學者，理所當然地遺憾該書並非出於法國人之手；敵視帕克斯頓的，則很難依靠其他資料來源推翻這些論點，因為法國檔案一般不對外公開。有些人覺得他才華洋溢，有些人認為他言過其實。儘管非其所願，但帕克斯頓確實為法國學界製造了紛爭。

不去排除作者在這本書裡表現出的所有優點，我們必須說《維琪的法國》一書事實上也從奧佛斯效應，以及一九七一至一九七四年的大環境中獲益匪淺。帕克斯頓的作品，出乎他本人的意料，與同時期出版、其他具有相同靈感的作品相比，或許更能在壓抑過後的反彈中，表現出科學分析的精神。在引發爭議的《悲傷》推出的兩年後，這本書冷漠而客觀地展現了電影中熱烈勾勒出的論點。帕克斯頓和奧佛斯各自出於不同的理由，都不擔心造成挑釁的局面。

德意志法國成為焦點

繼帕克斯頓之後，對黑暗年代的研究大幅提升。包含國家博士論文與第三階段博士論文在內，一九七一年發表與第二次世界大戰有關的九十篇論文中，有十五篇討論抵抗運動，只有六篇關於維琪政權；一九七八年的一百三十篇論文中，仍有十六篇攸關抵抗運動與解放時期，但有十三篇和維琪與占領時期有關，十八篇涉及經濟與社會，十篇涉及心態與文化。

抵抗運動始終屬於熱門題材，但已減少了紀念性，即使它所構成的歷史性客體，很難挑起深入的批判。大家感興趣的是各個運動的社會學研究，如多明妮克·魏永於一九七七年的由弗拉馬利翁出版社所出版的《游擊隊》；或是精神層面，如赫妮·貝達利達於一九七七年由勞工出版社所出版的《基督信仰的見證，一九四一至一九四四》。

從此時開始，附敵行為成為被關注的對象：克羅德・李維《新時代和附敵行為的意識形態》（法國大學出版社，一九七四年）、尚－皮耶・阿澤瑪《附敵，一九四〇至一九四四》（阿蒙柯藍出版社，一九七四年）、尚－皮耶・阿澤瑪《附敵，一九四〇至一九四四》（馬松出版社，一九七六年），巴斯卡・歐利，《附敵分子，一九四〇至一九四五》（瑟伊出版社，一九七六年），以及同樣由歐利著作的《德意志法國》（加利瑪出版社，一九七七年）。

就和當時的懷舊風潮一樣，這股新浪潮也不能擺脫「懷舊」的反應，尤其是它專橫嚴格的調查傾向：一些知名人士上了索引名單（……一書之末），讓大家突然發現了他們不大光彩的過往，由此催生了一種非常流行的新活動，那就是釘上某個自己偏愛的對手，並將其醜事公諸於世。有些新聞報導中淨是這類影射，為謾罵活動提供養分[47]。

然而，最重要的還是學院持續推出的研究成果，與之並行的還有市場上氾濫的大眾讀物，例如尚・馬必寫了好幾本有關法國黨衛軍的書、克里斯提安・貝納達克擅寫集中營、菲立普・阿吉茲筆下那些附敵的惡棍。當然，還有亨利・阿穆赫。

透過侯貝・拉豐出版社，阿穆赫一開始以每年一本，然後是每兩年一本的節奏，推出了一整套《占領時期法國人的偉大歷史》（為什麼「偉大」？），這與症候群執念最深的時期十分合拍。得益於他新聞圈的同僚（其中很多人從來沒有真正接受歷史學家在當代領域所表現出的競爭力），使得亨利・阿穆赫的這套書獲得媒體極為正面的報導，進而而廣為人知，亨利・阿穆赫也在一般法國人的眼中，成為這個時代無可爭議的專家。讓我們感謝他的才華，他那無數「從未發表的檔案」，以及他大量吸收第一手材料的能力。不過這還不是最關鍵的。

阿穆赫透過書寫的風格與口吻，提供了症候群某種解毒劑。當各類爭議與死灰復燃的事件相繼出現之時，他以智者平靜的態度，提供了大家可以接受、沒有稜角的現實，頗為貼近個體。沒有任何論斷，就算有也非常少。他對複雜的分析完全不感興趣，充滿了十足大眾化的判斷：每個陣營裡都有好人壞人，法國人曾經是貝當的信徒，然後又成了戴高樂的追隨者，至於《占領時期法國人的偉大歷史》的第六卷《殘酷的內戰》（一九八三），是從一九四三年才開始；「以恐怖行為回擊恐怖行為」，他拒絕支持任何對立的一方。總之，占領時期大部分的悲劇都可以歸因於戰爭所帶來的必然性。

許多前抵抗運動人士對他持保留態度（政治默契除外），媒體的追捧、公眾的認可，使他成為某些右派，包括前貝當支持者在內的擔保。貝當協會的祕書長在一九七八年寫給阿穆赫的信上寫著：「如果有一天法國人得以和解，您的參與和您的歷史著作，必定為它做出了不少貢獻。」[48]這套書第六卷的內容關於內戰，書中特別題獻給侯貝．阿宏的「愛好和平的人」，從這裡就可以知道該書「擺脫了善惡二元論」。和阿宏一樣，阿穆赫用通俗易懂的文字，尤其是透過那讓人消除疑慮的能力，回應了某些群眾的期待。

當文學再次啟動的同時，也產生了第二代證詞。證詞來自前附敵分子或前維琪官員，以及前抵抗運動人士，這一次尤其以領導階層為主。在前面那群人當中，涉入程度愈高者，愈是以疏離的態度看待自己的過去，而且通常有一段長時間的沉默。例如，《悲傷》的「主人翁」之一，前納粹黨衛軍克里斯堤翁·德拉馬吉耶，於一九七二年發表了《戴著頭盔的夢想家》（侯貝·拉豐出版社），前法國人民黨主席維克多·巴德雷米於一九七八年出版了《從共產主義到法西斯主義》（阿爾班·米歇爾出版社）。他們與維琪的關係愈密切，就愈尋求恢復自己的聲譽，也愈是想要重申貝當以兩面手法進行抵抗行為的論點，例如歐豐上將在一九七一年出版的《維琪的基本歷史》（法國－帝國出版社），前維琪勞動部長赫內·貝瀾於一九七八年出版的《從總工會祕書處到維琪政府》（信天翁出版社），還有雷蒙·阿貝利奧[22]於一九八〇年出版的《無敵太陽神，一九三九至一九四七年——我最後的回憶　第三卷》（波維／杭賽出版社）。

後面那群人也沉默了很久，在他們所做的見證當中，有兩本最重要的著作。首先是由「戰鬥」行動的首領亨利·費內所著的《黑夜會結束》（侯貝·拉豐出版社，一九七三年），以及克勞德·布得的著作《變化不定的冒險》（斯多克出版社，一九七五年）。毫無疑義，在這部分還必須加上亨利·諾蓋所著、共五大本的《法國抵抗運動史》（侯貝·拉豐出版社），他於一九六七年動手書寫，在一九八一年完成。諾蓋從積極的行動者轉為撰述歷史，這部鉅著實現了第二次世界大戰歷史委員會沒有成功的目標：寫下抵抗運動每一天的主要事蹟。對這些昔日的鬥士而言，現在已經不再是譴責附敵分子，或書寫國家形象的時候了。當浪潮掀起，在面對各類修正主義冒頭的情況下，留下印記才是要緊事。

今後的工作

第四階段似乎從一九七〇年代末就開始了。第二次世界大戰歷史委員會已退居二線，讓位給當代史研究所，擴大了著重的時間範圍（延伸到今日），不過它將二十世紀第二部分的起始點定位在一九三九年，而不是一九四五年。

一九七九年，出版了關於整個時期最全面的大學教科書，沒有假正經或強迫性的尊崇。尚－皮耶·阿澤瑪《從慕尼黑到解放》（瑟伊出版社，《當代法國新歷史》叢書第十四卷）成為每個大學生的聖經（這是很容易就能驗證的實情）。

之後，關於第二次世界大戰的研究開始獲得發展：目前約有二百四十名研究員和大學教師（從最廣泛的角度來看）專門研究或教授這個主題，與以往相比，人數提高了不少[49]。其研究的內容也明顯變得多樣化，並發展出的新領域，如經濟、教會、政治宣傳、輿論研究。如歷史學家皮耶·拉波希的《抵抗運動人士、維琪的支持群眾與其他》（國家科學研究中心，一九八〇年）。檔案資料也能對外公開，如尚－巴提斯特·杜侯賽的《鴻溝，一九三九至一九四五年》（國家印刷局，一九八二年）。本書得益於大量的外交文件，使得維琪曾經參與「抵抗」的論點失效，他描述了該政權附敵程度之廣泛，而且是從法國境內觀察的結果，不再只有從德國獲得的

㉒譯注：雷蒙·阿貝利奧（本名 Georges Soulès，一九〇七至一九八六），法國作家暨哲學家。二戰前屬於國際工人組織法國支部的一員，占領時期則加入具有法西斯傾向的社會革命黨（MSR）。

資料。歷史學家米雪爾．關德於一九八五年進行論文答辯，那是關於維琪政權的第一批國家論文之一，專門探討維琪的國民議會。一些相對陌生聞的人物從背景走向前台，如尚．賈丹，拉瓦爾內閣辦公室主任，現身於皮耶．阿蘇林的著作《隱身幕後的謀士》（巴朗出版社，一九八六年）。記者羅宏．勒米則書寫了馬歇爾．迪亞的某位密友，《影子人物，喬治．阿貝提尼，一九一二至一九八三年》（巴朗出版社，一九九〇年）。此外還有曾任職維琪的新聞中心的前共產黨員安傑洛．塔斯卡，在歷史學家德尼．貝尚斯基指導下編寫的《維琪　一九四〇至一九四四，安傑洛．塔斯卡的戰時檔案》（國家科學研究中心／費堤內里共同出版，一九八六年）。而菲利普．布林的著作《失去控制的法西斯，多里奧、迪亞、貝遮希》（瑟伊出版社，一九八六年），開始更深入研究維琪內部的「左派」。如我們所見，右派曾以某種引起爭議的方式，對這個主題大加發揮。最重要的是，此書給予法國法西斯主義非常嚴格的歷史定義，使其成為一九八〇年代最重要的著作之一。

此外還可留意，大家對占領時期的知識圈、科學界，與文化領域的興趣也明顯提高。如〈維琪法國的文化政策與實踐〉，《當代史研究所期刊》，第八期，一九八八年六月）。這方面的研究在於了解，在持續發展的社會各個領域中，維琪確實扮演了何種角色：**即使**經歷了占領時期，還是多虧了占領時期，這才是問題所在。反猶太主義啟發了一些著作，它們的重要性在於標示出決定性的突破。例如：二戰史專家羅伯特．帕克斯頓和麥克．馬魯斯的《維琪與猶太人》（卡曼－列維出版社，一九八一年）；塞吉．克拉斯費德的《維琪－奧斯威辛》（共兩冊，法雅出版社，一九八三至一九八五年）。

最後，我們也看到，光是巴比－魏傑斯事件本身，就導致第三代見證的產生。它們以尚．穆蘭悲劇性結局所引起的爭議為主，包括赫內．哈迪、亨利．諾蓋、露西．奧布拉克（抵抗運動人士）的證詞，當然還有丹尼耶．柯迪耶所投下的「炸彈」。然而，在該事件傳聞軼事的部分外，無疑還反映出一個重要的轉變，那就是著重在對抵抗運動進行具有批判性的研究（沒有偏見，無關毀譽）。從寶座上掉下來的抵抗運動，終於受到最為單刀直入的調查，也就是最具有科學性的審視。不過它仍然讓人感到激動，歷史學家馮思瓦．貝達利達早已預告過這種情況，而且通常是由之前的參與者所引起的，例如和尚．穆蘭關係密切的丹尼耶．柯迪耶[50]。

這個循環會有完結的一天嗎？抵抗運動歷史作為最初的調查範圍，一開始顯得謹慎保留，傾向美化而不盡真實的傳記形式。當鏡中影像破裂引起騷動時，維琪成為第一個受到關注與修訂的目標，緊接著就是有關反猶太主義與種族滅絕的問題。這兩個特定領域已成為日趨獨立的科學研究對象，此一結果得來不易。這會是抵抗運動的轉機嗎？而且和它在巴比審判前後所扮演的角色，是否具有隱含的關聯？這是上一章末提出的假設，只有日後的歷史學家可以替我們回答。

歷史學家的介面身分

在集體記憶中，歷史學家占據著介面的位置。一方面，在文學或科學作品出現以前，他們仰賴可以獲得的信息來源，並且高度聽取社會需求，也就是從不同的輿論趨勢中多少看得出來的期待，包括學術圈的意見。到了後續階段，輪到他們對思想心態產生影響，主要是因為教學的內容和形式，絕大部分來自於研究結果。

這種互動的傳播鏈，在過往的呈現方式逐漸成形之時構成了關鍵的時刻，因此需要在此提供幾個環節。

產生歷史作品的條件

為了書寫四〇年代的歷史，尋找資料來源一直都很有難度。它們不是分散在各地，就是遭到毀損、脫漏不全或數量過多，而且還經歷了各種變遷，那是來自引起爭議的過往事蹟所留下的變化。

尤以公共檔案最為明顯，因為國家一直抱持矛盾的態度。由於必須評估占領時期的災難、犧牲的規模與錯誤的嚴重性，所以迅速開放了許多檔案。它們尤其能讓大眾了解希特勒的運作機制，並開啟了有關軍事歷史或抵抗運動史的初步研究。以第二次世界大戰歷史委員會為例，它並不是歸屬於某個監督部會，如教育部或大學，而是直接附屬於政府首腦，然後又併入總理職權，這就充分說明了這個意向。我們可以看到，國家、檔案和歷史學者三方面的結合，生產力十分豐富，儘管少不了會有人動手書寫官方版本的歷史。

然而，從另一個角度來看，國家是把自己視為嚴厲的看守者，保管著研究人員（和一般公

DOCUMENT

▶▶▶

convertie au catholicisme et avait été baptisée fût regardée comme juive parce qu'elle avait trois grands-parents juifs. La loi de l'Église était explicite : *« Un juif qui a reçu valablement le baptême cesse d'être juif pour se confondre dans le troupeau du Christ. »* C'était là *« le point unique où la loi du 2 juin 1941* [le second statut des juifs] *se trouve en opposition avec un principe professé par l'Église romaine »*.

Même ainsi, Vichy s'en tirait à bon compte. *« Il ne s'ensuit point du tout de cette divergence doctrinale que l'État français soit menacé* [...] *d'une censure ou d'une désapprobation. »*

En conclusion, Bérard rassurait Pétain : la papauté ne ferait aucune difficulté sur cette question. *« Comme quelqu'un d'autorisé me l'a dit au Vatican, il ne nous sera intenté nulle querelle pour le statut des juifs. »*

Mais Vichy devait veiller à ce que ses lois fussent appliquées en tenant compte comme il se devait *« de la justice et de la charité »*.

Pétain utilisa aussitôt ce message. Quelques jours après l'avoir reçu, il se trouva à un dîner de diplomates auquel participait Mgr Valerio Valeri, nonce en France. En présence des ambassadeurs du Brésil et d'Espagne, le Maréchal fit allusion à la lettre de Bérard, leur disant que la papauté n'avait pas d'objection sérieuse à la législation antijuive. Le nonce, qui était opposé au statut des juifs, fut dans l'embarras. Il déclara que le Maréchal devait avoir mal compris les intentions du Saint-Siège. Pétain répliqua avec bonne humeur que c'était le nonce qui n'était pas en accord avec le Saint-Siège, et lui offrit de lui montrer le texte de la lettre. Son interlocuteur le prit au mot, et il semble qu'il ne pût rien trouver à répondre.

Dans une lettre au cardinal Maglione, alors secrétaire d'État, le nonce s'élève contre les lois antisémites, disant qu'elles contenaient de *« graves erreurs »* du point de vue religieux. Il se demandait qui avait donné cette information à Bérard. Maglione jugea que l'affaire méritait d'être tirée au clair. Il résultat de ces recherches que les sources de Bérard étaient haut placées au secrétariat d'État, et comprenaient Mgr Tardini et Mgr Montini, le futur pape Paul VI. A la fin d'octobre, Mgr Maglione répondit au nonce, confirmant la substance du rapport de Bérard, mais marquant son désaccord avec les *« déductions excessives »* que, selon lui, Pétain en avait tirées. Le sentiment du Vatican était que le statut des juifs était une *« loi malencontreuse »* qui devait être limitée dans son interprétation et son application.

Quelle que fût l'importance de ce curieux échange, Vichy supposa qu'il avait l'appui du Vatican, et agit en conséquence.

∴

A l'instar des SS, qui comptaient méthodiquement les juifs envoyés à l'Est, nous pouvons calculer le résultat de la « solution finale » en France. A la fin de l'année 1944, un peu plus de 75 000 juifs avaient été déportés de France vers les centres d'extermination situés sur l'ancien territoire de la Pologne. A leur arrivée, la plupart d'entre eux furent immédiatement envoyés dans les chambres à gaz, tandis que les autres étaient mis au travail dans des conditions qui signifiaient une mort presque certaine au bout de quelques semaines ou de quelques mois. Environ 2 500 de ceux-ci, soit près de 3 %, ont survécu. Auschwitz fut la destination d'environ 70 000 déportés de France.

失誤？

上圖，摘錄自麥克·馬魯斯和羅伯特·帕克斯頓的著作（《維琪與猶太人》）；最下方恰巧是介紹維琪溫泉療養所的廣告⋯⋯。（《觀點》週刊第四四八號，一九八一年四月十八日）

民）不應該接觸的資料，以避免法法糾紛再次出現，這也是曾屢次出現的說法，最近還被重新提出。

從戰前算起，第一份關於開放公共文件與檔案的法令頒布於一九七〇年十一月十九日。法令中明確指出，這些內容的取得通常無限制，除了……一九四〇年七月十日以後的文件與檔案例外。法國政權建立的象徵性，就是以官方立場限制了歷史記憶。研究學者要想一探究竟，必須獲得許可。而且還只能由監管部門酌情決定。作家埃文．維赫曾經為了有關維琪特殊部門（一九四一年成立的特別法庭）的撰寫工作，要求准許查閱司法檔案，司法部長赫內．普利文直接拒絕了他，理由如下：「我們應當高度避免危害私人利益，不要挑起輿論的強烈情緒[51]。」同樣的邏輯也曾阻止《悲傷與憐憫》的發行，進而影響了部分歷史研究的方向。即使如此，仍無法阻擋六〇年代末期的裂痕，也無法像以前一樣，用法令框住記憶。

源於法國檔案館七年前的一項倡議，一九七九年頒布了另一條看起來顯然更為寬容的法律，用來管理公共與私人檔案的存放、諮詢和執行規則。從那時起，文件公開的年限是三十年，除了醫療檔案期限為一百五十年，個人檔案自出生日算起一百二十年，司法文件和統計調查一百年，包括「與個人生活有關的個人訊息」，至於「指控私人生活有罪或涉及國家安全」的檔案六十年，這個條文能夠對可用文件的性質做出廣泛的定義，使得社會生活的許多方面仍處於陰影之中[52]。

這是國會以保護個人權利為名義，並遵照國務委員會的建議，限制了接觸檔案的自由。不過，無論是在參議院還是議會，更遑論政府的計劃項目，從來沒有向外界表現出政府對於公開棘手的檔案，尤其是占領時期的資料，存有憂慮。參議員暨歷史學家亨利．費維甚至可以在會議討論中，就技術方面的考量提出論據，極其冷靜地陳述公開各省解放行動檔案的必要性[53]。

因此，這項法律明顯中止了保持沉默的慣例。更值得注意的是，它恰好出現在法律後果引發一連串醜聞之時（達其耶、勒給、布斯凱等等），幾位主角透過文件與披露的訊息奮戰。一九七九年的法律，賦予國家檔案館很大程度的自主權，加強了歷史資料在涉及權力區塊時的獨立性，不過若與其他西方國家相比，法國還有一段路要走。幸好某些檔案分部負責人具有開放的心態，許多收藏目前都可提供給研究學者使用[54]。

保持沉默的一貫做法，在逾三十多年間一直占有優勢，不僅刺激了大眾熱衷的強度，並且讓人相信（不是沒有道理）藏在壁櫥裡的屍體大得嚇人。這種方式無疑說明了維琪症候群之所以產生的要素之一，並得到與預期完全相反的效果。直到不久以前，大家才能接觸這些資料，而且並未因此使所有的執念平靜下來。

取得書面文件的困難，更增加了證詞的重要性。在重建往事的時候，歷史學家和證人經常形成密不可分的夥伴。甚至可以說，不論在法國或在其他國家，第二次世界大戰的研究為學術記憶，以及個人記憶或聯想記憶之間，開創了新的關係類型。

值得注意的是，對抵抗運動的研究要早於對維琪政權的研究，而後者是一國合法的權力機關，並負責行政管理，它所留下的檔案、文件與客觀的蹤跡，絕對要比前者更多。這還不包括關於德國的檔案，它們在法國和德國，填滿了好幾公里長的檔案架。就連歷史記載這方面，也承受了某種「占有優勢的記憶」。

證人所說的話被逐字逐句採用，進而成為資料來源，而不是被視為是反映過去、現在、甚至某種「不真實的」重建所留下的痕跡。當然也有反例，身為尚．穆蘭所信賴的人，丹尼耶．柯迪耶卻等了將近四十年，才對尚．穆蘭的行動下了總結。如果說法屬實，柯迪耶是對反覆出現的其他證詞感到厭倦，它們彼此矛盾（特別是關於這個主題），也和他所握有的文件不一致。因此他訴求完全脫離「口述歷史[55]」的表達方式。儘管是個例，但這種反應說明了，在占有優勢或具有侵犯性的抵抗運動記憶和書寫歷史之間，所存在的緊張的關係。那就是這位作家的身分首先是見證人，然後成為歷史學家，並膽敢表示前抵抗運動成員的證詞不再具有科學意義。這多麼反常！沒有專業人士甘冒這樣的風險……

最終，是社會需求說明了法國歷史的撰寫在發展過程中的種種特徵。

一九五〇至一九六〇年代，社會需求比較具有官方色彩，它的界定來自對維琪的沉默，或是侯貝．阿宏極簡主義式的詮釋，以及把抵抗運動設置成優先考量的歷史對象。這樣的需求符合整個症候群暫時平靜的時期。

到了一九七〇年代，則是表達出那一代人的心願，不僅來自奧佛斯、來自六八年的懷疑論者，也來自「鏡像破滅」，此時的歷史學家與電影或文學相比，（勉強算是）有些落後。不過一九七一年的轉折，它可以解釋成知識分子的需求。馬塞爾．奧佛斯與羅伯特．帕克斯頓在時間上的交會，從客觀的角度看來，純屬偶然：前者，以及亞蘭．德賽杜與安德烈．亞里斯，由於政策規劃嚴重涉入法國內部的論戰，他們受到刺激，對占有優勢的記憶做出反應。後者，如同大多數專門研究維琪法國的外國歷史學家，完全沒有受到這種內在的影響，這就和他的法國同行不一樣了。他們的同時代性來自探討相同的主題：法國的法西斯主義，其中維琪與附敵行為（無論兩者之間有何細微的差別），都具有最不會讓人質疑的代表性。在美國，漢娜．鄂蘭的論文把維琪列入極權主義的政府，帶來衝擊的時間更早，對專注這方面的美國歷史學家而言絕不陌生。在法國，世代的需求與知識的需求同時出現。

傳承的方式

在歷史作品產生的後續階段，出現了知識傳承的難題：對象是大學生，特別是未來的教師，以及排在行列尾端的中小學生。

教師取得資格與其他科目不同：

一九七一年（還是、而且一直是這一年……），教師資格考和中學教師資格考（CAPES），將四〇年代納入考試的科目中。它們包含在本身就具有爆炸性的主題內：「一九三四年二月至一九五八年五月的法國」，也就是二十世紀法法戰爭的主要區段。這個重大的革新，標示出現代歷史學派無可爭議的成功。尚－巴提斯特．杜侯賽為此表示讚嘆：「教師資格會考在實質的意義上，大膽進入了當代，真是令人滿意[56]！」

對於整個社會而言，這個事件也相當重要。在一九七一至一九七三年的兩個學年中（所有科目重複延續了一年），數千名學生完全投入那段歷史時期：在六項資格會考中（歷史、地理、中學史－地，全都分成男、女兩組），一九七二年報名應考人數為一萬三千人，一九七三年為一萬三千二百五十人。正規課程、討論輔導與講義的數量大增，並動員了歷史教研單位（UER）負責工作方案。同時，偶爾還激發出某些人員的研究使命。無論是否為大學用書，所有涉及這些題目的書籍都獲得額外的宣傳，造成了可觀的銷量。

然而障礙是少不了的，這項任務不論對考生或老師而言都很困難。因為該時期與他們所處的時代十分接近，仍然具有熱烈的情感因素，於是引起爭議的詮釋不斷出現。總的來說，比起其他時間區段，一九四〇至一九四四年要更為棘手，學生們無法掌握任何客觀的綜論。杜侯賽為此清點出四十幾本書，其中將近一半是見證或文件，然而其中只有約十位作者真正具有科學研究的身分[57]。

在一九七二至一九七三年的全部會考中，「當代」的問題在筆試曾三度出現，其中兩次包含「占領時期」（都在地理教師資格考）。分別是一九七二年：「從一九三四到一九五八年的法國議會和政府」，以及一九七三年：「法國如何面對德國，從德國的重新武裝（一九三五年三月）到羅馬條約（一九五七年三月）。」在口試的部分，相較於其他問題，如古代史、中世紀史與現代史，當代史的配額很公平，口試委員完全沒有試圖忽略四〇年代。例如一九七二年的歷史教師資格會考，在兩百名進入口試的人當中，有四十九名必須回答這段時期的問題，其中又有十幾人的題目是特別關於抵抗運動或維琪政權。然而，我們可以注意到，教師資格會考與中學教師資格考的口試官並不相同，前者通常會迴避與附敵行為、附敵分子有關的問題，這些用詞並未出現在指定評論的文件中；而後者倒是十分直接，尤其是在一九七三年多次運用了這兩個詞。

採取這項倡議很有勇氣，但對參與會考的人來說並不容易。地理一科的筆試平均分數特別低：男性考生有百分之五十（一九七二年）和百分之六十二（一九七三年）的答卷，得分低於五點五分（滿分二十分）；女性考生有百分之四十（一九七二年）和百分之二十九（一九七三年），只得到一分或少於一分[58]。口試官的評審報告，可能也比往年有更多尖刻或充滿懷疑的評語：

- 地理教師資格會考，口試（女性考生部分，一九七二年）：關於一九四〇至一九四四年這段時期，涉及抵抗運動、占領時期或維琪政策的內容，分數特別低（平均得分落在五點三一分，其他則為七點一四分）。看來有些女性考生，完全不知道與這一時期有關的任何著作（……），她們從未看過某些電影，也從未聽說過描述當時的文學作品。其中有位考生不知道維爾高和《沉默之海》[59]。
- 中學教師資格會考，口試（女性考生部分，一九七二年）：當代歷史的議題一開始還讓人擔心，對貝當、戴高樂、抵抗運動、附敵分子，會出現引發議論的立場……。並沒有！許多女性考生似乎對我們這段歷史，懷著和面對波希戰爭或英國內戰相同的個人共鳴[60]。

•地理教師資格會考，筆試（男性考生部分，一九七三年）：關於附敵行為，我們很遺憾大多數考生對美國人羅伯特·帕克斯頓、最近發表的幾篇論文很陌生，更何況在會考開始的幾個月前，他的著作《維琪法國》的法文版還引起了一番爭議，媒體都曾報導過。參加會考的人有沒有看報紙[61]？

•地理教師資格會考，筆試（女性考生部分，一九七三年）：我們對摘錄蠢話不感興趣，不過（……）在此只是列出一些錯誤，不對它們進行評論：停戰協定在蒙圖瓦簽署，以馬其諾防線作為分界線（……）北非是一九四二年以前的抵抗行動中心，法國因為比利時的入侵行動而捲入戰爭，貝當是共和國的總統（……）「法國反布爾什維克自願軍」轉為進行抵抗運動，魏剛在一九四〇年六月贊成繼續作戰[62]……

因此，一九七一年成為歷史學家和學術記憶的轉折點，它把占領時期一般化，使其成為和其他事物一樣的學習內容。此外，將這段歷史納入教學的頭幾次教師會考，還顯示了兩個世代間的差距：一邊是教師的世代，受到這個主題的驅使，他們在情感上的推動超出了單純的專業興趣；另一邊是大學生的世代，大部分出生在一九四〇年代末，那段時期對他們來說只不過是個困難的議題，似乎離他們所關注的相去甚遠。有些情況值得注意，例如前者對於後者所表現出的畏縮、缺乏熱情、無法全心投入感到惋惜，而考官們原則上似乎提出了相反的憂慮。「六八年的世代」是否在三年之後就已消失無蹤？還是它實際上只局限於少數幾個邊緣團體？

此外，還必須考慮到某些學生因顧慮到考官的意識形態色彩，對於自己是否「站對邊」產生了猶豫和恐懼，這成為了難度提升與成績不理想的額外因素，這一點也必須加以控制[63]。

一九七一年的學生的確讓人感到驚訝，但無論考官們的說法為何，這個責任並不在學生們的身上。再怎麼說，這群考生都具有標準值以上的程度，他們不過是讓人猜想到，中等學校用什麼方式來教授第二次世界大戰。以及一般而言，時間點很近的現代歷史。

教科書

一九五九年的法令裁定，將一九三九至一九四五年這段時期，開始放入一九六二至一九六三學年的高三學習課程中。這部分課程計畫曾在一九八三年調整。而上述內容是從一九六九至一九七〇學年起，提前到國中最後一年開始教授。因此，法國人是在進入第五共和、算是很晚的時候，才開始面對有距離、有系統、平等看待所有人的事實描述。

兩個世代的教科書也不盡相同，至少在處理法國占領時期這部分是如此（不包括整體而言、內容比較全面的軍事問題）。在一九六〇年代的規劃中，第二次世界大戰為一九一四至一九四五年的時間週期畫上句號，其中一九四五年既是一個時代的終點，也是另一個時代的開始。那些黑暗的年代，內容全都不超過兩頁或三頁，篇幅講究對稱，一邊是「附敵行為」，另一邊則是「抵抗運動」。侯貝・阿宏對維琪的看法一直都受到採用，將維琪區分為屬於貝當的「反動派」，和屬於拉瓦爾的「附敵派」。雖然蒙圖瓦會談的重要性遭到低估，但大多數作者已經開始強調海軍上將達爾朗在一九四一年提升強度的附敵合作行為。

在不背離抵抗行動實情的複雜前提下，大多數教科書總是提出相同的等級結構，始終把六月十八日的呼籲和自由法國的建立擺在首位。似乎法國本土的舉措只有透過戴高樂將軍本人，才能確實建立身分認同。最後是法國反猶太主義的特殊性，也就是以反猶太的法律為本質所採取的措施，一般而言都避而不談[64]。

然而，一九八〇年代有了重大的轉變。這一次，高三的課程內容把戰爭放在時間段的開端，從一九三九年開始，一直延續到今日。法國的占領時期被獨立出來，占了一章的篇幅，長度超過十頁。關於維琪，即使阿宏仍有支持者，但帕克斯頓取代了他的位置：對於某些人而言，蒙圖瓦協定從此位於維琪附敵體系的中心位置[65]，而另有一些人則認為，它代表有意對帝國展現「具有善意的中立」[66]。

抵抗運動的分級被廢除。第一批抵抗運動分子拒絕接受「不等待任何人的指令[67]」這項新等級。這些教科書中有很大一部分的內容是關於法國的反猶太法律和當時的日常生活（配給制度、物資短缺，但也有文化與藝術方面的振興）。不過，共產黨人絕對受到了最不公平的待遇。為此，他們還編纂了自己的教科書[68]。一九八八年的新制，把一九三九至一九四五年移到高二學程的末期，「只是出於好意的調整」，一方面減輕高三的授課內容，另一方面「能夠更充裕地闡明一連串戰爭－危機－戰爭的重要週期[69]」。

幾乎所有人都採用「客觀」的方法，通常以檔案的形式來顯示文件中的所有資料。這可能是出於對上個世代教科書的反抗，然而有時引來批評，指其過於疏離，甚至「奪走了參與感」[70]。

第一代教科書反映出它的時代性，因此它所提供的觀點較為溫和，但也比較不持久。但最值得注意的是，一九七一至一九七四年間歷史記載的進步，和十年後它被表現在學校教育的這方面出現了差距！當然，所有課程計畫的全面改革需要時間。而且老師們沒有等到一九八三年下達的教學指示，就已經開始說明什麼是最終解決方案，以及法國法西斯主義。然而，這種差距就像教師資格會考的情況一樣，不禁讓人聯想到介於鏡像破滅代表的文化斷裂，與它對（年輕）意識的實際影響，兩者之間的脫節。

不過，國中生與高中生還經歷了其他形式的知識傳承。第二次世界大戰曾經是「學校的紀念活動」，進行的方式延續二十世紀初的非教會風格。集中營受難紀念日立於一九五四年，以中等學校學生為主要對象。在此把一九五九年的一份部長通函，當成（如果可以這麼形容）軼事錄出來，該通函應該是出自當時的教育部長之手，提供給教師使用。它的成就是在不到一頁的篇幅中，描述了驅逐至集中營的所有恐怖過程，而且隻字未提到「猶太人」！的確，在這位值得尊敬的戴高樂主義者的筆下，遭受驅逐的意義僅僅在於它鎮壓了挺身反抗的人（這部分就用了一整段）[71]。

還有，自一九六四年起，每年舉辦的「抵抗運動與集中營受難」競賽，都會動員教師、學生和家長。在教育部以及抵抗運動人士和集中營受害者各個協會的贊助下，這些活動是否躲開了早已開啟的官方記憶的影響？這一點非常值得懷疑。可是不管怎樣，這個活動非常受到學生們的歡迎，並且長期彌補了教學課程中的不足。

因此，記憶與症候群的媒介，尤其是後者，都各自遵循著獨有的節奏。從它們的時間差，或遲或早，形成了事件的拼圖，每個世代的運用也不相同。集體記憶的多樣性，完全取決於對事件拼圖的運用。可是還必須具有接收的過程，並且不論是官方的、文化的，或學術界的傳送者，都不能憑空執行任務。

第七章 擴散的記憶

至此本書就症候群所分析過的大部分表現，或來自社會對於占領時期具有吸收上的難度（特赦、審判、反覆出現的仇恨），或由於意識形態或政治上的對立，於是造成了彼此競爭的表述。它們首先關係到政治、知識與文化生活，並且在各種形式的記憶框架中體現出來：國家或政府的記憶、追隨者的記憶、聯想記憶。

從本質上來看，這些不同的表達方式掌管了過去，對它進行了重組與詮釋，以便賦予某種含義，有時是明確且有意為之，有時則是隱含的偶發事故。可是，如果在整個過程結束時，不就「接收者」、不就意見、「擴散的記憶」，提出疑問，那麼分析就不會完整。就算所有公民都收到了這些訊息，每個人還是會根據自己的經歷或敏感性，把它們重新轉換。「集體記憶」涉及的區域，隱晦、無法縮簡為任何類型，而且任何社會學理論都難以觸及，於是它不可能獲得精確的定義。況且維琪和占領時期的記憶縈繞不去，這是事實。儘管如此，被表現出來又容易識別的執念，以及同時期大多數法國人具有的感受，兩者之間有著什麼樣的距離？症候群的歷史包含文字、行動、錯失的機會與善變的神話史，真的已在法國社會的深處扎根了嗎？

初步的解答，來自具有多種形式的框架本質。無論呈現何種表面的爭論或應時的譴責，政治動態從來都不會完全和民眾脫離：如果維琪、附敵行為與抵抗運動，在我們的政治生活中曾經是主要的指涉實體，那是因為大部分的法國人對它們很敏感。其次，因戰爭而產生的社團組織，從數量和類型來看，涉及的人口雖少卻有相當的重要性，這些成員推動社團活動並提供資金。最後，當某個作家、電影製片或導演，決定選擇占領時期作為題材或時空背景時，可以看得出來是對某種需求做出回應，或至少他們自己是這麼認為。

不過基本上這樣的解答只屬於極有可能的等級。我們還可以使用其他更直接的指標。書籍的發行或影片的票房，能提供一些數量方面的訊息。報張雜誌、廣電節目與文字作者收到的「讀者來信」，經常帶來獨特的見解，甚至頗具代表性。最後，在特定時間進行民意調查，能衡量出對過去所做的不同表述具有何種時事性，或衡量出對某個歷史人物具有怎樣的回憶。只是這類型的調查數量較少，而且出現的時間很晚。近年來也有民調出自歷史學家的建議，它們出現的頻率，甚至確認了媒體對戰爭的關注程度：自一九七一至一九八五年間（光是從一九七九年十月到一九八〇年十二月的十四個月當中，就進行了四次調查），數量頗多，而在這之前一次也沒有。鑒於調查結果屬於不可或缺的資料來源，這裡的分析來自一九七〇至一九八〇年的調查。

相對的關注

觀眾

雖然只有很少數的電影製片人對占領時期感興趣，但觀眾似乎也沒有物以稀為貴，而對他們的電影更加捧場。在巴黎市和大巴黎地區，通常一個年度中非常賣座的電影，其觀影人次介於八十萬到一百萬之間（該區最常收穫的數字），這是以大約五十週（一年）的首映權計算，不包含二輪觀影人次和在電視上播出時的觀眾數字[1]。一九六九年之前，有幾部電影屬於賣座的行列，其中《虎口脫險》創下了法國電影獨一無二的紀錄（總計一千七百萬觀影人次①）。這部大受歡迎的影片把場景設定在占領時期，既是偶然也具有象徵性。

介於一九六九至一九七〇年度，及一九八五至一九八六年度之間，所清點出的八十九部電影中，有四部真正的賣座影片：《最後地下鐵》，首輪放映六十九週，觀影人次一百一十萬；《戰火浮生錄》，放映五十一週，八十五萬人次；《王中王》，放映超過三十五週，一百二十二萬三千人次；迅速造成轟動的《爺爺是抵抗分子》，放映十三週，九十二萬七千人次。以法國為範圍，《爺爺》一片與楚浮的《最後地下鐵》，都進入過去十五年內、一百二十部賣座片的行列，一九八五年的總計觀影人次，分別為四百萬和三百三十七萬九千[2]。

① 譯注：統計區間從一九六六到一九七五年。

這四部電影的上映時間介於一九七九至一九八三年間，除了《爺爺》以外，其他三部都出自功力已受到肯定的導演（楚浮、雷路許、烏里），但《爺爺》的賣座更令人驚訝，也更有意義：片中所展現的決裂，確實獲得了觀眾的迴響。

有十部影片獲得了不錯的成績（觀影人次在四十萬到八十萬之間）。除了大兵系列之外，還可以舉出幾個例子：《拉孔名叫呂襄》，二十三週，觀影人次五十二萬八千三百七十三；《舞會的小提琴》，三十三週，四十一萬五千六百四十四人次；《老槍》，二十五週，七十七萬三千九百七十八人次。前兩部電影都在一九七三至七四年度上映，使它成為最受占領時期影響的幾個年度之一，這十部電影的觀影人次共有二百五十八萬，首輪放映時間平均為十三週。

有百分之三十的電影，觀眾人數不到四十萬，但其中不乏帶來創新或形成轉捩點的作品。例如：《影子軍隊》，十五週，二十五萬八千三百二十七人次，不過它在電視上重播好幾次；《悲傷與憐憫》，首輪放映八十七週，觀影人次二十三萬二千〇九十一；《特別法庭》，十一週，二十五萬三千三百四十九人次；《羅浮宮邊門》，十二週，十三萬二千六百六十人次。

這些資訊純粹只具有說明性質，因為誰能定義觀眾的動機，或衡量影片給他們帶來什麼「歷史意義」的衝擊？儘管如此，它們確認出一九七三至七四年度以及隨後直到一九七五至七六年度，大眾對「懷舊風潮」的接受程度。如果美感的強烈喜好能發揮重要的作用，那麼在這些電影中，大多數作品所散發出的「修正主義精神」，絕對可以對潮流的形成稍作解釋。同樣地，這個主題在一九八〇年代的普遍化，表現在影片拍攝偏好軟性、輕鬆的大製作，只有極少數的作品，還願意就戰爭提供獨特或個人的見解：馬塞爾．奧佛斯以巴比為主題的電影《終點旅店》，一九八八年的觀影人次只有兩萬人。最後要說的是，大體上，意義重大的電影（使用這個形容詞，當然是考慮到它的主觀性和武斷的部分），在上映期間不會特別受到注意：它們通過文化結構的滲透，帶來間接、擴散的影響。

讀者

歷史書籍的重要性，（幸好）不會局限於銷售成績的好壞。然而，銷售量足以衡量該書對專業人士之外的影響範圍。

為了要有正確的認識，就必須了解某些小說確實帶來了重大的影響。雷吉娜．德福爾熱的《藍色腳踏車》屬於比較近的例子，它描寫占領時期的法國，內容讓人聯想到《飄》裡面驚心動魄的喬治亞州[2]。此書賣出了幾十萬本，這個銷售數字，讓下面提到的著作望塵莫及。

侯貝．阿宏在他的著作事業中是個幸運的作家。除了法雅出版社的初版外，《維琪的歷史》、《法國解放史》和《法國肅清史》，都還有好幾個精裝版（來自蘇黑、達隆迪耶、葛爾密等出版社）以及平裝版（前兩本書）。

---

② 譯注：美國小說《飄》（*Gone with the Wind*）出版於一九三六年，作者為瑪格麗特．米切爾。她的繼承人曾針對《藍色腳踏車》，向法國法院提出德福爾熱抄襲的告訴，但最後案件不成立。

下表中的數字只和初版有關[3]：

這些數字反映的是各個初版推出當時的影響，而不是平裝版的常銷效果（後者通常能賣出幾萬本），從上面的表格能看出這幾本書的等級：大眾對《維琪的歷史》與《法國解放史》歡迎度較高，而《法國肅清史》的接受度，從它每一冊的銷量持續下降可見一斑，當然這也是因為缺少了發行平裝版的結果。

換句話說，一九七五年四月去世的侯貝．阿宏，在壓抑時期特別受歡迎，尤其是一九五〇年至一九六〇年代，但是他的光芒從一九七〇年代初明顯開始沒落，那正是新史學崛起的時候。

之後瑟伊出版社在類似的時間間距中（一九七三至一九八五年），出版了好幾本著作，也能讓我們做出一些假設[4]：

書名	銷售量	銷售時間	第一年	年均銷量
《維琪》	5300	1954~1981	?	1892
《解放》	41000	1959~1982	37000	1708
《肅清》：				
第一冊	24700	1966~1982	19500	1453
第二冊	18700	1970~1982	13500	1438
第三冊：				
第一卷	7600	1974~1982	6000	844
第二卷	6400	1975~1982	5700	800

書名	銷售量	銷售時間	第一年	年均銷量
《維琪的法國》（R. 帕克斯頓）	13382	1973~1985	11845	1030
《歷史要點》③（*Points Histoire*）平裝版	45072	1974~1985	7844	3756
《貝當元帥的享樂衝動》（*Les pousse-au-jouir du maréchal Pétain*）（G. 米勒④）	6107	1975~1985	4554	555
《附敵分子》（*Les Collaborateurs*）（P. 歐利）	8296	1977~1985	6894	921
《歷史要點》⑤	14213	1980~1985	6653	2368
《從慕尼黑到解放》（*De Munich à la libération*）（J.-P. 阿澤瑪）平裝版	45863	1979~1985	13887	6551
《非右非左》（*Ni droite ni gauche*）（Z. 斯登赫）	7443	1983~1985	6848	2481
《貝當》（*Pétain*）（H. 羅特曼⑥）	17597	1984~1985	16921	8798
《在陶醉中動身》（*Ils partiront dans l'ivresse*）（L. 奧布拉克）	29374	1984~1985	24164	14687

③ 譯注：瑟伊編纂的歷史叢書系列。
④ 譯注：心理分析學家暨大學教師。
⑤ 譯注：瑟伊編纂的歷史叢書系列。
⑥ 譯注：美國記者。

總體而言，這些書大部分都賣得很好，它們的銷售成績和涉及非歷史動盪時期的書籍，不相上下。如果只比較歷史學家的初版著作，貝當的傳記遙遙領先，雖然該書出版的時間較晚；最有可能的解釋是，目前傳記是很受歡迎的文體，超越了書籍內容（非常差）的品質。尚－皮耶・阿澤瑪的書，由於作者本人的學術地位，銷量緊跟在後，也由於出的是平裝版（發行得更廣，銷售量更佳）。

令人意想不到的其實是《維琪的法國》的發行量。雖然這本書很重要，雖然也引發了爭議，但卻沒有取得顯著的銷售成績，以長期銷售量來看，只略微勝過後來在歷史編纂方面受它影響的幾本著作（歐利與米勒的作品）。同樣地，澤夫・斯登赫關於一九三〇年代法國法西斯主義的著作，甚至比帕克斯頓引起了更多強烈的爭議，但它的銷售成績也沒有因此而受益。

只是所有這些著作，都遠遠落後抵抗運動人士、也是尚・穆蘭的老友，露西・奧布拉克寫下的親身經歷。當然，她曾經受到文藝節目《頓呼》的敬重，在電視上面對賈克・伊索尼時，她的表現製造出引人注目的火花。總之大眾似乎更喜歡真實經驗滋養出的記憶，而不是知識分子重建的內容。

對於以上舉出的所有例子，還有另一個觀察結果，那就是沒有任何一本書，能在一段長時間之內，擴展自己的銷售量。大多數的初版書其第一年的銷量，就占總銷量的百分之七十五或八十。也就是說，新聞價值、主題的再度出現（甚至是熱門題材），以及史料作品的成功，彼此之間沒有關聯，就像作品在歷史編纂上的重要性，以及它對大眾造成的影響，二者之間也沒有關聯。最明顯的例子是艾伯哈特．雅克的《法國處於希特勒的歐洲》，由法雅出版社於一九六八年翻譯出版：十年中賣不到三千冊，然而這本書的內容展現了真正的突破。

文化程度高的民眾對第二次世界大戰的興趣倒是毫無疑問。只需要看一眼書報攤，就能發現大量的相關期刊。舉例說明，一九七九年十月，亞特拉斯出版社推出他們自己的百科全書，《雷米上校講述不凡的抵抗運動》，同時還進行了一項調查，調查結果顯示出一些矛盾之處。雖然百分之五十九的受訪者認為戰爭已是遙不可及的事件，但卻有百分之六十二的人表示它仍然是談話的題材（索非斯市場調查／亞特拉斯[5]）。

另外一個例子，當阿歇特出版社於一九八三年採用英國人的方式，重新印製過去的《戰爭日報》，並且在推出這份週報之前，他們的營銷專家曾經預測出百分之〇點六七的「滲透率」，意思是（在三千九百萬、十五歲以上的法國人之中）有二十六萬三千位潛在顧客。實際的情形是，僅僅在法國本土，第一份週刊就賣了將近四十一萬冊，超過了編織、藝術和釣魚！

根據事前的調查，對這個主題最感興趣的讀者分屬兩種不同的類型：「歷史學家」，他們試圖了解客觀事實，以及「汲取資訊者」，年輕的要有所發現，而年長的想再次回味，尤其是重溫當時的日常生活[6]。

換句話說，歷史比歷史學家更能讓人產生興趣，意料中事，畢竟歷史是共同遺產，而歷史學家不具有任何法定託管的身分。不過它的間接影響是在形成歷史回憶的過程中，教員、大眾傳播者與新聞工作者所扮演的中介角色，其重要性因此而提高。不過，我們之前已見識過，要把經過革新的史學編纂帶入學校課本，需要多長的時間……。於是像亨利．阿穆赫這樣的作家，作品銷售量遠遠超過我們的歷史學家，所有版本的總量可以達到百萬冊之譜，或是像阿藍．德寇那樣，在電視上講述歷史的人士；以他們對公眾的吸引力，應該能更廣泛地傳播歷史的科學性成果。他們是否一直這麼做？

當代人士的形象

感興趣是一回事，輿論又是另一回事[7]。然而介於兩者之間，還有單純對具體事實認識與否的部分。根據一九七六年的《民意》⑦報導，百分之五十三的法國人，不知道誰是一九四〇至一九四四年間的國家元首，而且百分之六十一的人，不知道那位元首曾在一九一六年的凡爾登帶領部隊作戰。一九八〇年的《費加洛雜誌》有份調查，百分之五十的法國人以為是德國先向法國宣戰，此外只有百分之十九的人，能正確勾選出一九四〇年五月與六月的戰役中，罹難者的數目（介於九萬至十萬之間）。

這些調查結果不會讓任何教師感到驚訝。如果官方的沉默足以助長症候群的擴張，那麼無知必定扮演了重要的角色。

為此，一九七〇至一九八〇年的輿論提供了混合的面貌，不論是涉及人物或事態，有時頗令人意想不到。

開戰與停戰

一九四〇年的戰敗如今已不會再造成法國人民的分裂。至於敗戰原因的等級，排在第一位的是充斥於第三共和（一八七〇至一九四〇年）的軍武精神（百分之五十六），其次是軍事將領的疏忽（百分之三十一）、「棄權的心態」（百分之二十）與「第五縱隊」[8]（百分之十六）。調查結果大致反映出現實狀態。只有百分之六還在直接攻擊「人民陣線」（《費加洛雜誌》，一九八〇年）。

百分之四十一的人認為，法國在一九一九年時，應該「尋求調解以避免戰爭」。在這次的民意測驗中，只有共產黨員（總數的百分之五十）希望當初與蘇聯建立關係特殊的聯盟（《新文藝人士》日報，一九八〇年）。

同樣地，隨著時間的推移，大多數法國人認可停戰的決定：百分之五十三的人認為「政府簽署停戰協議，並留在法國本土是正確的」（百分之六十二是法國民主聯盟黨的支持者）。總之，它可以算是非常好的事（百分之十），或是件好事（百分之五十二）（《費加洛雜誌》，一九八〇年）。

---

⑦ 譯注：創立於一九四五年的雙月刊，於一九五〇年改為季刊，一九七八年結束。

⑧ 譯注：此處以二戰時的法國為時空背景，故第五縱隊指法國境內為德方蒐集資料、進行破壞的人員。

附敵分子與抵抗人士

不包括貝當在內，附敵分子的形象看起來並沒有改變。在一九八〇年，有百分之四十三的受訪者認為他們是「不可原諒的叛徒」，百分之二十七認為他們是「懦夫」；只有百分之八似乎可以原諒他們，而百分之五認為他們「令人尊敬」。皮耶・拉瓦爾仍然聚集了所有的仇恨：百分之三十三表示會再次判他死刑、百分之十九無期徒刑、百分之二赦免他，另有百分之二十七無法決定（《新文藝人士》日報，一九八〇年）。對不同黨派的支持並沒有影響這些比例。應該是問題設計成要導向這樣的結果：在任何時刻都不要讓人考慮附敵分子的政治態度，只有一個選項除外，而且是以間接的方式詢問：「法西斯為了實現他們的想法不惜一切代價」，百分之十一表示同意。純粹的道德含義占了上風。不過這也代表，以拉瓦爾為首的附敵分子，如今不大可能擁有很多崇拜者。

抵抗運動人士與抵抗運動，在左右兩派所引發的情感都很傳統。唯一有趣的是，在一九八〇年《新文藝日報》的民意調查中，抵抗運動人士被視為「愛國者」（百分之五十八，這個題目只能單選），尤其是在年齡層最高的那一級，至於「英雄」（百分之二十六）這個定義則比較受到年輕人青睞。只有百分之八的受訪者將他們視為「革命分子」。難道是因為過去的情結，使得那些和抵抗戰士同時代的人，對於把他們視為英雄感到遲疑，於是傾向於更清楚明確的定義？

一九八三年十二月，解放四十週年的前一年，《歷史》月刊進行了一項民意調查，問題如下：「法國解放歸功於好幾支反對納粹的部隊共同努力而成。您認為哪一支部隊是成功的關

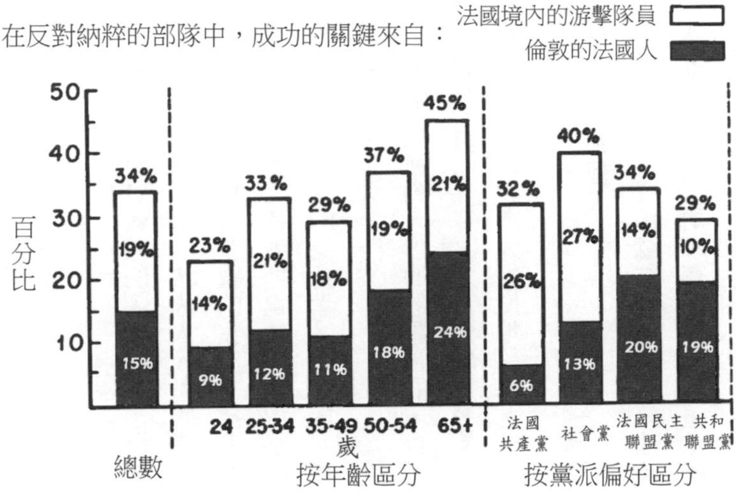

對抗納粹

鍵？」不出所料，百分之四十的回答是美國，百分之六是蘇聯（其中百分之十九屬於共產黨的支持者），百分之四是英國。百分之三十四是法國，這部分又分為倫敦的法國人（百分之十五）和游擊隊員（百分之十九），選擇法國的百分比非常高（比英國部隊高出近九倍，然而當時有幾十萬英軍登上了諾曼第的沙灘……）。這一次也一樣，黨派的偏好，尤其是年齡，決定了調查結果的走向，如上圖所示。

首先把構成抵抗運動的兩個部分放在一起共同考量，可以注意到，不同世代之間存在非常明顯的不平衡：五十歲以上的人經歷過戰爭，對法國人扮演的角色給予偏高的評價，年齡最長的層級就有百分之四十五！至於年齡最輕的那一級，離學校教育還很近，似乎比較不受抵抗運動的神話所影響，十八至二十四歲的層級，有百分之五十一選擇了美國人。而且，神話的力量對左派比較容易發揮作用。

其次，年齡層較輕的人偏好本土游擊隊，而年齡層最高的則選擇自由的法國人。不同黨派的支持者仍然顯示出差異：絕大多數的左派支持者偏好內部的抵抗勢力，而右派支持者則選擇「自由法國武裝部隊」（法國民主聯盟黨的支持者，要多於共和聯盟黨，也就是「戴高樂主義者」）。

儘管抵抗運動人士的形象正面，也具有重要的意義，可是一旦受訪者必須同時面對戴高樂將軍的時候，他們就會被將軍大幅度地超前。

六月十八的那個人

還是同樣這次民意調查，在關於法國解放時的各種往事中，戴高樂勇奪寶座，超越了法國境內武裝部隊與「我們親愛的盟友」。

問題：在下列各項歷史舊事中，哪一個最接近您對一九四四年法國解放的看法或記憶？

・美國士兵受到人群的歡迎	16
・掛著臂章的持械抵抗運動人士	15
・來到香榭麗舍大道的戴高樂將軍	47
・頭髮被剃光的婦女	8
・其他舊事	3
・不知道	11
	100

來源：同上

戴高樂在六十五歲以上的層級（百分之六十八），以及右派群眾之中（百分之六十三的法國民主聯盟黨，百分之六十的共和聯盟黨）最受好評，他在十八至二十四歲的層級中（次於美國士兵）降為第二（百分之二十八），在左派群眾中也排名第二（百分之四十三的親社會黨群眾，百分之三十二的親共產黨群眾）。

在法國的民意調查中，將軍一直都能聚集高人氣。不過把一九八三年的調查結果，以及自一九七〇年戴高樂去世以來的其他調查結果進行比較，雖然他受歡迎的程度逐漸下降，但在所有可能歸給他的形容詞當中，將軍依舊是「六月十八的那個人」（見下圖）。

從這些對應六月十八日的各種結果而產生的觀點可以看出，依然是戴高樂讓抵抗運動的神話得以堅實可靠：百分之七十九的人認為，六月十八日的呼籲「挽回了法國的尊嚴」；另有百分之六認為

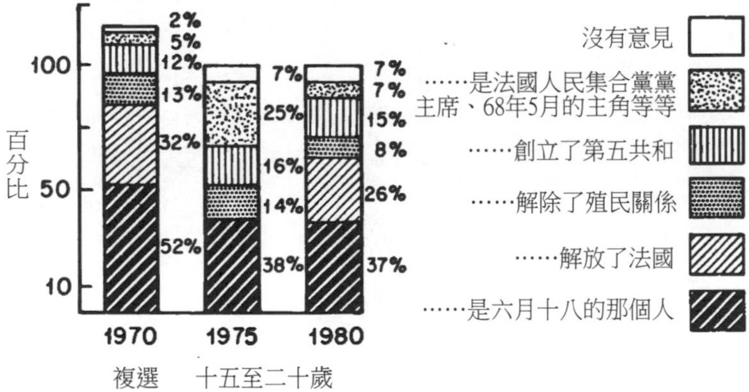

戴高樂將軍……

「此舉不過造成法國人的撕裂，徒勞無益」；其中的百分之五十七認為法國能因此「成為戰勝國的一員」，另外百分之二十二認為「該呼籲完全沒有改變法國的立場」（《歷史》月刊，一九八〇年⑨）。

最後，在同一次調查中，由將軍承擔責任的「肅清」行動，似乎不再那麼沉痛：有百分之二十四認為純屬「秋後算帳」而且執法不公；百分之二十六認為即使出現「暴行」，肅清仍然是「必要的」；百分之十一認為它是必要的行動而且並無暴行；百分之十一則覺得肅清得還不夠（來源同上）。

相反地，貝當與戴高樂搭檔的「兩條弦」神話，一點也禁不起考驗，除非是把默默懷舊的念想，誤以為是歷史事實。一九八〇年五月，《費加洛雜誌》就這一點進行了調查，儘管題目的設計採取二元對立的方式，受訪的法國人還是清楚地把法法戰爭的兩個主要人物區分出來：百分之四十二的人認為，「他們的角色截然不同，因為貝當元帥與德國合作，反對抵抗運動，而戴高樂將軍與德國作戰，並組織了抵抗運動」；百分之三十一的人認同雜誌提出的另一個主張，「他們扮演相輔相成的角色，因為貝當元帥在維琪盡其所能地維護了法國的利益，而戴高樂將軍在倫敦為解放法國做準備」。面對這種二難推理，百分之二十七的人沒有作答。

話雖如此，百分之五十九的法國人「寧願」一九四〇至一九四四年間，這兩人「曾經有過」某種默契，反對者只占百分之十六；在前者之中，有百分之七十二的法國民主聯盟黨，百分之六十八的共和聯盟黨，和……百分之四十二的共產黨！

貝當神話的神話

在第一章裡，我試圖分析當元帥於一九五一年過世之後，貝當神話是如何形成的。不過該分析只涉及一開始時貝當協會的角色，也就是貝當追隨者的思想給政治圈帶來的影響。從輿論的角度觀察，對貝當的回憶所留下的痕跡一直都很鮮明，它們在本段涉及的所有主題中，構成了最能引起衝突的部分。

所有媒體都知道，只要涉及這個主題，就會湧入大量的信件。數以萬計的讀者來函帶著各式各樣的反應，進行查閱是件勞心費力的工作。然而，考慮到統計調查不明確且短暫的數字表象，針對所謂的法國內在心理進行研究，並不是毫無益處。

一九八五年八月十五日，《週四事件》週刊在尚－馮思瓦．坎恩⑩的主導下，趁著貝當審判屆滿四十週年的機會，為貝當發表了小型的專題報導（儘管週刊主編歐貝．居華對這個決定頗多疑慮）。此舉非常成功，週刊的銷售量大增。後續處理郵件的工作量也直線上升。雖然時值夏天的度假期，雜誌社仍然收到了幾十封信，有些信件內容超過五頁，還有一些人連續寄了好幾封，週刊登出了其中的一部分[8]。

一般來說，主要是支持者會去信，把他們覺得自己多少遭到歷史排斥的感受寫出來。最常出

---

⑨ 譯注：原文為*Histoire-Magazine*，其創刊號為二〇一八年。疑誤植。

⑩ 譯注：生於一九三八年，法國記者暨作家，於一九八四年創辦《週四事件》週刊。

現的主題是「後盾」、「兩面手法」，「對抗德國的要求」。在這些信件中，貝當很少被當成民族革命的領袖，但總是被視為救主和保護人民的大家長……，就連不同陣營的人也這麼想：

停戰的必要性和戰爭結果的不確定性，是貝當本人真正關注的兩個要點。其他的，像是這個有些幼稚和荒謬的「民族革命」，不能算是貝當做的，而是那些為了自己利益的人，在第三共和領導人極度喪失威信的時候，趁機加以利用的作為。當時政府的主要考量，是保護那些首腦免受民眾的私下報復。因此才會出現一些行政機關介入的狀況。（梅斯市某讀者）

這樣的論點經常會援引亨利．阿穆赫的說法，而他本人也大量利用讀者來函作為自己的訊息「來源」。

阿穆赫對當時的情況說明得很清楚：我們被徹底打敗，大小官員是第一批逃跑的人，我們必須結束敗戰的場面，不然它會轉變成災難。然後貝當開始拖延，他玩的是兩面手法。（聖康坦市某讀者）

不過，自認為具有「權威性」的人士所散播的某些主題，也激怒了一些人：

亨利．阿穆赫和他的友人當然都是貝當的追隨者——見樹而不見淹沒自身之林，不過我請他務必從他的「四千萬人」[11]中，刪除以下幾位人士：

1. 我父母，聽到簽訂停戰協議時沮喪不已（……）；

2. 我本人，並沒有等到六月十八日才開始進行精神抵抗，而是一直等候盡力出擊的時刻，直到我進入了某個組織（……）持續不懈最終關入了集中營；

3. 我妹妹和她高中同學，互相傳遞戴高樂的照片（……）；

4. 我朋友X，她兩個哥哥在英國，分別是水手和飛行員；我朋友Y，她父親和年輕的兄弟們，先後抵達了自由法國。

等等。（諾爾省某讀者）

敏感的部分當然還是關於猶太人的議題，充滿了筆誤、心照不宣的暗示，或是天真的表白。帶著友好的口吻……：

根據您的姓氏我假設您是猶太人，在此我首先要說的是，您的表現是我第一次聽到有來自這個宗教的人，做出了公正的言論。（某位七十九歲、「貝當派」的讀者去函尚－馮

⑪ 譯注：二戰時有四千萬人留在法國本土，「捍衛貝當元帥名譽委員會」把他們視為貝當的四千萬追隨者。

思瓦・坎納⑫）

……或好奇的口吻：

我認為文章作者應該告訴我們他的年齡與出身背景。如果他是猶太人，那麼他對貝當、尤其是貝當政府感到不滿是很正常的。（上面引用過的聖康坦市的讀者，此處針對記者皮耶・安克一篇引起高度爭議的文章）

許多信件都帶有這種刺探、審問的氣息，它們出自極右派的傳統特性，表現出歸檔的強迫性，就像下面這一封：

皮耶・安克先生是誰？寫下貝當元帥「相當頑固，但不大機靈」的懦夫是誰？我們知道亨利・胡梭⑬先生是法國國家科學研究中心（CNRS）的研究員，但這個皮耶・安克先生是誰？（某位來自……卡呂伊⑭的讀者9）

為了平衡起見，此處也必須提到同樣有讀者提起蒙圖瓦握手那一幕⑮、在里永進行的審判⑯、對民兵團遲來的告發、法國警察的刑事責任。有時，這部分讀者所使用的論據和其他讀者一樣不大可靠（像是宣稱戰前就擬定了「陰謀」；貝當「逃難」到錫格馬林根，但其實他是被當成囚犯帶過去的，等等）。不過，大多數帶有敵意的信件，對於重新揭開此案都表達了相同的憤怒：

「貝當是叛徒還是受害者？」!!!拜託！你們不要也提這個！因為大家都知道答案，你們也知道答案，還不如問問那些無條件支持維琪主義的人，他們每隔一段時間就要質疑自己聽到的東西。（巴黎市某讀者[10]）

而且，除此之外，還有其他更奇怪的類型，包括「貝當－戴高樂主義者」和「反戴高樂的貝當派抵抗運動者」（更別說來自各種信仰的反共主義者），足以證明這個事件的複雜性：

元帥是法國第一位抵抗運動人士（……），他沒有向納粹讓出哪怕一寸土地，還盡力為戰敗的法國設下了損失的限制。戴高樂上校——只有這麼一個穿著將軍服、但從來沒有

⑫譯注：生於一九三八年，法國記者暨作家，於一九八四年創辦《週四事件》。
⑬譯注：本書作者。
⑭譯注：該城全名Caluire-et-Cuire，尚．穆蘭和他七位抵抗運動同志，就是在這個城市被蓋世太保逮捕。
⑮譯注：貝當與希特勒會面時，留下了握手的照片。
⑯譯注：一九四二年維琪政權控告第三共和幾位政治領袖，必須為一九四〇年的敗戰負責。

近距離看過德國頭盔的上校，他也從沒打過仗，只不過拋棄了我們殖民帝國的法國省分（……）。我參與過一九三九至一九四五年的戰鬥，曾經把二十多名逃犯與飛行員帶到西班牙，但不是為了響應戴高樂。（來自巴約納的讀者[11]）

遙遠的過去留下的仇恨，混入了不久之前的仇恨，常常把事情攪得一團亂，但也再次強調出占領時期的分裂並沒有那麼清楚的界線，並不像多年以後大家所相信的那樣。

貝當事件帶給民意調查機構許多啟發，早在一九四四、一九四五年，他們就認為這個領域有利於對輿論熱度進行學術性的估算。最常提出的問題在於他的定罪是否適當，以及除了判他死刑、最後減輕為拘留在伊厄島之外，一九四五的年高等法院還可以判處他哪種類型的刑罰。下面這個圖把解放當時的輿論狀況，與一九七一至一九八三年所進行的三輪民意調查結果做出比較[12]。

在整個解放時期，從一九四四年九月到一九四五年八月的戲劇性演變，來自集中營囚犯返鄉造成的震驚，以及長期戰爭終於結束帶來的厭倦。一九四四年夏天，經歷了獲得拯救的短暫喜悅後，貝當充當了部分的發洩出口。而且他本人說了「歷史要評判的只有我[13]」，難道不是在要求扮演這個角色？……

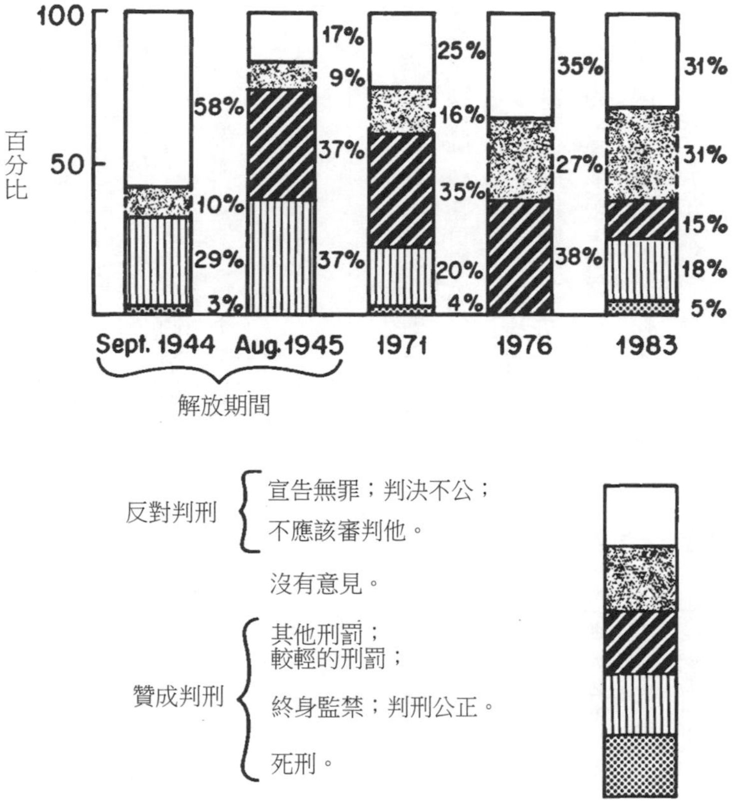
100
50
百分比
58%
10%
29%
3%
17%
9%
37%
37%
25%
16%
35%
20%
4%
35%
27%
38%
31%
31%
15%
18%
5%
Sept. 1944
Aug. 1945
1971
1976
1983
解放期間
反對判刑
宣告無罪；判決不公；
不應該審判他。
沒有意見。
贊成判刑
其他刑罰；
較輕的刑罰；
終身監禁；判刑公正。
死刑。

貝當

六〇年代這類型的民意調查比較少。不過法國輿論民調機構倒是做了一項調查（《民意》，一九六六年六月九日），它「以法國的利益為出發點」，比較了貝當和戴高樂的作用，並得出以下結果：

	他們的作用		
	算得上有益	算不上有益	沒有作答
貝當	51	17	32
戴高樂	80	5	15

這些數據不論是和一九六六年之前或之後，就判刑所提出的問題相比，都顯得很矛盾，除非把它解釋為部分法國人既認為貝當的行為「有益」……但同時又要加以定罪。

在一九七一至一九八三年間，我們清楚地看到，輿論的建立圍繞著三類截然不同的群體：沒有明確想法的人，占了不到總數的三分之一，但這部分的數量不斷增加，從而減少了心態較寬容的人數；數目最多的是強硬派，占了百分之三十八，他們一直強調必須有懲處，即使是象徵性的也好。只有那些要求最嚴厲的人，已經屬於少數了。

這種分配比例，近十五年來幾乎沒什麼變動，似乎顯示出圍繞著貝當的議論，代代相傳。把一九七一年與一九八三年的調查做比較，從年齡分類上來檢視各個回答，也能證實這一點。

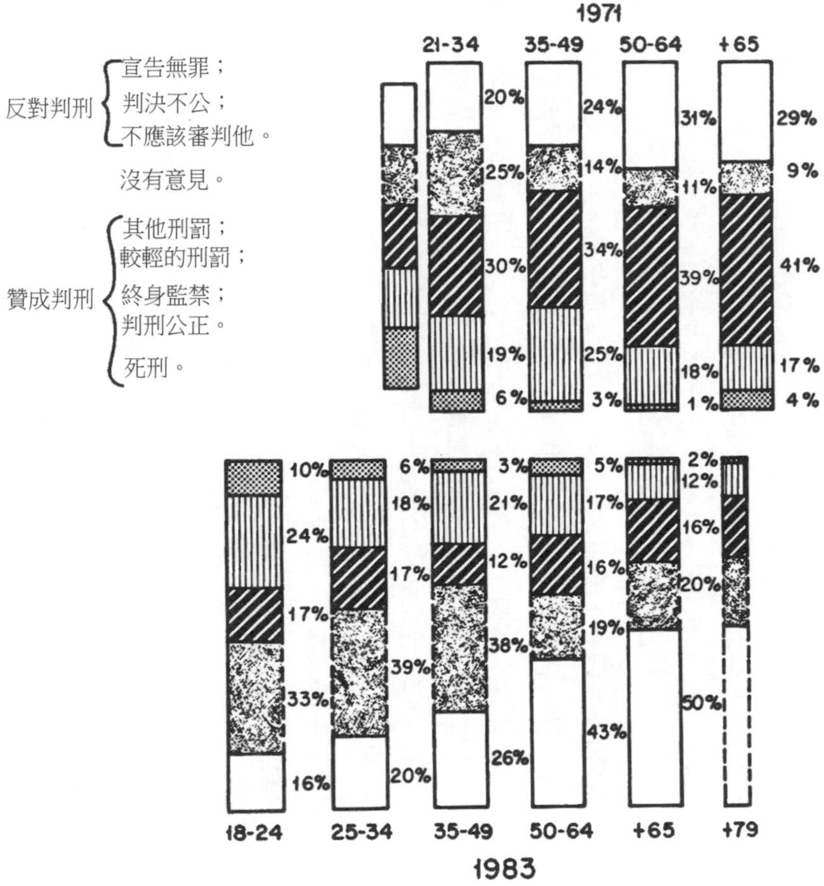

貝當的判刑

（按年齡區分的比例與演變：一九七一年與一九八三年）

在不同時間點完成的這兩項調查，首先顯示出結構上的相似性。對貝當判刑事件的記憶愈深刻的受訪者，作答時就愈直接，也就是說在年齡最低的幾個級別中，沒有明確想法的人占比頗高（一九七一年三十四歲以下，一九八三年五十歲以下），因此，對占領時期有直接記憶的法國人，更容易因為貝當而形成分裂，這一點是很正常的。

一九七一年認為他必須遭到判刑的人（無論何種刑罰）明顯占了多數：從最年輕的一級百分之五十五，一直到最年長的百分之六十二。一九八三年，從最年輕到最年長的占比，則從百分之五十一遞減到百分之三十。不僅敵對的意見少了很多，而且值得注意的是受訪者的態度已經反轉過來。我們可以清楚地看出，年長者要比年輕人更為寬容。

如果我們考慮到兩組調查在年齡分級上的吻合度，我們可以注意到隨著年齡的增長，態度就愈寬大：從數據上來看，一九七一年譴責貝當的人，落在二十一至三十四歲，和三十五至四十九歲這兩個級別，分別為百分之五十五和百分之六十二；到了一九八三年，三十五至四十九歲，和五十至六十四歲的級別，只分別剩下百分之三十六和百分之三十八。一九七一年屬於五十至六十四歲這一組，到了一九八三年屬於六十五歲以上的級別，他們的想法有了大幅度的改變：從過去的百分之五十八，到後來僅有百分之二十四的人懷著敵意！

換句話說，這種比較使我們可以假設，沒有永久的意見分歧（贊成或反對），而是敵意和寬容的週期會隨著年齡而變化。大多數經歷過事件的人都反對他，因為這些事件相對而言還不大遙遠。隨著時間的流逝，他們的敵意減弱，同時，輪到沒有經歷過占領時期的年輕一代，生出「反貝當主義」的反應。等他們過了四十幾歲之後，是不是也會改變想法呢？

父輩在失去仇恨的同時，將仇恨傳給了自己的兒女。毫無疑問，要了解為何維琪症候群會一再復發，要認識它那些暫時平靜與發作的階段，這一點是主要關鍵之一。此外，一九八三年的調查還顯示出，傳遞（解放時期的記憶；此處為了保留該民調實際的用字）主要是通過電視和家人的口述（這兩種方式都分別占了百分之四十），它們降低了官方活動（排名第三的答案）、書籍，以及學校的影響（這一項排名最後，但在年齡最輕的級別中排名第二，因為年輕人仍處在學校教育的影響範圍內）。不過，在所有舉出的傳播媒介中，電視與家人口述最能讓人感受到記憶本身的衝突性，總之是高於功能完全相反的官方紀念活動，或是學校教育。電視這個媒介，除了影片檔案帶來影像的衝擊之外，不也讓人看到了各種辯論，甚至是最表面化的言談，而且還自動加強了圍繞著維琪所產生的政治、文化或思想上的騷動？至於家人口述，它的重要性可能意味著，在某些方面，內容的傳遞類似於以前的德雷福斯事件，是所有家庭聚餐的爭論焦點。

至於「貝當神話」本身，值得為它做些更細膩的說明。寬容一直屬於少數，甚至是極少數，而且就跟怨恨一樣，都不會永遠不變。根據這些數字，似乎只有很少數的一群人沒有改變他們的看法。貝當已成為某種抽象的概念，某種最大公約數，它所引起的反應很可能與一九四〇年內部爭戰的關係並不大，但確實反映了當前的衝突。黨派偏好的分布比例證實了這一點（見下表）。

貝當分出了右派與左派，但這情況在一九八三年時，不像一九七一年那麼明顯。同時，態度寬大的人，尤其是無法作答的人，數量明顯增加：百分之三十三的親共產黨人士，在一九八三年

	一九七一 《西南日報》⑰／ 索非斯市場調查			一九八三 路易・哈瑞斯 民調公司／ 《歷史》月刊		
	判刑（總數）	無罪	沒有意見	判刑	無罪	沒有意見
共產黨	68%	17%	15%	49%	18%	33%
社會黨	69%	20%	11%	47%	27%	26%
共和民主人士聯盟黨／共和聯盟黨	57%	26%	17%	37%	26%	27%
「中間派」／法國民主聯盟黨	(55%)	(31%)	(14%)	28%	50%	22%

沒有回答這個問題，這使人懷疑共產黨的選民對戰爭回憶投入的程度，更何況那還是該黨非常堅實的標誌。

總體而言，這些數據與《費加洛雜誌》過分簡化的說法相去甚遠，他們竟然能在一九八〇年五月的週刊封面，下了這樣的標題：「百分之六十六的法國人並不譴責貝當」。這個數字來自兩種選項的總合，其一認為貝當「真誠相信國家利益，但被事態的發展所淹沒」（百分之五十九，算得上是合乎邏輯的選項：大多數的附敵分子，包括最具法西斯色彩的人在內，都屬於上述的情況，幾乎一字不差……），另一類則把他視為「英雄，……受到不公正的審判」（百分之七）。

神話的特性，不就是對神話自身存在與否也抱著幻想嗎？

回憶的政治性

當詢問法國人有關戰爭記憶、實際或可能的政治決斷時，我們會得到許多不同的看法；政治階層要想掌握一九四〇年代的象徵意義，那就更不容易了。

一九七一年《西南日報》的民調問及將貝當的骨灰遷移到杜奧蒙時，有百分之七十二的人表示贊成：其中有百分之二十六「為他伸張正義」，百分之二十一「因為過了二十五年，該是遺忘與原諒的時候了」，百分之二十五「因為遷葬不會引出任何問題」。只有百分之十一的人表示反對，而百分之十七的人沒有意見。

贊成遷葬的比例相當高，然而**在同一次民意調查中多數人贊成予以定罪**，對比這兩種看法，無疑表示出法國人並不了解（或拒絕接受）遷葬的含義。他們就和真正的貝當追隨者一樣（但後者卻是出於其他原因），似乎認為這個儀式應該具有「民族和解」的價值；否則該如何解釋，發生了六八年五月事件的三年之後，百分之五十六被歸為極左派（包括共產黨員在內）的受訪者，對遷葬提議表示肯定！

擬定問題的措詞可能也有影響。不過事實仍然令人驚訝：經歷了鏡中影像破碎的當代法國人，普遍認為譴責法國國家元首是正確的；但是他們也認為凡爾登一役的戰勝者，理應埋葬在給予他榮耀的地方。難道是為了歌頌民族革命？不是的，這麼做當然是為了更容易把它**遺忘**。

⑰譯注：一九四四年創立於波爾多的地方報紙。

換句話說，在本書經常強調的這個關鍵的一年中，整個社會只有一小部分人，受到了文化破裂的影響。大部分法國人的心態依然處在「編造的榮耀」之中，輕易加以遺忘與寬恕的時代，而沒有想到貝當遷葬杜奧蒙，可能會喚醒處於潛伏狀態的社會衝突（所以，每個總統候選人都殷切地讓大家覺得有遷葬的可能，而當選總統以後，也都以同樣的殷切，抑制競選時看似笨拙的承諾）。

同樣地，《快迅》週刊於一九七五年五月的民意調查，問到關於季斯卡廢除官方對五月八日的紀念活動時，法國人的意見分為兩派：百分之四十八表示反對（超過百分之六十的左派，以及年齡最長的人士），百分之四十三表示贊成（百分之六十五的右派）。這一次，遺忘的心態出現在拉近法德兩國的關係：百分之五十一的受訪者認為，廢止官方紀念活動有助於達成上述目標，對上反對的百分之四十一。不過，受訪者在作答時，極有可能因為當時的政治辯論而有所偏坦，因此它更能反映出對不同黨派的支持（該民意調查，並沒有就多數人區分出自由派與戴高樂主義者所占的比例），而比較不能就紀念活動的命運，獲得明確的看法。

而且四年後進行的兩項民意調查也證實了這個假設：一九七九年，百分之七十四的法國人，希望年輕一輩知道一九三九至一九四五年發生了什麼事，「以防止此類事件再度發生」（索非斯市場調查／亞特拉斯）；百分之七十五的人贊成播放《大屠殺》影集，當時它正面臨遭受查禁的威脅，和電影《悲傷》一樣（索非斯市場調查／《每日電視》週刊）。然而，在後面這項調查中，確實也有百分之六十七的人，覺得自己並沒有比以前「更加意識到種族歧視的問題」。最後一個很有意義的數據，出現在索非斯與亞特拉斯共同進行的民意調查中，有百分之二十五的人在組成政治觀點時，會著重考量一九四〇年的戰敗與占領時期，百分之十九是解放時期（也就是戰爭考量占了百分之四十四），而有百分之三十二的人偏重六八年五月事件，百分之十八是阿爾及利亞戰爭，甚至有百分之十六是人民陣線。

在幾乎沒有其他具有指示性訊息的情況下，雖然這些內容的性質有時並不相同，但它們證實了在過去的十五年中，公眾輿論一直以警醒的態度，面對第二次世界大戰的回憶。要不然，政治或思想上的騷動也能暗示這一點。而且，最重要的是，每次表現出來的方式不一樣。

關於停戰的適當性，與一九四〇年的戰敗原因這兩方面，已經不再具有思想差異。儘管還沒有任何民調能確實指出，戰事的結束和隨後爆發的內鬥之間具有關聯，可以鏈接到純屬意識形態的決定性因素，不過慕尼黑協定早已宣告了這一點。所以法國人可以接受的是停止軍事戰鬥的必須性，而不是建立新秩序的必要性。

附敵分子遭到徹底的排斥，而抵抗運動人士則引出了互相矛盾的反應：受到孤立，只獲得體面的**讚譽**（如「愛國人士」）；在面對不同的鬥爭與其他抵抗勢力如盟軍時，抵抗運動人士在完全屬於民族主義的反射模式中，重新變得重要；但和戴高樂將軍相比，他們就完全消失在六月十八的人物面前。不過，總的來說，他們並沒有成為衝突的主題。

只有貝當（不是維琪）真正地分裂了法國人，這使得藉由他的幽靈進行「民族和解」的可能性，變得更加荒謬。人們對他的回憶，匯集了最頑強的幻想和仇恨，從輿論的角度加以觀察，正是症候群的精髓；在這種情形下，也許應該換個說法，不能再叫它症候群。

意識形態會阻止對戰爭產生單方面的看法，這一點並不讓人感到意外。右派選民比較願意保持貝當追隨者的身分，或支持穿著制服、舉著旗幟的抵抗運動人士（「自由法國武裝部隊」），而左派選民仍然不接受元帥（但人數可能比我們想的要少），並且始終認同影子游擊隊。

另一方面，世代之間的分裂很清楚。經歷過戰爭的世代，以及嬰兒潮時期出生的世代，他們之間對事物的評價有極大的不同。這個差異性關係到參與戰爭的人物，以及戰後的種種神話。年輕的世代與他們的長輩不同，並不接受抵抗運動的神話，因此他們似乎深受一九七一至一九七四年間的撕裂所影響，而且帶著一戰餘暉的救世主神話，他們也很排斥，但程度隨著年齡的增長而減輕。只有戴高樂仍然獲得高度的擁護。

不過年輕一輩和他們的父母或祖父母，一直都對法法戰爭帶來的影響很敏感。於是在三十五歲以下，一部分為數可觀的人直接表示，他們希望一九四五年應該對貝當確實執行死刑。而且整體看來，對於每個給定的年齡段，很少有問題能在某個特定的年齡段得到廣泛的相同答覆。由此可見，即使分裂的強度大幅降低，即使它的性質或表達方式產生了變化，但分裂的現象很可能會一直持續下去。

總結

在本書的最後，症候群的關鍵仍然是十分開放的議題，「為什麼」多於「怎麼樣」。不過，最終還是出現了兩個系列的解釋：其一取決於原始事件的性質，其二則與事件回憶的特定發展有關。

又一個德雷福斯事件①

一九四〇至一九四四年間的危機，其嚴重程度本身成為後來種種狀況再現的第一個顯而易見的解釋。在一開始的假設中，內部的對抗比起戰敗或外國占領勢力，對整個國家留下了更深刻的影響，這一點似乎已經得到廣泛的證實。維琪的存在和作用，的確構成了主要的問題，從關於特赦的辯論，到一九七〇至一九八〇年代的各個醜聞。除了維琪之外，充滿政治意味的抵抗也是構

① 譯注：該事件的象徵意義即是具有政治意味的社會衝突。

成問題的間接原因，它所對抗的不僅是納粹，還包括因敗戰而產生的政權，以及附敵分子。因此，在化解危機這方面，再度發現結構相同的訊息也就不足為奇了，而且，這些訊息可以將危機定義為法法戰爭的原型。

其中，我們可以區分出三個不斷遇到的訊息，而且它們都屬於悠久的政治和文化傳統。貝當眾門徒的記憶，其形成和維持，在很大程度上仰賴傳統天主教文化的存續，尤其是一九五一年之後，在最初的忠實追隨者之中，又加入了其他領域的叛徒，包括變節的抵抗運動人士。「捍衛貝當元帥名譽委員會」是這個記憶的積極核心，公開宣稱他們與天主教文化具有承襲關係，即使擁護天主教的價值觀，只是其成員和同情者之間共有的特徵之一。而且，「捍衛貝當元帥名譽委員會」的運作有如教派團體，並且為元帥主義發展出十足的宗教教義。這一條主線還可以為某些個別事例的軌跡、甚至某些群體的主張，做出部分解釋，例如：德貢日神父之於肅清運動；在人民共和運動黨內部，爭取支持特赦的基督教民主主義人士；雷米上校發展出遲來的貝當主義思想，同時對神話產生信仰危機；哲學家加必耶．馬瑟、莒凱主教和一部分天主教上層階級，堅定支持民兵保羅．圖維耶（也許因為過去他在天主教青年運動組織的經歷），構成了一九七二至一九八九年間的種種爭議事件。

在大多數的情況下，我們會發現其中相似的價值觀，雖然這些價值觀不一定能形成某種理論實體，諸如：和解與寬恕、以不含有政治性的態度詮釋法國歷史、救世主承擔他人過錯的奧義、對社會亂象的高度排斥——關於這一點，某些人還指出抵抗運動與解放行動同屬騷亂之列（例如雷米）、無法接受脫離宗教勢力的社會——於是它使人懷念起民族革命，或是人們在心中賦予它的形象。

換句話說，在那些多少仍然忠於反革命天主教傳統的世人心中，貝當主義或許代表了某種可能的遠景。在所有關於貝當回憶的民意調查中，一直都會出現三分之一的「寬大人士」，其中可能就有一小群真正的支持者。

這是對法國政治危機慣常做出的解釋，最近由歷史學家米歇爾·維諾克再度提出：「對毫不妥協的天主教抱著懷舊情緒，滋養出了反革命的溫床，從那裡爆發出所有直到一九四〇年出現過的危機[1]。」直到一九四〇年。之後呢？而且，還有一點，以老元帥為指涉對象，觸及不具有任何基本教義（intégriste，或譯「原教旨主義的」）情懷的人或派系，難道不也是頗具政治色彩？

第二個訊息完全屬於意識形態的範疇，它和傳統政治劃分的性質有關。維琪和附敵行為主要來自右派和極右派的傳統，無論是反革命右派、技術官僚右派，或「類法西斯」（fascistoïde）的派別（菲利普·布林）與極權主義者，左派人士的歸附並沒有深刻改變這些意識形態的本質。戰後，雖然確實遭到排斥，但二者都成為政治實體，只是沒有清楚地表現出來，常常是因為經過掩飾甚或出於羞愧。首先，從法國殖民阿爾及利亞時期（一八三〇至一九六二年）到一九八〇年代的國民陣線，某種懷舊的極右派就屬於這種情況，他們似乎還沒有準備好放棄自己唯一擁有過的權力文化。因此，他們必須巧妙地周旋在貝當主義的傳統，以及附敵行為的回憶之間。不過某種專制右派的內部也有這種情況，從一九四〇年代後期的法國人民集合黨，到目前某些「自由主義人士」，他們毫不猶豫地宣稱自己重視的不是法西斯主義的價值觀，而是「工作－家庭－祖國」的信念。

在相同的思想範疇內，法國人民集合黨在嘗試了「戴高樂式貝當主義」之後，喚醒對自由法國和戰時戴高樂主義的回憶，在很大程度上為將軍一九五八年的重新掌權建立了合法性，並使得長期以來，因為維琪的經歷而喪失威信的法國右派得以重生。

相反地，左派利用抵抗運動思想的資源，大幅更新了他們的價值觀。雖然一九四四至四五年，建立「抵抗運動黨」的嘗試沒有成功，但第四共和仍然強調自己與抵抗運動的傳承——不論有沒有道理，而且這一點跨越了黨派之爭。就共產黨人而言，他們在地下戰鬥時期，已經以自己的分量，尤其是龐大的數量，建立了政治上的完美節操，而同時，非共產主義的左派則試圖在必要之時，援引抵抗運動人士的民主理想，開創他們的社會觀。

然而，如果法國的政治格局，是按照占領時期的付出比重來重新劃分的話，那麼它大體上也保留了前人的分歧狀況。

最後，反猶太主義是症候群第三個特有的訊息。一九六〇年代後期猶太人的記憶復甦，成為重新喚出往事非常明顯的因素。面對古老惡魔再現所帶來的恐懼，部分猶太群體的明確意願，以及一些個體所採取的行動，或多或少都是在公開展現他們的猶太身分（貝雅特與塞吉．克拉斯費德夫婦、馬塞爾・奧佛斯、貝納－亨利・雷維、克羅德・朗茲曼），有助於追溯並揭露維琪政權一直被忽視的層面。猶太人的意願與行動，可以為自那些年以來，許多轟動法國上下的醜聞和案件做出解釋。這一點在一九七八至一九八一年間尤其明顯，當時達其耶事件造成了強烈的情緒波動，促使法國首次援用不受時效限制的危害人類罪，而這條法律早在一九六四年就已通過。關於這方面就必須再次提到，自從實際執行該條法律以來，所有提出來的申訴與所有接收的案件，都涉及法國政府的前任官員（勒給、圖維耶、帕蓬、布斯凱、薩巴提耶）當然，巴比的案子除外。

然而，就算追溯過往是出於難以承認、難以解釋、難以合理化在國際間出現的種族滅絕的罪行，它仍然傳遞了法國歷史上，自德雷福斯事件以來一個常見的狀況：具有政治性而且與教會無關的反猶太傳統，每隔一段時間就會在法國社會中畫出一道分裂線。

天主教傳統的持續性、由於占領時期的參與而激發並滋養出的左／右派劃分、反猶太主義，以上要素（還不只這些）形成當代法國在「身分認同」方面的破裂基礎。就像維琪這個危機一樣，對它的回憶和它自身數個相互衝突的表象，也關係到相同的對立價值。因此，對占領時期的引用，無論它源自哪個陣營，通常都與本世紀的重大爭論相重疊，涉及議題諸如社會或民族、平等或階級、國家或個人、道德或效率、差異的排斥或整合，也就是（而且尤其是）具有既定體制與組織的「法國」社會，或是「多民族」、「多文化」的社會。每一次當這些問題中的無論哪一個，在戰後法國引起爭論時，對維琪的記憶總會帶著或多或少的強度重新出現，就像一個又一個接替出現的「新德雷福斯事件」。

有另一個元素可以支援這個看法。第二次世界大戰翻騰的往事，無論屬於國際性質，或是曾經嚴重打擊了其他國家，這些回憶都不大能引起法國人關心，而在外國，尤其是在美國和西德，一般都對我們內部的衝突很感興趣。一九六二年，艾希曼接受轟動一時且史無前例的審判之後，於耶路撒冷處以絞刑。那一年，德國占領法國時期的黨衛軍負責人歐貝格，以及他的副手克諾中，雙雙離開了法國監獄。當時只有少數幾個例外狀況引起了法國人的注意，但由於阿爾及利亞戰爭即將結束，所以整體而言，法國人是藉由該戰爭的反映，觀察自己的過往經歷。距離現在比較近的其他例子，像是美國總統隆納德·雷根於一九八五年五月八日前往西德比特堡，黨衛軍的墓地②鞠躬致敬（裡面埋葬的一些人曾經參與奧拉杜爾大屠殺，至少這是當時所做的猜測），不論是法國的政界人士或是公眾輿論，都沒有對該事件做出嚴重的關切，提出抗議的只有共產黨人，他們對這個意外的收穫感到高興，此外就是以「SOS反種族主義協會」為後盾、由年輕猶太人組成的幾個協會。整體而言沒有官方抗議，國會也沒有對此進行辯論，總之就是沒有引起公憤。幾個星期後，出現了自達其耶事件以來前所未有的強烈情緒，撼動了新聞界、學術界與政界；犯罪客體為何？不過就是一部有關馬努克揚事件的電視紀錄片[2]。一九八六年的華德瀚事件，揭露了前聯合國祕書長也是奧地利未來總統早年的納粹經歷，然而只有猶太人組織試圖引起公眾議論，但收效甚微。反倒是幾個月後，亞歷山大·德·馬宏什③和他大量的「祕密」檔案名噪一時。

這類例子雖然數量不多並有其局限性，但它們有助於表明，在法國，人們對上一次世界大戰的回憶，主要是以國家為框架，不過大多數的參戰國自一九四五年以來，就已經見識過類似的現象，而且往往更為尖銳。以西德為例，至少在一九八九年之前，這種現象非常明顯，從「歷史學家的爭論」（Historikerstreit），發展到就國家認同提出更為深層的疑問，以及，可想而知，如何詮釋德國民族社會主義的過去。這裡的民族層面毫無疑問是戰爭帶來的直接遺產，考慮到跨國的意識形態衝突，長期於各個內在層面引起嚴重的民族認同危機（不過這個因果關係有時候是反過來的），法國就是典型的例子，但既不是唯一，也不獨特。

必要之惡？

這個意思難道是說，症候群首先出自政治詮釋的框架？當然不是。而且恰恰相反，回憶有它特殊的歷史，自身獨有的律動與偏好的傳播媒介，會出現這些特點，大多是由於組織過的記憶、學術與文化的記憶、輿論的擴散記憶，這三類記憶之間出現了種種差距，以及種種緊張的局勢與種種矛盾。這樣的歷史是由供需之間的波動所引起，而一般來說供需相符的情形非常罕見。

因此，對維琪的回憶首先是通過相互競爭的神話散布出去的。不過，這些神話除了重現最初

② 譯注：此處為軍人公墓，除了美國士兵與德國平民外，還有四十九名黨衛軍。

③ 譯注：法國官員，一九七〇至一九八一年擔任對外情報和反間諜局。

的對立性之外，只證明了它們無法持續為整個事件，塑造出集體認可的表述。

首先就是貝當追隨者的神話體系。它從整個占領時期中，只想留住元帥的形象，發展出時間點錯誤的個人崇拜。它不斷否認民族革命的政治特性，同時它也試圖重寫民族革命的歷史，採用的方法是排除所有無法同化的部分：國家級附敵行為的事實、維琪反猶太主義中特有的法國性質，以及該政權具有深刻黨派觀念與復仇心理的特徵，而這一點是從根本上造成持續分歧的原因。因此使得這個神話體系陷入了僵局。本來，對貝當的判決進行復審，或將貝當的骨灰移葬杜奧蒙，通過這些象徵性的手法建立該神話系統是基於「和解」的想法，即使貝當一案，就算在輿論範圍內，始終是最大公因數。貝當主義雖承襲自某種由來已久的傳統，而且因應了某些需求，但該神話無法在當代的政治環境中，培養出可以讓人接受的學說。這也是為什麼，一方面這個記憶化為不斷的謊言，時常帶著不大光彩的性質，另一方面，這個記憶只有在危機時期才具有真正的影響力，諸如冷戰期間、阿爾及利亞戰爭期間，以及最近的一九八〇年代，在這幾個時期中，政治辯論的激烈化，使得人們不大關注訊息所傳遞出的歷史真相。

抵抗運動的神話體系則有著完全不同的命運。在共產黨人和戴高樂主義者的供養下，表達了輿論真實而深刻的渴望，然而，它的盛況僅維持了一段有限的時間。這個神話體系始於解放時期，儘管它是第四共和的建立基礎，但神話的正式成形是在戴高樂將軍重新掌權之後，並於阿爾及利亞戰爭結束至一九六八年五月之間到達顛峰。這個神話體系也試圖改變占領時期的真實面貌。戴高樂一派和共產黨人再次擁有共同的戰場，手法各有不同；這一邊將抵抗運動視為某種全法國都懷抱的「理念」，體現在將軍一個人身上，而另一邊則是將抵抗運動描述為民族起義的大規模人民運動，都是要誇大抵抗運動在人民中發展的程度。他們的另外一個目標是把維琪的角色邊緣化，這一邊把他們看成是「一撮叛徒」，而另一邊則說那是一幫「資產階級」。因此，抵抗主義就和貝當的神話體系一樣，削弱了內在爭鬥帶來的重大影響，即使在這些互相對抗的記憶之間，它們的爭論就是內鬥最明顯的指標。

檢察長莫赫內要求判處貝當死刑，既不是戴高樂派也不是抵抗運動人士，更不是共產黨員的他，在完全不自知的情況下，指出了抵抗主義神話的潛在作用。他把自己的回憶錄題為《我們歷史中必須抹去的四年》，並加上這段話：

> 這個書名旨在引出為抵抗運動人士所做的回擊，他們從倫敦、經比爾—哈凱姆④直到查德，聯手法國所有的游擊隊員，使得這四年時光，成為**值得寫入我們歷史**的四年[3]。

其實，正是抵抗主義神話固有的意識形態本質，解釋了它自身的脆弱。例如它忽略了同樣深受占領時期影響的其他回憶：來自數量超過一百萬人的戰俘，他們沒有占領時期的經歷，往往還

④譯注：位於北非利比亞的東北方，屬於沙漠地帶。一九四二年在此發生戰役，隸屬自由法國的法軍最終成功阻擋了德軍的攻勢。

停留在一戰時的貝當形象，對各個事件的認知與其他法國人完全不同；來自徵召加入強制勞動服務的工人，他們背負著羞恥的回憶，因為後來大家過度讚揚拒絕去德國服勞役的人，並時常將後者與抗德游擊隊員相提並論；來自源於種族歧視而被關押至集中營的受害者，其中以猶太人居首，美好視野中令人難以忍受的陰影，一九七〇年代他們遲來的覺醒，適足以修正對戰爭年代的表述；而且也許還來自不在少數的……抵抗運動人士本身，由於無法保有自己的歷史，而且其中許多人因為對戴高樂主義、或共產主義有所保留，所以顯得格格不入。

於是在戴高樂去世之後，這部分神話就迅速沒落，於是晚近的理論派與政客，針對抵抗運動的左派傳統發起攻擊，而社會主義者為了自身利益，試圖在一九八一年重啟神話，於是訴諸論戰、譴責、辱罵的情況幾乎持續不斷，而且時有謊言出現（左派、右派都一樣），而最後就是對法國歷史的濫用。如果只需要一個證據，來顯示後維琪時代的神話體系多麼脆弱，那麼上述的最後一點，就是重要的實證之一。

只是，過去各種表象中的神話性質並不能解釋一切。在這整本書中，我們看到了種種失誤的行為，像是混淆了兩次戰爭內容的慶祝活動、不被接受的訴訟案件，或不斷出現的負面效應。它們是集體記憶的不同層面之間存有差異的結果，於是這個記憶飽受多重張力的折磨，而張力並不僅限於意識形態的衝突。

因此，在有意遺忘和求取記憶之間、在必須壓抑和壓抑之後無法預料的回歸之間、在傾向忽略與渴望實情之間，就有了持續不斷的衝突。這些衝突展現在官方記憶，以及具有強烈動機故而組織良好的特殊記憶之間。前者以國家的名義舉行慶祝活動，進行篩選與審查。後者或具有地區性（如波爾多訟訴案⑤）、或具有宗教性（猶太人的記憶，自費那里事件至達其耶事件）、或出自民間社團，等等。這些衝突也顯露在幾代人之間，這在理解症候群各主要條述的時間順序時，毫無疑問是最直接的線索之一。

一九五四年，法國人開始意識到經濟增長的事實，也就是說貧困的生活結束了。特赦後，暫時擺脫了惡果，戰爭這一章似乎已經徹底結束。經歷過占領時期的每個成年人，不論哪個年齡段，都想要把那個時期忘了，甚至是什麼都不想知道。也許是因為人們不能參與每一個做出決定性選擇的時刻，而生出了無法明說的羞恥感，這個感受從不同類型的人身上，如沙特或龐畢度，都可以察覺出來。屬於這些世代的人們，曾經最傾向於保持沉默，沉默的表現不僅通過每次論戰的暫時性平息，也通過烙印在電影或歷史記載中的禁忌，而且這些禁忌顯然為大多數人所默認：至少沒有什麼跡象足以否定這個情況。矛盾的是，就連抵抗運動人士和關押至集中營的受害者，也促成了這種心態的生成；但他們後來在完全不同的情況下做出改變，並予以譴責，前者想要維持低調，尤其是那些過去最投入的人，而後者則處於無法描述親身經歷的狀態。

到了一九七一年就不一樣了，在戰爭期間或戰後出生的這一代，打破了鏡中的影像。六八年

⑤譯注：審判奧拉杜爾屠殺事件。

五月事件為許多電影工作者、作家，甚至歷史學家，打開了一條路，他們的行動被情感所推動，有時甚至是對立的情感，例如：莫迪亞諾對狗性／狼性兼備的迷戀、《悲傷與憐憫》的作者群對抵抗運動主義的厭煩、侯貝・阿宏無法完整保持史學家的謹慎。他們的表現要歸功於富有科學精神的研究人員，雖然其中的確有部分是外國人，但很快就交棒給正在重新定位的本土歷史編纂行動，甚至還把教師資格會考（也就是未來的老師，乃至學生……），放入這個探索中的危險地區。破裂的出現不具有政治性，而是文化性，在一次又一次的審視中，偶爾會出現專屬於該時代的偏激。一九七〇年代初不同於其他波濤重現的時期，因為那些時期的騷動範圍，僅限於國會、法庭、新聞界或知識分子圈，而七〇年代初所提供的嶄新表述，正好碰上了對輿論需求明顯增加的時刻。

目前仍然還有疑問，它關乎接下來的世代，也就是父母都經歷過「懷舊」風潮的世代。我們能夠掌握的要素只有兩個，其一，執念時期尚未結束：自巴比的審判到圖維耶事件，其中還要加上圍繞著抵抗運動的爭論，過去留下的惡果就和許多隨時都能挑起論戰的報紙一樣，並未消失。其二，即使年輕的世代可能會逐漸感到事不關己，就算不是面對占領時期的歷史，至少也是對它具有爭議的性質無感，但以懷念貝當（還是他）為主題的民意調查顯示，傳統的隔閡仍然持續下去。

本書並不打算以占領時期為據點重寫法國的歷史，而是盡力使大家重視一個經常被忽視的記憶層面。不過仍然是對歷史的評估：法國社會在它自身的深層結構中，避免了維琪危機可能造成的完全破裂。一九四四年後，斯坦利．霍夫曼寶貴的「共和政體綜論」（synthèse républicaine），從所有戰後的衝擊與分裂之中，建構出穩固的立論。雖然追憶往事的各種展現，給了這個國家無法再現其歷史線索的形象，但整個社會也逐漸加強了它的共識領域。症候群不過是此一演變的代價嗎？如果記憶是如此病態，那必定是因為人體做出了堅決的抵抗。除非那是遺傳性疾病。而且無法治癒。

記於一九八七年一月
以及一九九〇年一月再版時

致謝

在此我由衷感謝尚－皮耶・阿澤瑪（Jean-Pierre Azéma）、尚－皮耶・里烏（Jean-Pierre Rioux）以及米歇爾・維諾克（Michel Winock），他們持續的建議與關注使得這本書得以完成。

同時我要感謝當代歷史研究所的同事，幾年來大膽涉足記憶的領域，尤其是馮思瓦・貝達利達（François Bédarida）、卡赫・巴托賽克（Karel Bartosek）、克羅德・李維（Claude Lévy）、米卡埃・波拉克（Michael Pollak）、德尼・貝尚斯基（Denis Peschanski）、瑪麗安・洪松（Marianne Ranson）、多明妮克・魏永（Dominique Veillon）、丹妮耶・弗曼（Danièle Voldman），在資料蒐集方面，我要感謝尚・阿斯特呂（Jean Astruc）、馮思瓦・麥西耶（François Mercier）、安－瑪麗・巴迭（Anne-Marie Pathé）和呂西安・努沃（Lucienne Nouveau），以及瓦雷希・阿立（Valéry Arigon）與碧姬・大衛（Brigite David）。當代歷史研究所的通訊研究員克羅德・佘里耶（Claude Cherrier）、尚－瑪麗・基庸（Jean-Marie Guillon）和歐健・馬特（Eugène Martres）為我提出寶貴的指點。

我要將深深的謝意，傳達給那些或以書寫、或以口述方式，交付我親身經歷的人們，特別是皮耶・賽札（Pierre Cézard）、賈克・尚巴（Jacques Chambaz）、賈克・德拉瑜（Jacques Delarue）、赫內・得庫（René Descubes）、尚・法維耶（Jean Favier）、亨利・費維（Henri Fréville）、伊薇特・卡尼耶－希澤（Yvette Garnier-Rizet）、傑尼雅・傑瑪琳（Génia Gemahling）、斯坦利・霍夫曼（Stanley Hoffmann）、賈克・伊索尼（Jacques Isorni）、尚－馮思瓦・坎恩（Jean-François Kahn）、喬治・拉米宏（Georges Lamirand）、馮思瓦・勒伊德（François Lehideux）、羅伯特・帕克斯頓（Robert Paxton）、吉貝・賀諾別名雷米（Gilbert Renault dit Rémy）、喬治・胡樹茲（Georges Rouchouze）以及菲立普・維阿內（Philippe Viannay）。

還有許多人協助我完成資料蒐集的工作，在此要感謝赫妮・貝達利達（Renée Bédarida）、歐立維・貝赫西（Olivier Béressi）、喬治・波諾貝哈（Georges Bonopéra）、伊馮・沙鴻（Yvan Charron）、侯貝・馮克（Robert Frank）、艾提安・弗佑（Étienne Fouilloux）、巴斯卡・柯霍（Pascal Krop）、西格里與費德・庫佛曼（Sigrid et Fred Kupferman）、卡琳・馬塞（Carine Marcé）、紀庸・馬洛希（Guillaume Malaurie）、米歇爾・馬蓋哈（Michel Margairaz）、瑪汀・胡梭（Martine Rousso）、安・薩途內（Anne Sastourné）、茱蒂・塞瑪（Judith Saymal）、尚－馮思瓦・西里內里（Jean-François Sirinelli）、尚塔・德途迭－波納吉（Chantal de Tourtier-Bonazzi）、皮耶・維達爾－納凱（Pierre Vidal-Naquet）、艾立克・維涅（Éric Vigne）、尚－皮耶・維托立（Jean-Pierre Vittori）、安奈特・華格納（Annette Wagner）、歐立維・密沃卡

（Olivier Wieviorka）。

我在多佛（Douvres）與沙布利（Chablis）受到納塔麗與克洛汀・拉吉耶（Nathalie et Claudine Larguier）、塞巴斯堤安・維多里瓦（Sébastien Verdoliva）以及尚－皮耶・圭亞杜（Jean-Pierre Gouailhardou）友好的接待。

我十分感激我的父母安奈特與亞貝・胡梭（Annette et Albert Rousso），在本書的撰寫階段，他們是最早的讀者，感謝他們一直以來的支持。

原書注釋

精神官能症

1. Pierre Nora (éd.), *Les Lieux de mémoire*, tome 1: *La République*, tome 2: *La Nation*, Gallimard, 1984 et 1986.
2. *Ibid.*, tome 1, p. xxv.
3. Philippe Joutard, *La Légende des Camisards. Une sensibilité au passé*, Gallimard, 1977.
4. Antoine Prost, *Les Anciens Combattants et la Société française, 1914-1939*, Presses de la FNSP, 1977.
5. 關於這部分，Mona ozouf, «Peut-on commémorer la Révolution française?»，和 François Furet, «La Révolution dans l'imaginaire politique français», *Le Débat*, 26, septembre 1983 之間的討論，以及 Maurice Agulhon, «Faut-il avoir peur de 1789?», *id.*, 30, mai 1984，特別值得注意。
6. 以下這本著作引起諸多爭論：Reynald Secher, *Le Génocide franco-française. La Vendée-Vengé*, PUF, 1986，以及：Jean-Clément Martin, *La Vendée et la France*, Le Seuil, 1987，尤其是他的另一本著作：*La Vendée de la mémoire, 1800-1980*, Le Seuil, 1989。
7. Voir notamment Alfred Wahl (éd.), *Mémoire de la Seconde Guerre mondiale*, Actes du colloque de Metz, 6-8 octobre 1983, Metz, Centre de recherche histoire et civilisation de l'Université, 1984, et Institut d'histoire du temps présent, *La Mémoire des Français. Quarante ans de commémoration de la Seconde Guerre mondiale*,

Éditions du CNRS, 1986.

8. 此一議題的開展，見：«les guerres franco-françaises», *Vingtième Siècle. Revue d'histoire*, 5, 1985。至於對各危機的比較：Michel Winock, *La Fièvre hexagonale, les grandes crises politiques de 1871 à 1968*, Calmann-Lévy, 1986.

9. Krzysztof Pomian, «Les avatars de l'identité historique», *Le Débat*, 3, juillet-août 1980. 出自同一位作者：*L'Ordre du temps*, Gallimard, 1984。

10. Chiffres cités par Pierre Guiral, *in Les Épurations administratives, XIXe-XXe siècles*, Genève, Droz, 1977, p. 103.

11. Chiffres cités par Dominique Rossignol, *Vichy et les Francs-Maçons*, J.-C. Lattès, 1981, p. 214.

12. 關於肅清，最可靠的數字請見：Peter Novick, *L'Épuration française, 1944-1949*, Balland, 1985（翻譯自他一九六八年在美國出版的著作）；Jean-Pierre Rioux, *La France de la IVe République*, tome 1: *L'Ardeur et la Nécessité. 1944-1952*, Seuil, 1980，以及先後由第二次世界大戰歷史委員會，和當代史研究所所做的調查。新近的資料出自 *Bulletin du CHGM* 與 *Revue d'histoire de la Deuxième Guerre mondiale* 中的許多文章，此外還有：Marcel Baudot, «L'épuration: bilan chiffré», *Bulletin de l'IHTP*, 25, septembre 1986, p. 27-53。Herbert Lottman, *L'Épuration 1944-1953*, Fayard, 1986，雖然是最新出版，但其中數據均引用上述著作。關於職場內的肅清行動，除了見於第六章內分析的 Robert Aron 的幾本著作外，還可參考：Pierre Guiral, *op. cit.*，以及 Henry Rousso, «Les élites économiques dans les années quarantes», *Le Elites in Francia e in Italia negli anni quaranta, Italia contemporanea*, 153, 1983，和 *Mélanges de l'École française de Rome (Moyen Age/Temps modernes)*, tome 95, 1983-2。

13. William H. McNeill, *The Pursuite of Power, Technology, armed Force and Society since A.D. 1000*, Chicago University Press, 1982.

14.「捍衛貝當元帥名譽委員會」是個特例（也可說是唯一的例外），本書在第一章對它加以分析。至於其他協會的例子可以參考 Alfred Wahl (éd.) *op. cit.*，以及當代史研究所正在進行的調查。有個例子特別值得關注，那就是由前青年團成員組成的幾個協會，它們傳達出來的信息彼此矛盾，既有來自早期貝當主義的影響，也顯示出抵抗運動的啟發，有些時候甚至表現出關押集中營的感受。

再版前言

1. 附錄中的影片名單和出品年表，都已重新審查與更新（至一九八九年十二月止），也專門為本書新版建立了參考書目。
2. Francis Marmande, «La mémoire barbouillée», *Ligne*, 2, février 1988, p. 87.
3. Annie Kriegel, «Les intermittences de la mémoire: de l'histoire immédiate à l'Histoire», *Pardès*, nº spécial «Penser Auschwitz», 9-10, 1989, p. 257. 這篇文章也發表在：*L'Arche*, 367, novembre 1987。她認為在我腦中的「維琪症候群」，是指一九四五年以來，貝當主義仍然頑強、幾乎具有主導性地留在法國。這樣的結論下得有點快。
4. 關於這個主題，請參考一九九〇年六月，由當代史研究所於國家科學研究中心（CNRS）舉辦的國際研討會《維琪與法國人》。

第一章

1. 民調，《快訊》——蓋洛普，一九八三年八月十九日。
2. Charles de Gaulle, *Mémoires de guerre*, tome 2, *L'Unité*（《戰爭回憶錄》，第二卷，《邁向統一》）, Plon, 1956, p. 308。

3. Georges Bidault, *D'une résistance à l'autre,* Les Presses du siècle, 1965, p. 359-360。
4. 一九四五年四月二日於巴黎市政府的演講。
5. René Rémond, *Les Droites en France*, Aubier-Montaigne. 1982. p. 238.
6. Peter Novick, *L'Épuration française. 1944-1949*, *op. cit.*, p. 188.
7. Maurice Agulhon, «Les communistes et la Libération de la France» dans *La Libération de la France*, Éditions du CNRS, 1976, p. 84-85. 一九八九年十二月十三至十四日，當代史研究所舉辦「解放行動的權力」研討會，而 Maurice Agulhon 文中的結論，並沒有獲得完全的認可。
8. Jean Cassou, *La Mémoire courte*, Éditions de Minnuit, 1953, p. 33-34.
9. Charles Rist, *Une saison gâtée. Journal de la guerre et de l'Occupation*, présenté par Jean-Noël Jeanneney, Fayard, 1983, p. 40.
10. 見引言注12。
11. 關於這一點，見 «Le Midi toulousain. Occupation et Libération». *Revue d'histoire de la Deuxième Guerre mondiale et des conflits contemporains*, 131, juillet 1983，尤其是 M. Goubel 和 P. Laborie 的文章。
12. Antoine Prost, *Les Anciens Combattants. 1914-1940*, Gallimard/Julliard, 1977, coll. «Archives», p. 47.
13. 關於這一點，見 Claude Cherrier, «Douleur et incertitude en Seine-et-Marne», dans *La Mémoire des Français, op. cit.*, p. 147.
14. 關於紀念儀式與紀念性建築物，同上。
15. 引用者 Gérard Namer, *Batailles pour la mémoire. La commémoration en France de 1945 à nos jours*, Papyrus, 1983, p. 20, 此書主要在探討紀念解放的活動與儀式。
16. 關於先賢祠，見 Mona Ozouf, «Le Panthéon, 1'École normale des morts», *in* Pierre Nora (éd.), *Les Lieux de la*

mémoire, op. cit., tome 1.

17. 關於這部分詳盡的研究，見 Jean-Pierre Rioux, «"Cette immense joie pleine de larmes": les Français et le "Jour V"», dans Maurice Vaïsse (ed.), *8 mai 1945: la victoire en Europe*, Lyon, La Manufacture, 1985.

18. 見由「集中營倖存者，遭關押抵抗運動人士與愛國者全國聯合會」編輯的檔案，*Le Choc. 1945: la presse révèle l'enfer des camps nazis*, FNDIRP, 1985.

19. Olga Wormser-Migot, «Le rapatriement des déportés», dans *La Libération de la France, op. cit.*, p. 372.

20. *Esprit*, septembre 1945, cité par Béatrice Philippe, *Être juif dans la société française*, Montalba/Pluriel, p. 372.

21. Marguerite Duras, *La Douleur*, POL, 1985, p. 41. 她引用了四月二日旗幟紀念日的演講內容。

22. Fred Kupferman, *Les Premiers Beaux Jours. 1944-1946*, Calmann-Lévy, 1985, p. 106.

23. François Duprat 在他的著作中引用了這些數字，*Les Mouvements extrême droite en France depuis 1945*, Albatros, 1972, p. 18-26。作家本人也是激進分子，於一九七八年三月遭到暗殺，原因不明。

24. Michel Dacier, «Le résistentialisme», *Écrit de Paris*, 1, janvier 1947.

25. *Ibid.*

26. Louis-Dominique Girard, *La Guerre franco-française*, A. Bonne, 1950.

27. *Aspect de la France*, 25 juillet 1947, dans une critique du livre de Maurice Bardèche, *Lettre à François Mauriac*, La Pensée libre, 1947. 雖然莫拉斯的追隨者一致反對抵抗運動人士，但他們和處於占領時期一樣，反對傾向法西斯主義。因此，該文指責 Bardèche 就這麼恰好地忘了「德國鬼子」的存在，用意在為法國的法西斯，也就是附敵分子的立場辯護。

28. «Vingt ans en 1945», *La Table ronde*, 20-21, août-septembre 1949, cité par Raoul Girardet, «L'héritage de l'Action française», *Revue française de science politique*, VII, octobre-décembre 1957. 關於極右派，見 René Chiroux,

l'Extrême droite sous la Ve République, Librairie générale de droit et de jurisprudence, 1974. 在大量致力於法國極右派的文學作品中，這一本可說是最全面、最嚴肅的著作。

29. Raoul Girardet, art. cit.
30. *Rivarol*, 1, 1951. 然而同時，該週刊顯示出它沒有忘記過去的仇恨，而且重拾占領時期反猶太期刊的惡劣風格：在此處所引的這一期週刊中，雅克・薩文（Jacques Savin）提到丹尼耶・梅爾（Daniel Mayer），「他是國際工人組織法國支部的猶太成員，應該說運氣真好，希特勒的恐怖行為沒有成功打擊該組織。」忘了我吧，但我不會忘記你。
31. Abbé Desgranges, *Les Crimes masqués du résistantialisme*, Éditions de l'Élan, 1948, p. 10.
32. *Ibid.*, p. 44-50.
33. Abbé Desgranges, *Journal d'un prêtre député, 1936-1940*, Le Palatinat, 1960. Voir aussi Jean-Claude Delbreil, «Les démocrates populaires, Vichy et la Résistance, 1940-1942», dans Xavier de Montclos, Monique Luirard, François Delpech, Pierre Bolle (éds.), *Églises et Chrétiens dans la Deuxième Guerre mondiale: La France,* actes du colloque de Lyon du 27-30 janvier 1978, Lyon, PUL, 1982, p. 118.
34. *Ibid.*, p. 183.
35. 保羅・弗赫於第三共和人民代表協會的演講。*Le Banquet des Mille*, 14 mars 1948, brochure, Bibliothèque nationale, 80 Lb (60) 37.
36. 一九八五年四／五月號的 *Le Crapouillot* 雜誌重提此一「事件」，使得甘冠相當憤怒。關於本書引用的社會事件，主要見於 Raymond Ruffin, *Ces chefs de maquis qui gênaient*, Presses de la cité, 1980.
37. 這段公式出於 Jean-Pierre Azéma, *De Munich à la Libération*, Le Seui1, 1979, p. 169.
38. *Mes grands hommes et quelques autres*, Grasset, 1982, p. 130.

39. 除了《十字路口》那篇文章外，這句話帶著一些用字的變化，出現在雷米的許多著作中，特別是在那本講述他神祕地轉變為貝當主義者的書中。*Dans l'ombre du Maréchal*, Presses de la cité, 1971.
40. 一九八三年八月十三日雷米寫給作者的信。
41. Rémy, *Mémoires d'un agent secret de la France libre*, Solar, 1945, p. 455. 也出現在一九五一年，《十字路口》的文章刊出之後，由 France-Empire 發行的刪節版中，但一九五九年該書再版時，就刪去了這個說法。
42. 關於英美登陸北非時，維琪政府發給人在阿爾及爾的達爾朗海軍上將的這一封或這些電報，見 Jean-Baptiste Duroselle 持不同意見的分析：*L'Abîme. 1939-1945*, Imprimerie nationale, 1982, p. 377 *sq*.。他沒有找到這些電報；見 Hervé Coutau-Bégarie 和 Claude Huan 的分析：*Darlan*, Fayard, 1989，他們找到了至少一封，一九四二年十一月十三日，把元帥的「密切協議」通知給達爾朗的電報，內容由歐豐上將口述，似乎出自他「對元帥保持緘默的理解」，p. 618。
43. 一九四八年六月二十日於凡爾登市的演講。*Discours et messages. 1946-1958*, Plon, p. 200.
44. 一九四九年三月二十九日的記者會，*ibid.*
45. 1984, p. 416. 一九五〇年三月十六日的記者會，*ibid.*
46. 見 Jean Lacouture, *De Gaulle*, tome 2: *Le Politique*, Le Seuil, 1985. 作者並不重視雷米事件。
47. *Le Monde*, 14 avril 1950.
48. 雷米讓作者看過戴高樂將軍於一九五〇年四月十三日寫給他的信。此信後來刊登在：Charles de Gaulle, *Lettres, Notes et Carnets. 8 mai 1945-18 juin 1951*, Plon,
49. *Lettres, Notes et Carnets*… *op. cit.*, p. 420-421. 一九五〇年五月十日給 Fleuret 上校的信。
50. *Ibid.*, p. 420. 一九五〇年五月四日給 M. de la Bardonnie 的信。強調我們和維琪的那段話是他寫的。還有，戴高樂似乎不是很尊敬那封信的作者：cf. Georges Pompidou, *Pour rétablir une vérité*, 1982, p. 125.

51. Rémy, *De Gaulle, cet inconnu*, Solar, 1947, p. 28-29.
52. 根據雷米上校的手寫原稿，以及戴高樂的手寫修改文句，出於一九八三年八月十三日，雷米上校提供給作者的檔案第十三頁。Jean Charlot 在他的著作 *Le Gaullisme d'opposition, 1946-1958* (Fayard, 1983)，做出同樣的結論。
53. Georges Pompidou, *op. cit.*, p. 126-127.
54. *Journal official, Débats parlementaires, Assemblée nationale*, débat du 9 novembre 1950.
55. René Rémond, *op. cit.*, p. 249.
56. Voir les articles de Jean-Marc Théolleyre, parus dans *Le Monde*, 24-26 juillet 1951. Voir aussi le reportage des *Actualités françaises*, archives de l'INA.
57. Article signé Sirius, *Le Monde*, 24 juillet 1951.
58. Témoignage rapporté par *Le Monde*, 27 avri1 1948.
59. *Bulletin de l'ADMP*, 1, juillet 1952. 委員會一開始發行的機關報，只是份沒有插圖、列印紙質不佳的普通簡報，但自一九五九年三月起，改成報導刊物的形式 *Le Maréchal*，大開本、採用優質紙張，先是雙月刊，然後再度改成季刊，並加入許多貝當或各種覲見貝當的照片。
60. 關於實際數目，見一九五六年一月的 *Bulletin*，以及 *Le Maréchal*，分別為一九六一年五月號、一九七一年十一月號、一九七六年四月號。最後一個數字是一九八三年六月二十二日，該委員會祕書長 Me René Descubes 與我會談時告訴我的。不過委員會拒絕把文件公開以提供實際會員人數，依照所有展示數字試算，目前會員數可能有一萬多名。
61. Claude Michelet, *Mon père, Edmond Michelet*, Presse de la cité, 1971, cité par Rémy, *Mes grands hommes et quelques autres, op. cit.*, p. 285.

62. 見 Jacques Isorni, *Ainsi passent les républiques*, Flammarion, 1959. 這件事終於讓雷米動怒了，而且當時委員會中已出現許多反對伊索尼的聲音。

63. 出自一九八四年十一月五日，作者和伊索尼的訪談內容。關於龐畢度，見第三章。

64. Congrés de l'ADMP du ler mai 1977, *Le Maréchal*, 107, juillet 1977.

65. *Le Maréchal*, 81, janvier 1971.

66. Jean Paulhan, *Lettre aux directeurs de la Résistance*, Éditions de Minuit, 1951. 一九六八年加上了波隆與憤怒的前抵抗運動人士的往來信函，於 Éditions J. J. Pauvert 再版。

67. *Journal officiel, Lois et décrets*, 7 août 1953.

68. Roger Duveau（法案報告人）, *Journal officiel, Débats parlementaires, Assemblée nationale*, 11 juillet 1952, p. 3899.

69. *Ibid.*, 21 octobre 1952, p. 4254-4255.

70. *Ibid.*

71. *Journal officiel, Lois et décrets*, 7 août 1953.

72. 此處的官方數字出自 *Journal officiel, Débats parlementaires, Assemblée nationale*, (séances du 11 avril 1950, du 24 octobre 1952, puis du 6 octobre 1956 et du 15 mai 1958, ces deux dernières étant citées par Peter Novick, *op. cit.*, p. 297-298). 一九四六年四月十七日、一九四七年八月十七日通過的法條極不完整。內容涉及次級輕罪，如黑市買賣或二十一歲以下未成年罪犯（僅適用於獲判輕罰的罪行）或後來在印度支那戰役中的罪犯。

73. Jean Cassou, *op. cit.*, p. 49-50.

74. André Kaspi, «L'affaire des enfants Finaly», *L'Histoire*, 76, mars 1985.

75. Jean-Pierre Rioux, «Le procès d'Oradour», *L'Histoire*, 64, février 1984.
76. Jean Lefranc（法案報告人）, *Journal officiel, Débats parlementaires, Assemblée nationale*, 18 février 1953, p. 1111.
77. *Ibid.*, p. 1115.
78. Cité par Pierre Barral, «L'affaire d'Oradour, affrontement de deux mémoires», dans *Mémoires de la Seconde Guerre mondiale, op. cit.*, p, 243-252. 該著作包含了關於遭受強行徵召者的許多分析，特別是 Alfred Wahl 的分析。有關這段痛苦的記憶，見 Geneviève Herberich-Marx et Freddy Raphaël, «Les incorporés de force alsaciens, Déni, convocation et provocation de la mémoire». *Vintième Siècle. Revue d'histoire*, 6 avril-juin 1985.
79. *Journal officiel, Débats parlementaires, Assemblée nationale*, séances du 20
80. 見 Marc Sadoun, *Les Socialistes sous l'Occupation. Résistance et Collabotation*, Presses de la Fondation nationale des sciences politiques, 1982, p. 276.
81. Jean-Pierre Rioux, «L'opinion publique française et la CED: querelle partisane ou bataille de la mémoire?», *Relations internationales*, 37, printemps, 1984.

第二章

1. *Le Monde*, 2 octobre 1954. *Procès d'après-guerre*, dossier établi et présenté par Jean-Marc Theolleyre, La Découverte/*Le Monde*, 1985, p. 203.
2. *Ibid.*, p. 205.
3. 特別是一九四一年三月二十四日的 *L'OEuvre*，刊出一張照片，顯示布雷萬中心的落成典禮，上面很可能就有埃桑。勒仲德在起訴書中誤指了一九四二年三月號月刊，*Journal officiel, Débats parlementaires,*

Assemblée nationale, 19 avril 1956。另請參見讓．巴萊斯特（Jean Balestre）和「蒙福特」（F. Montfort）之間的爭論，第一次譴責為“M. Hersant”，“Au Pilori”，一九四二年九月二十一日和一九四二年十月一日。R. Hersant 否認是“Au Pilori”中一篇文章的作者，比照。一九七七年五月二日，“勒努韋爾天文台”。另有 Jean Balestre 與«F. Montfort»之間的論戰（前者指後者即為«M. Hersant»），見：*Au Pilori*, 21 septembre 1942 et 1er octobre 1942. R. Hersant 否認自己是在 *Au Pilori* 發表文章的作者，cf. *Le Nouvel Observateur*, 2 mai 1977.

4. 有關埃桑的經歷，見 Nicolas Brimo, *Le Dossier Hersant*, Maspero, 1977, coll. «Cahiers libres».
5. 他這句話當然不正確，法國反布爾什維克志願兵團成立於一九四一年七月。
6. Cf. Jean-Pierre Rioux, *La France de la IVe République*, tome 2, *L'Expansion et l'Impuissance, 1952-1958*, Le Seuil, 1983, p. 61.
7. Rapport de Gerhard Heller, de février 1941, cité par Gérard LoiseauX, *La Littérature de la défaite et de la Collaboration*, Publications de la Sorbonne, 1984, p. 88-90.
8. 見 Pascal Ory, *Les Collaborateurs*, Le Seuil, 1976, p. 251.
9. *Discours d'André François-Poncet, réception à l'Académie française*, 22 janvier 1953, Institut de France, 1953. 關於戴高樂的反應——「他們的盾牌挺漂亮的！」——，cf. Georges Pompidou, *op. cit.*, p. 139.
10. *Ibid.*
11. Chez Fayard, 1954. 見第六章。阿宏對弗朗索瓦－龐賽讚不絕口：「學術院感謝新近當選的院士，因為他使此地成為法國第一個表達正義與真理的機構。」出自 *Histoire de l'épuration*, tome 3, vol. 2, *Le Monde de la presse, des arts et des terres… 1944-1953*, Fayard, 1975, p. 39. 阿宏當時確實已經找回他在學術院的朋友。
12. «Les élections à l'Académie française, analyse d'un scrutin significatif. L'échec de M. Paul Morand», *RFSP*, vol.

VIII, 3, septembre 1958, p. 646-654. 儘管標題的學術性濃厚，但這篇文章實為與事者的親身經歷，「消息靈通」而且非常尖銳。

13. Lettre du 20 avril 1958, signée par: François Mauriac, Jules Romains, Pasteur Vallery-Radot, Robert d'Harcourt, André Siegfried, Georges Duhamel, Maurice Garçon, Fernand Gregh, Wladimir d'Ormesson, André Chamson, Robert Kemp, publiée dans *Le Monde*, 2 mai 1958.

14. Cité dans l'article de la *RFSP, art. cit.*

15. *Le Monde*, 13 mai 1958.

16. Duc de Castries, *La Vieille Dame du Quai Conti. Une histoire de l'Académie française*, Librairie académique Perrin, 1978, p. 400.

17. 根據 *Le Monde*, 6 juillet 1968 的報導，當時莫朗進入最後一次決定性的遴選。不過這不妨礙國家元首執行他的職務，他致信感謝賈克・德拉克代把自己的著作 *Tiroir secret* 寄給他，並在信中讚嘆：「您真是才華洋溢！」24 octobre 1959, *Lettres, Notes et Carnets, juin 1958-décembre 1960*, Plon, 1985, p. 274.

18. Cité par Michel Winock, *La Fièvre hégxagonale, op. cit.*, p. 299-300.

19. René Rémond, *1958. Le Retour de De Gaulle*, Bruxelles, Complexe, 1983, coll. «La mémoire du siècle», p. 20-21.

20. François Mitterrand, *le Coup d'État permanent*, Plon, 1964, p. 73.

21. 這本期刊是 *La Nef*，一九四四年七月創刊於阿爾及爾。

22. *Journal officiel, Débats parlementaires, Assemblée nationale*, deuxième séance du 2 juin 1958, *JO* du 3 juin 1958, p. 2618-2619. 這裡可以提出一段插曲，在這場辯論之前是個充滿回憶的片刻，議員就戰爭期間來自中立國的外國人，因附敵之經濟行為治罪者是否特赦，進行投票。三百六十人投票支持特赦，其中包括許多左派議員（Jules Moch、卡斯東・德費、密特朗），一百八十九人投反對票，共產黨人主義者和……侯貝・埃桑。*Ibid.*

23. 一九五九年十一月十日的記者會。
24. Jean Touchard, *Le Gaullisme, 1940-1969*, Le Seuil, 1978, p. 271, coll. «Points Histoire».
25. *Journal officiel, Lois et décrets*, 15 avril 1959, p. 4763.
26. 見第六章，回憶媒介中的紀念日。
27. *Le Monde*, 19 et 20 avril 1959. 這段演說沒有收錄在 Plon 出版社的 *Discours et Messages* 之中。
28. *Ibid.*
29. *Ibid.*
30. *Le Monde*, 7 et 8 juin 1959.
31. 這是《悲傷與憐憫》的最後一幕，出自 *Actualités françaises*：當戴高樂與卡斯帕握手時（出自眾人的猜測，因為將軍背對鏡頭，擋住了他對面的人），導演採用了「停格」，使這個姿勢具有重要的推想意義。戴高樂在向眾人問候時，應該不至於「跳過」卡斯帕上校，不像 Eugène Martres 在 *La Mémoires des Français*, *op. cit.*, p. 284-285 所寫的那樣。
32. Pierre Vidal-Naquet, «Une fidélité têtue. La résistance française à la guerre d'Algérie», *Vintième Siècle. Revue d'histoire*, 10, avril-juin 1986.
33. Michel Winock, *La République se meurt. 1956-1958*, Gallimard/Folio, 1985 (nlle édition), p. 127.
34. *Tribune socialiste*, 17 novembre 1962. Cité par Joseph Algazy, *La Tentation fasciste en France de 1944 à 1965*, Fayard, 1984, p. 240.
35. Michel Wynock, *op. cit.*, p. 152.
36. Bernard Droz, «Le cas très singulier de la guerre d'Algérie», dans le n° spécial «Les guerres franco-françaises»,

Vintième Siècle. Revue d'histoire, op. cit.

37. *La Nation française*, 17 juillet 1956. Voir René Chiroux, *op. cit.*, p. 45-46.
38. Charles Luca（譯注：此處原書人名有誤，應該是 Charles Gastaut）於一九五八年十二月二十、二十一日，法國人民黨第一次代表大會時的發言，造成頗大的轟動。*Fidélité*, février 1959. 此人於一九五五年創立法國長槍黨，一九五八年五月解散，當時的祕書長為 Henri Jalin，又名 Henri Roques。
39. *La Nation française*, 17 juillet 1956. Voir René Chiroux, *op. cit.*, p. 45-46.
40. *Le Maréchal*, janvier 1960.
41. *Mémoires d'espoir*, tome 1, *Le Renouveau, 1958-1962*, Plon, 1970, p. 83.
42. Georges Bidault, *D'une résistance à l'autre*, *op. cit.*, p. 277-278.
43. *Le Maréchal*, janvier 1965.
44. René Chiroux, *op. cit.*, p. 79.
45. Mona Ozouf, «Peut-on commémorer la Révolution française?», art. cit.
46. 這個說法來自 François Nourissier, «Le cadvre dans le placard», *Le Point*, 11 mars 1974.
47. *Journal officiel, Débats parlementaires, Assemblée nationale*, question écrite du 8 mai 1963, réponse du 29 août 1964.
48. 一九六三年四月二十三日，內政部長去信安德烈・馬爾侯的部長辦公室主任 André Holleaux。檔名 «Jean Moulin au Panthéon»，保存在國家宮廷建築檔案室（archives du service des Palais nationaux），未入冊。
49. Décret du 11 décembre 1964, *Journal officiel*, 12 décembre 1964.
50. 巴黎軍政長官備忘錄，一九六四年十二月十一日，同上。
51. 文化部建築部門就十二月八日的部際會議，為安德烈・馬爾侯部長做的紀錄，未注明日期，同上。

52. 巴黎軍政長官備忘錄，見前引書。典禮的經過分別來自文化部建築部門的計畫書、一九六四年十二月十九日巴黎古蹟保管師的葬禮會議紀錄，以及《世界報》的摘要紀錄。INA 的檔案中有來自《法國新聞》關於那幾天的報導。

53. Témoignage et documents fournis par Charles Fournier-Bocquet, ancien FTP, secrétaire général de l'ANACR.

54. 此處可參考本人的文章：«Cet obscur objet du souvenir», dans *La Mémoire des Français*, *op. cit.*, p. 53.

55. Éditorial d'André Wurmser, *L'Humanité*, 19 décembre 1964.

56. Mona Ozouf, «L'École normale des morts», in *Les Lieux de mémoire*, *op. cit.*, tome 1, p. 162.

57. *Ibid.*

58. 我要特別指出，一九七二年十月二十二日的誓言內容，由 IHTP 位於 le Var 的通訊研究員 Jean-Marie Guillon 所提供，在此深表感謝。見：Jean-Marie Guillon, *La Mémoire des Français*, *op. cit.*, p. 303.

59. Maurice Agulhon, «Réflexions sur les monuments commémoratifs», *Ibid.*, p. 43.

60. *Journal officiel*, 29 décembre 1964.

61. *Journal officiel, Débats parlementaires, Assemblée nationale*, séance du 16 décembre 1964, *JO* du 17 décembre 1964.

62. André Siegfried, *L'Année politique*, 1965, p. 9. 該作者與已故將軍同為法蘭西學術院院士。

63. Philippe Viannay, «Le présent du passé». 感謝該作者提供這篇寫於一九七〇年代末出版的手稿。另請參閱他的回憶錄：*Du bon usage de la France. Résistance, journalisme, Glénans*, Ramsay, 1988。其中頁一五九至一六九，特別著重戴高樂與抵抗運動。

第三章

1. Pascal Ory, *L'Entre-deux-mai, histoire culturelle de la France, mai 1968 – mai 1981*, Le Seuil, 1983, p. 13.
2. François Nourissier, «Le cadavre dans le placard», art. cit.
3. Paul Thibaud, «Du sel sur nos plaies», *Esprit*, mai 1981, à propos de *L'Idéologie française*, de Bernard-Henri Lévy.
4. *Figaro-Magazine*, 10 décembre 1983 與 *L'Express*, 23 mars 1984，兩本雜誌的封面主題均為「美好的年代！」。
5. 第六章會對電影進行回顧式分析。
6. Marcel Ophuls, *Le Chagrin et la pitié*, éd. Alain Moreau, 1980, p. 207. 導演與製片人意見不合，故提出自己的影片劇本，作品的成功明顯超出他們的預期。
7. 哈法埃・傑米尼亞尼的原句如下：「呃……我們有看到……不，不，德國人，看到他們的是游擊隊！……游擊隊來了，不過我們這裡沒有被占領。」下一個鏡頭是他騎在自行車上，並加上這個句子：「我們沒看見德國人（傑米尼亞尼）。」*ibid.* p. 118.
8. Michel Capdenac, *Les Lettres françaises*, 21 avril 1971.
9. André Gisselbrecht, *L'Humanité*,20 septembre 1971.
10. Jacques Langlois, *Rivarol*, 23 avril 1971.
11. Alfred Fabre-Luce, *Le Monde*, 13 mai 1971.
12. Germaine Tillion, *Le Monde*, 8 juin 1971.
13. Claude Mauriac, *Le Figaro*, 23 avril 1971.

14. Jean-Paul Sartre, *La Cause du peuple/J'accuse*, cité dans la revue de presse de *Téléciné*, nº spécial consacré au *Chagrin*, 171-172, juillet 1971, p. 21.
15. *In Téléciné, ibid.*, p. 31. Sur *Zoom* et *Munich*, voir Jean-Noël Jeanneney et Monique Sauvage (éds.), *Télévision, nouvelle mémoire. Les magazines de grand reportage. 1959-1968*. Le Seuil/INA, 1982.
16. *Ibid.*
17. 當時所有的報章雜誌都刊出了尚－賈克．德布雷松這句話。關於他參與抵抗運動的經歷，見：*Bulletin de liaison de l'ANMRF*, 32, janvier 1986.
18. 數據刊於 *Le Film français*, 另見第七章。
19. Marcel Ophuls, *Le Chagrin et la pitié*, *op. cit.*, p. 226-227.
20. 見下一章。
21. 影片終於在電視台播出時，西蒙．薇伊在 *Europe 1* 的廣播節目中發言：見 *Le Monde*, 30 octobre 1981.
22. Voir l'article de Danièle Heymann, *L'Express*, 28 août 1981.
23. Simone Vei1, art. cit.
24. André Harris, *Téléciné, op. cit.*, p.38.
25. Stanley Hoffmann, «Chagrin et pitié?», *Contrepoint*, 10, 1973, repris dans *Essais sur la France, déclin ou renouveau?*, Le Seuil, 1974, p. 67-87.
26. Marcel Ophuls，接受 Gilbert Salachas 的提問，*Téléciné, op. cit.*, p.31.
27. Entretien avec Pierre Mendès France, *Téléciné, op. cit.*, p. 42-52.
28. «"I hate all that business", he said with a quick wave of his hand and sharp displeasure in his bright eyes, "I hate medals, I hate decorations of all kinds"», *The New York Times Magazine*, 29 août 1971.

29. 見：*Le Monde*, 15 décembre 1971，報紙中解釋，根據 *Robert* 字典，hate 就是討厭（détester），意思是「嫌惡」（aversion pour）。
30. Lettre au général Ginas, publiée dans *Le Monde*, 3 février 1972.
31. Jacques Chambaz et Dominique Jamet, *Le Quotidien de Paris*, 22 août 1980（閱讀報導即可得出這些數字）。這篇報導的篇幅很長，自一九八〇年八月二十一日直到九月三日。根據 Jacques Chambaz 的回憶（本書作者錄於一九八五年六月二十四日），報社當時想要「找個引人注意的主題」，但它引發的事件超出了報導範圍。當時確實沒有理由進行這段歷史的採訪，「範圍太大、篇幅太長」。
32. 此人於一九七二年出版了回憶錄：*Le Rêveur casqué* (Laffont)。有別於他在《悲傷與憐憫》以及回憶錄中表現的溫和形象，之後他的立場似乎再度傾向年輕時的努力目標，從他在一九八九年十月號、新法西斯主義期刊 *Révolution européenne* 的表態，可見一斑。
33. «Le mouvement populaire des familles en Savoie (1940-1945)», *Les Cahiers du groupement pour la recherche sur les mouvements familiaux*, 3, 1985, p. 318. 這些說法證實了圖維耶本人的陳述（我們必須謹慎處理他的說詞），主要收錄在由他子女、律師和他本人自費出版的幾本小冊子中：Chantale et Pierre Touvier, *Lettre ouverte aux représentants du peuple français suivie de 20 documents inédits*, juin 1976 (dactylo.) ; Paul Touvier, *Lettre ouverte au grand juge suivie de ce qu'avait à dire mon avocat en Cour de cassation*, juin 1976 (dactylo.) et, du même, *Mes Crimes contre l'humanité*, Imprimerie SPT, 1er novembre 1979.
34. Article de Nicolas Brimo, 23 mars 1983.
35. 隆河省省長辦公室主任對採訪記者 Jacques Derogy 的敘述：*L'Express*, 5 juin 1972。《世界報》的兩位記者 Laurent Greilsamer、Daniel Schneidermann 也在他們的 «Rapport Delarue» 中，提到此事：*Un certain Monsieur Paul. L'Affaire Touvier*, Fayard, 1989, p. 237-254.

36. *Ibid.*
37. 出自一九八四年九月十一日，作者和德拉瑜的訪談內容。
38. *Libération*, 30 octobre 1989 轉載 Laurent Greilsamer et Daniel Schneidermann, *op. cit.* 兩位記者提出的質疑，他們認為皮耶・亞白揚的運作傾向特赦。*Le Monde*, 31 octobre 1989，刊出他們的回應，不大有說服力。無論如何，唯有等到審理結束，才能真相大白。
39. 主要出於他一九七二年八月十九日對法新社做的公開聲明。
40. 此信日後披露在 *L'Express*, 19 juin 1972.
41. «Lendemain de persécution», *Courrier français du Témoignage chrétien*, 21 octobre 1944.
42. *L'Express*, 19 juin 1972, art. cit.
43. Jacques Delarue，同注37。
44. *Paris-Match*, 23 décembre 1972.
45. 可參考 *L'Express*, 26 juin 1972.
46. *L'Express*, 17 juillet 1972.
47. Louis-Martin Chauffier, *Le Figaro*, 17-18 juin 1972. 報導口吻尖銳。
48. *Combat*, 16 juin 1972. 皮耶・布札得的文章沒多久就讓他被指控「侮辱國家元首」。《戰鬥日報》以出自抵抗運動、碩果僅存的新聞媒體之一自居，它對特赦展開非常猛烈的攻擊。
49. Georges Pompidou, *Entretiens et Discours, 1968-1974*, Flammarion, 1984 (nlle édition), p. 157-158. 一九七二年九月二十三日，《世界報》刊出完整的記者會內容。我們可以看到，在這段回應之後，發言的是《人道報》總編輯 René Andrieu，他向總統提出有關選舉策略的問題。顯然，除了前抵抗運動人士對此做出反應之外，共產黨沒有深入圖維耶這件事。也許因為共產黨此時也是症候群的受害者：就在兩年前，一九七〇年夏天，發生了 Marchais 事件，他在一九七〇年二月八日成為共產黨副祕書長，被視為祕書長 Waldeck Rochet 的接班人。當時他還只是「一九四三年逃脫的前強制勞動服務工人」（《快訊》週刊，一九七〇年七月二十七日）。不過「資產階級」媒體開始對此事產生懷疑。真是奇特，抵抗運動記憶中，兩大組成元素的首腦之間出現這種對稱性：一個是戴高樂主義的繼承人，幾乎沒有締造任何不凡的功績，一個是共產黨的未來領導人，沒有在「七萬五千名黨員遭到槍決」的記憶上帶來榮譽。

50. Georges Pompidou, *ibid.*, p. 28.

51. *Ibid.*, p. 29.

52. *Ibid.*, p. 30.

53. 此時已是監獄中最後的附敵分子，釋放時也是極度低調。這些人之中除了巴畢耶和瓦瑟之外，Joseph Cortial 也曾判處死刑，但早先已獲得龐畢度減刑。他們之所以在監獄中關押多年，是由於戰爭結束二十多年後才被逮捕，於一九六五至一九七〇年之間受審，他們的案子既沒有獲得特赦，也不受訴訟時效屆滿的限制。

54. Cf. *Aspects de la France*, 23 décembre 1971, cité par Dominique Veillon, *La Collaboration, textes et débats*, Le Livre de poche, 1984, p. 420.

55. 出自作者和德拉瑜的訪談內容。

56. Rapporté par *Le Point*, «L'Occupation: pourquoi tout le monde en parle», 11 mars 1974.

57. Pierre Assouline, *Une éminence grise, Jean Jardin (1904-1976)*, Balland, 1986, p. 338.

58. Pascal Jardin, *La Guerre à neuf ans*, 1971, p. 136 de l'édition en Livre de poche.

59. Pascal Ory, *op. cit.*, p. 118 *sq.*, chapitre intitulé «Rétro satanas», reprise d'un article du *Débat*, 16, novembre 1981.

第四章

1. Béatrice Philippe, *op. cit.*, p. 389 *sq*.
2. Voir Jean-Pierre Rioux, «L'opinion publique ou "le lion vieilli et le coq déplumé"», dans le dossier Suez, *L'Histoire*, 38, octobre 1981.
3. Michel Winock, *Édouard Drumont et Cie. Antisémitisme et fascisme en France*, Le Seuil, 1982, p. 107.
4. 出自 *Le Monde*, 29 novembre 1967 的謄錄稿，它與 Éditions Plon: Charles de Gaulle, *Discours et Messages*, tome V: *Vers le terme, 1966-1969*, 1970, p. 232 收錄的內容一樣。不過，根據幾位作者的說法，像是 Robert Aron、Léon Poliakov 與其他人，印刷稿似乎與原始講稿有些微出入：「一旦他們聚集起來，最終會在強烈而熱愛征服的野心中，改變他們十九個世紀以來所形成的、十分感人的心願：『明年耶路撒冷見』」。
5. Rqumond Aron, «Le temps du soupçon», reproduit dans *De Gaulle, Israël et les Juifs*, Plon, 1968, p. 20.
6. *Ibid.*, p. 35.
7. *Ibid.*, p. 18.
8. Xavier Vallat, *Aspects de la France*, 8 décembre 1967.
9. *Maariv*, 29 novembre 1967.
10. Lettre du 19 avril 1968, citée dans les *Mémoires* de Raymond Aron tome 2, Julliard, 1983, p. 730 (de l'édition Presses Pocket).
11. 有關法國猶太組織代表委員會，戰時的猶太人、共產黨人，見該委員會創始人之一 Adam Rayski 的著作，其中載有引人入勝的經歷，他是游擊義勇軍（Francs-tireurs et Partisans）（勞工移民組）的成員，後來他是（新）馬努相事件的主角之一：*Nos illusions perdues*, Balland, 1985。也可參閱：Annie Kriegel,

Réflexions sur les questions juives, Hachette/Pluriel, 1984, p. 109 *sq*.

12. Texte reproduit dans Annie Kriegel, *op. cit.* 戰後，法國以色列人代表委員會保留了相同的首字母縮寫（ＣＲＩＦ），但改名為法國猶太組織代表委員會，這個名稱把地位讓給了「猶太人」一詞，較謙虛，也比較有限制性，替換「以色列人」一詞造成的歧義。

13. 尤其是一九四二年七月六日，法國猶太事務負責人 Dannecker，向帝國保安總局、第四局 B 處四科（艾希曼）發送的電報：「……拉瓦爾總統建議，趁著把猶太家庭從非占領區驅逐到集中營的同時，也把十六歲以下的兒童一起帶走。至於占領區內猶太兒童的問題，他不感興趣……」，這份文件出自當代猶太文獻中心。

14. *L'Express*, 8 mai 1967，內容關於 Dr Claude Lévy 和 Paul Tillard 的著作：*La Grande Rafle du Vel' d'Hiv*, Laffont, 1967。

15. *L'Express*, 14 février 1972.

16. Cité dans *L'Express*, 4 novembre 1978.

17. Joseph Billig, *Le Commisariat général aux Questions juives (1941-1944)*, 3 volumes, Éditions du Centre (CDJC), 1955-1960. 一九七五年，巴黎一大碩士班學生，在 Jacques Droz 教授的指導下，以反猶太宣傳為研究主題，其論文答辯時，使用ＣＤＪＣ持有的達其耶檔案。受到達其耶效應的影響，該論文也頗有名氣，在這類學術論文中實屬罕見：Jean Laloum, *La France antisémite de Darquier de Pellepoix*, Syros, 1979, préface de Jacques Droz。

18. *Le Monde*, 4 novembre 1978. 在同一場會議中，共產黨議員與外交部長 Louis de Guéringaud 之間，言論十分激烈。部長否認法國駐馬德里大使 Robert Barbara de Labelotterie（de Boisséson 男爵），在一九六四至一九七〇年間，曾與前附敵分子或祕密軍事組織的成員有任何接觸。

19. 此信寫給 Jacqueline Baudrier (Radio-France)、Jean-Louis Guillaud (TF1)、Maurice Ulrich (Antenne 2) et Claude Contamine (FR 3)，於一九七八年十一月三日對外公開。
20. *L'Express*, 4 novembre 1978.
21. *Ibid.*, 以及 11 novembre 1978.
22. *Ibid.*
23. Philippe Ganier Raymond, *Une certaine France. L'antisémitisme 40-44*, Balland, 1975, p. 11-12.
24. *Ibid.*, p. 29-30.
25. *L'Express*, 4 novembre 1978, *Le Monde*, 4 novembre 1978, etc.
26. Dans la *Lettre de l'UDF*, 14 février 1979 et *L'Humanité*, 15 février 1979. Voir Henri Ménudier, «"Holocauste" en France», *Revue d'Allemagne*, XIII, 3, juillet-septembre 1981. Voir également Freddy Raphaël, «Bagatelles pour un génocide: "Holocauste" et la presse de gauche en France (1979-1980)», *Revue des sciences sociales de la France de l'Est*, 14, 1985.
27. *L'Express*, 19 février 1979.
28. *Ibid.*, 27 janvier 1979.
29. Christian Beullac, dans *Le Monde*, 14 février 1979.
30. Charlotte Delbo, «Une marque indélébile», *Le Monde*, 27 février 1979. 這位前集中營倖存者，出版了許多關於她痛苦經歷的著作：*Aucun de nous ne reviendra*, Genève, Gonthier, 1965，此書寫於一九四六年，出版於二十年後；*Le Convoi du 24 janvier*, Minuit, 1965，以及最近出版的：*La Mémoire et les Jours*, Paris, Berg International, 1985.
31. *L'Express*, 27 janvier 1979.

32. 關於辯論現場，見 *Le Matin*, 7 mars 1979、*Libération*, 8 mars 1979、*Le Monde*, 8 mars 1979。關於埃桑，「魯莽的」年輕人念了一部分刊登在一九七九年二月二十八日《鴨鳴報》的調查，內容轉述一份魁北克的報導：*L'Action catholique*, 24 août 1940。該報於某次青年聯盟在香榭麗舍大道的活動之後，進行採訪：「其首腦侯貝．埃桑於星期二的示威中表示，一切才剛開始，他們會追捕所有的猶太人和共濟會成員，『因為他們造成了法國的混亂』。」西蒙．薇伊在討論會上沒有為埃桑說話，這和她後來的做法不同，一九八四年侯貝．埃桑在她提出的歐洲選舉名單中，占了一個很好的位子。

33. Guy Hocquenghem: «Une simple mention suffira. Mardi soir, aux débats du "Dossiers" sur *Holocauste*, distribution des prix du martyre», *Libération*, 8 mars 1979.

34. *L'Humanité*, 13 février 1979.

35. 出自一九八九年十月四日，作者和喬．諾曼律師的訪談內容。

36. 克拉斯費德就布斯凱的個人職責所做的剖析，見：Serge Klarsfeld, *Vichy-Auschwitz. Le rôle de Vichy dans la solution finale de la question juive en France*, 2 vol., Fayard, 1983 et 1985，尤其是 vol. 1, p. 93-104。

37. «Ordonnance déclarant l'action publique éteinte», du juge Jean-Pierre Getti, 11 septembre 1989, Tribunal de grande instance de Paris, p.3.

38. «Réquisitoire définitif aux fins de constatation de l'extinction de l'action publique», Tribunal de grande instance de Paris, Parquet du procureur de la République, 26 juillet 1989.

39. *Le Matin de Paris*, 16 novembre 1978. Pierre Vida1-Naquet 認為弗里松一九七八年十二月二十九日，刊登在《世界報》的另一篇文章，加上隨後 Georges Wellers 做出的回應，才給了弗里松事件真正的媒體發展空間。見 Pierre Vida1-Naquet 出色的著作：*Les Assassins de la mémoire. «Un Eichmann de papier» et autres essais sur le révisitionnisme*, La Découverte, 1987, p. 211, note 71.

40. Robert Faurisson, *Mémoire en défense. Contre ceux qui m'accusent de falsifier l'histoire. La question de chambre à gaz*, La Vieille Taupe, 1980. 猶太裔美國語言學家諾姆・喬姆斯基為該書作序：「關於言論自由的幾點基本評論。」喬姆斯基對弗里松並沒有「很清楚他的研究工作」，為他開脫了所有反猶太的嫌疑，甚至視他為「對政治不太感興趣的自由主義者」，p. XIV-XV。

41. Cf. Alain Finkielkraut, *L'Avenir d'une négarion. Réflexion sur la question du génocide*, Le Seuil, 1982.

42. Paul Rassinier, *Passage de la ligne*, 1948 以及 *Le Mensonge d'Ulysse*, 1950，由該書作者自行出版，後由 Librairie française (d'Henry Coston) 以及 La Vieille Taupe (1979) 再版。

43. Cf. Roland Lewin, «Paul Rassinier ou la conjonction des extrêmes», *Silex*, 26, 1984 et Henry Rousso, «La négation du génocide juif», *L'Histoire*, 106, décembre 1987.

44. *Le Monde*, 21 février 1979.

45. Colloque de l'École des Hautes Études en sciences sociales, *L'Allemagne Nazi et le Génocide juif*, Hautes études/Gallimard/Le Seuil, 1985 et François Bédarida (éd.), *La Politique nazie d'extermination*, IHTP-Albin Michel, 1989.

46. Pierre Vidal-Naquet, *Les Juifs, la Mémoire et le Présent*, Maspero, 1981, p. 196-197，寫在 *«Un Eichmann de papier»* 的一篇引言中，第一次發表是在 *Esprit*, septembre 1980。在針對弗里松的回應之中，這篇文章屬於最傑出的論述之一，就連弗里松的支持者也這麼承認：「……最重要的一篇反對弗里松的文章，它阻礙了修正主義的論文快速發展，讓法國知識界相信，修正主義令人厭惡又荒謬，沒有必要加以關注。」（出於 Jean-Gabriel Cohn-Bendit et alii, *Intérable Intélorance*, Éditions de la Différence, 1981, p. 196）。幾十頁的內容（而且論述精采）就足以引爆「快速」飛行中火箭……

47. Lettre d'André D., dans «Le journal des lecteurs», *Les Nouvelles littéraires*, 15 janvier 1981.

48. 除了內文提到的研討會以及皮耶・維達爾－納凱，當代猶太文獻中心的喬治・維勒著有 *Les chambres à gaz ont existé*, Gallimard, 1981，以及 *Le Monde juif* 中的多篇文章。一九八四年，Éditions de Minuit 出版了一本基礎著作的譯本，此書於前一年在西德出版，由數名見證人與歷史學家組成的團隊撰寫而成：Eugen Kogon, Hermann Langbein, Adalbert Ruckerl, *Les Chambres à gaz, secret d'État*, Minuit, 1984 et Le Seuil, coll. «Points Histoire», 1987。亨利・侯克有關 «Confessions de Kurt Gerstein» 虛假的論文答辯之後，也出現許多反對的聲音。當代史研究所特別舉辦了圓桌會議，見：*Bulletin de l'IHTP*, 25, septembre 1986。與會人士中有位荷蘭教授 Harry Paape，他（和 Gerrold van der Stroom 和 David Barnouw）為《安妮日記》的好幾個版本，編輯了具有科學性的編注本（*Les Journaux d'Anne Frank*, Colmann-Lévy, 1950-1989, trad. Philippe Nobel et Isabelle Rosselin-Bobulesco）。該文件解決了弗里松第一篇「修正主義」論文所提出的問題，後者聲稱 Anne Frank 的《日記》是戰後「偽造的」。

49. 有關司法與歷史的關係，參見 *Le Débat*, 32, novembre 1984。此外，歷史學家 Laurent Wetzel 與幾個集中營倖存者協會，就 Marcel Paul 過去的經歷而產生司法糾紛，可以參見此案的判決摘要，其中法院根據歷史學家對不同的解釋保持中立的特性，不予起訴。

50. Alain Finkielkraut, *op. cit.*, p. 94-95.

51. Nathalie Heinich, Michael Pollak, «Le témoignage», Mission rccherche-expérimentation, ministère des Affalres sociales et de la Solidarité nationale, 1985, publié dans *Actes de la Recherche en sciences sociales*, 62/63, 1986。還可參考 Michael Pollak 在該期刊發表的其他文章：«Des mots qui tuent», 41, février 1982, et «La gestion de l'indicible», 62/63, 1986.

52. Simone de Beauvoir, préface à Jean-François Steiner, *Treblinka*, Fayard, 1966.

53. Critique de Jean-Maurice Hermarm, vice-président de la FNDIRP, *Droit et Liberté*, 252, 15 avril-15 mai, 1966.

54. «Les Juifs, ce qu'on n'a jamais osé dire», *Le Nouveau Candide*, nº spécial et gratuit, 255, 14-20 mars 1966。斯坦內曾是《新憨第德》的記者。

55. Léon Poliakov, «Treblinka: Vérité et roman», *Preuves*, 183, mai 1966.

56. Cf. *La Presse nouvelle*, 23-29 septembre 1966.

57. Hannah Arendt, *Etchmann à Jérusalem. Rapport sur la banalité du mal*, Gallimard, 1966 (1re édition: 1963).

58. Maurice Rajsfus, *Des Juifs dans la Collaboration. L'UGIF, 1941-1944*, Paris, EDI (Études et Documentation internationales), 1980, préface de Pierre Vidal-Naquet。次年他出版了另一本書：*Sois juif et tais-toi*, EDI, 1981。這本書再次引發了爭議，事關法國猶太人聯合總會主席 André Baur 的作用，為他辯護的是他的姊夫 Raymond Lindon，此人曾任檢察官，處理多起解放時期的案件。

59. Cf, Annie Kriegel, «Vérité historique et mensonges politiques. Diversion et rivisions sur l'antisémitisme», *Commentaire*, 12, hiver 1980-1981, repris dans *Réflexion sur les questions juives*, *op. cit.*, p. 87. 哈斯弗是作者母親的姓。

60. Gérard Michel, *Tribune juive*, 681-682, 17 juillet-10 août 1981.

61. 關於這一點，見：*Les Juifs dans la Résistance et la Libération. Histoire, témoignages, débats*, textes réunis et présentés par le RHICOJ, Éditions du Scribe, 1985；«La Résistance juive en France: Où en est son histoire?», *Le Monde juif*, 118, avril-juin 1985；Lucien Lazare, *La Résistance juive en France*, Stock, 1987 et Claude Levy, «La résistance juive en France. De l'enjeu de mémoire à l'histoire critique», *Vingtième siècle. Revue d'histoire*, 22, avril-juin 1989.

62. 這個聲明發布於攻擊事件當晚，它和所有政客的「政治語言」一樣，在新聞媒體上，有好幾種不同形式、甚至內容也不同的版本。本書根據一九八〇年十月三日，法國電視一台晚上十一點、夜間新聞錄像帶的正確版本。雷蒙·巴爾於晚上十一點三十分左右（攻擊事件發生約五小時後），在總理官邸前發表聲明並現場直播，當時他剛從里昂返回巴黎。因此，它並不是雷蒙·巴爾最初的反應（事件發生後立即接受電話採訪），也不是即興發言：他有足夠的準備時間（我非常感謝法國電視一台的 Yvan Charron 准許我查看這段錄影）。

63. 關於這起事件的調查，見：Annette Lévy-Willard, *Libération*, 3 octobre 1984。理論上的假定：攻擊事件的肇事者很有可能、甚至應該就是利用了大眾對新法西斯主義的恐懼，也許還操縱了極右派的小型集團。

第五章

1. 見：Marcel Ophuls, *Le Chagrin et la Pitié, op. cit.*, p. 85。不過並不是該書注釋中指的艾德蒙，而是何內。而且侯沙後來還否認曾經做過這個請託，這段轉述見：Christiane Rimbaud, *Le Procès Mesdès France*, Librairie Académique Perrin, 1986, p. 170.
2. Olivier Todd, *La Marelle de Giscard, 1926-1974*, Robert Laffont, 1977, p. 53.
3. Marie Granet, *Défense de la France. Histoire d'un mouvement de résistance (1940-1944)*, PUF, 1960, coll. «Esprit de la Résistance», p.200.
4. *Le Canard enchaîné*, 6 mai 1981. 第二輪總統大選投票前。
5. 出自一九八六年八月，作者和傑尼雅·傑瑪琳的訪談內容。
6. *Le Monde*, 14 novembre 1978.
7. Lot-et-Garonne 省三位議員 Christian Laurissergues, Jacques Chaminade et Hubert Ruffe 提出書面質詢，由國防部長答覆：*Journal officiel, Débats parlementaires, Assemblée nationale*, séances du 10 février 1979 (p. 876) et du 14 mars 1979 (p. 1618)。三月十五日，法國民主聯盟黨議員 Emmanuel Hamel 仍然以書面質詢

的方式，詢問《德蘇互不侵犯條約》紀念日，是否「會成為電視節目的主題」，並由文化暨傳播部長答覆：「電視節目的製作，完全是節目製作公司董事長與董事會的責任，不過，國會議員表現出的關心（……）已轉告給各公司的董事長」。

8. Discours présidentiel de Rethondes, le ll novembre 1978, *Le Monde*, 14 novembre 1978.

9. *Le Monde*, 31 décembre 1980.

10. Jean Bothorel, *La République mondaine*, Grasset, 1979, p. 101-105.「共治」指的是一九四一年二月，追隨海軍上將達爾朗的一幫年輕技術官僚，在達爾朗擔任總理之後掌握了政權。除了羅伯特・帕克斯頓外，還可參考許多專題著作，見：Richard F. Kuisel, «The legend of Vichy Synarchy», *Franch Historical Studies*, VI, 1970.

11. *L'Année politique*, 1978, p. 161-162.

12. *Ibid.*

13. 一九七八年十二月十五日，*France-Inter* 的廣播節目。

14. 一九七八年十二月二十二日，給共和聯盟黨的信。

15. *Le Monde*, 6 février 1979.

16. *Le Monde*, 24 novembre 1978.

17. 尤其是 Paul Thibaud 膚淺的反應，見：«Du sel sur nos plaies», *Esprit*, 5, mai 1981。關於貝納－亨利・雷維的專題研究，見：*Le Débat*, 13, juin 1981.

18. «Provocation», *L'Express*, 7 février 1981.

19. «L'ambiguité française», *Ibid.*, 同一頁。

20. «Le pétainisme constitue-t-il la vraie idéologie française?», *Les Nouvelles littéraires*, 15 janvier 1981. 還可參

考 Jean-François Kahn 的著作：*La Guerre civile. Essais sur les stalinismes de droite et de gauche*, Le Seuil, 1982。月刊當時有專門版面，提供給讀者進行討論，論述的內容顯示了讀者對雷維的理解，表現出世代的關聯、拒絕接受所謂的根深柢固的禁忌（!?），總之，它讓我們思考什麼是雷維對輿論以「無風不起浪」的名義，所操作出來真正的背信。

21. *Le Monde*, 16 janvier, 23 janvier et 31 janvier 1981.
22. «Français, quand vous saurez», par Jean-Paul Enthoven, *Le Nouvel Observateur*, 26 janvier 1981.
23. 有關這位以色列歷史學家的早期著作，尤其是：*La Droite révolutionnaire. 1885-1914. Les origines françaises du fascisme*, Le Seuil, 1978，這本書讓雷維覺得大有可為。斯登赫的下一部著作：*Ni droite, ni gauche. L'idéologie fasciste en France*, Le Seuil, 1983，開宗明義就指出法國法西斯主義，「最接近柏拉圖所指稱的法西斯主義的標準類型」（p. 41-42），再次引發一場風暴。在眾多駁斥他的論述中，見：*La Dérive fasciste. Doriot, Déat, Bergery, 1933-1945*, Le Seuil, 1986.
24. Bernard-Henri Lévy, *L'idéologie française*, Grasset, 1981, p. 18 et p. 86.
25. Voir le dossier consacré au «fascisme à la française», *Globe*, 21, octobre 1987.
26. 關於這些事，見：Philippe Robrieux, *Histoire intérieure du parti communiste*, tome 2, *1945-1972*, et tome 4, *Biographie, chronologie, bibliographie*, Fayard, 1980-1984；以及：Auguste Lecoeur, *La Stragégie du mensonge, du Kremlin à Georges Marchais*, Ramsay, 1980.
27. *Le Monde*, 5 mai 1981.
28. Cf. Michel Slitinsky, *L'Affaire Papon*, Alain Moreau, 1983, préface de Gilles Pérault.
29. *Le Monde*, 9 mai 1981.
30. *Ibid.*

31. 他辭職之後去信媒體：*Le Monde*, 19 mai 1981。
32. 在 Mulhouse 舉辦的造勢活動，見：*Le Matin de Paris*, 9 mai 1981。
33. *Ibid.* 此外報紙上還刊登了許多右派與左派抵抗運動人士的抗議（(Daniel Mayer、Joël Le Tac、Philippe Viannay、Claude Bourdet，等等）。
34. 「記憶短暫」協會的廣告，刊登在：*Le Monde*, 16 mars 1984。這場版面之戰從三月一直延續到七月，以校務爭論為背景，貝當協會、集中營受害者與其他人的好幾個協會，輪流投入論戰。
35. Catherine Nay 的傳記描述了其中的迂迴曲折，來自已知的事實和或多或少有所本的假設。
36. *Mémoires de guerre*, tome 2, *L'Unité, 1942-1944*, Plon, p. 169.
37. 一九八一年五月八日上午，於 *France-Inter* 廣播電台。
38. 摘自逐字紀錄：*Journal officiel, Débats parlementaires, Assemblée nationale*, séance du 1er février 1984, p. 443-444.
39. *Ibid.*, séance du 1er février1984, p. 447. 密特朗確實曾在一家出版《您的美》的印刷媒體公司待過幾個月，該公司隸屬 Eugene Schueller 領導的歐萊雅集團，Schueller 本人屬於革命社會運動黨（Mouvement social révolutionnaire）的領導人之一，該黨由 Eugène Deloncle 創立於一九四〇年九月，它是戰前從事地下恐怖行動 La Cagoule 的派生組織，並與占領軍關係緊密。這些事和密特朗沒有任何特殊的關聯（就連 Catherine Nay 也有相同的暗示，*op. cit.*, P. 198-199），是極右派和 Alain Madelin 一直很愛提起的內容，而身為極右派「西歐黨」（Occident）前首腦的 Alain Madelin，想必也忘記他年輕時不假思索的行動。
40. Évelyne Larguèche, *L'Effet-injure. De la pragmatique à la psychanalyse*, PUF, 1983（序言出自指導教授 Jean Laplanche。）
41. Chiffre rapporté par Hervé Hamon et Patrick Rotman, *Les Intellocrates. Expédition en haute intelligentsia*, Le

Seuil, 1981, p. 247. 關於新右派，也見於：*Mots*, 12, mars 1986, nº spécial «Droite, nouvelle droite, extrême droite. Discours et idéologie, en France et en ltalie»，特別是 Pierre-André Taguieff 的文章。

42. Alain de Benoist, *Vu de droite, Anthologie critique des idées contemporaines*, Copernic, 1977.
43. Chiffres cités dans «L'extrême droite nazie et fasciste: menace et riposte», rapport présenté par Madeleine Rébérioux, préparé avec la collaboration du MRAP et de l'association Henri Curiel, au 62e Congrès de la Ligue des Droits de l'homme (Lille, février 1982), 1981, p. 3.
44. Alain de Benoist, «Droite: l'ancienne et la nouvelle», *Item*, janvier 1976-avril 1977, repris dans *Les Idées à l'endroit*, Éditions libres/Hallier, 1979, p. 57.
45. *Le Monde diplomatique*, janvier 1977, cité par Alain de Benoist, *ibid.*, p. 59.
46. 此一分析，概略出自：René Rémond, *les Droites en France, op. cit.*
47. 阿雷西．卡雷爾因他的暢銷書：*L'Homme, cet inconnu* (Plon, 1935) 而聲名大噪，一九一二年諾貝爾生理醫學獎得主，此外，他不僅是現代社會科學的先驅、著名的外科醫生，同時也是提倡生物選擇、引人懷疑的理論家（「以優生學建立傑出的生物遺傳階級，或許是解決當前重大問題的關鍵」，*op. cit.* Le Livre de poche, p. 414）。維琪於一九四一年讓他執掌「法國人類問題研究基金會」（Fondation française pour l'étude des problèmes humains），其後衍生出一九四五年的 INED，以及 Jean Stoetzel 的 IFOP（譯注：IFOP 的網站上說是一九三八年創立的）。
48. Alain de Benoist, *op. cit.*, p. 74.
49. Interrogé par Kathleen Evin, *Le Nouvel Observateur*, 23 avril 1979.
50. 主要見於時鐘俱樂部春季學院的辯論彙報：*l'Événement du jeudi*, 29 mai 1986.
51. 見：Club de l'Horloge, *Socialisme et Fascisme: une même famille?*, Albin Michel, 1984 ; et Alain Griotteray,

1940: La droite était au rendez-vous, R. Laffont, 1985.

52. *Rivarol*, 19 novembre 1982, p. 4.

53. «La question électorale», par Bruno Viala, *Militant*, septembre 1982.

54. 根據 Edwy Plenel 所做的彙報，見：*Le Monde*, 19 octobre 1983，之後經由 Edwy Plenel 與 Alain Rollat 整理成專門報導：*L'Effet Le Pen*, *Le Monde*/La Découverte。Romain Marie 的部分言論經由報紙報導出來後，他以誹謗為由提起並贏得訴訟。令人不解的是，這種惹人注目的反猶太主義，在聚會與「專門的」期刊欄目中，表現出來的自信和霸道，到了法庭上卻顯得「可恥」。

55. «Les habits neufs de la droite française», et, à la fin du journal, «Pétain sans képi», *Le Nouvel Observateur*, 2 juillet 1979.

56. *Le Monde*, 17 décembre 1985.

57. 若想從傳記的角度研究，可參考以下著作，但其中具有大量的文學性，而且質量表現很不穩定：Ladislas de Hoyos, *Barbie*, R. Laffont, 1987，Jacques Delarue, «Un SS nommé Barbie», *L'Histoire*, 82, 1985，以及 Pierre Assouline 在同一本期刊中提供的檔案：Guy Morel, *Barbie pour mémoire*, Paris, Éditions de la FNDIRP. 1986。還有值得一再觀賞的電影：Marcel Ophuls, *Hôtel terminus*.

58. *Le Monde*, 16 février 1983. 報上刊登了一九六三年十一月七日，法國駐 Palatinat 軍事情報支隊的一份通知，當時已指出美國和西德「確實操控」著巴比，並要求國土情報監測部（DST）和對外情報和反間諜局（SDECE）進行干預。

59. *Le Monde*, 13-14 février 1983.

60. 侯貝・巴丹戴爾希望「不斷湧現傲慢與鮮血的種族主義，最終會在眾人的面前接受審判」（刊登在 *L'Express*, 6 avril 1961 中的開放論壇）。

61. Sondage IFRES/VSD, réalisé les 5-7 février 1983, VSD, 10 février 1983.
62. *Le Nouvel Observateur*, 11 février 1983. 薇伊接受訪問。
63. Cité par Claude Lévy, «L'affaire Barbie à travers la presse nationale», dactylo, p. 8, conférence à l'Institut d'histoire du temps présent, 4 mars 1983.
64. Raymond Barre au «Grand Jury RTL/*Le Monde*», 13 février 1983, *Le Monde*, 15 février 1983.
65. Cité par *Le Monde*, 9 février 1983.
66. 她在一九七七年出版《我曾是尚・穆蘭的妻子》（*J'étais la femme de Jean Moulin*），各界一致譴責該書故弄玄虛。她在社會黨人權俱樂部（Club socialiste des Droits de l'homme）Pierre Bercis，以及全國教師工會（Syndicat national des instituteur）祕書長 Guy Georges，這兩人的協助之下，參與一場荒謬的記者會（此事刊登在 *Libération*, 8 février 1983，但沒有出現在同一天的《晨報》上），Paul Quilès 部長預感該活動是個圈套，在最後一刻拒絕出席。
67. 關於這些部分，除了以上提供的書籍外，還可參考：Guillaume Darcell et Guy Konopnicki, *Globe*, 1, novembre 1985，以及 Jacques Derogy, *L'Express*，他們做的採訪調查。
68. 關於這個事件，見：Serge Klarsfeld, *Les Enfants d'Izieu, une tragédie juive*, AZ repro, 1984.
69. Jacques Delqrue，一九八五年十月二十一日，在當代史研究所的演講。
70. 關於這部分，見：Erna Paris, *L'Affaire Barbie, analyse d'un mal français*, Ramsay, 1985。作者展現了新聞長才，對各個主要人物做出了有趣的描寫，如克拉斯費德夫婦、魏傑思、哲努等等。
71. Jacques Vergès et Éienne Bloch, *La Face cachée du procès Barbie*, compte rendu des débats de Ligoure (19 juin 1983), Samuel Tastet éditeur, 1983, p. 16. 這份資料多少具有機密性（感謝 Jacques Delarue 向我指出這一點），它披露了「群體」（主要是極左陣營）面對巴比律師過於高明的「技巧」保持緘默，同時魏傑思

如何受益於知識分子間的默契。閱讀這份報告，有時會人想到 Faurisson 帶領出的極左潮流，客觀而言，它和新納粹同屬利益上的盟友。

72. 這個似是而非的論點引起許多爭議，但它確實指出一個實情：當一九六四年對危害人類罪不受時效限制的法律進行投票的同時，也在進行第一次就阿爾及利亞「事件」的特赦投票（見第二章）。*Ibid.*, p. 23.

73. *Ibid.*, p. 32-33.

74. *Ibid.*, p. 35.

75. 見：Hannah Arend, *Eichmann à Jérusalem*, *op. cit.*，以及第四章。

76. Le Pré-aux-Clercs, 1983. Claude Bal 在一部完成之後但沒有播出的電視紀錄片 *Que la vérité est amère* 中，採用此一論點，意欲造成爭議的心態十分明顯。

77. 在這一波自白聲明中：René Hardy, *Derniers mots. Mémoires*, Fayard, 1984，作者在書中嘗試擺脫自己的責任，有可能出自魏傑思的操作。還有：Lucie Aubrac, *Ils partiront dans l'ivresse. Lyon, mai 43, Londres 44*, Le Seuil, 1984，作者為回應對她的指控而寫作此書，它描述地下工作者的生活，可說是最細膩的作品之一。

78. *Le Monde*, 11 juillet 1986.

79. 見：*Le Monde*, Henri Noguères, le 3 janvier 1986, Serge Klarsfeld, le 15 janvier 1986, Vercors, le 22 janvier 1986. 魏傑思對這個局面非常滿意，他的聲明刊登在 *Libération*（21 décembre 1985）：最高法院的決定，「甩了司法部一巴掌」。

80. *Le Quotidien de Paris*, 7 février 1983.

81. 一九八七年七月一日庭訊，見：*Le Monde*, 3 juillet 1987。

82. 一九八七年六月二十三日庭訊，見：*Le Monde*, 25 juin 1987。

83. Alain Finkielkraut, *La Mémoire vaine. Du crime contre l'humanité*, Gallimard, 1989, p. 76.
84. 見：Christine Okrent et comte de Marenches, *Dans le secret des princes*, Stock, 1986, p. 84-85.
85. Daniel Cordier, *Jean Moulin. L'inconnu du Panthéon*, tome 1, *Une ambition pour la République. Juin 1899-juin 1936*, tome 2, *Le Choix d'un destin. Juin 1936-novembre 1940*, Lattès, 1989；還有四卷會陸續出版。爭議部分，尤其見於 Henri Noguères 和 Chevance-Bertin 將軍，幾篇煽動性的文章（*Le Monde*, 15 et 25 novembre 1989），表現出令人震驚的惡意攻擊，其他尚有 Jean-Pierre Azéma 與 Daniel Cordier（*Le Monde*, 7 et 29 novembre 1989）。
86. 一九八七年六月十八日庭訊，見：*Le Monde*, 20 juin 1987。
87. Alain Finkielkraut, *op. cit.*, p. 125.
88. «Le masochisme de Vergès. Entretien avec Claude Lanzmann», dans Bernard-Henri Lévy (éd.), *Archives d'un procès. Klaus Barbie*, *Globe*/Le Livre de Poche, 1987, p. 191.
89. «*Shoah* et la shoah. Entretien avec C. Lanzmann», *Ibid.*, p. 51.

第六章

1. Antoine Prost, *Les Anciens Combattants et la Société française 1914-1939*, vol. 3, *Mentalités et Idéologies*, *op. cit.*, p. 62 *sq*.
2. *La Mémoire des français, op. cit.* 我參加了這項調查工作，但此處關於五月八日簡短的分析，主要來自 Robert Frank（Cf. «Bilan d'une enquête», p. 371），以及當代史研究所的通訊會員。
3. Article unique, loi du 7 mai 1946, *Journal officiel* du 8 mai 1946.
4. Cité par Marie-Thérèse Frank, Marie-Thérèse Viaud et Eugène Martres, *in La Mémoire des Français, op. cit.*, p.

128, 275 et 287.

5. Article 1, loi du 20 mars 195, *Journal officiel* du 21 mars 1953.

6. Cf. Maurice Vaïsse (éd.), *8 mai 1945: la victoire en Europe, op. cit.*

7. Rapport du ministre de l'Intérieur, relatif au décret du ll avril 1959, *Journal officiel*, du 15 avril 1959, modifié par décret du 17 janvier 1968.

8. Sur ce point, voir Gérard Namer, *Batailles pour la mémoire, op. cit.*

9. Robert Frank, *op. cit.*, p. 377.

10. Cité par François Garçon, *De Blum à Pétain. Cinéma et société française (1936-1944)*, Édition du Cerf, 1984, p. 28.

11. 這個段落的數量值，主要來自兩項非常有價值的清查（外加一些補充）：Jean-Pierre Jeancolas, «Fonction du témoignage (les années 1939-1945 dans le cinéma d'après-guerre)». *Positif*, 170, juin 1975, p. 45-60，內容涵蓋了一九四四年至一九七五年；Jean-Michel Andrault, Jean-Pierre Bertin-Maghit, Gérard Vincent, «Le cinéma français et la Seconde Guerre mondiale», *La Revue du Cinéma*, 378, décembre 1982, p. 71-111，自一九六九年至一九七九年間的資料非常詳盡。至於一九八〇年至一九八九年，我和前面幾位作者一樣，採用了*Le film français* 週刊定期發表的資料。一九四七年至一九八〇年，影片的整體數據（色情電影不包括在內，因為數量不成比例）取自ＩＮＳＥＥ的回顧調查系列。這樣可以在與法國電影的總數相比時，對樣本加權並確認它的變化，儘管這類主題的影片量實在是非常少。而且也是出於此因，此處的附圖算不上是「統計表」，多一部片少一部片，比例數值就可以有很大的差別。此外，材料本身應該也稱不上詳盡，因為通常是按照劇情簡介來分類（如果實際看完兩百部影片，無論是財務上或技術上都很困難，有些片子找不到了，還有一些已經損壞）。至於影片的分析（有時是評語）來自舊檔案的研究資料，並未考慮影片技術上的表現，或影片本身的質量。

12. Jacques Siclier, *La France de Pétain et son cinéma*, Henri Veyner, 1981, p. 247.
13. François Truffaut, *Les Films de ma vie*, Flammarion, 1975, cité par Annette Insdorf, *L'Holocauste à l'écran*, CinemAction/Éditions du Cerf, 1985, p. 43（此書很實用，但資料不夠精確，也不完整）。
14. Louis Pergaud, *La Guerre des boutons*, Mercure de France, 1963 (p. 55 de l'édition Folio).
15. Gilles Le Morvan, *L'Humanité*, 31 octobre 1983, Michel Pérez, *Le Matin de Paris*, 28 octobre 1983.
16. 出自一九八九年二月，作者和導演的談話。
17. Alain Finkielkraut, *Le Quotidien de Paris*, 30 avril 1985. 在本書的第一個版本中，我低估這部電影的重要性，做出草率而不實在的評價，干擾我的是作品中的一些缺點，但它們終歸只是微小的瑕疵，當時我特別在意大多數評論人士缺乏批判的思維，似乎讚美得稍有保留就會把影片創作者，歸類為邪惡的反猶太主義者與「記憶謀殺者」。我願意承認自己的錯誤，不是出於 Claude Lanzmann 的表情反應或恐嚇，而是當我重看這部影片，無視其中的糟粕之時，才意識到它特殊的表現。初看該片確實讓我感到不安，足以證明這部電影達到了它的目標。不過我仍然相信，無論一部作品多麼重要，只要把它「神化」就是件危險的事，甚至違背了追求的目標。還有一點也讓人很難相信，那就是把悲劇本身與它強制性的悼念，和悲劇的某個代表含義混淆在一起，也許是值得仰慕的含義，但已打上時間與當時的印記，因此有它自己的時代性。至於對這部片子提出批評，又不否定它的特殊深度，我推薦 Timothy Garton Ash 的文章（整體而言讚美居多），作者優秀的闡述能力是我所沒有的（«The Life of Death», *The New York Review of Books*, 19 décembre 1985, traduction: «La vie de la mort. A propos de *Shoah*» *Commentaire*, 39, automne 1987）。
18. François Garçon, «Le retour d'une inquiétante imposture: *Lili Marleen* et *Le Dernier Métro*», *Les Temps*

modernes, 422, septembre 1981, p. 547.

19. Sur ce point, voir Annette Wieviorka, «Un lieu de mémoire: Le mémorial du martyr juif inconnu», *Pardès*, 2/1985.
20. Ch. De Gaulle, *Le salut, 1944-1946*, Plon, 1959, p. 178.
21. *Ibid.*, p. 236.
22. *Ibid.*, p. 38.
23. *Ibid.*, p. 112.
24. *Ibid.*, p. 250.
25. Robert Aron, *Fragments d'une vie*, Plon, 1981, p. 241.
26. 侯貝・阿宏使用的檔案存放在當代國際文獻圖書館（BDIC），幾位負責人非常客氣，允許我參閱這些文件。Yvette Garnier-Rizet 女士自一九五五年開始與他共事，合作最為密切，她向我證實了侯貝・阿宏與各界良好的人際關係。尤其是在全國跨領域肅清委員會（企業肅清）的雇主代表 Raymond de Balazy 的幫助之下，撰寫了 *Histoire de l'épuration*（*Le Monde des affaires*, Fayard, 1974）第二卷的第一冊。後者為他提供了為數可觀的檔案，所有正本保存在國家檔案館（Archives nationales），十分小心地不對外公開直到八〇年代初。
27. Lettre du 3 janvier 1960, Charles de Gaulle, *Lettres, Notes et Carnets. Juin 1958-décembre 1960*, Plon, 1985, p. 311-312.
28. 主要成員有 Marie Kaan，她是死於集中營的抵抗運動人士 Pierre Kaan 的遺孀，作為該委員會與抵抗運動人士之間的中介；Claude Lévy，祕書長；Françoise Mercier，檔案管理；Dominique Veillon，蒐集文獻；Marianne Ranson，照片檔案；Michel Rauzier，圖書管理；Annick Besnard，共同研究人員。還有 Jean Leclerc 以及所有與二戰歷史委員會密切合作的歷史學家（Marie Granet、Marcel Baudot、François

Boudot、Jean-Marie d'Hoop 等），人數眾多，在此無法一一提及。關於這部分，可以參考相關書目，找到他們的名字，以及該組織在各省龐大的通訊會員。

29. Voir Henri Miehe1, «Pour une chronologie de la Résistance», *Revue historique*, octobre 1960; «Chronologie de la Résistance, directives-modalités», *Bulletin spécial du CHGM*, juillet 1966 ; et, pour le bilan, Claude Lévy, «La chronologie de la Résistance, état des travaux au 31 décembre 1981», *Bulletin de l'Institut d'histoire du temps présent*, 7, 1982.

30. Voir les archives du CHGM, Archives nationales, 78 AJ, ainsi que son *Bulletin*. 這項調查一直持續到委員會解散之後，見： *Bulletin de l'IHTP*, 25, septembre, 1986.

31. Stéphane Courtois, «Luttes politiques et é1aboration d'une histoire: le PCF historien du PCF dans la Deuxieme Guerre mondiale», *Communisme*, 4, 1983.

32. René Rémond, *Le Gouvernement de Vichy, 1940-1942, Institutions et politiques*, A. Colin, 1972, p. 16.

33. Stanley Hoffmann, «Collaboration et collaborationnisme», *Preuves*, juillet-septembre 1969. Du même auteur: «La droite à Vichy», *Revue française de science politique*, janvier-mars 1956. 他所有關於維琪的文章，都收錄在：*Essais sur la France. Déclin ou renouveau?*, Le Seuil, 1974. 斯坦利．霍夫曼，哈佛大學歐洲研究中心主任，出生在奧地利，但自一九二〇年代末至一九五〇年代長住法國，並擁有法國國籍。所以身為猶太人的他，理解什麼是占領時期的焦慮。儘管後來移居美國，但不能把他視為「外國」歷史學家或政治學家。

34. *La France de Vichy* 屬於 «L'Univers historique» 叢書系列，由 Jacques Julliard、Michel Winock 負責策畫，他們和 Jean-Pierre Azéma，大力推動此書儘快在法國出版，和其他外國書籍的狀況不同。例如 Peter Novick, *op. cit.*，關於肅清的著作，在美國發行十七年後，才獲得翻譯，由 Balland 出版，還有一些書甚至從未翻譯。

35. Marc Ferro, «Maréchal, nous sommes toujours là», *La Quaizaine littéraire*, 16 février 1973.

36. *L'Agent de liaison*, mars 1973.

37. Robert Paxton, *La France de Vichy*, Le Seuil, 1973, p. 49 de l'édition en «Points Histoire» (1974). 外加一點，當這本口袋版推出時，它所引起的媒體報導幾乎同樣重要。只是這一次，正值季斯卡當道，於是重點首先放在有關維琪「技術官僚」的論點上，而不是附敵行為。

38. Dominique Janret, «L'oeuf de Columbia», *L'Aurore*, 9 février 1973.

39. Michel Denis, *La France catholique*, 18 mai 1973.

40. *Le Monde*, 17 mai 1973.

41. Dans *Le Maréchal*, 90, avril-mai, 1973.

42. 一九七六年五月二十五日，《螢幕檔案》以貝當為辯論的主題，這位美國歷史學家，夾在三名抵抗運動人士的代表（其中包括 Pierre-Henri Teitgen），和三名資深的貝當追隨者（Auphan、Isorni 和 Girard）之間，幾乎插不上嘴，亨利．米榭爾則是表達了科學（和官方）的觀點。至少這是當時身為年輕學生的我所留下的記憶，帶著一股狂熱讀完那本 *France de Vichy* 之後，開始研究維琪的歷史。羅伯特．帕克斯頓在最近於美國再版的這本書中，為美國的讀者重提此書在法國發行時引起的風波。在沒有改變自己結論的情況下，他拒絕接受自己或許和法國人的苦難有段距離，所以具有某種「道德優越感」（a mood of easy moral superiority）的指控。他也不認為因為自己是美國人，所以處在「贏家」的狀態：「事實上（這本書）是在越南戰爭的陰影下寫成的，加劇了我對各種民族主義因循守舊的憎惡。此書作於一九六〇年代末，我時刻想著的不是拿戰敗的法國做比較，而是一九四〇年夏天德國人自信的傲慢。」（New York, Columbia University Press, Morningside Edition. 1982. p. xv）

43. Voir le *Bulletin de l'Association pour défendre la mémoire du maréchal Pétain*, 11, janvier 1955, p. 10，歐豐認

為，阿宏「希望在大家眼中，自己看起來對『維琪政權』要比實際上更有敵意」。六年後，阿宏不再是異端分子，因為 *Le Maréchal* 期刊在一九六一年二月十九日，轉載了他一篇關於「猶太問題」的文章，這是少數從未在該期刊出現的主題之一。到了一九七三年，仍然是在 *Le Maréchal*（art. cit.），歐豐指他是「最溫和」的歷史學家之一。隨著堡壘的逐漸坍塌，忠實的信徒每每做出必要的犧牲，攀附著對他們害處最少的解讀……

44. Henri Michel, dans la *Revue d'histoire de la Deuxième guerre mondiale*, 93, janvier 1974.
45. Janine Bourdin, *RFSP*, XXIII, 3, juin 1973.
46. Alain-Gérald Slama, «Les Yeux d'Abetz», *Contrepoint*, 10, avril 1973 (dans le même numéro, où Stanley Hoffmann publie un article sur *Le Chagrin*, art. cit.).
47. 請允許作者在此承認自己必定也曾受到這種心態的影響，並表現在他早期的寫作上。
48. Lettre du 4 décembre 1978, de René Descubes, *Le Maréchal*, 113, 1979.
49. «Répertoire des chercheurs sur la Seconde Guerre mondiale», *Cahier de l'IHTP*, 2, octobre 1985.
50. Cf. François Bédarida, «L'histoire de la Résistance, lectures d'hier, chantiers de demain», *Vingtième siècle. Revue d'histoire*, n0 spécial: «Nouveaux enjeux d'une décennie. Fascismes, antifascismes, 1935-1945», 11, juillet-septembre 1986. 有關抵抗運動人士所做的見證，與 Daniel Cordier 的著作，見第五章注釋85，以及下面的注釋55。
51. Cf. Hervé Villeré, *L'Affaire de la Section spéciale*, Fayard, 1973. La lettre de René P1éven, reproduite page 17, date du 10 février 1972.
52. Article 7, loi du 3 janvier 1979, *Journal officiel*, 5 janvier 1979.
53. Rapport de la Commission des affaires culturelles du Sénat, nº 536, séance du 18 mai 1978. 其實亨利．費維對

這個主題非常敏感，著有：*Archives secrètes de Bretagne 1940-1944*, Rennes, Ouest-France, 1985，他向我確認了公開檔案遺漏的部分。關於這條法律，也可參見上述同一個委會的報告：nº 146, séance du 13 décembre 1978; *Journal officiel, Débats parlementaires, Sénat*, séances des 4 et 5 décembre 1978, p. 8769 *sq.*；以及 Ariane Ducrot 的分析：«Comment fut élaboré et votée la loi sur les archives du 3 janvier 1979», *La Gazette des Archives*, 104, 1979.

54. Pierre Cézard 就是其中之一，長期擔任當代檔案部的主管。解放初期時局尚未平靜之時，他已開始帶著手推車，到處蒐集蓋世太保或 Hôtel Majestic 的檔案。直到一九八四年離職，他絕對是最了解收藏在 hôtel de Soubise、上百萬份檔案重要性的人。「他什麼都知道，但從不多說什麼」，留給歷史學家表達，不過偶爾他會注意到學者的論述、與由他保管的檔案之間的差距。他的歷屆繼任者，其中包括 Chantal de Tourtier-Bonazi，也都秉持並擴大了開放的方針（出自一九八六年 Pierre Cézard 與 Jean-Pierre Azema 和筆者的談話內容）。

55. 一九八九年，丹尼耶・柯迪耶在他的著作出版時，接受許多報章雜誌的採訪，都多次提到這一點，此外也見於他的文章：*Bulletin de l'Institut d'histoire du temps présent*, «De l'acteur à l'historien» (35, mars 1989).

56. 在他編寫、關於這個主題的參考書目中：*Historiens et Géographes*, 232, octobre 1971, p. 77.

57. *Ibid.*, p. 79 et 81-84.

58. 見地理教師資格會考口試官評審報告：*Historiens et Géographes*, 239, décembre 1972, p. 249 et 273 (pour le concours de 1972) et 245, décembre 1973, p. 265 et 289.

59. *Ibid.*, décembre 1972, p. 283.

60. *Ibid.*, p. 326.

61. *Ibid.*, décembre 1973, p. 267.

62. *Ibid.*, p. 289.

63. 這個意見來自我的同事 Michel Margairaz，他是當年通過考試的考生之一，感謝他提醒我一九七二年至一九七三年、教師資格考的重要性。

64. 我只考慮高三的教科書，當然，我並沒有自行斷定實際教學省略的內容，也沒有著眼在各個作者之間的差異。舉出其中幾個例子：Antoine Bonifacio, *Le Monde contemporain*, Hachette, 1966，Bouillon, Sorlin, Rude1, *Le Monde contemporain*, Bordas, 1968。關於避而不談的部分：Serge Klarsfeld, *Le Monde*, 26 avril 1982；還有，當代猶太文獻中心（CDJC）和歷史地理教師協會，於一九八二年三月十四日舉行圓桌討論會：*L'Enseignement de la Shoah*, Édition du CDJC, 1982。Annette Wagner 完成有關教科書中處理二戰內容的論文，為我提供了寶貴的資料。另見 Pierre Assouline 的調查：«Faut-il brûler les manuels d'histoire?», *L'Histoire*, 59, septembre 1983.

65. Antoine Prost (éd.), *Histoire. Classe de terminale*, A. Colin, 1983.

66. Sentou, Aldebert, Phan, *Histoire. Classe de terminale*, Delagrave, 1983.

67. Antoine Prost, *op. cit.*, p. 45.

68. Serge Wolikow (éd.), *Histoire du temps présent 1939-1982*, Messidor/Éditions sociales, 1983.「慕尼黑的投降協定，將捷克斯洛伐克交由納粹蹂躪」（二十一頁），下一頁，「蘇聯面對孤軍奮戰與兩面夾攻的威脅，同意與德國簽署互不侵犯條約。希特勒再次解除了三方反法西斯聯盟的危險，八天後入侵波蘭。」孤軍奮戰？

69. Dominique Borne, «L'histoire du XXe siéle au lycée. Le nouveau programme de terminale», *Vingtième Siècle. Revue d'histoire*, 21, janvier-mars 1989.

70. Cf. *Le Monde de l'éducation*, septembre 1983, p. 40.

71. Circulaire reproduite dans «La déportation», *Textes et Documents*, Institut pédagogique national, 17, 1er trimestre 1964, p. 1.

第七章

1. Cf. *Le Film français* ; et Jean-Michel Andrault, Jean-Pierre Bertin Maghit et Gérard Vincent, «Le cinéma français et la Seconde Guerre mondiale», art. cit.
2. Encart spécial du *Film français*, 1986.
3. 我要感謝法雅出版社的 Éric Vigne，願意提供我這些數據（大部分的出版業者對此諱莫如深），也要感謝侯貝・阿宏的祕書 Yvette Garnier-Rizet 女士。考慮到出版社所做的更改、通行權、特殊帳務等，由作者提供的數字都已進位到整數。
4. 我能從 Éditions du Seuil 獲得這些統計數據，必須感謝 Michel Winock，以及 Anne Sastourné 的耐心蒐集。
5. 請看注釋７。
6. 非常感謝ＡＬＰ（Hachette 出版社子公司）的營銷主管 Olivier Béressi，提供了這些資訊，他讓我查閱檔案，尤其是「圓桌會議」的記錄，以及刊物推出之前的調查結果。
7. 這裡所使用的調查資料，按時間排列：IFOP (*Sondages,* 9 juin 1966, sur Pétain) ; SOFRES/*Le Figaro*, novembre 1970, *in Histoire-Magazine*, 10, 1980 (commentaire René Rémond) ; SOFRES/*Sud-Ouest*, *in Le Maréchal*, 85, novembre 1971 ; «Les Français et la commémoration du 8 mai 1945», SOFRES/*L'Express*, réalisé le 13 mai 1975 ; «Les jeunes (15-20 ans) se prononcent sur de Gaulle», SOFRES/*L'Express*, 10 novembre 1975 ; «Débats autour du maréchal Pétain», *Sondages*(IFOP), 3-4, 1976 ; sur *Holocauste, Télé 7 jours*, 21 mars 1979, cité par Henri Ménudier, «*Holocauste* en France», art. Cit. ; SOFRES/*Atlas*, effectué en octobre 1979 (non publié), cf.

L'Histoire, 19, janvier 1980 ; «Ce que pensent les Français 35 ans après», Publimétrie/*Les Nouvelles littéraires*, 21 février 1980. «66 % des Français ne condamnent pas Pétain», SOFRES/*Le Figaro-Magazine*, 17 mai 1980 ; «Les Français jugent de Gaulle», SOFRES/*Histoire-Magazine*, 1980, nº cité ; SOFRES/*Journaux de guerre* (non publié), décembre 1982 ; «Quarante ans après: les Français et la Libération», Louis-Harris France/*L'Histoire* (commentaire Robert Frank et Henry Rousso), 67, mai 1984。由歷史學家主持的調查，除了上面舉出的最後一項之外，還必須提到其中的先驅者 Jean-Louis Crémieux-Brilhac 與 G. Bensimhon，«Les propagandes radiophoniques et l›opinion publique en France de 1940 à 1944», *Revue d'histoire de la Deuxième Guerre mondiale*, 101, janvier 1976（這篇論文採用對占領時期所作的回溯性調查），以及 Pierre Guillaume 的論文，«Résistance et Collaboration devant l'opinion actuelle», *Bulletin de la Société d'histoire moderne et contemporaine*, 3, 1976 ; MEMOR 協會所做的調查中，有 Jean-Paul Thuillier 所主持的 «Quarante ans après: mémoires de guerre en zone interdite»（未發表，1985），涵蓋了法國北部，以及 Jean-Jacques Girardot 與 Franapis Marcot 主持的 «Au Musée de la Résistance et de la Déportation de Besançon. Enquêtes par questionnaires», *La Mémoire des Français*, *op. cit.* 下一部分的調查資料，全部來自主辦單位（*L'Histoire*, *Le Figaro*，等等）時間通常為執行調查的日期（並非公布調查結果的日期）。

8. 我要感謝 Judith Saymal 與 Pascal Krop 允許我查閱這些信件，其中部分內容已發表在九月上旬的週刊。一九八六年一月，法國電視一台由 Michel Polac 主持的 «Droit de réponse» 節目播出貝當專輯，之後，電視台收到三百二十封信，由 Eric Le Vaillant 整理出簡短的報告，發表在 *Vingtième Siècle. Revue d'histoire*, 13, 1986。
9. Lettre publiée et signée, *l'Événement du jeudi*, 5 septembre 1985, p. 64.
10. *Ibid.*

成為部長會議主席。

一九五二年三月七日　夏爾·莫拉斯因健康因素獲特赦；於同年十一月六日去世。

一九五二年五月二十七日　安東·比內簽署歐洲防禦共同體條約。

一九五三年一月十二日　波爾多法庭開始審理奧拉杜爾訴訟案。

一九五三年一月二十二日　安德烈·馮思瓦－龐賽接替貝當元帥，成為法蘭西學院院士。

一九五三年二月三日　爆發費那里事件。

一九五三年二月十三日　奧拉杜爾一案的亞爾薩斯被告獲判重刑

一九五三年七月二十二日　布熱德發起政治運動。

一九五三年七月二十七日　朝鮮簽署停戰協定。

一九五三年八月六日　頒布第二條特赦法，適用與占領時期有關的罪行。

一九五四年四月十四日　立法將四月的最後一個星期日，定為全國集中營受害者與英雄紀念日。

一九五四年五月七日　越軍攻下奠邊府。

一九五四年六月十八日　曼代斯－弗朗斯成為部長會議主席。

一九五四年七月二十日　簽署日內瓦協定。

一九五四年八月三十日　國會否決了歐洲防禦共同體的條約。

一九五四年十月九日　前納粹黨衛軍駐法國最高統帥卡爾·歐貝格，早在德國被判處死刑，但於一九四六年十月十日引渡到法國，與他的副手赫穆特·克諾申，一併被巴黎軍事法庭判處死刑。

一九五四年十一月一日　爆發阿爾及利亞武裝反抗行動。

一九五六年一月二日　皮耶·布熱德在眾議員選舉獲得百分之十一的選票。

一九五六年四月十八日　激進黨的侯貝·埃桑，當選瓦茲省眾議員，經國會宣告當選無效，後於六月十八日再度當選。

一九五六年十一月五日　英、法空襲蘇伊士。

一九五八年五月二十二日　保羅·莫朗競選法蘭西學術院院士失敗。

一九五八年六月一日　戴高樂成為部長會議主席。

一九五八年九月二十八日　公投通過第五共和憲法。

一九五八年十二月三十日　取消退伍軍人退休金，後於一九六〇年恢復。

一九五九年四月十一日　五月八日不再是假日。

一九五九年四月十七日　戴高樂在維琪市：「我們屬於同一個民族……」

一九五九年六月五日　戴高樂在木樹山，抵抗運動的聖地。

一九五九年十月三十一日　歐貝格與克諾申的死刑減為無期徒刑，不過他們在前一年已獲得赫內·科蒂的特赦。

一九六〇年一月六日　紀念貝當的協會在阿爾及利亞成立分會。

一九六〇年三月二十二日　亞貝·波納，前維琪教育部長，結束流亡生活回到法國。重新組成的特別最高法庭，將死刑降為十年的流刑（服刑完畢）。

一九六一年四月十一日　艾希曼在耶路撒冷接受審判。

一九六一年四月二十二日　阿爾及爾的將軍叛亂事件。

一九六二年三月十八日　簽署埃維昂（Evian）協議。

一九六二年五月三十一日　亞道夫・艾希曼在耶路撒冷受絞刑。

一九六二年十月二十八日　針對是否採取總統普選制進行公民投票。

一九六二年十二月　卡爾・歐貝格與赫穆特・克諾申，在沒有對外公開的情況下獲釋，遣返西德。

一九六三年一月二十二日　簽署法德合作條約。

一九六四年八月二日　美國大舉增加在越南的部署。

一九六四年十二月十七日　投票通過針對阿爾及利亞各起事件罪犯予以特赦的第一條法條。

一九六四年十二月十七日　諾瓦克，艾希曼的副手，於西德受審，僅判處八年刑期。

一九六四年十二月十八、十九日　尚・穆蘭骨灰移入先賢祠。

一九六四年十二月二十六日　國會一致通過危害人類罪不具追溯時效的法案。

一九六五年一月三十日　魏剛將軍一月二十八日去世，戴高樂拒絕在榮軍院舉行他的葬禮。

一九六五年十一月六日　附敵分子賈克・瓦瑟，於一九六二年十一月二十日遭到逮捕，經審判處以死刑；後於一九六六年二月獲戴高樂特赦。另一名判處死刑的附敵分子尚・巴畢耶，也於一九六六年七月獲得特赦。

一九六五年十二月十九日　戴高樂經由普選再度成為法國總統。

一九六六年六月二十一日　附敵分子喬瑟夫・柯西亞，經審判處無期徒刑。

一九六七年六月五日　爆發六日戰爭。

一九六七年十一月二十七日　戴高樂將軍在記者會中談到以色列；「充滿自信與控制欲的民族。」

一九六八年五月三日　警方驅離索邦大學人群，與學生之間的衝突加劇。

一九六八年十月二十四日　保羅・莫朗入選法蘭西學術院院士。

一九六八年十一月十日　一戰停戰五十週年前夕，戴高樂派人在貝當、加列尼、霞飛與克列孟梭的墓前獻花；「四位沒有葬在榮軍院的偉人。」

一九六九年六月十五日　喬治・龐畢度當選法國總統。

一九七〇年七月　喬治・馬榭，法國共產黨副祕書長，他一九四二年的德國經歷，開始引起爭議。

一九七〇年十一月九日　戴高樂將軍去世。

一九七一年四月　馬塞爾・奧佛斯推出《悲傷與憐憫》。

一九七一年九月十三日　莫里斯・克拉維在電視節目《公平競爭》的突發反應，事關法國廣播電視局就龐畢度對抵抗運動的發言所做的處理方式。

一九七一年十一月二十三日　龐畢度赦免保羅・圖維耶。

一九七二年二月十二日　薩維耶・瓦拉，維琪政府猶太事務委員會負責人，一九七二年一月六日去世，他的追思儀式在凱旋聖母教堂（église Notre-Dame des

	Victoires）舉行，期間發生衝突事件。
一九七二年七月一日	頒布懲治煽動種族仇恨的法條。
一九七二年七月十八日	反對赦免圖維耶的群眾在驅逐紀念館前進行示威活動。
一九七二年九月二十一日	龐畢度在圖維耶事件發生後，就「民族和解」發表談話。
一九七三年二月	極右派激進分子從伊厄島劫走貝當的棺材。
一九七三年三月十九日	羅伯特・帕克斯頓《維琪的法國》開始引發一連串爭議。
一九七三年十一月九日	對圖維耶第一次提起「危害人類罪」的控告發生在里昂市，第二次為一九七四年三月二十七日，尚貝里市。
一九七四年四月二日	喬治・龐畢度去世。
一九七四年五月十九日	瓦雷希・季斯卡德斯坦當選法國總統。
一九七五年二月六日	最高法院刑事庭撤銷里昂與尚貝里，兩地上訴法院，就圖維耶案做出「不具有審判權」的裁決。
一九七五年五月八日	根據季斯卡德斯坦總統的決定，五月八日第一次不再是國定假日。
一九七五年十月二十七日	巴黎上訴法院就圖維耶案聲明審判權的同時，宣布其罪行超過時效。
一九七六年六月十三日	季斯卡德斯坦在杜奧蒙的演說中向貝當致敬。
一九七六年六月三十日	最高法院刑事庭撤銷了巴黎上訴法院的裁決，圖維耶案仍待解決。
一九七八年一月二十七日	侯貝・弗里松在里昂《法國的教會與基督徒》（Églises et chrétiens

de France）研討會的言論引起爭議。

一九七八年五月十七日　《費加洛雜誌》創刊。

一九七八年五月二十五日　參議院就檔案管理的制定新法進行討論。後於一九七九年一月通過新法。

一九七八年十月二十八日　《快訊》週刊登出達其耶德貝波瓦的訪問報導。

一九七八年十一月一日　《巴黎晨報》刊出弗里松的文章，隨後《世界報》於一九七八年十二月二十九日轉載。

一九七八年十一月十一日　季斯卡德斯坦趁著停戰紀念日，派人在貝當元帥的墓前獻花。

一九七八年十一月十五日　塞吉・克拉斯費德以「危害人類罪」控告尚・勒告，前維琪警政副祕書長。

一九七八年十一月六日　里昂的大學教員採取反對弗里松的立場，歷史學家也開始動員。

一九七八年十二月六日　賈克・席哈克作「柯山呼籲」，內容提到「外國集團」。

一九七九年一月四日　貝納・費曾接受維琪指示，執行共濟會支會的清算任務，他的葬禮在沙多內－聖尼可拉教堂舉行。

一九七九年二月二十七日　法國電視台播完最後一集《大屠殺》，隨即在《螢幕檔案》進行討論。

一九七九年三月十二日　尚・勒給被控以危害人類罪。

一九七九年四月二十九日　「納粹罪行歷史教學」研討會在奧爾良市舉行。

一九七九年六月七日　第一屆歐洲議會選舉。

一九七九年六月十九日　法國外交部回覆一九七六年十二月十七日的釋疑請求，宣布圖維耶案確實屬於不具追溯時效的危害人類罪。

一九七九年六月二十二日　《世界報》刊登了第一篇關於「新右派」的報導，開啟了一連串的爭議。

一九八〇年二月十一日　科隆法院將赫伯特·哈根與庫爾特·利施卡判處徒刑。

一九八〇年三月八日　《快訊》週刊重啟馬榭溪案件。

一九八〇年四月十一日　《費加洛雜誌》就貝當進行民意調查，該期週刊封面的標題為：「百分之六十六的法國人並不譴責貝當」。

一九八〇年九月二十三日　爆發一波反猶太攻擊事件，以及對應而起的反種族歧視示威活動。

一九八〇年十月三日　科貝尼克街炸彈攻擊事件，四死二十多人受傷。

一九八〇年十月四日　法國各地均有反對反猶太與反種族歧視的示威遊行。

一九八〇年十月十七日　馬克·弗迪克森，新納粹組織「歐洲民族行動聯盟」的首腦，成為被告。

一九八〇年十一月十三日　貝當協會各處地點遭到攻擊。

一九八〇年十二月九日　最新法條允許協會對宣揚危害人類罪提起民事訴訟。

一九八〇年十二月二十日　弗里松出版《防禦記憶》，諾姆·喬姆斯基為該書作序。

一九八一年一月　貝納-亨利·雷維出版《法國的意識形態》。

一九八一年四月三十日　帕西上校表態支持總統候選人密特朗。

一九八一年五月五日　德布瓦西厄將軍表示，如果密特朗當選，他要辭去國家榮譽軍團勳位管理會總管之職。

一九八一年五月六日　《鴨鳴報》丟出帕蓬事件，指控這位前省長暨部長，曾經在波爾多將猶太人送往集中營。

一九八一年五月十日　馮思瓦・密特朗當選法國總統。

一九八一年五月十一日　德布瓦西厄將軍辭職。

一九八一年五月二十一日　密特朗前往先賢祠，向尚・饒勒斯、維克多・舍爾歇與尚・穆蘭的墓碑致敬。

一九八一年七月八日　侯貝・弗里松判處支付象徵性的一法郎罰金，給「支持人民友誼反對種族主義協會」、「國際反種族主義與反排猶主義聯盟」，以及其他幾個不同的協會。

一九八一年九月十五日　皮耶・莫華的「青年團」在國會議事廳引起突發事件。

一九八一年十一月二十八日　瑪汀・翁札妮法官指控在逃的保羅・圖維耶犯下危害人類罪，對他發出全球拘捕令。

一九八二年一月五日　《見證報》創刊，屬於天主教傳統主義派，親國民陣線黨。

一九八二年四月二十六日　夏佑宮舉辦關於集中營的大型展覽。

一九八二年五月八日　根據一九八一年九月二十三日的法條，五月八日再度成為節日並舉行慶祝活動。

一九八三年一月十九日　莫里斯・帕蓬被控以危害人類罪。

一九八三年二月五日　克勞斯・巴比前一天自玻利維亞引渡來到法國，被控以危害人類罪。

一九八三年四月二十四日　《明星》週刊的蓋特・海德曼，涉入偽造的「希特勒日記」事件，後於一九八五年五月六日定罪。（譯注：書上寫一九八三年判刑，有誤）

一九八三年四月二十六日　侯貝・弗里松於上訴法庭再次被定罪。不過判決理由中不接受「竄改歷史」罪。

一九八三年八月十六日　美國某調查委員會承認巴比曾為美國情報部門服務。

一九八三年十一月十四日　魏傑斯，巴比的律師，出版《擺脫彼拉多》，指控某些參與抵抗運動的人士。

一九八四年二月一日　國會議會廳的突發事件，涉及馮思瓦・密特朗與侯貝・埃桑戰時的經歷。眾議員賈克・杜彭、亞倫・馬德瀾以及馮思瓦・都貝赫受到審查處分，極為罕見的情況。

一九八四年二月十二日　經媒體披露，監獄裡的最後三名附敵分子，瓦瑟、柯西亞與巴畢耶，已在一九八二年底至一九八三年八月之間獲釋。

一九八四年二月十三日　尚－瑪麗・勒班第一次現身大型政論節目，法國電視二台《真相時刻》。

一九八四年六月十七日 侯貝・埃桑進入西蒙・薇伊「法國民主聯盟黨」的名單，當選歐洲議員。

一九八四年九月十九日 《道芬自由報》誤傳圖維耶的死訊。

一九八四年九月二十二日 馮思瓦・密特朗與赫穆特・柯爾在凡爾登市握手；法國總統派人於貝當墓前獻花。

一九八五年四月 克羅德・朗茲曼的《浩劫》在各地上映。

一九八五年五月八日 美國總統隆納德・雷根，拜訪位於西德比特堡的墓地，引起爭議。

一九八五年七月二日 馬努克揚事件已經引起數星期的激烈辯論，莫斯可的紀錄片《退休的恐怖分子》，成為《螢幕檔案》談論的主題。

一九八五年十月五日 結束巴比案的第一次偵查工作。

一九八五年十二月二十日 最高法院在一項「歷史性」的裁定中，修改了危害人類罪的定義，此後它也包含對抵抗運動人士犯下的罪行。

一九八六年三月十六日 右派贏得議會選舉；國民陣線黨依得票比率獲得三十五席。「共同執政」的開始。

一九八六年七月九日 結束巴比案的第二次偵查工作。

一九八六年九月 前反間諜局局長亞歷山大・德馬漢希，宣稱存在「從未公布的蓋世太保檔案」，能讓抵抗運動知名人士中的「叛徒」曝光。此話引起軒然大波。

一九八七年二月十一日　最高法院撤銷針對莫里斯・帕蓬的裁決，他在一九八八年七月再度被控犯下危害人類罪。

一九八七年二月二十二日　猶太人與基督徒代表之間的日內瓦協議，預定加爾默羅會的修女離開奧斯維辛，一九八四年八月她們在該地設立了修道院。

一九八七年五月十一日　位於里昂的隆河省重罪法庭開始審理巴比案。

一九八七年七月四日　克勞斯・巴比獲判無期徒刑。

一九八七年九月十三日　尚－瑪麗・勒班：「毒氣室〔……〕第二次世界大戰史的細枝末節〔……〕。還有歷史學家為這種事情爭論。」

一九八八年五月八日　馮思瓦・密特朗再度當選法國總統。

一九八八年六月　克羅德・葛里耶法官接替瑪汀・翁札妮法官，將圖維耶案的調查工作，交給巴黎憲兵隊的「調查組」，加速該案的進展。

一九八八年九月二日　尚－瑪麗・勒班攻擊公職部部長米歇爾・杜哈福，說出「杜哈福焚屍爐」。

一九八九年五月二十四日　保羅・圖維耶在尼斯被憲兵隊逮捕，刑事預審法官尚－皮耶・傑堤，以危害人類罪將他起訴。

一九八九年七月二日　尚・勒給在他的案子移交重罪法庭之時去世。一九八九年十月十一日宣布取消法定追訴的裁定中，例外宣判勒給確實犯下危害人類罪。

一九八九年七月三日　德庫特樞機主教委託數位歷史學家組成委員會，檢視里昂總主教公署的檔案，以進一步調查圖維耶是否得到教會有力人士支助的疑點。

一九八九年八月二十六日　葛聯蒙席，波蘭的首席主教，拒絕接受日內瓦協議，宣布加爾默羅會的修女合法留在奧斯維辛，再度掀起爭議。

一九八九年十月　丹尼耶・柯迪耶，尚・穆蘭的親信，出版傳記《尚・穆蘭，先賢祠的陌生人》，在抵抗運動人士之間造成爭議。

一九八九年十一月十日　柏林圍牆倒塌。

一九八九年十一月二十二日　保羅・圖維耶遭到賈克・阿密，里昂市首席刑事預審法官，以危害人類罪再度被起訴，前此里昂法院已收到針對圖維耶的十一條新控訴。

一九八九年十二月五日　尚－瑪麗・勒班詢問發展計畫部國務祕書李歐內・斯多雷胡：「您是真的有雙重國籍吧？」暗示猶太裔的法國人與其他法國人並不完全相同。

法國電影與第二次世界大戰*

一九四四

La Libération de Paris (document d'archives)

一九四五

Après Mein Kampf mes crimes (A. Ryder)
Débarquement sud (document du SCA)
Fausse Alertr (J. de Baroncelli)
Le Jugement dernier (R. Chanas)
Nuit d'alerte (L. Mathot)
Peloton d'exécution (A. Berthomieu)
Sixjuin à l'aube (J. Grémillon)

一九四六

Un ami viendra ce soir (R. Bernard)
《鐵路戰鬥隊》
《裝甲車隊》
Les Clandestins (A. Chotin)
Les Démons de l'aube (Y. Allégret)
《法國之子》
La Grande Épreuve (document du SCA)
Jéricho (H. Calef)
Mission spéciale (M. de Caronge)
Patrie (L. Daquin)
《平靜的父親》
《費璋斯上戰場》
Tempête sur les Alpes (M. Ichac)
Vive la liberté (J. Musso)

一九四七

Le Batailon du ciel (A. Esway)
《海牙》

*編注：第六章正文有出現的電影，此處以譯名呈現，其他維持原文形式。

一九四八

《消防隊的舞會》

《重水廠戰役》

Au cœur de l'orage (J.-P. Le Chanois)

《情婦瑪儂》

一九四九

《維羅納的情人》

Leclerc (document de Régnier et Lavergne)

《死裡逃生》

《沉默之海》

一九五〇

Autant en emporte l'histoire (montage de J. Marin)

《大馬戲團》

一九五一

Casabianca (G. Péclet)

Les Mains sales (F. Rivers)

Les miracles n'ont lieu qu'une fois (Y. Allégret)

La Tour de Babel (G. Rony)

一九五二

Éternel Espoir (M. Joly)

Jeux interdits (R. Clément)

一九五三

Deux de l'escadrille(M. Labro)

一九五四

《沒有懺悔的神》

La Cage aux souris (J. Gourguet)

Le Défroqué (L. Joannon)

Double Destin (V. Vicas)

La neige était sale (L. Saslavsky)

Tabor (G. Péclet)

一九五五

Les Évadés (J-P. Le Chanois)

一九五六

《死囚越獄》

《夜與霧》

《穿越巴黎》

一九五七

Les Louves (L. Saslavsky)

一九五八

La Challe (H. Decoin)

Mission diabolique (P. May)

一九五九

《寶貝從軍記》

Le Chemin des écoliers (Boisrond)

Hiroshima mon amour (A. Resnais)

《自殺契約》

《橫渡萊茵河》

《乳牛與戰俘》

La Verte Moisson (F. Villiers)

一九六〇

Le Bois des amants (C. Autant-Lara)
Candide (N. Carbonneaux)
La chatte sort ses griffes (H. Decoin)
Fortunat (A. Joffé)
Une gueule comme la mienne (F. Dard)
《諾曼第－涅曼》
Le Septième Jour de Saint-Malo (P. Mesnier)

一九六一

Arrêtez les tambours (G. Lautner)
《逃出禁閉室》
Kamikaze (document de P. Wolf)
La Guerre inconnue (document de P. Wolf)
《鈕釦戰爭》（編注：時間應為一九六二年）
Léon Morin, prêtre (J.-P. Melville)
Qui êtes-vous, M. Sorge? (Y. Ciampi)
《托布魯克的計程車》
Le Temps du ghetto (document de F. Rossif)
《地獄假期》

一九六二

《逃兵》
Carillons sans joie (J. Braibant)
Un cheval pour deux (J.-M. Thibault)
《紅褲子》
《告發》
《戰爭的榮譽》
La Traversée de la Loire (J. Valcroze)

一九六三

Le Jour et l'Heure (R. Clément)
La Mémoire courte (document de Torrent et Prémysler)
《穆里愛》
Le Vice et la Vertu (R. Vadim)

一九六四

La Bataille de France (document de J. Aurel)
Le Repas des fauves (Christian-Jaque)
Week-end à Zuydcotte (H. Verneuil)

一九六六

Le coup de grâce (J. Cayrol/ C. Durand)
《虎口脫險》
La Ligne de démarcation (C. Chabrol)
La Longue Marche (A. Astruc)
Martin soldat (M. Deville)
《巴黎戰火》
《城堡之戀》

一九六七

Un homme de trop (Costa-Gavras)
Le Temps des doryphores (D. Rémy)
Le Vieil Homme et l'Enfant (C. Berri)

一九六八

Le Crime de David Levinstein (A. Charpak)

Drôle de jeu (P. Kast)

Le Franciscain de Bourges (C. Autant-Lara)

Le Mois le plus beau (G. Blanc)

Tu moissonneras la tempête (document du R.P. Bruckberger)

一九六九至七〇（七〇年之後以八月跨年度起算）

《影子軍隊》

La Grosse Pagaille (Steno)

Nous n'irons plus au bois (G. Dumoulin)

Les Patates (C. Autant-Lara)

Panzer Division (L. Mérino)

Pour un sourire (F. Dupont-Midy)

Sept Hommes pour Tobrouk (M. Loy)

一九七〇至七一

《悲傷與憐憫》

Le Mur de l'Atlantique (M. Camus)

Le Petit Matin (Albicocco)

Sous les ordres du Führer (E. Castellari)

一九七一至七二

Pic et pic et colegram (R. Weinberg)

Les Portes du feu (C.-B. Aubert)

La Poudre d'escampette (Ph. de Broca)

Le Sauveur (M. Mardore)

Le Soldat Laforêt (G. Cavagnac)

一九七二至七三

《法國人，你可知道》

Une larme dans l'océan (H. Glaeser)

一九七三至七四

《巴黎的中國人》

Le Führer en folie (Ph. Clair)

Gross Paris (G. Grangier)

《拉孔名叫呂襄》

《第七連到底去哪兒了？》

《夜間門房》

Prêtres interdits (D. de La Patellière)

《共和國死於奠邊府》

《舞會上的小提琴》

《火車》

一九七四至七五

《以種族的名義》

La Brigade (R. Gilson)

《命運的嘲弄》

《羅浮宮邊門》

Mariage (C. Lelouch)

《特別法庭》

Soldat Duroc, ça va être ta fête (M. Gérard)

Vive la France (M. Audiard)

一九七五至七六

《好人與壞人》

《在占領時期高歌》
《色狼突擊隊》
Jeu (R. Gray)
Les Mal Partis (J.-B. Rossi)
《第七連找到了》
《代號瑪蓮夫人》
Le Pont de singe (document d'A. Harris et A. de Sédouy)
《一袋彈珠》
《法蘭西回憶》
Vive la France (M. Audiard)

一九七六至七七
《紅色海報》
《莊嚴的聖餐》
《克萊因先生》
《光榮的日子》
René la Canne (F. Girod)
《黨衛軍特別列車》

一九七七至七八
Bordel SS (J. Bénazéraf)

《黨衛軍妓艾莎》
Hitler, un film d'Allemagne (H. J. Syberberg)
Le mille-pattes fait des claquettes (J. Girault)
Nathalie, rescapée de l'enfer (J. Gartner)
《一廿二號》
Les Routes du Sud (J. Losey)
《月光下的第七連》
La Vie devant soi (M. Mitrani)

一九七八至七九
Un balcon en forêt (M. Mitrani)
De l'enfer à la victoire (H. Milestone)
Général... nous voilà! (J. Besnard)
Ya ya mon colonel (M. Guerrini)

一九七九至八〇
《最後地下鐵》

La Prise de pouvoir de Philippe Pétain (document de J. Chérasse)
Les Turlupins (B. Revon)

一九八〇至八一
La Peau (L. Cavanni)
Les Surdoués de la 1re compagnie (J. Besnard)
Les Uns et les Autres (C. Lelouch)

一九八一至八二
L'As des As (G. Oury)
La Mémoire courte (Eduardo)
La Passante du Sans-souci (J. Rouffio)

一九八二至八三
Un Amour en Allemagne (A. Wajda)
Au nom de tous les miens (R. Enrico)
Le Bal (E. Scola)
《爺爺是抵抗分子》

Le Retour des bidasses en folie (Vocoret)

一九八三至八四
Le Grand Carnaval (A. Arcady)
Le Sang des autres (C. Chabrol)

一九八四至八五
Blanche et Marie (J. Renard)
Le Fou de guerre (D. Risi)
Partir, revenir (C. Lelouch)

一九八五至八六
L'Aube (M. Jancso)
Berlin Affair (L. Cavanni)
Bras de fer (G. Vergez)
Douce France (F. Chardeaux)
《浩劫》
Le Temps détruit (lettres d'une guerre) (P. Beuchot)

一九八六至八七（八六年以後的電影不計入第六章圖三之中）
Dernier Été à Tanger (A. Arcady)

一九八七至八八
《再見，孩子們》
Fucking Fernand (G. Mordillat)
De Guerre lasse (R. Enrico)
《殉難猶太詩人的遺囑》
Les Années sandwich (P. Boutron)

一九八八至八九
Ada dans la jungle (G. Zingg)
《終點旅店》
Une affaire de femmes (C. Chabrol)
Mon ami le traître (J. Giovanni)
Cinq Jours en juin (M. Legrand)
Après la guerre (J.-L. Hubert)
Natalia (B. Cohn)
Baptême (R. Féret)

一九八九（八至十二月）
L'Orchestre rouge (J. Rouffio)

參考書目

參考書目是推出第二版時編製的。其目的不在列出注釋中引用的所有參考文獻，也不在列出所有涵蓋主題的讀物，因為本書探討的主題性質，包含了幾個極不相同的領域。例如書目中沒有舉出一九三九年至一九四五年的著作以及見證實錄。它的用意在於呈現什麼是構成本書的知識背景，必然有它的主觀性與不足之處，以及針對本書的核心主旨提供一系列參考書籍，像是集體記憶的歷史、往事的表述與運用，尤其是在法國，當然，著重二戰記憶的回顧性研究。其中也包括一些相關概念的著作，如傳統、世代概念、歷史編纂等等。

1. 集體記憶、往事的表述與運用

觀念與概論

«Colloque Histoire et Mémoire, 9-10 mars 1985», *Psychanalystes. Revue du collège de psychanalystes*, 18 et 19, janvier et avril 1986.

«Documents de la mémoire», *L'Écrit du temps*, 10, automne 1985.

«La Mémoire », *Bulletin de psychologie*, 389, XLII, janvier-avril 1989.
«La Mémoire et l›oubli», *Communications*, n° dirigé par Nicole Lapierre, 49, 1989.
«Mémoires de femmes», *Pénélope. Pour l'histoire des femmes*, 12, printemps 1985.
«Memory and Counter-Memory», *Representations*, special issue edited by Natalie Zemon Davis and Randolph Starn, 26, Spring 1989.
«Politiques de l›oubli», *Le Genre humain*, automne 1988.

Croire la mémoire? Approches critiques de la mémoire orale, Actes, 1988.
History and Memory. Studies in Representation of the Past, Athenaüm/Tel Aviv University, 1, 1, 1989 [La première revue spécialisée, éditée par Saul Friedländer].
Mémoire et Histoire. Données et débats. Actes du XXV$_e$ colloque des intellectuels juifs de langue française, Denoël, 1986.
Les Processus collectifs de mémorisation(Mémoire et organisation), s.l.d. de Jean-Louis Le Moigne et Daniel Pascot, Aix-en-Provence, Librairie de l'Université, 1979.
Usages de l'oubli. Contributions de Yosef H. Yerushalmi, Nicole Loraux, Hans Mommsen, Jean-Claude Milner, Gianni Vattimo au colloque de Royaumont, Le Seuil, 1988.

BINION, Rudolph, *Introduction à la psychohistoire*, PUF, 1982, préface de Louis Chevalier.
FERRO, Marc, *Comment on raconte l'histoire aux enfants à travers le monde entier*, Payot, 1983.
FRIEDLÄNDER, Saul, *Histoire et Psychanalyse. Essai sur les possibilités et les limites de la psychohistoire*, Le Seuil, 1975.
GIRARDET, Raoul, «Du concept de génération à la notion de contemporanéité», *Revue d'histoire moderne et*

contemporaine, XXX, avril-juin 1983.

HALBWACHS, Maurice, *La Mémoire collective*, PUF, 1968, préface de Jean Duvignaud, introduction de Jean-Michel Alexandre(1re édition, PUF, 1950).

HALBWACHS, Maurice, *Les Cadres sociaux de la mémoire*, Paris/La Haye, Mouton, 1976, préface de François Châtelet(1re édition, Alcan, 1925).

HOBSBAWM, Eric et RANGER, Terence(éds.), *The Invention of Tradition*, Cambridge, Cambridge University Press, 1983.

JEUDY, Henri-Pierre, *Mémoires du social*, PUF, 1986.

JOUTARD, Philippe, *Ces voix qui viennent du passé*, Hachette, 1983.

KRIEGEL, Annie, «Le concept politique de génération : apogée et déclin», *Commentaire*, 1, 1979.

LE GOFF, Jacques, *Mémoire et Histoire*, Gallimard/Folio, 1988.

LOWENTHAL, David, *The Past is a Foreign Country*, Cambridge, Cambridge University Press, 1985[Un live superbe et méconnu en France].

MAY, Ernest R., *Lessons of the Past: The Use and Misuse of History in American Foreign Policy*, New York/Londres, Oxford University Press, 1973.

McNEILL, William H., *The Pursuit of Power. Technology, Armed Force and Society since A.D. 1000*, Chicago/Londres, The University of Chicago Press, 1982.

McNEILL, William H., *Mythistory and Other Essays*, Chicago/Londres, The University of Chicago Press, 1986.

NAMER, Gérard, *Mémoire et Société*, Méridiens Klincksieck, 1987, préface de Jean Duvignaud.

NORA, Pierre, «Mémoire collective», dans *La Nouvelle Histoire*, Retz, 1978.

POMIAN, Krzysztof, «Les avatars de l'identité historique», *Le Débat*, 3, juillet-août 1980.

POMIAN, Krzysztof, *L'Ordre du temps*, Gallimard, 1984.

TORRES, Félix, *Déjà vu. Post et néo-modernisme: le retour du passé*, Ramsay, 1986.

VERRET, Michel, «Mémoire ouvrière, mémoire communiste», *Revue française de science politique*, XXXIV, 3, juin 1984.

WACHTEL, Nathan, «Memory and History: Introduction», dans «Between Memory and History», special issue, *History and Anthropology*, II, 2, octobre 1986.

YATES, Frances A., *L'Art de la mémoire*, Gallimard, 1966.

ZONABEND, Françoise, *La Mémoire longue. Temps et histoires au village*, PUF, 1980.

2. 集體記憶、法國歷史與民族認同

«Les générations», *Vingtième Siècle. Revue d'histoire*, 22, avril-juin 1989, s.l.d. de Jean-Pierre Azéma et Michel Winock.

«Les guerres franco-françaises», *Vingtième Siècle. Revue d'histoire*, 5, 1985, s.l.d. de Jean-Pierre Azéma, Jean-Pierre Rioux et Henry Rousso.

«Les nostalgies des Français», *H-Histoire*, 5, juin 1980.

«89: La commémoration», *Le Débat*, 57, novembre-décembre 1989.

«La tradition politique», *Pouvoirs*, 42, 1987.

AGULHON, Maurice, *Marianne au combat. L'imagerie et la symbolique républicaines de 1789 à 1880*, Flammarion, 1979.

AGULHON, Maurice, *Marianne au pouvoir. L'imagerie et la symbolique républicaines de 1880 à 1914*, Flammarion, 1989.

AMALVI, Christian, *De l'art et la manière d'accommoder les héros de l'histoire de France. Essais de mythologie nationale*, Albin Michel, 1988.

BELLOIN, Gérard, *Entendez-vous dans nos mémoires ?... Les Français et leur Révolution*, La Découverte, 1988.

BÉTOURNÉ, Olivier et ARTIG, Aglaia I., *Penser l'histoire de la Révolution. Deux siècles de passion française*, La Découverte, 1989.

BONNET, Jean-Claude et Roger, Philippe(éds.), *La Légende de la Révolution au xxe siècle. De Gance à Renoir, de Romain Rolland à Claude Simon*, Flammarion, 1988.

CANINI, Gérard(éd.), *Mémoire de la Grande Guerre*, Nancy, Presses universitaires de Nancy, 1989.

CITRON, Suzanne, *Le Mythe national. L'histoire de France en question*, EDI/Editions ouvrières, 1987.

FURET, François, «La Révolution dans l'imaginaire politique français», *Le Débat*, 26, septembre 1983.

FURET, François, *Penser la Révolution française*, Gallimard/Folio, 1987(1re édition 1978).

GÉRARD, Alice, *La Révolution française. Mythes et interprétations(1789-1970)*, Flammarion, 1970.

GIRARDET, Raoul, *Mythes et Mythologies politiques*, Seuil, 1986, réédition «Points-Seuil», 1990.

JOUTARD, Philippe, *La Légende des Camisards. Une sensibilité au passé*, Gallimard, 1977.

KIMMEL, Alain et POUJOL, Jacques, *Certaines Idées de la France*, Francfort, Diesterweg, 1982.

LAVABRE, Marie-Claire, «Génération et mémoire», table ronde «Génération et politique», Congrès de l'Association française de science politique, octobre 1981, dactylo; et «Mémoire et identité partisanes: le cas du PCF», Consortium européen de science politique, Salzbourg, 13-18 avril 1984, dactylo.

MARTIN, Jean-Clément, *La Vendée de la mémoire*, 1800-1980, Seuil, 1989.

NORA, Pierre(éd.), *Les Lieux de mémoire*, tome 1: *La République*, tome 2: *La Nation*, 3 vol., Gallimard, 1984 et 1986.

ORY, Pascal ET SIRINELLI, Jean-François, *Les Intellectuels en France. De l'Affaire Dreyfus à nos jours*, Colin, 1986.

OZOUF, Mona, «Peut-on commémorer la Révolution française?», *Le Débat*, 26, septembre 1983.

PROST, Antoine, *Les Anciens Combattants (1914-1939)*, Gallimard/Julliard,1977.

PROST, Antoine, *Les Anciens Combattants et la Société française, 1914-1939*, 3 vol.: *Histoire, Sociologie, Mentalités et Idéologies*, Presses de la FNSP, 1977.

RIOUX, Jean-Pierre(éd.), *La Guerre d'Algérie et les Français*, Albin Michel, 1990[derniers chapitres sur la mémoire].

RUDELLE, Odile, «Lieux de mémoire révolutionnaire et communion républicaine», *Vingtième Siècle. Revue d'histoire*, 24, octobre-décembre 1989.

SANSON, Rosemonde, *Les Quatorze Juillet. Fête et conscience nationale*, 1789-1975, Flammarion, 1975.

SIRINELLI, Jean-François, *Générations intellectuelles. Khâgneux et normaliens dans l'entre-deux-guerres*, Fayard, 1988.

VOVELLE, Michel(éd.), *L'Image de la Révolution française. Actes du Congrès mondial de la Sorbonne de juillet 1989*, Paris/Londres, Pergamon Press, 1989.

WINOCk, Michel, *La Fièvre hexagonale. Les grandes crises politiques de 1871 à 1968*, Calmann-Lévy, 1986, réédition «Points-Seuil», 1987.

3. 法國的二戰記憶與後遺症

(1) 概論

AZÉMA, Jean-Pierre, «La Guerre», dans René Rémond(éd.), *Pour une histoire politique*, Le Seuil, 1988.

BEDARIDA, François, «L'histoire de la Résistance. Lectures d'hier, chantiers de demain», *Vingtième Siècle. Revue d'histoire*, 11, juillet-septembre 1986.

BORNE, Dominique, «L'histoire du XXe siècle au lycée. Le nouveau programme de terminale», *Vingtième Siècle, Revue d'histoire*, 21, janvier-mars 1989 et réponses dans *ibid.*, 23, juillet-septembre 1989.

CORNETTE, Joël et LUC, Jean-Noël, «"Bac-Génération" 84. L'enseignement du temps présent en terminale», *Vingtième Siècle. Revue d'histoire*, 6, avril-juin 1985.

COURTOIS, Stéphane, «Luttes politiques et élaboration d'une histoire: le PCF historien du PCF dans la Deuxième Guerre mondiale», *Communisme*, 4, 1983.

FALIGOT, Roger et KAUFFER, Rémi, *Les Résistants. De la guerre de l'ombre aux allées du pouvoir(1944-1989)*, Fayard, 1989.

FRANCK, Robert et ROUSSO, Henry, «Quarante ans après: les Français et la Libération», *L'Histoire*, 67, mai 1984.

HAFT, Cynthia, *The Theme of Nazi Concentration Camps in French Literature*, Paris/La Haye, Mouton, 1973.

HERBERICH-MARX, Geneviève et RAPHAËL, Freddy, «Les incorporés de force alsaciens. Déni, convocation et provocation de la mémoire», *Vingtième Siècle. Revue d'histoire*, 6, avril-juin 1985.

HOFFMANN, Stanley, *Essais sur la France. Déclin ou renouveau?*, Le Seuil, 1974[notamment le chapitre III, «Chagrin et Pitié? »].

INSTITUT D'HISTOIRE DU TEMPS PRÉSENT, *La Mémoire des Français. Quarante ans de commémorations de la Seconde Guerre mondiale*, Éditions du CNRS, 1986.

LAROCHE, Jacques M., «A Success Story in the French Popular Literature of the 1980's: La Bicyclette bleue», *The French Review*, 60, 4, mars 1987.

LÉVY, Bernard-Henri, *L'Idéologie française*, Grasset, 1981

NAMER, Gérard, *Batailles pour la Mémoire. La Commémoration en France de 1945 à nos jours*, Papyrus, 1983.

ORY, Pascal, «Comme de l'an quarante. Dix années de "rétro satanas" », *Le Débat*, 16, novembre 1981.

RIOUX, Jean-Pierre, *La France de la IVe République*, vol. 1: *L'Ardeur et la Nécessité*, 1944-1952, vol. 2: *L'Expansion et l'Impuissance, 1952-1958*, Seuil/«Points-Histoire», 1980 et 1983.

RIOUX, Jean-Pierre, «Le procès d'Oradour», *L'Histoire*, 64, février 1984.

ROUSSO, Henry, «Vichy, le grand fossé», *Vingtième Siècle. Revue d'histoire*, 5, janvier-mars 1985.

ROUSSO, Henry, «Où en est l'histoire de la Résistance? » dans *L'Histoire, Études sur la France de 1939 à nos jours*, Seuil/ «Points-Histoire»,1985.

RUFFIN, Raymond, *Ces chefs de maquis qui gênaient*, Presses de la Cité, 1980,

THÉOLLEYRE, Jean-Marc, *Procès d'après-guerre*, La Découverte/*Le Monde*, 1985.

THIBAUD, Paul, «Du sel sur nos plaies. A propos de *L'Idéologie française*», *Esprit*, 5, mai 1981.

VEILLON, Dominique, «La Seconde Guerre mondiale à travers les sources orales», *Questions à l'histoire orale, Cahiers de l'Institut d'histoire du temps présent*, 4, juin 1987.

WAHL, Alfred (éd.), *Mémoire de la Seconde Guerre mondiale, Actes du colloque de Metz, 6-8 octobre 1983*, Metz, Centre de recherche histoire et civilisation de l'Université de Metz, 1984.

WIEVIORKA, Olivier, «La génération de la Résistance», *Vingtième Siècle. Revue d'histoire*, 22, avril-juin 1989.

WILKINSON, James D., «Remembering World War Il. The perspective of the Losers», *The American Scholar*, été 1985[Allemagne, Italie et... France].

・克勞斯・巴比，追捕與案件

Le Monde, «Le Procès de Klaus Barbie», n° spécial, juillet 1987.

BOWER, Tom, *Itinéraire d'un bourreau ordinaire*, Calmann-Lévy, 1984(première édition: Londres, 1984).

FROSSARD, André, *Le Crime contre l'humanité*, Laffont 1987.

GAUTHIER, Paul(éd.), *Chronique du procès Barbie: pour servir la mémoire*, Cerf, 1988.

GIVET, Jacques, *Le Cas Vergès*, Lieu commun éd., 1986.

HOYOS, Ladislas de, *Barbie*, Laffont, 1987.

LÉVY, Bernard-Henri(éd.), *Archives d'un procès. Klaus Barbie, Globe*/Le Livre de Poche, 1986.

MÉRINDOL, Pierre, *Barbie: Le Procès*, Lyon, La Manufacture, 1987.

MOREL, Guy, *Barbie pour mémoire*, Éditions de la FNDIRP, 1986.

MORGAN, Ted, *The French, the Germans, the Jews, the Klaus Barbie Trial, and the City of Lyon, 1940-1945*, New York, Arbor House/W Morrow, 1989.

PARIS, Erna, *L'Affaire Barbie, Analyse d'un mal français*, Ramsay, 1985.

VERGÈS, Jacques ET BLOCH, Étienne, *La Face cachée du procès Barbie*, Samuel Tastet éd., 1983.

VERGÈS, Jacques, *Je défends Barbie*, Picollec, 1988.

Pour une plus ample bibliographie, voir Jean Astruc, «La documentation sur le procès Barbie à l'IHTP», *Bulletin de l'Institut d'histoire du temps présent*, 34, décembre 1988.

・圖維耶事件

FLORY, Claude, *Touvier m'a avoué*, Laffont, 1989.

GREILSAMER, Laurent ET SCHNEIDERMANN, Daniel, *Un certain Monsieur Paul. L'affaire Touvier*, Fayard, 1989.

MONIQUET, Claude, *Touvier, un milicien à l'ombre de l'Eglise*, O. Orban, 1989.

(2) 極右派與意識形態的懷舊表現

«Droite, nouvelle droite, extrême droite. Discours et idéologie en France et en Italie», n° spécial, *Mots*, 12, mars 1986, coordonné par Simone Bonnafous et Pierre-André Taguieff.

«Les extrêmes droites en France et en Europe », *Lignes*, 4, octobre 1938.

«Racisme et antiracisme. Frontières et recouvrements», n° spécial, *Mots*, 18, mars 1989, coordonné par Simone Bonnafous et Pierre-André Taguieff.

ALGAZY, Joseph, *La Tentation fasciste en France de 1944 à 1965*, Fayard, 1985.

ALGAZY, Joseph, *L'Extrême droite en France de 1965 à 1984*, L'Harmattan, 1989.

ANDERSON, Malcolm, *Conservative Politics in France*, Londres, G. Allen and Unwin, 1974.

BENOIST, Alain de, *Vu de droite. Anthologie critique des idées contemporaines*, Copernic, 1977.

BENOIST, Alain de, *Les Idées à l'endroit*, Éditions libres/Hallier, 1979.

CHEBEL D'APPOLLONIA, Ariane, *L'Extrême droite en France. De Maurras à Le Pen*, Bruxelles, Complexe, 1988.

CHIROUX, René, *L'Extrême droite sous la Ve République*, Librairie générale de droit et de jurisprudence, 1974.

DUPRAT, François, *Les Mouvements d'extrême droite en France depuis 1945*, Albatros, 1972.

DURANTON-CRABOL, Anne-Marie, *Visages de la Nouvelle Droite. Le GRECE et son histoire*, Presses de la FNSP, 1988.

GIRARDET, Raoul, «L'héritage de l'Action française», *Revue française de science politique*, VII, octobre-décembre 1957.

MAYER, Nonna et PERRINEAU, Pascal (éds.), *Le Front national à découvert*, Presses de la FNSP, 1989, préface de René Rémond.

MILZA, Pierre, *Fascisme français. Passé et Présent*, Flammarion, 1987.

PLENEL, Edwy ET ROLLAT, Alain, *L'Effet Le Pen*, La Découverte/*Le Monde*, 1984.

RÉMOND, René, *Les Droites en France*, Aubier-Montaigne, 1982.

TAGUIEFF, Pierre-André, «Identité française et idéologie», dans«Racines, derniers temps. Les territoires de l'identité», n° spécial, *EspacesTemps*, 42, 1989.

TAGUIEFF, Pierre-André, *La Force du préjugé. Essai sur le racisme et ses doubles*, La Découverte, 1988.

TAGUIEFF, Pierre-André, «Nationalisme et réactions fondamentalistes en France. Mythologies identitaires et ressentiment antimoderne», *Vingtième Siècle. Revue d'histoire*, 25, janvier-mars 1990.

(3) 一九四四年以降、電影中的第二次世界大戰

ANDRAULT, Jean-Michel; BERTIN-MACHIT, Jean-Pierre; VINCENT, Gérard, «Le cinéma français et la Seconde Guerre mondiale », *La Revue du cinéma*, 378, décembre 1982.

AZÉMA, Jean-Pierre ET ROUSSO, Henry, «Les "Années sombres" à la Vidéothèque de Paris», *L'Histoire*, 116, novembre 1988.

BAZIN, André, *Le Cinéma de l'Occupation et de la Résistance*, UGE 10/18, 1975, préface de François Truffaut.

BERTIN-MAGHIT, Jean-Pierre, *Le Cinéma sous l'Occupation. Le monde du cinéma français de 1940 à 1946*, O. Orban, 1989.

BEUCHOT, Pierre ET BERTIN-MAGHIT, Jean-Pierre, *Cinéma de l'ombre*, documentaire télévisé, INA/A2, 1984.

CHIRAT, Raymond, *La IVe République et ses films*, 5 Continents/Hatier, 1985.

DANIEL, Joseph, *Guerre et Cinéma. Grandes illusions et petits soldats*, 1895-1971, Presses de la FNSP, 1972.

FERRO, Marc, *Analyse de films, analyse de sociétés. Une source nouvelle pour l'histoire*, Classiques Hachette, 1975.

FERRO, Marc(éd.), *Film et Histoire*, Éditions de l'EHESS, 1984.

INSDORF, Annette, *L'Holocauste à l'écran*, CinémAction/Éditions du Cerf, 1985.

JEANCOLAS, Jean-Pierre, «Fonction du témoignage: les années 1939-1945 dans le cinéma d'après-guerre», *Positif*, 170, juin 1975,

SICLIER, Jacques, *La France de Pétain et son cinéma*, Henri Veyrier,1981.

・個別影片

BERTIN-MAGHIT, Jean-Pierre, «La Bataille du Rail: de l'authenticité à la chanson de geste», *Revue d'histoire moderne et contemporaine*, XXXIII, avril-juin 1986.

RASKIN, Richard, «Nuit et Brouillard» by *Alain Resnais. On the Making, Reception and Functions of a Major Documentary film*, Aarhus(Danemark), Aarhus University Press, 1987.

OPHULS, Marcel, *Le Chagrin et la Pitié*, Alain Moreau, 1980.

Téléciné, «Spécial *Chagrin et la Pitié*», 171-172, juillet 1971.

MÉNUDIER, Henri, «"Holocauste" en France», *Revue d'Allemagne*, XIII, 3, juillet-septembre 1981.

RAPHAËL, Freddy, «"Holocauste" et la presse de gauche en France(1979-1980)», *Revue des sciences sociales de la France de l'Est*, 14, 1985.

GARÇON, François, «Le retour d'une inquiétante imposture: *Lili Marleen et Le Dernier Métro*», *Les Temps modernes*, 422, septembre 1981.

Au sujet de Shoah *de Claude Lanzmann*, Belin, 1990.

LANZMANN, Claude, *Shoah*, Fayard, 1989.

4. 猶太人的記憶、種族大屠殺的記憶、納粹主義的記憶

«L›Allemagne, le nazisme et les juifs», dossier, *Vingtième Siècle. Revue d'histoire*, 16, octobre-décembre 1987.

«La Mémoire d›Auschwitz», dossier, *E'sprit*, 9, septembre 1980.

«Mémoire du nazisme en RFA et RDA », dossier, *Esprit*, 10, octobre 1987.

«Penser Auschwitz», numéro spécial, *Pardès*, 9-10, 1989, sous la direction de Shmuel Trigano.

«La Querelle des historiens allemands vue de l›Est », dossier, *La Nouvelle Alternative*, 13, mars 1989.

L'Allemagne nazie et le Génocide juit. Colloque de l'EHESS, Hautes Études/Gallimard/Seuil, 1985[chapitres sur les interprétations de Roger Errera, Amos Funkenstein, Pierre Vidal-Naquet et Claude Letort].

L'Enseignement de la Choa. Comment les manuels d'histoire présentent-ils l'extermination des Juifs au cours de la Seconde Guerre mondiale, Centre de documentation juive contemporaine, 1982.

Devant l'histoire. Les Documents de la controverse sur la singularité de l'extermination des Juifs par le régime nazi, Passages/Cerf, 1988.

Mémoire du Génocide, recueil de 80 articles du Monde juif conçu par Serge Klarsfeld, Centre de documentation juive contemporaine/Association des «Fils et Filles des déportés juifs de France», 1987.

Le Procès de Nuremberg. Conséquences et actualisation, Bruxelles, éditions Bruylant-Université libre de Bruxelles, 1988.

ARENDT, Hannah, *Eichmann à Jérusalem. Rapport sur la banalité du mal*, Gallimard, 1966(1re édition: 1963).

ARENDT, Hannah, *Les Origines du totalitarisme. I. Sur l'antisémitisme*, Calmann-Lévy, 1973 et Le Seuil, coll. «Points Politique», 1984.

ARON, Raymond, *De Gaulle, Israël et les Juifs*, Plon, 1968.

AYÇOBERRY, Pierre, *La Question nazie. Essai sur les interprétations du national-socialisme(1922-1975)*, Le Seuil, coll. «Points-Histoire», 1979.

BÉDARIDA, François(éd.), *La Politique nazie d'extermination*, IHTP/Albin Michel, 1989[chapitres sur l'historiographie de François Bédarida, Philippe Burrin et Pierre Vidal-Naquet].

BIRNBAUM, Pierre, *Un mythe politique : «La République juive». De Léon Blum à Pierre Mendès France*, Fayard, 1988.

DAWIDOWICZ, Lucy S., *The Holocaust and the Historians*, Cambridge/Londres, Harvard University Press, 1981.

ERLER, Gernot; MÜLLER, Rolf Dieter et ali, *L'Histoire escamotée. Les tentatives de liquidation du passé nazi en Allemagne*, La Découverte, 1988, préface d'André Gisselbrecht.

FINKIELKRAUT, Alain, *L'Avenir d'une négation. Réflexion sur la question du génocide*, Le Seuil, 1982.

FINKIELKRAUT, Alain, *La Mémoire vaine. Du crime contre l'humanité*, Gallimard, 1989.

FRESCO, Nadine, «Les redresseurs de morts», *Les Temps modernes*, 407, juin 1980.

FRIEDLÄNDER, Saul, *Reflets du nazisme*, Le Seuil, 1982.

GROSSER, Alfred, *Le Crime et la Mémoire*, Flammarion, 1989.

HARTMANN, Geoffrey(éd.), *Bitburg in Moral and Political Perspective*, Bloomington, Indiana University Press, 1986.

HEINICH, Nathalie ET POLLAK, Michael, «Le témoignage», *Actes de la recherche en sciences sociales*, 62/63, 1986.

KASPI, André, «L'affaire des enfants Finaly», *L'Histoire*, 76, mars 1985.

KRIEGEL, Annie, *Réflexions sur les questions juives*, Hachette/Pluriel, 1984.

LAPIERRE, Nicole, *Le Silence de la mémoire. A la recherche des Juifs de Plock*, Plon, 1989.

LÉVY, Claude, «La Résistance juive en France. De l'enjeu de mémoire à l'histoire critique», *Vingtième Siècle. Revue d'histoire*, 22, avril-juin 1989.

LEWIN, Roland, «Paul Rassinier ou la conjonction des extrêmes», *Silex*, 26, 1984.

MAIER, Charles S., *The Unmasterable Past. History, Holocaust, and German National Identity*, Cambridge/Londres, Harvard University Press, 1988.

MARRUS, Michael R., *The Holocaust in History*, Hanovre/Londres, University Press of New England, 1987.

MÜLLER, Klaus-Jürgen, «La Résistance allemande au régime nazi. L'historiographie en République fédérale», *Vingtième Siècle, Revue d'histoire*, 11, juillet-septembre 1986.

POLIAKOV, Léon, *De Moscou à Beyrouth. Essai sur la désinformation*, Calmann-Lévy, 1983.

POLLAK, Michael, «Des mots qui tuent», *Actes de la recherche en sciences sociales*, 41, 1982.

POLLAK, Michael, «La gestion de l'indicible», *Actes de la recherche en sciences sociales*, 62/63, 1986.

ROUSSO, Henry, «La négation du génocide juif», *L'Histoire*, 106, décembre 1987.

RUBINSTEIN, Amnon, *Le Rêve et l'Histoire. Le sionisme, Israël et les Juifs*, Calmann-Lévy, 1985.

TAGUIEFF, Pierre-André,«La nouvelle judéophobie. Antisionisme, antiracisme et anti-impérialisme», *Les Temps modernes*, 520, novembre 1989.

VIDAL-NAQUET, Pierre, *Les Juifs, la mémoire et le présent*, Maspero, 1981.

VIDAL-NAQUET, Pierre, *Les Assassins de la mémoire. «Un Eichmann de papier» et autres essais sur le révisionnisme*, La Découverte, 1987.

VIDAL-NAQUET, Pierre, «Le défi de la Shoah à l'Histoire», *Les Temps modernes*, 507, octobre 1988.

WIEVIORKA, Annette, «Un lieu de mémoire: le mémorial du martyr juif inconnu», *Pardès*, 2, 1985.

WIEVIORKA, Annette, *Le Procès Eichmann*, Bruxelles, Complexe, 1989.

WIEVIORKA, Annette, *Les Livres du souvenir. Mémoriaux juis de Pologne*, Gallimard/Juilliard, 1983, en collab. avec Itzhok Niborski.

WINOCK, Michel, *Édouard Drumont et Cie. Antisémitisme et fascisme en France*, Le Seuil, 1982.

YERUSHALMI, Yosef Hayim, *Zakhor, Histoire juive et mémoire juive*, La Découverte, 1984,

索引

人名

四畫

五畫

六畫

七畫

八畫

九畫

十畫

十一畫

十二畫

十三畫

十四畫

十五畫

十六畫以上

地名、地點

三至四畫

五至六畫

七至八畫

九至十畫

十一至十二畫

十三至十四畫

十五畫以上

文獻、電影、歌曲

一至三畫

四至六畫

七至八畫

九至十畫

十一至十二畫

十三至十四畫

十五畫以上

組織

二至六畫

七至八畫

九至十一畫

十二至十三畫

十四畫以上

其他

YK1468

維琪政府症候群：法國難以面對的二戰記憶

作　　者　亨利・胡梭（Henry Rousso）
譯　　者　馬向陽
選書責編　張瑞芳
編輯協力　曾時君
專業校對　李鳳珠
版面構成　張靜怡
封面設計　陳文德
行銷統籌　張瑞芳
行銷專員　段人涵
出版協力　劉衿妤
總 編 輯　謝宜英
出 版 者　貓頭鷹出版

發 行 人　涂玉雲
發　　行　英屬蓋曼群島商家庭傳媒股份有限公司城邦分公司
　　　　　104 台北市中山區民生東路二段 141 號 11 樓
　　　　　劃撥帳號：19863813；戶名：書虫股份有限公司
城邦讀書花園：www.cite.com.tw　購書服務信箱：service@readingclub.com.tw
購書服務專線：02-2500-7718~9（周一至周五上午 09:30-12:00；下午 13:30-17:00）
24 小時傳真專線：02-2500-1990~1
香港發行所　城邦（香港）出版集團／電話：852-2877-8606 ／傳真：852-2578-9337
馬新發行所　城邦（馬新）出版集團／電話：603-9056-3833 ／傳真：603-9057-6622
印 製 廠　中原造像股份有限公司
初　　版　2022 年 7 月
定　　價　新台幣 750 元／港幣 250 元（紙本書）
　　　　　新台幣 525 元（電子書）
I S B N　978-986-262-557-6（紙本平裝）
　　　　　978-986-262-559-0（電子書 EPUB）

讀者意見信箱　owl@cph.com.tw
投稿信箱　owl.book@gmail.com
貓頭鷹臉書　facebook.com/owlpublishing

國家圖書館出版品預行編目資料

維琪政府症候群：法國難以面對的二戰記憶／亨利・胡梭（Henry Rousso）著；馬向陽譯 . -- 初版 . -- 臺北市：貓頭鷹出版：英屬蓋曼群島商家庭傳媒股份有限公司城邦分公司發行 , 2022.07
面；　公分 .
譯自：Le syndrome de Vichy: de 1944 à nos jours
ISBN 978-986-262-557-6（平裝）

1. CST：法國史　2. CST：第二次世界大戰

742.264　　111007635